WALTER SELB

ORIENTALISCHES KIRCHENRECHT, BAND II, DIE GESCHICHTE DES KIRCHENRECHTS DER WESTSYRER

(von den Anfängen bis zur Mongolenzeit)

Vorgelegt von w. M. WALTER SELB in der Sitzung am 11. Jänner 1989

Gedruckt mit Unterstützung durch den
„Fonds zur Förderung der wissenschaftlichen Forschung"

ISBN 3 7001 0418 9 (Gesamtwerk)
ISBN 3 7001 1644 6 (Band II)

Druck von Adolf Holzhausens Nfg., Universitätsbuchdrucker, Wien

ÖSTERREICHISCHE AKADEMIE DER WISSENSCHAFTEN
PHILOSOPHISCH-HISTORISCHE KLASSE
SITZUNGSBERICHTE, 543. BAND

VERÖFFENTLICHUNGEN DER KOMMISSION
FÜR ANTIKE RECHTSGESCHICHTE NR. 6
HERAUSGEGEBEN VON WALTER SELB

WALTER SELB

ORIENTALISCHES KIRCHENRECHT

Band II

Die Geschichte des Kirchenrechts der Westsyrer (von den Anfängen bis zur Mongolenzeit)

VERLAG
DER ÖSTERREICHISCHEN AKADEMIE DER WISSENSCHAFTEN
WIEN 1989

ORIENTALISCHES KIRCHENRECHT
Band II

Die Geschichte des Kirchenrechts der Westsyrer (von den Anfängen bis zur Mongolenzeit)

Allgemeines Abkürzungsverzeichnis 31
Verzeichnis der abgekürzt zitierten Literatur 35
Verzeichnis der abgekürzt zitierten Quellen 55
Verzeichnis der direkt zitierten Handschriften 61
Verzeichnis der Personen und Orte 65

A. Einführung und Quellenlehre

I. Orientalisches Kirchenrecht 73

1. Ostkirchenrecht 73
2. Orientalische Kirchen im engeren Sinne 75
3. Unierte 75
4. Maroniten und Melkiten 76
5. Andere Unionen und Missionen 77

II. Einheit und Vielfalt des orientalischen Kirchenrechts 77

1. Gleiche Basis, aber getrennte Entwicklung 77
2. Rezeptionen 77

III. Kirchliche Rechtgeschichte und Literaturgeschichte des Rechts 78

1. Die Zäsur der Darstellung mit der Mongolenzeit . . 78
2. Rechtsleben und Rechtsliteratur 79

IV. Kirchliches Recht und weltliches Recht kirchlich abgegrenzter Gemeinschaften 80

V. Äußere Rechtsgeschichte und Institutionengeschichte 80

VI. Kirchenrecht und Liturgie 81

VII. Die besonderen Darstellungsschwierigkeiten 81

1. Der Stand der Forschung 81
2. Probleme der Auswertung der Quellen 82

VIII. Die Westsyrer und ihre christlichen Nachbarn 84

1. Die Missionsgeschichte des antiochenischen Hinterlandes 84
2. Die Gründe und Anfänge der Trennung von der Reichskirche 84

IX. Erkenntnisquellen des westsyrischen Kirchenrechts . . 86

1. Die Sprache der Quellen 86
2. Die Arten der Quellen 88

X. Die einzelnen Quellen aus dem großen Synodikon umfassendster Redaktion 92

1. Die „Apostelkanones" 92
2. Die reichskirchlichen (ökumenischen) Synodalkanones 98
3. „Väterzeugnisse" 110
4. Die Synoden der westsyrischen Kirche 119
5. Die Kanones der Griechischen und Arabischen Könige 129
6. Die Kanones von Mār Mattai u. a. 131
7. Editionen und Übersetzungen des Inhalts der Synodika 132

XI. Die Geschichte der Komposition der großen Synodika 139

1. Die Anfänge im Corpus canonum graecum der Reichskirche 139
2. Die westsyrische Tradition der Reichssynoden . . . 140
3. Die Vorschaltung der Apostelkanones verschiedenster Art 142
4. Die westsyrischen Väterzeugnisse 145
5. Die westsyrischen Lokalsynoden 149
6. Die Sammlung der Regeln der Griechischen und Arabischen Könige 151
7. Auszüge zur praktischen Kirchenführung 152
8. Der Kolophon 153
9. Die angehängten Kanones aus Mār Mattai 153
10. Die Anhänge aus anderer Hand 153

XII. Die systematische Sammlung des Bar ʿEbrājā 154
1. Autor und Werk 154
2. Handschriften und Editionen 155

XIII. Des Dionysios bar Ṣalībī große Sammlung von Bußkanones 158
1. Die Bußkanones allgemein als Werk 158
2. Der Inhalt des Werkes 158
3. Die Vorlagen des Werkes 158

XIV. Monographien rechtlichen Inhalts außerhalb des Synodikon 159
1. Die „Anordnungen und Ermahnungen des Šemʿōn Esṭūnājā“ (um 390—459 n. Chr.) 159
2. Die „Taxeis und Kanones der Chirotonien der heiligen Kirche“ (5./6. Jh. n. Chr.) 159
3. Jakob von Serūg (gestorben 521 n. Chr.) über Sexualität und Ehe 160
4. Anonyme Kanones aus BL Add. 14.493 fol. 154 b 160
5. Kanones des Bischofs Kyriakos von Amīd (gestorben 623 n. Chr.) 160
6. Die „Taxis, wie rechterweise ein Bischof die Stadt betreten soll“ 161
7. Die Kanones Georgs des Arabers (686—724 n. Chr.) 161
8. Die „Kanones der Perser“ (vermutlich 7./8. Jh. n. Chr.) 161
9. Die Kanones des Mōšē bar Kēphā 162
10. Johannes (Jōḥannān) von Dārā (9. Jh.), Über das Priestertum 162
11. Anonyme „Kanones der heiligen Lehrer und Väter“ 163
12. Sechs Kanones des Bischofs Jōḥannān (bar Qūrsōs) „über die Ordnungen der hl. Mysterien“ 163
13. Die Kanones des Dionysios bar Ṣalībī, Metropoliten von Amīd 164
14. Die Kanones des Michael, Patriarchen von Antiochien 165
15. Der Brief des Bischofs Severos 165
16. Jaḥjā ibn Ǧarīr von Tagrīt, Kitab al Muršid „Buch des Führers“ (11. Jh. n. Chr.) 165
17. Kleinere Auszüge aus älteren Quellen 166

XV. Sammlungen von Mönchskanones außerhalb des Synodikon 166

1. Mönchskanones für das Kloster Mār Mattai (erste Reihe aus dem Jahre 509 n. Chr.) 166
2. Die Mönchskanones für das Kloster Mār Zakkāi bei Qallīnīqōs (6. Jh. n. Chr.) 167
3. Anonyme Verordnungen für Novizen (6./7. Jh. n. Chr.) 167
4. Mönchskanones des Rabbūlā und anderer (Pseudo-Rabbūlā) 168
5. Die Kanones für die Nonnen (5./6. Jh. n. Chr.) . . . 168
6. Dem Mār Ephraem (dem Syrer) zugeschriebene Mönchskanones 168
7. Anonyme „Kanones, die für die Mönche nötig sind“ 169
8. Anonyme „Kanones, die sich für die geziemen, die das hl. Schema anziehen“ 169
9. Verordnungen und Kanones für die Einsiedler, „die in der Wüste (leben)“ 169
10. Mönchskanones für das Kloster Mār Mattai (zweite Reihe) 170
11. Eine anonyme Kompilation von Mönchskanones aus Vat.Syr. 159 170
12. Die Mönchskanones des Jakob von Edessa 170
13. Kleinere Auszüge aus älteren Quellen 170

XVI. Nichtjuristische Quellen 171

1. Historische Quellen 171
2. Vitae 173
3. Briefe 173

B. Institutionen

I. Die Anfänge einer eigenen westsyrischen Kirche 175

1. Der Widerstand gegen Chalkedon (451 n. Chr.) und die Zeit der Verfolgung 175
2. Die territoriale Organisation der westsyrischen Kirche im 7. Jh. 180

II. Die territoriale Organisation der westsyrischen Kirche im Verlauf ihrer Entwicklung 184

1. Die territoriale Ausdehnung der kirchlichen Organisation 184

2. Die Schwerpunkte nach Regionen, Klöstern und Bistümern . . . 187
3. Die regionale Aufgliederung in Bistümer . . . 188
4. Die Metropoliten . . . 189
5. Nomadenbistümer . . . 190

III. Die Abgrenzung von den alexandrinischen und armenischen Monophysiten . . . 191

1. Der Kirchenbegriff im Verhältnis zum monophysitischen Patriarchat von Alexandrien . . . 191
2. Der Kirchenbegriff im Verhältnis zum monophysitischen Katholikat der Armenier . . . 192

IV. Andere Christen im gleichen Territorium . . . 193

1. Die nationale Offenheit der Westsyrer . . . 193
2. Das Zusammenleben mit anderen christlichen Glaubensrichtungen im gleichen Raum . . . 195

V. Die allgemeine Synode der westsyrischen Kirche . . . 198

1. Die Zusammensetzung der Synode . . . 198
2. Synodale gegen patriarchale Kirchenführung . . . 199
3. Die Aufgaben der allgemeinen Synode . . . 199
4. Der Ablauf der Synode . . . 201
5. Die wichtigsten allgemeinen Synoden, die nicht lediglich Wahlsynoden waren . . . 202

VI. Der Patriarch . . . 211

1. Vom reichskirchlichen Patriarchen von Antiochien zum Patriarchen der westsyrischen Kirche . . . 211
2. Die Wahl und die Ordination des Patriarchen . . . 213
3. Der Sitz des westsyrischen Patriarchen „von Antiochien“ . . . 217
4. Die Jurisdiktion des Patriarchen . . . 219

VII. Der Maphrian (Maphrejānā) . . . 222

1. Der „Osten“ und der Maphrian . . . 222
2. Das Territorium des „Ostens“ . . . 223
3. Die Vorrechte des Maphrians . . . 224
4. Die Wahl und Ordination des Maphrians . . . 225
5. Der Sitz des Maphrians . . . 226

VIII. Bischof und Metropolit 227

1. Stellung in der Hierarchie 227
2. Bischofswahl, Bischofsweihe, Inthronisation 228
3. Die Aufgaben des Bischofs 235
4. Der Amtsverzicht und die Absetzung 237

IX. Der Diözesanklerus 237

1. Die Presbyter 237
2. Die Diakone 242
3. Die Diakonin 244
4. Subdiakon und übriger niederer Klerus 246
5. Chorbischöfe, Periodeuten, saʿūrē 247
6. Benai und benat qejāmā 249

X. Kirchliche Einkünfte und kirchliches Vermögen 251

1. Die Einkünfte 251
2. Verwaltung des Kirchenvermögens 252
3. Verwendungszwecke 253

XI. Das kirchliche Eherecht 253

1. „Kirchliche" und „weltliche Ehen" 253
2. Ehe und Eheschließung nach orientalischen Vorstellungen 255
3. Die Form der Eheschließung 256
4. Verbotene Ehen 259
5. Mitgift und Eheschenkung 262
6. Die Scheidung 263

XII. Mönche, Nonnen, Klöster 264

1. Die Einstellung der christlichen Gemeinschaften zur Askese 264
2. Die kirchenpolitische Bedeutung des Mönchtums Syriens 265
3. Formen der mönchischen Askese 266
4. Regeln mönchischen Lebens 273
5. Bischof und Kloster 284

XIII. Bußdisziplin 284

1. Das Bußsakrament allgemein 284
2. Die allgemeinen Bußtatbestände 287

3. Spezielle Kleriker- oder Mönchsvergehen 289
4. Kirchliche Bußen 291
5. Die Bußbücher im besonderen 293

XIV. Recht und Häretiker 294
1. Die Probleme der Begegnung 295
2. Die Taufe 295
3. Die Weihe durch „Häretiker“ 296
4. Die Gemeinschaft mit „Häretikern“ 297
5. Der unbekannte Fremde 298

XV. Das Verhältnis von Kirche und Staat 298
1. Die Zeit bis zur islamischen Herrschaft 298
2. Die Zeit der islamischen Herrschaft bis zum 11. Jh. n. Chr. 298
3. Die westsyrische Kirche und Byzanz im 10./11. Jh. n. Chr. 300
4. Die westsyrische Kirche in der Kreuzfahrerzeit . . . 300
5. Die Autonomie der Kirche 301

XVI. Rechtsquellenlehre 302
1. Der Rang der Normen 302
2. Synodales Recht 304
3. Recht und Oikonomia 304

Zeittafel 305

Sachregister 307

Karte . . . . Beilage

Oriental Canon Law
Volume II

The history of West-Syrian Canon Law (from the beginnings to the Mongolic era)

General list of abbreviations 31
Index of literature cited abbreviated 35
Index of sources cited abbreviated 55
Index of directly cited manuscripts 61
Index of persons and localities 65

A. Introduction and sources

I. Oriental Canon Law 73

1. Law of the eastern churches 73
2. Oriental churches in the narrowest sense 75
3. United churches 75
4. Maronites and Melkites 76
5. Other unions and missions 77

II. Unity and diversity of the oriental Canon Law 77

1. Common basis, though separate development 77
2. Receptions 77

III. History of Canon Law and literary history of law . . . 78

1. The divide in the presentation with the Mongolic era 78
2. Real situation and law literature 79

IV. Canon and Secular Law of eastern christian communities 80

V. History of law and institutions 80

VI. Canon Law and liturgy 81

VII. The particular difficulties of the subject 81
1. The state of research 81
2. Problems concerning the evaluation of sources . . . 82

VIII. The West Syrians and their Christian neighbours . . . 84
1. The history of mission in the Antiochenic hinterland 84
2. Reasons and origins of the separation from the Byzantine Church 84

IX. Sources of West Syrian Canon Law 86
1. The language of the sources 86
2. The kinds of sources 88

X. The individual sources as to the great Synodicon's most comprehensive editing 92
1. The "Canons of the apostles" 92
2. The common (oecumenical) Synodic Canons 98
3. "Fathers' testimonies" 110
4. West Syrian local Synods 119
5. The Canons of the Greek and Arab kings 129
6. The Canons of Mār Mattai et al. 131
7. Editions and translations of the Synodicon's content 132

XI. The history of the great Synodicon's composition . . . 139
1. Origins in the Corpus Canonum Graecum 139
2. The West Syrian tradition of oecumenical Synods 140
3. The insertion of diverse apostles' Canons 142
4. The West Syrian Fathers' testimonies 145
5. West Syrian local Synods 149
6. The digest of Greek and Arab Kings' rules 151
7. Excerpts about practical church conduct 152
8. The Kolophon 153
9. The Mār Mattai Canons 153
10. Supplements from another hand 153

XII. The systematic collection of Bar ʿEbrājā 154
1. Author and work 154
2. Manuscripts and editions 155

XIII. Dionysios Bar Ṣalībī's collection of penitential Canons 158

1. The penitential Canons in general 158
2. The work's content 158
3. The work's patterns 158

XIV. Monographies of legal content outside the Synodicon 159

1. The "Regulations and admonitions of Šemʿōn Esṭūnājā" (around 390—459 a. D.) 159
2. The "Taxis and Canons of the Holy Church's Chirotonies" (5./6. cent. a. D.) 159
3. Jacob of Serūg (deceded 521 a. D.) on sexuality and marriage 160
4. Anonymous Canons from BALdd. 14.493 fol. 154 b 160
5. Bishop Kyriakos of Amīd's Canons (deceded 623 a. D.) 160
6. The "Taxis, how a Bishop should rightfully enter the city" 161
7. George the Arab's Canons (686—724 a. D.) 161
8. The "Persian Canons" (probably 7./8. cent. a. D.) 161
9. Mōšē bar Kēphā's Canons 162
10. John (Jōḥannān) of Dārā (9th cent. a. D.), About priesthood 162
11. Anonymous "Canons of the Holy Teachers and Fathers" 163
12. Bishop Jōḥannān's (bar Qūrsōs) six Canons "about the Holy Mysteries' orders" 163
13. Dionysios bar Ṣalībī, Metropolite of Amīd's Canons 164
14. The Canons of Michael, Patriarch of Antioch . . . 165
15. Bishop Severos' letter 165
16. Jaḥjā ibn Ǧarīr of Tagrīt, Kitab al Muršid (11. cent. a. D.) 165
17. Smaller excerpts from older sources 166

XV. Collections of Monks' Canons outside the Synodicon 166

1. Monks' Canons for the monastery of Mār Mattai (first series from 509 a. D.) 166
2. The Monks' Canons for the monastery of Mār Zakkāi near Qallīnīqōs (6. cent. a. D.) 167
3. Anonymous ordinances for novices (6./7. cent. a. D.) 167
4. Rabbūlā's and others (Pseudo-Rabbūlā's) Canons 168
5. The Canons for Nuns (5./6. cent. a. D.) 168

6. Canons attributed to Mār Ephraem (the Syrian) 168
7. Anonymous "Canons necessary for the Monks" . . 169
8. Anonymous "Canons decorous for those wearing the Holy Schema" 169
9. Ordinances and Canons for the hermits "who (live) in the desert" 169
10. Monks' Canons for the monastery of Mār Mattai (second series) 170
11. A Compilation of Monks' Canons in Vat.Syr. 159 170
12. Jacob of Edessa's Monks' Canons 170
13. Smaller excerpts from older sources 170

XVI. Extrajudicial sources 171
1. Historical sources 171
2. Vitae 173
3. Letters 173

B. Institutions

I. The origins of an autonomous West Syrian Church . . 175
1. The opposition against Chalkedon (451 a. D.) and the period of prosecution 175
2. The territorial organisation of the West Syrian Church in the 7. cent. 180

II. The territorial organisation of the West Syrian Church in the course of its development 184
1. The territorial expansion of the ecclesiastic organisation 184
2. The regional, monastic and episcopal centers 187
3. The regional subdivision into dioceses 188
4. The metropolites 189
5. Nomadic dioceses 190

III. The differentiation from Alexandrinian and Armenian monophysites 191
1. The concept of the Church in comparison to the monophysite Patriarchate of Alexandrine 191
2. The concept of the Church in comparison to the monophysite Catholicate of the Armenians 192

IV. Other Christians in the same territory 193

1. The West Syrians' national openness 193
2. The companionship with other Christian communities in the same area 195

V. The West Syrian Church's general Synod 198

1. The members of the Synod 198
2. Synodals against patriarchal leadership of the Church 199
3. The tasks of the general Synod 199
4. The Synod's course 201
5. The most important general Synods not exclusively electoral Synods 202

VI. The Patriarch 211

1. From the byzantine patriarch of Antioch to the patriarch of the West Syrian Church 211
2. Patriarchal election and ordination 213
3. The seat of the West Syrian patriarch "of Antioch" 217
4. Patriarchal jurisdiction 219

VII. The Mafrian (Maphrejānā) 222

1. The "East" and the mafrian 222
2. The "Eastern" territory 223
3. Mafrian's prerogatives 224
4. Election and ordination of the mafrian 225
5. The see of the mafrian 226

VIII. Bishop and metropolite 227

1. Position inside the hierarchy 227
2. Episcopal election, ordination, inthronisation 228
3. The Bishop's tasks 235
4. Resignation from office and deposition 237

IX. The diocesan clergy 237

1. The presbyters 237
2. The deacons 242
3. The female deacons 244
4. Subdeacons and remaining lower clergy 246
5. Suffraganbishops, Periodeutes, saʿūrē 247
6. Benai and benat qejāmā 249

X. Ecclesiastical revenues and property 251

1. The revenues 251
2. Administration of revenues 252
3. Purposes 253

XI. Canon Marriage Law 253

1. "Church weddings" and "secular marriages" 253
2. The oriental concept of marriage and wedding . . . 255
3. The wedding form 256
4. Illicit weddings 259
5. Dowry and marriage gifts 262
6. Divorce 263

XII. Monks, Nuns, monasteries 264

1. Christian communities' attitude towards asceticism 264
2. The importance of Syrian monasticism in the light of church politics 265
3. Forms of monastic asceticism 266
4. Monastic life's rules 273
5. Bishop and monastery 284

XIII. The discipline of penance 284

1. The sacrament of penance in general 284
2. Delicts in general 287
3. Special clergy's or Monks' delicts 289
4. Ecclesiastical expiations 291
5. The penitential books in particular 293

XIV. Law and heretics 294

1. The confrontation problems 295
2. Baptism 295
3. Ordination through "heretics" 296
4. The community with "heretics" 297
5. The unknown foreigner 298

XV. The relationship between Church and state 298

1. The span until Islamic rule 298
2. The period of Islamic rule up to the 11. cent. a. D. 298
3. The West Syrian Church and Byzantium in the 10./11. cent. a. D. 300

4. The West Syrian Church in the time of the crusades 300
5. Ecclesiastical autonomy 301

XVI. The doctrine of legal sources 302
1. The status of norms 302
2. Synodal Law 304
3. Law and oikonomia 304

Timetable 305

Index 307

Map . . . . enclosure

Droit canonique oriental
Tome II

L'histoire du droit canonique de l'Eglise Syrienne (des débuts au temps des Mogols)

Liste générale des abbréviations 31
Registre de la littérature citée abbréviée 35
Registre des sources citées abbréviées 55
Registre des manuscrits directement cités 61
Index des personnes et des localités 65

A. Introduction et étude des sources

I. Droit canonique oriental 73
1. Droit des églises Orientales 73
2. Eglises Orientales au sens strict 75
3. Uniates (les Eglises Unies) 75
4. Maronites et Melkites 76
5. Autres unions et missions 77

II. Unité et diversité du droit canonique Oriental 77
1. Base uniforme, mais développement séparé 77
2. Réceptions 77

III. Histoire du droit canonique et histoire de la littérature du droit canonique 78
1. La césure infligée au sujet par le temps des Mogols 78
2. La vie et la littérature juridiques 79

IV. Droit canonique et séculaire des communautés chrétiennes 80

V. Histoire du droit et histoire des institutions 80

VI. Droit canonique et liturgie 81

VII. Les difficultés particulières du sujet 81

1. La position actuelle de la recherche 81
2. Problèmes dans l'utilisation des sources 82

VIII. L'Eglise Syrienne et ses voisins chrétiens 84

1. Histoire de la mission de l'arrière-pays antiochien 84
2. Motivation et débuts de la ségrégation de l'église impériale 84

IX. Sources du droit canonique de l'Eglise Syrienne 86

1. Le langage des sources 86
2. Les genres de sources 88

X. Les différentes sources du grand Synodicon dans sa plus vaste rédaction 92

1. Les „Canons des apôtres" 92
2. Les Canons synodaux de l'église impériale (oecuméniques) 98
3. „Testimoines des pères" 110
4. Les Synodes de l'Eglise Syrienne 119
5. Les Canons des Rois Grecs et Arabes 129
6. Les Canons de Mār Mattai et autres 131
7. Editions et traductions du contenu des Synodica 132

XI. L'histoire de la composition des grands Synodica . . . 139

1. Débuts dans le Corpus Canonum Graecum 139
2. La tradition des Synodes impériaux dans l'Eglise Syrienne 140
3. Préfixion de Canons d'apôtres divers 142
4. Les testimoines des pères de l'Eglise Syrienne . . . 145
5. Les Synodes locaux de l'Eglise Syrienne 149
6. Le recueil de règles des Rois Grecs et Arabes . . . 151
7. Extraits sur la gestion pratique des églises 152
8. Le Kolophone 153
9. Les Canons supplémentaires de Mār Mattai 153
10. Les suppléments d'autre source 153

XII. Le recueil systématique de Bar ʿEbrājā 154

1. L'auteur et son oeuvre 154
2. Manuscrits et éditions 155

XIII. Le grand recueil de Canons de pénitence de Dionysios Bar Ṣalībī 158
1. Les Canons de pénitence en général 158
2. Le contenu de l'oeuvre 158
3. Les sources de l'oeuvre 158

XIV. Monographies de contenu juridique hors le Synodikon 159
1. Les ,, exhortations et admonitions de Šemʿōn Esṭūnājā" (vers 390—459 après J.C.) 159
2. Les ,, Taxis et Canons des Chirotonies de la sainte église" (5./6éme siècle après J.C.) 159
3. Jacques de Serūg (mort 521 après J.C.) sur sexualité et mariage 160
4. Canons anonymes dans BALdd. 14.493 fol. 154b 160
5. Les Canons de l'évêque Kyriaque d'Amīd (mort 623 après J.C.) 160
6. Les ,, Taxis, comment un évêque doit correctement entrer dans une cité" 161
7. Les Canons de George l'Arabe (686—724 après J.C.) 161
8. Les ,, Canons des Perses" (probablement 7./8ème siècle après J.C.) 161
9. Les Canons de Mōšē bar Kēphā 162
10. Jean (Jōḥannān) de Dārā (9ème siècle après J.C.), Sur le sacerdoce 162
11. ,, Canons des saints maîtres et pères" anonymes 163
12. Six Canons de l'évêque Jōḥannān (bar Qūrsōs) ,, sur l'ordonnance des saints mystères" 163
13. Les Canons de Dionysios bar Ṣalībī, Métropolite d'Amīd 164
14. Les Canons de Michel, Patriarche d'Antioche . . . 165
15. La lettre de l'évêque Sévère 165
16. Jaḥjā ibn Ǧarīr de Tagrīt, Kitab al Muršid, ,, Livre du guide" (11ème siècle après J.C.) 165
17. Extraits moindres de sources antérieures 166

XV. Recueils de Canons monastīques hors le Synodikon . . 166
1. Canons monastiques pour le monastère de Mār Mattai (première série de l'an 509 après J.C.) 166
2. Les Canons monastiques pour le monastère de Mār Zakkāi près de Qallīnīqōs (6ème siècle après J.C.) 167

3. Ordonnances pour le noviciat anonymes (6./7ème siècle après J.C.) 167
4. Canons monastiques de Rabbūlā et autres (Pseudo-Rabbūlā) 168
5. Les Canons pour religieuses (5./6ème siècle après J.C.) 168
6. Canons monastiques attribués à Mār Ephraem (le Syrien) 168
7. Canons anonymes ,,qui sont nécessaires pour les moines" 169
8. Canons anonymes ,,se séant pour ceux qui se vestissent du saint Schema" 169
9. Ordonnances et Canons pour les ermites ,,qui (vivent) dans le désert" 169
10. Canons monastiques pour le monastère de Mār Mattai (deuxième série) 170
11. Compilation de Canons monastiques dans Vat.Syr. 159 170
12. Les Canons monastiques de Jacques d'Edesse . . . 170
13. Extraits moindres de sources antérieures 170

XVI. Sources non-juridiques 171
1. Sources historiques 171
2. Vitae 173
3. Lettres 173

B. Institutions

I. Les débuts d'une Eglise Syrienne autonome 175
1. L'opposition contre Chalkedon (451 après J.C.) et le temps des repressailles 175
2. L'organisation territoriale de l'Eglise Syrienne au 7ème siècle 180

II. Le développement de l'organisation territoriale de l'Eglise Syrienne 184
1. L'extension territoriale de l'organisation ecclésiastique 184
2. Les points capitaux par régions, monastères et évèchés 187
3. La répartition territoriale des évèchés 188
4. Les métropolites 189
5. Evèchés des nomades 190

III. La différenciation contre les monophysites alexandrins et arméniens 191

1. La conception de l'église comparée au patriarchat monophysite d'Alexandrie 191
2. La conception de l'église comparée au catholicat monophysite des Arméniens 192

IV. Autres chrétiens habitant le même territoire 193

1. La question nationale de l'Eglise Syrienne 193
2. La vie en commun dans le même espace avec d'autres communautés chrétiennes 195

V. Le Synode général de l'Eglise Syrienne 198

1. La composition du Synode 198
2. Autorité synodale contre autorité patriacale de l'Eglise 199
3. Les attribuations du Synode général 199
4. Le déroulement du Synode 201
5. Les Synodes généraux les plus importants, n'étant pas seulement Synodes électorales 202

VI. Le Patriarche 211

1. Du Patriarche de l'Eglise impériale d'Antioche au Patriarche de l'Eglise Syrienne 211
2. Election et ordination du Patriarche 213
3. Le siège du Patriarche de l'Eglise Syrienne „d'Antioche" 217
4. La juridiction du Patriarche 219

VII. Le Maphrien (Maphrejānā) 222

1. L'„Est" et le Maphrien 222
2. Le territoire de l'„Est" 223
3. Les prérogatives du Maphrien 224
4. Election et ordination du Maphrien 225
5. Le siège du Maphrien 226

VIII. Evêque et Métropolite 227

1. Position au sein de la hierarchie 227
2. Election, sacre et inthronisation de l'Évêque 228
3. Les tâches de l'Évêque 235
4. Renonciation et déposition 237

IX. Le clergé diocésain 237

1. Les presbytériens 237
2. Les diacres 242
3. Les diaconesses 244
4. Sousdiacre et autre bas-clergé 246
5. Chorévèques, Périodeutes, saʿūrē 247
6. Benai et benat qejāmā 249

X. Revenus et possessions ecclésiastiques 251

1. Les revenus 251
2. Administration des revenus 252
3. Fonctions 253

XI. Le droit matrimonial canonique 253

1. Mariages „canoniques“ et „laics“ 253
2. Mariage et célébration de celui-ci dans la conception orientale 255
3. La forme de la célébration du mariage 256
4. Mariages illicites 259
5. Dot et donation matrimoniale 262
6. Le divorce 263

XII. Moines, religieuses, monastères 264

1. La position des communautés chrétiennes vis-à-vis de l'ascétisme 264
2. L'importance de l'état monachique syrien en matière de politique ecclésiastique 265
3. Formes de l'ascétisme monacal 266
4. Règlements de la vie monastique 273
5. Evêque et monastère 284

XIII. Discipline pénitentielle 284

1. Le sacrement de la pénitence 284
2. Les délits généraux 287
3. Délits spéciaux du clergé ou des moines 289
4. Expiations ecclésiastiques 291
5. Les livres de pénitence en particulier 293

XIV. Droit et hérésies 294

1. Les problèmes posés par le confrontement 295
2. Le baptême 295

3. L'ordination administrée par des „hérétiques" . . . 296
4. La communauté avec des „hérétiques" 297
5. L'étranger inconnu 298

XV. La relation entre église et état 298

1. Le temps jusqu'au joug islamique 298
2. La période du joug islamique jusqu'au 11ème siècle après J.C. 298
3. L'Eglise Syrienne et Byzance au 10./11ème siècle après J.C. 300
4. L'Eglise Syrienne au temps des croisades 300
5. L'autonomie de l'église 301

XVI. Une doctrine des sources juridiques 302

1. Le rang des normes juridiques 302
2. Droit synodal 304
3. Droit et oikonomia 304

Tableau chronologique 305

Table des matières 307

Plan . . . . enclus

VORWORT

Meine Absicht, eine Geschichte des Orientalischen Kirchenrechts zu schreiben, ist nun in einem weiteren Band erfüllt worden. Die Arbeit daran war schwierig und zugleich reizvoll, weil die Entdeckung und Auswertung neuer Quellen mitten in die Arbeit fielen. Jetzt hat es den Anschein, als könne man bei der weiteren Suche nur noch auf bereits bekannte Quellen stoßen. Ich hoffe, ich kann mit diesem Band nicht nur der Syrisch-orthodoxen Kirche einen Dienst erweisen, sondern auch die Kanonisten des abendländischen Christentums näher an die alten Quellen der frühen Kirchen des Ostens führen.

Daß dieses Buch erscheinen konnte, verdanke ich vielfältigen Anregungen von Herrn Universitätsprofessor Dr. Dr. Hubert Kaufhold in München. Seine und meines Kollegen, Universitätsprofessor Dr. Peter E. Pieler, Bereitschaft, sich anstrengenden Reisen zu den Quellen zu unterziehen, hat die Quellenkenntnis sehr gefördert. Überaus dankbar bin ich insoweit Seiner Heiligkeit, dem Syrisch-orthodoxen Patriarchen Zakka Iwas I, und den verehrten Bischöfen des Tur ʿAbdin, Samuel, von Aleppo, Juhannan, von Homs, Malatios, und von Beirut, Philoxenos, für die Unterstützung am Ort. Nicht zuletzt darf ich in diesem Zusammenhang unseren Begleiter und Mittler, den Priester Aydin Emanuel Aydin aus Wien nennen.

Das Manuskript zum Buch wurde im Institut für Römisches Recht in Wien mit großer Geduld vor allem von Frau Altrichter hergestellt. Wenn daraus ein lesbares Buch wurde, ist es das Verdienst von Frau Dr. Aicher-Hadler sowie meiner anderen Assistenten und der sachkundigen Druckerei Holzhausen.

Der Österreichischen Akademie der Wissenschaften danke ich in aller Form für die Aufnahme in die Sitzungsberichte, dem Fonds zur Förderung der wissenschaftlichen Forschung für die finanzielle Unterstützung.

ALLGEMEINES ABKÜRZUNGSVERZEICHNIS

Abh.	Abhandlungen
Abr-Nahrain	Abr-Nahrain. An annual published by the departement of middle eastern studies, Univ. of Melbourne, Leiden
Abt.	Abteilung
A. D.	Anno Domini (Zeitrechnung = n. Chr.)
aE	am Ende
AHDO (= RIDA)	Archives d'histoire du droit oriental, seit 1952—53 vereinigt mit Révue international des droits de l'antiquité, Brüssel
ALCS	Anciennes littératures chrétiennes syriaques (siehe Literaturverzeichnis unter NAU)
AM, aM	anderer Meinung
AO, aO	angegebenen Ortes
Art.	Artikel
Aufl.	Auflage
Bd.	Band
bes.	besonders
Bibl EHE	Bibliothèque de l'Ecole des Hautes Etudes, Sciences religieuses, Paris
BO	Bibliotheca Orientalis Clementino Vaticana in qua manuscriptos codicos syriacos recensent J. S. Assemanus I—III, Romae 1719—28
ByzJb	Jahrbuch der österreichischen Byzantinischen Gesellschaft (Wien)
ByzZ	Byzantinische Zeitschrift, Leipzig—Berlin
bzw.	beziehungsweise
ca.	circa
cap.	Kapitel
CCO	Codificazione Canonica Orientale, eine Kodifikationsvorarbeit im Rahmen der S. Congregazione Orientale zur Schaffung von Kirchenrecht für die orientalischen Riten der katholischen Kirche, Rom, seit 1933
CH	Church History, Chikago
CJ	Codex Justinianus

col.	Kolumne
CSCO	Corpus Scriptorum Christianorum Orientalium, Parisiis-Lovanii
ders.	derselbe (Autor)
d. Gr.	der Griechen (Zeitrechnung)
dh	das heißt
Dict. HGE	Dictionnaire d'histoire et de géographie ecclésiastique, Paris
DThC	Dictionnaire de Théologie Catholique, Paris 1969
ed.	edidit (herausgegeben hat)
EI	Enzyklopädie des Islam, Leiden—Leipzig
EO	Echos d'Orient, Revue trimestrielle de théologie, de droit canonique, de liturgie, d'archéologie, d'histoire et de géographie orientales, organe de l'Institut Francais d'Etudes Byzantines, Paris 1897—1942
f, ff	folgend, folgende
fasc.	Faszikel
Fn.	Fußnote
fol., foll.	Folie, Folien (Blattzählung)
fragm.	fragmentarisch
FS	Festschrift
Fs.	Fortsetzung
Hb. Or.	Handbuch der Orientalistik, hrsg. von B. Spuler, I. Abt., Band VIII, Abschnitt 2, Leiden—Köln 1961
hl., hll.	heilig, heilige
hrsg.	herausgegeben
Hs., Hss.	Handschrift(en)
JA	Journal Asiatique, Paris
Jh.	Jahrhundert
JNES	Journal of Near Eastern Studies, Chicago
JRAS	Journal of the Royal Asiatic Society, London, seit 1834
JTS	Journal of Theological Studies, Oxford
Kanon	Jahrbuch der Gesellschaft für das Recht der Ostkirchen, Wien
Kap.	Kapitel
Labeo	Rassegna di diritto romano, Napoli
Le Muséon	Revue des Etudes Orientales, Louvain
mE	meines Erachtens
mss.	manuscrits
m. w. Nachw.	mit weiteren Nachweisen

NchGWG	Nachrichten von der k. Gesellschaft der Wissenschaften zu Göttingen, Göttingen
n. Chr.	nach Christi Geburt (Zeitrechnung)
NDr	Neudruck, Nachdruck
Nr.	Nummer
NS	Neue Serie
OC	Oriens Christianus, Leipzig—Wiesbaden
OCA	Orientalia Christiana Analecta, Romae
OCP	Orientalia Christiana Periodica, Romae
OExplSt	Oriental Explorations and Studies, New York
OSyr	L'Orient Syrien, Revue trimestrielle d'Etudes et de Recherches sur les Eglises de langue syriaque, Paris, von 1956 bis 1967
Pap ETSE	Papers of the Estonian Theological society in Exile, Stockholm
PO	Patrologia orientalis, ed. Graffin-Nau, Paris
Proche-Orient Chrétien	Revue des études et d'informations, Jerusalem
RAC	Reallexikon für Antike und Christentum, Stuttgart
RBL	Revue des bibliothèques, Paris
RH	Revue historique de droit francais et étranger, Paris, 4. sér. seit 1922
ROC	Revue de l'Orient chrétien, Paris
RSO	Rivista degli Studi Orientali, Roma
S.	Seite
sec.	sectio (Abschnitt)
ser.	series (Serie)
SeT	Studi e Testi, Città del Vaticano
Sp.	Spalte
Subs.	Subsidia
Syr., Scr. Syr.	(Scriptores) Syri
SZ Rom.	Zeitschrift der Savigny-Stiftung, Romanistische Abteilung, Weimar—Köln—Graz
TA	Textabbruch am Ende, gebrochener Textanfang
tom.	tomus (Band)
trad.	traduit (übersetzt)
ua	unter anderem
UCL Diss.	Universitas Catholica Lovaniensis dissertationes, Lovanii
u. U.	unter Umständen

uzw	und zwar
vgl.	vergleiche
vol., voll.	volumen (Band), volumina
WZKM	Wiener Zeitschrift für die Kunde des Morgenlandes, Wien
zB	zum Beispiel
ZDMG	Zeitschrift für die Deutsche Morgenländische Gesellschaft, Halle
ZfA	Zeitschrift für Assyriologie, Leipzig
ZKG	Zeitschrift für Kirchengeschichte, Stuttgart
ZntW	Zeitschrift für die neutestamentliche Wissenschaft, Gießen—Berlin

VERZEICHNIS DER ABGEKÜRZT ZITIERTEN LITERATUR

Abbeloos/Lamy, Gregorii Barhebraei chr. eccl., als Quelle in Kurzfassung: Bar 'Ebrājā, chr. eccl.	Abbeloos/Lamy, Gregorii Barhebraei Chronicon ecclesiasticum, I—III, Paris—Louvain, 1872, 1874, 1877
Abela, Melkiti CCO Fonti	Abela, Melkiti, primo studio, in: CCO Fonti I fasc. VIII: Studi storici sulle fonti del diritto canonico orientale, Città del Vaticano 1932, 279 ff
Abramowski, Dionysius	Abramowski, Dionysius von Tellmahre, jakobitischer Patriarch von 818—845. Zur Geschichte der Kirche unter dem Islam, Leipzig 1940
Algermissen, Konfessionskunde	Algermissen, Konfessionskunde, 8. Aufl. Paderborn 1969, Die Kirche der Jakobiten, 101 ff
Altaner/Stuiber, Patrologie	Altaner/Stuiber, Patrologie, 8. erweiterte Aufl., Freiburg—Basel—Wien 1966
Amadou, Chorévêques	Amadou, Chorévêques et périodeutes, in: OSyr IV (1959) 233 ff
Aphraat, Demonstrationes	Aphraatis Sapientis Persae Demonstrationes, ed. J. Parisot, Paris 1894
Armalet (Armaleh), Catalogue	Armalet, Catalogue des manuscrits de Charfet (arabe) Jounieh 1936
Assemani BO I—III	J. S. Assemani Bibliotheca Orientalis Clementino-Vaticana, in qua manuscriptos codices syriacos recensuit, I—III, tom. I: De scriptoribus Syris Orthodoxis, Roma 1719. Avec une postface par J.-M. Sauget, tom. II: Dissertatio de Monophysitis, De scriptoribus Syris Monophysitis, Roma 1721. tom. III 1: De scriptoribus Syris Nestorianis, tom. III 2: De Syris Nestorianis, Roma 1725, NDr Hildesheim 1975
Assemani Catalogus I	Assemani S. E. Bibliothecae Mediceae Laurentianae et Palatinae codicum manuscriptorum orientalium catalogus. Florentiae 1742
Assemani Catalogus II, III	Assemani S. E. et Assemani J. S. Bibliothecae Apostolicae Vaticanae codicum manuscriptorum catalogus, II—III. Romae 1758—59
Assemani Series chronologica	Assemani J. S. Series chronologica Patriarcharum Antiochiae, ed. P. Joannes Notain Darauni, Romae 1881

Assfalg, Syrische Handschriften	Assfalg, Syrische Handschriften. Syrische, karsunische, christlich-palästinische, neusyrische und mandäische Handschriften, in: Verzeichnis der orientalischen Hss. Deutschlands V. Wiesbaden 1963
Aziz S. Atiya, A history	Aziz, A history of Eastern Christianity, London 1968
Bacht, Die Rolle des orientalischen Mönchtums	Bacht, Die Rolle des orientalischen Mönchtums in den kirchenpolitischen Auseinandersetzungen um Chalkedon, in: Grillmaier — Bacht, Das Konzil von Chalkedon II, Würzburg 1953
Bardenhewer, Geschichte	Bardenhewer, Geschichte der altkirchlichen Literatur, I—V. Freiburg i. Br. 1913—1932
Bar ʿEbrājā, Chr. eccl. I, II, III	Gregorii Barhebraei chronicon ecclesiasticum, ed. J. B. Abbeloos et T. J. Lamy, I—III, Parisiis—Lovanii 1872—77
Bar ʿEbrājā, Nomokanon, cap. sec.	Gregorii Barhebraei Nomocanon, ed. P. Bedjan. Parisiis 1898 Ecclesiae Antiochenae Syrorum Nomocanon a Gregorio Abulpharagio Bar-Hebraeo syriace compositus et a J. A. Assemano in latinam linguam conversus, in Mai, Scriptorum veterum nova collectio, X, Roma 1838
Barsaum, Chronicon ad ann. 819	Chronicon anonymum ad A. D. 819 pertinens, ed. A. Barsaum, in: CSCO 81, Scr.Syr. 36. Louvain 1920
Baumstark, Geschichte	Baumstark, Geschichte der syrischen Literatur mit Ausschluß der christlich-palästinensischen Texte, Bonn 1922 (NDr Berlin 1968)
Baumstark/Rücker, Literatur	Baumstark/Rücker, Die aramäische und syrische Literatur, in: Handbuch der Orientalistik, 1. Abt. Band III 2, Leiden 1954 (Semitistik) 168 ff
Beck, Kirche	Beck, Kirche und theologische Literatur im byzantinischen Reich, München 1959
Bedjan, Nomocanon Gregorii Barhebraei	Bedjan, Gregorii Barhebraei Nomocanon, Parisiis, 1898
Bell, Churches	Bell, The Churches and Monasteries of the Tur Abdin and neighbouring districts, with an introduction and notes by M. Mundell Mango, Heidelberg 1913, NDr London 1982
Blum, Rabbula	Blum, Rabbula von Edessa. Der Christ, der Bischof, der Theologe, CSCO vol. 300, Subs.tom. 34, Louvain 1969
Bowman/Thompson, The Monastery-Church of Bar Hebraeus	Bowman/Thompson, The Monastery-Church of Bar Hebraeus at Margheh in West Azerbaijan, in: Abr-Nahrain VII (1967—68) 35 ff
Brassloff, Das kirchliche Zinsverbot	Das kirchliche Zinsverbot im syrisch-römischen Rechtsbuch, in: SZ XXV (1904) 306 ff

Braun, Buch der Synhados	Braun, Das Buch der Synhados, nach einer Handschrift des Museo Borgiano übersetzt und erläutert, Stuttgart—Wien 1900 (NDr Amsterdam 1975)
Braun, De Sancta Nicaena Synodo	Braun, De Sancta Nicaena Synodo, Syrische Texte des Maruta von Maipherkat nach einer Handschrift der Propaganda zu Rom übersetzt, Kirchengeschichtliche Studien IV 3, Münster/Westfalen 1898
Brock, Asceticism	Brock, Early Syrian Asceticism, Numen, International Review for the history of religions, Leiden XX (1973) 1 ff
Brockelmann, Lexicon syriacum	Brockelmann, Lexicon syriacum, Halis Saxonum 1928
Brockelmann, Syrische Literatur	Brockelmann, Die syrische und die christlich arabische Literatur, Leipzig 1907
Brooks, A collection	Brooks, A collection of letters of Severus, Patriarch of Antioch, PO XII—XIV
Brooks, Chronicon ad ann. 813	Fragmenta chronici anonymi auctoris ad annum Domini 813 pertinentia, ed. E. W. Brooks, Chronica minora III, in: CSCO 5, Scr. Syr. 5. Louvain 1904
Brooks, Chronicon ad ann. 846	Chronicon anonymum ad A. D. 846 pertinens, ed. E. W. Brooks, in: CSCO 5, Scr.Syr. 5. Louvain 1904
Brooks, Chronicon Iacobi	Chronicon Iacobi Edesseni, ed. E. W. Brooks, Chronica minora III, in: CSCO 5, Scr.Syr. 5. Louvain 1904
Brooks, Chronicon miscellaneum	Chronicon miscellaneum ad annum Domini 724 pertinens, ed. E. W. Brooks, Chronica minora II, in: CSCO 3, Scr.Syr. 3. Louvain 1904
Brooks, The sixth book	Brooks, The sixth book of the select letters of Severus, Patriarch of Antioch, London 1903
Brooks, Vitae	Vitae virorum apud monophysitas celeberrimorum I ed. et interpr. est E. W. Brooks, Louvain 1907, 1960 (CSCO voll. 7 und 8, Scr.Syr. 7 und 8)
Brooks, Vita Johannis	Vita Johannis episcopi Tellae auctore Elia, ed. E. W. Brooks, in: CSCO 7, Scr.Syr. 7, Parisiis 1907
Bruns/Sachau, Syrisch-römisches Rechtsbuch	Bruns/Sachau, Syrisch-römisches Rechtsbuch aus dem fünften Jahrhundert, ed. K. G. Bruns und E. Sachau. Leipzig 1880, 2. NDr 1985
CCO Fonti I, VIII (verschiedene Autoren)	Codificazione Canonica Orientale, Fonti I, fasc. VIII: Studi storici sulle fonti del diritto canonico orientale, Città del Vaticano 1932
Cersoy, Manuscrits orientaux	Cersoy, Les manuscrits orientaux de Mg. David au Musée Borgia de Rome, in ZfA IX (1894) 361 ff
Chabot, Chronicon ad ann. 1234	Chronicon ad annum Christi 1234 pertinens, ed. J. B. Chabot, in: CSCO 81, Scr.Syr. 36, Louvain 1920

Chabot, Chronique	Chronique de Michel le Syrien, Patriarche jacobite d'Antioche (1166—1199) éd. et trad. en franc. par J. B. Chabot I, 4 volls., Paris, 1899—1910, Réimpression anast. Bruxelles 1915
Chabot, Documenta	Chabot, Documenta ad origines monophysitarum illustrandas, CSCO 103, 1908, 1933
Chabot, Les évêques	Chabot, Les évêques jacobites du VIII au XIII siècle, ROC IV (1899) 444, 494; V (1900) 605; VI (1901) 190
Chabot, Littérature	Chabot, La Littérature syriaque, Paris 1934
Chabot, Synodicon Orientale	Synodicon orientale ou Recueil des Synodes Nestoriens, publié, traduit et annoté par J. B. Chabot, in: Notices et extraits des manuscrits, tom. 37, Paris 1902
Charles, Le christianisme des arabes nomades	Charles, Le christianisme des arabes nomades sur les limes et dans le désert syro-mesopotamien aux alentours de l'hegire, in: BiblEHE LII. Paris 1936
Coussa, Epitome I, III	Coussa, Epitome praelectionum de iure ecclesiastico orientali vol. I Cryptoferr. 1948, vol. III Romae 1950
Coussa, Epitome Suppl.	Coussa, Supplementum, Cryptoferr. 1958
Coussa, Melkiti CCO Fonti	Coussa, Melkiti secondo studio, in: CCO Fonti I fasc. VIII, Studi storici sulle fonti del diritto canonico orientale, Città del Vaticano 1932, 375 ff
Cureton, ASD	Cureton, Ancient Syriac Documents, London 1858
Cureton, Corpus Ignatianum	Cureton, Corpus Ignatianum, London, 1849
Cureton, Earliest establishment	Cureton, The earliest establishment of Christianity in Edessa, London—Edinburgh 1864
Cureton, The lamp	Cureton, The lamp that guides to salvation by Abu Nasr Ibn Harir al Takriti, London 1865
Darblade, Melkites CCO Fonti	La collection canonique arabe des Melkites (XIIIe—XVIIe siècles). Introduction = CCO Fonti II fasc. XIII, Harissa (Libanon) 1946
Dauvillier/De Clercq, Mariage	Dauvillier/De Clercq, Le mariage en droit canonique oriental, Paris 1936
De Clercq, Fontes	De Clercq, Fontes iuridici ecclesiarum orientalium, studium historicum, Romae 1967
De Halleux, Philoxene de Mabbog	Philoxene de Mabbog, sa vie, ses écrits, sa théologie, in: UCLDiss. III, 8. Louvain 1963
De Lagarde, Reliquiae	De Lagarde, Reliquiae iuris ecclesiastici antiquissimae syriacae, Leipzig 1856, 1903
Delehaye, Stylites	Delehaye, Les saints stylites, Bruxelles—Paris 1923 (Subsidia Hagiographica 14)

Denzinger, Ritus Orientalium	Denzinger, Ritus Orientalium Coptorum, Syrorum et Armenorum in administrandis sacramentis, I—II, Wirceburgi, 1863, 1864, NDr Graz 1961
Deslandes, Sources	Deslandes, Les Sources du droit canonique oriental, EO XXXII (1934) 476 ff und XXXIII (1935) 444 ff
Devréesse, Le patriarcat	Devréesse, Le patriarcat d'Antioche depuis la paix de l'Église jusqu'à la conquête arabe, Paris 1945
De Vries, Der christliche Osten	De Vries, Der christliche Osten in Geschichte und Gegenwart, Würzburg 1951
De Vries, Entstehung	De Vries, Entstehung und Entwicklung der autonomen Ostkirchen im ersten Jahrtausend, Kanon IV, 45 ff
De Vries, Der Kirchenbegriff	De Vries, Der Kirchenbegriff der von Rom getrennten Syrer, Roma 1955, OCA 145
De Vries, Kirchenbegriff	De Vries, Zum Kirchenbegriff der späteren Jakobiten, OCP XIX (1953) 128 ff
De Vries, Patriarcati	De Vries, Patriarcati Orientali, OCA 169, Roma 1964
De Vries, Primat	De Vries, Primat, Communio und Kirche bei den frühen syrischen Monophysiten, OCP XVIII (1952) 52 ff
De Vries, Sakramententheologie	De Vries, Sakramententheologie bei den syrischen Monophysiten, OCA 125. Rom 1940
De Vries, Théologie des sacréments	De Vries, Théologie des sacréments chez les Syriens Monophysites, OSyr 8 (1963) 261 ff
Dib, Maroniti CCO Fonti	Dib, Maroniti, in: CCO Fonti I fasc. VIII, Studi storici sulle fonti del diritto canonico orientale, Città del Vaticano 1932, 90 ff
Draguet, Le pacte d'union	Draguet, Le pacte d'union de 797 entre les Jacobites et les Julianistes, in: Le Muséon XLIV (1931) 91 ff
Duchesne, Églises separées	Duchesne, Églises separées. Paris 1905
Duval, La littérature	Duval, La littérature syriaque, 3ème ed., Paris 1907 (NDr 1970)
Edelby, Autonomie	Edelby, L'autonomie législative des chrétiens en terre d'Islam, AHDO V (1950/51) 307 ff
Edelby, Origine	Edelby, L'origine des juridictions confessionelles en terre d'Islam, Proche-Orient Chrétien I (1951) 192 ff
Etheridge, Syrian Churches	Etheridge, Syrian Churches, 1846
Fattal, Statut	Fattal, Le statut légal des non-Musulmans en pays d'Islam, Beyrouth 1958

Feghali, Perspectives	Feghali, Perspectives sur l'histoire et l'institution des patriarches orientaux, Mélanges J. Dauvillier, Toulouse 1979, 269 ff
Feine, Kirchliche Rechtsgeschichte	Feine, Kirchliche Rechtsgeschichte, Die katholische Kirche, 4. Aufl. Köln—Graz 1964
Fiey, Assyrie chrétienne	Fiey J. M., Assyrie chrétienne. Contribution à l'étude de l'histoire, l'archéologie et de la géographie éclésiastiques et monastiques du Nord de l'Iraq, I—II, Beyrouth 1965
Fiey, Cénobitisme feminin	Fiey, Le cénobitisme féminin ancien dans les Eglises syriennes orientale et occidentale, OSyr X (1965) 281 ff
Fiey, Mossoul chrétienne	Fiey, Mossoul chrétienne. Essai sur l'histoire, l'archéologie et l'état actuel des monuments chrétiens de la ville de Mossoul, Beyrouth 1960
Fiey, Tagrit	Fiey, Tagrit. Esquisse d'histoire chrétienne, in: OSyr VIII (1963)
Fortescue, Eastern Churches	Fortescue, The lesser Eastern Churches, London 1913
Funk, Constitutiones	Didascalia et constitutiones apostolorum, ed. F. X. Funk, I—II. Paderbornae 1905
Gaudemet, L'Église	Gaudemet, L'Église dans l'empire romain (IVe—Ve siècle) Paris 1958
Gibson, Didascalia apostolorum in Syriac	Didascalia apostolorum in Syriac, ed. M. D. Gibson, in: Horae Semiticae I, London 1903
Gillmann, Chorbischöfe	Gillmann, Das Institut der Chorbischöfe im Orient. Historisch-kanonistische Studie. München 1903
Goubert, Les successeurs	Goubert, Les successeurs de Justinien et le monophysitisme, in: Grillmaier — Bacht, Das Konzil von Chalcedon, Geschichte und Gegenwart, II, 179 ff
Gozman, Copti CCO Fonti	Gozman, Copti, in: CCO Fonti I fasc. VIII: Studi storici sulle fonti del diritto canonico orientale, Città del Vaticano 1932, 34 ff
Graf, Geschichte I—V	Graf, Geschichte der christlichen arabischen Literatur, 5 Bde, in: SeT 118, 133, 146, 147, 172 (CXVIII—CXXII). Città del Vaticano 1944—1953
Grébaut, Etiopi CCO Fonti	Grébaut, Etiopi, in: CCO Fonti I fasc. VIII: Studi storici sulle fonti del diritto canonico orientale, Città del Vaticano 1932, 73 ff
Grill, Handschrift	Grill, Eine unbekannte syrische Handschrift in Wien, in: OC L (1966) 56 ff

Grotz, Hauptkirchen des Ostens	Grotz, Die Hauptkirchen des Ostens von den Anfängen bis zum Konzil von Nikaia (325), OCA 169, Romae 1964
Guidi, Chronicon Edessenum	Chronicon Edessenum, ed. I. Guidi, Chronica minora, in: CSCO 1, Scr.Syr. 1. Louvain 1903
Hage, Mariage	Hage, Les empêchements de mariage en droit canonique oriental, Beyrouth 1954
Hage, Jakobitische Kirche	Hage, Die syrisch-jakobitische Kirche in frühislamischer Zeit nach orientalischen Quellen, Wiesbaden 1966
Hallier	Hallier, Untersuchungen über die edessenische Chronik mit dem syrischen Text und einer Übersetzung, Texte und Untersuchungen IX 1, Leipzig 1892
Hamilton, The latin church	Hamilton, The latin church in the crusader states. The secular church, London 1980
Hatzuni, Armeni CCO Fonti	Hatzuni, Armeni, in: CCO Fonti I fasc. VIII: Studi storici sulle fonti del diritto canonico orientale, Città del Vaticano 1932, 141 ff
Heiler, Die Ostkirchen	Heiler, Die katholische Kirche des Ostens und des Westens I: Urkirche und Ostkirche, München 1937; Neubearbeitung mit dem Titel ,,Die Ostkirchen", München—Basel 1971
Heimig, Syrische Enʿ ane	Heimig, Syrische Enʿ ane und griechische Kanones, München 1932
Hendriks, La vie	Hendriks, La vie quotidienne du moine syrien oriental, OSyr 5 (1960) 293 ff, 401 ff
Hindo II, III, IV	Hindo, Disciplina Antiochena Antica, Siri, II: Les personnes; III: Textes concernant les sacrements; IV: Lieux et temps sacrés, culte divin, in: CCO Fonti, serie II, fasc. XXVI, XXVII, XXVIII. Città del Vaticano 1941—51
Hindo, Primats	Hindo, Primats d'Orient ou Catholicos nestoriens et Maphriens syriens, Città del Vaticano 1936
Honigmann, al-Rakka	Honigmann, al-Rakka dans EI, III 1185—87
Honigmann, Die Ostgrenze	Honigmann, Die Ostgrenze des Byzantinischen Reiches von 363 bis 1071 nach griechischen, syrischen und armenischen Quellen, Bruxelles 1935
Honigmann, Évêques	Honigmann, Évêques et évêchés monophysites d'Asie antérieure au VIe siècle, in: CSCO 127, Subs. 2, Louvain 1951
Honigmann, Kinnasrin	Honigmann, Kinnasrin dans EI, II 10, 80 f
Honigmann, Le couvent de Barsauma	Honigmann, Le couvent de Barsauma et le patriarcat jacobite d'Antioche et de Syrie, in: CSCO 146, Subs. 7. Louvain 1954

Honigmann, Orfa	Honigmann, Orfa dans EI, III 1063
Honigmann, Studien	Honigmann, Studien zur Notitia Antiochena, in: ByzZ XXV 1925
Huillier, L'économie	Huillier, L'économie dans la tradition de l'Église Orthodoxe, in Kanon VI (1983) 19 ff
Janin, Églises séparées	Janin, Les Églises séparées d'Orient, Paris 1927
Janin, Églises orientales	Janin, Les Églises orientales et les rites orientaux, 4. Aufl., Paris 1955
Jargy, Les origines	Jargy, Les origines du monachisme en Syrie et en Mésopotamie, Proche-Orient Chrétien II (1952) 110 ff
Joannou, Discipline	Joannou, Discipline générale antique, IIe—IXe siècles, II (Pont. Comm. ad redig. Cod., Fontes ser. I fasc. IX. 2. Aufl.) Romae 1963
Joseph, Syro-Malankarensium, CCO Fonti	Joseph, De fontibus iuris ecclesiastici Syro-Malankarensium, in: CCO Fonti II fasc. VIII, Città del Vaticano 1937
Jülicher, Zur Geschichte	Jülicher, Zur Geschichte der Monophysitenkirche, in: ZntW XXIV (1925) 17 ff
Jugie, Monophysite	Jugie, Art. ,,Monophysite (église syrienne)'', DTC X (1928) Sp. 2216—2251
Kaufhold, Addai	Kaufhold, Die ,,Lehre des Apostels Addai'' (,,Lehre der Apostel''), in: Paul de Lagarde und die syrische Kirchengeschichte, hrsg. vom Göttinger Arbeitskreis für syrische Kirchengeschichte, Göttingen 1968, 105 ff
Kaufhold, Erbrecht	Kaufhold, Islamisches Erbrecht in christlich-syrischer Überlieferung, OC LIX (1975) 19 ff
Kaufhold, Gabriel	Kaufhold, Die Rechtssammlung des Gabriel von Basra und ihr Verhältnis zu den anderen juristischen Sammelwerken der Nestorianer, Berlin 1976
Kaufhold, Handschriften	Kaufhold, Über einige Handschriften der Versionen R I, R II und R III des Syrisch-römischen Rechtsbuches, SZ Rom, 83 (1966) 350 ff
Kaufhold, Syrische Texte	Kaufhold, Syrische Texte zum islamischen Recht. Das dem nestorianischen Katholikos Johannes V bar Abgare zugeschriebene Rechtsbuch, München 1971
Kaufhold, Überlieferung	Kaufhold, Die Überlieferung der Sententiae Syriacae und ihr historischer und literarischer Kontext, Akten des 26. Deutschen Rechtshistorikertages 1986, Frankfurt 1987, 505 ff

Kawerau, Jakobitische Kirche	Kawerau, Die jakobitische Kirche im Zeitalter der syrischen Renaissance: Idee und Wirklichkeit, 2. Aufl., Berlin 1960
Kayser, Jacob von Edessa	Kayser, Die Canones Jacobs von Edessa, übersetzt und erläutert, Leipzig, 1886
Khouri-Sarkis, Le livre	Khouri-Sarkis, Le livre du guide de Yahya Ibn Jarir, OSyr XII (1967) 303 ff und 421 ff
Kidd, Eastern Christendom	Kidd, The Church of Eastern Christendom from 451 to the present time, London 1928
Kirsten, Chorbischof	Kirsten, Artikel „Chorbischof" in: RAC II (1954) Sp. 1105 ff
Kohlhaas, Jakobitische Sakramentstheologie	Jakobitische Sakramentstheologie im 13. Jahrhundert. Der Liturgiekommentar des Gregorius Barhebraeus, erstmals hrsg. und erläutert von R. Kohlhaas, Münster 1959
Korolevsky, Disciplina caldea, CCO Fonti	Korolevsky, Disciplina caldea (classification et valeur des sources connues de la discipline chaldéenne) secondo studio, in: CCO Fonti I fasc. VIII: Studi storici sulle fonti del diritto canonico orientale, Città del Vaticano 1932, 665 ff
Korolevsky, Introduzione CCO Fonti	Korolevsky, Introduzione agli studi storici delle fonti, in: CCO Fonti I fasc. VIII: Studi storici sulle fonti del diritto canonico orientale, Città del Vaticano 1932, 7 ff
Kramers, Takrit	Kramers, Art. Takrit, in: EI, IV
Krüger, Mönchtum I, II	Krüger, Das syrisch-monophysitische Mönchtum im Tur Ab(h)din von seinen Anfängen bis zur Mitte des 12. Jahrhunderts. Teil I, Münster 1937. Teil II in: OCP IV (1938) 6 ff
Kuberczyk, Canones Johannis bar Qursus	Kuberczyk, Canones Johannis bar Qursus, Tellae Mauzelatae episcopi, e codicibus syriacis Parisino et quatuor Londiniensibus editi. Lipsiae 1901
Kugener, Extraits I	Kugener, Pseudo-Zacharie le Rhéteur, PO II 267 ff, Paris 1907
Kugener, Extraits II	Kugener, Extraits relatifs à Sévère. II Jean d'Asie, PO II 298 ff, Paris 1907
Kugener, Vie de Sévère I	Kugener, Vie de Sévère le Scholastique PO II 1 ff, Paris 1907
Kugener, Vie de Sévère II	Kugener, Vie de Sévère par Jean, Supérieur du monastère de Beith-Aphtonia, PO II 205 ff, Paris 1907
Labbé, Sacrosancta concilia	Labbé/Cossart, Sacrosancta concilia, Paris 1671
Lamy, Concilium	Lamy, Concilium Seleuciae et Ctesiphonti habitum anno 410, Louvain 1868

Lamy, Dissertatio	Lamy, Dissertatio de syrorum fide et disciplina in re eucharistica, Lovanii 1859
Land, Anecdota syriaca	Anecdota syriaca, ed. I. P. N. Land, I—IV. Lugduni Batavorum 1862 ff
Langlois, Chronique de Michel le Grand	Langlois, Chronique de Michel le Grand, patriarche des syriens jacobites, traduit ... sur la version arménienne du prêtre Ichok. Venise 1868
Lebon, Monophysisme sévérien	Lebon, Le monophysisme sévérien. Étude historique, littéraire et théologique sur la résistance monophysite au concile de Chalcédoine jusq'à la constitution de l'Église jacobite, Louvain 1909
Leclercq, Chorévêques	Leclercq, Chorévêques, in: Dictionaire d'Archéologie Chrétienne et de liturgie, III, 1 (Paris 1913) Sp. 1423—1452
Leclercq, Diaconesse	Leclercq, Diaconesse in Dictionaire d'Archéologie Chrétienne et de liturgie, IV, 1, Sp. 729
Leroy, Les manuscrits syriaques	Leroy, Les manuscrits syriaques à peintures conservés dans les bibliothèques d'Europe et d'Orient, Paris 1964
Liebeschütz, Antioch	Liebeschütz, Antioch. City and imperial administration in the later Roman Empire, Oxford 1972
Lietzmann, Geschichte	Lietzmann, Geschichte der alten Kirche, 4 Bde, Berlin 1961
Lübeck, Kirchen	Lübeck, Die christlichen Kirchen des Orients, Kempten 1911
Lübeck, Reichseinteilung	Lübeck, Reichseinteilung und kirchliche Hierarchie des Orients bis zum Ausgange des vierten Jahrhunderts, Münster 1901
Magne, Tradition	Magne, Tradition apostolique sur les charismes et diataxeis des Saints Apôtres, Identification des documents et analyse du rituel de ordinations, Paris 1975
Mai, Catalogus	Mai, Catalogus Codicum Bibliothecae Vaticanae (Codices Chaldaici sive Syriaci), Romae 1831
Mansi, Conciliorum collectio	Sacrorum conciliorum nova et amplissima collectio, ed J. D. Mansi, Florentiae 1759 ff
Margoliouth, Descriptive List	Descriptive List of Syriac and Karshunic Manuscripts in the British Museum Acquired Since 1873. London 1899
Margoliouth, Supplement	Supplement to the Thesaurus syriacus. Oxford 1927
Mar Ignatios Jakob, Syrian Orthodox Church	H. H. Patriarch Mar Ignatios Jakob, The Syrian Orthodox Church of Antioch, St. Ephrem Monastery Holland 1985

Meissner, Eine syrische Liste	Meissner, Eine syrische Liste antiochenischer Patriarchen, WZKM 8 (1894) 475 ff
Michael I, II, III, IV mit Seitenangabe	Chronique de Michel le Syrien, patriarche jacobite d'Antioche (1166—1199), éditée pour la première fois et traduite en francais par J.-B. Chabot, Paris 1899—1910, tome I, II, III, IV (syrischer Text), zitiert nach den Seitenzahlen der Übersetzung von Chabot
Migne, PG	Migne, Patrologiae cursus completus, Series Graeca, Paris
Migne, Ps.-Dionysios Areopagita, Hierarchia	Migne, Ps.-Dionysios Areopagita, De ecclesiastica hierarchia, ed. J. P. Migne, in: PG IV
Mingana, Catalogue	Mingana, Catalogue of the Mingana Collection of Manuscripts now in the possession of the trustees of the Woodbrooke Settlement, Selly Oak, Birmingham, I. Cambridge 1933—1939
Mingana, A charter	Mingana, A charter of protection granted to the nestorian church in A. D. 1138, by Muktafi, Caliph of Baghdad, in Bulletin of the John Rylands Library, X (1926)
Mitteis, Reichsrecht und Volksrecht	Mitteis, Reichsrecht und Volksrecht in den östlichen Provinzen des römischen Kaiserreichs, Leipzig 1891 (NDr Aalen 1963)
Mounayer, Les canons	Mounayer, Les canons relatifs aux moines attribués a Rabbula, in: OCP XX (1954) 406 ff
Mounayer, Synodes	Mounayer, Les synodes syriens jacobites, Beyrouth 1964
Musil, The Middle Euphrates	Musil, The Middle Euphrates A Topographical Itinerary, in: OExplSt III. New York 1927
Nallino, Ancora il Libro siro-romano	Nallino, Ancora il Libro siro-romano di diritto e Barhebreo, in: RSO X (1923—24) 78 ff
Nallino, gli studi di E. Carusi	Nallino, Gli studi di E. Carusi sui diritti orientali, in: RSO IX (1921) 55 ff
Nallino, Il diritto musulmano	Nallino, il diritto musulmano nel Nomocanone siriaco di Barhebreo, in RSO IX (1921—23) 512 ff
Nallino, Racc. IV (in Einzelabhandlungen)	Nallino, Raccolta di scritti editi e inediti, vol. IV, Roma 1942, Aufsatzsammlung

Nau, ALCS I, II, III, IV	Nau, Ancienne littérature canonique syriaque. Fasc. I: La Didascalie des douze Apôtres, traduite du syriaque pour la prèmiere fois, 2e édition, revue et augmentée de la traduction de la Didaché de douze Apôtres, de la Didascalie de l'apôtre Addai et des empechêments de mariage (pseudo) apostoliques, Paris, 1912. Fasc. II: Les canons et les résolutions canoniques de Rabboula, Jean de Tella, Cyriaque d'Amid, Jacques d'Edesse, Georges des Arabes, Cyriaque d'Antioche, Jean III, Théodore d'Antioche et des Perses, Paris, 1906. Extrait du Canoniste contemporain, 1903—1906. Fasc. III: Concile d'Antioche, lettre d'Italie, canons des „Saints Pères", de Philoxène, de Théodose, d'Anthime, d'Athanase, etc., Paris, 1909. Fasc. IV: La version syriaque de l'Octateuque de Clément, Paris, 1913. Extrait du Canoniste contemporain, 1907—1913
Nau, Canons et résolutions	Nau, Les canons et les résolutions canoniques de Rabbula etc., in Le canoniste contemporain, Paris 1903—1906 = ALCS II, Paris 1908
Nau, Cinq lettres	Nau, Cinq lettres de Jacques d'Edesse a Jean le stylite, ROC XIV (1909) 427 ff
Nau, Histoire d'Ahoudemmeh	Histoire de Mar Ahoudemmeh Apôtre des Arabes en Mésopotamie et Histoire des divines actions de Saint Mar Marouta, metropolitains jacobites de Tagrit et de l'Orient, ed. F. Nau, in: PO III 1 ff, Paris 1905
Nau, La Didascalie	Nau, La Didascalie des douze Apôtres ect. 2e édition, Paris 1912 = ALCS I
Nau, Les arabes chrétiens	Nau, Les arabes chrétiens de la Mésopotamie et de Syrie du VIIe au VIIIe siècle. Paris 1933
Nau, Les suffragants	Nau, Les suffragants d'Antioche, ROC XIV (1909) 209 ff
Nau, Lettres	Nau, Lettres choisies de Jacques d'Edesse, Paris 1906
Nau, Littérature canonique	Nau, Littérature canonique syriaque inédité, in: ROC XIV (1909), 1 ff und 114 ff = ALCS III Paris 1909
Nau, L'Octateuque de Clement	Nau, La version syriaque de l'Octateuque de Clement, etc. in: Le canoniste contemporain 1907—1913 = ALCS IV, Paris 1913
Nau, Vies de Samuel, Siméon et Gabriel	Vies des abbés Samuel, Siméon et Gabriel de Qartamin, ed. F. Nau, Notice historique sur le monastère de Qartamin, in: Actes du XIVe congrès des Orientalistes Alger 1905, II. Paris 1907, 1 ff

Ortiz de Urbina, Patrologia Syriaca	Ortiz de Urbina, Patrologia Syriaca, 2. Aufl., Roma 1965
Overbeck, S. Ephraemi Syri	Overbeck, Ephraemi Syri, Rabulae episcopi Edesseni, Balaei aliorumque opera selecta, Oxonii, 1865
Parisot, Les chorévêques	Parisot, Les chorévêques, in: ROC VI (1901) 158 ff, 420 ff
Payne/Smith, Thesaurus syriacus	Payne/Smith, Thesaurus syriacus, I—II, Oxonii 1879—1901
Peeters, Vie de Rabboula	Peeters, La vie de Rabboula, évêque d'Edesse (1923)
Plöchl, Geschichte des Kirchenrechts	Geschichte des Kirchenrechts. Bde. I—V, Wien 1960—1969
Pontificale eccl. syr. occ.	Pontificale juxta ritum ecclesiae syrorum occidentalium id est Antiochiae, Roma 1942
Rahmani, Couvent	Rahmani, Couvent de Mar Matta l'anachorète et de Mar Behnam le martyr, Beyrut 1928
Rahmani, Documenta liturgica	Rahmani, Vetusta documenta liturgica, ed. Ignatius Ephraem II Rahmani, in: Studia syriaca III. Scharfensi 1908
Rahmani, Les liturgies orientales	Rahmani, Les liturgies orientales et occidentales, étudiées séparément et comparées entre elles, Beyrouth 1929
Rahmani, Testamentum Domini nostri	Rahmani, Testamentum Domini nostri Iesu Christi, Mayence 1899
Rhalles/Potles, Syntagma	Rhalles/Potles, Syntagma ton theion kai hieron kanonon tonte hagion kai panephenon apostolon (Collectio divinorum et sanctorum canonum apostolorum, conciliorum et patrium) 6 Bde., Athen 1852—1859
Ricciotti, Siri CCO Fonti	Ricchiotti, Siri, in: CCO Fonti I fasc. VIII: Studi storici sulle fonti del diritto canonico orientale, Città del Vaticano 1932, 117 ff
Riedel, Kirchenrechtsquellen	Riedel, Die Kirchenrechtsquellen des Patriarchats Alexandrien. Zusammengestellt und zum Teil übersetzt, Leipzig 1900 (NDr Aalen 1968)
Ritzer, Eheschließung	Ritzer, Formen, Riten und religiöses Brauchtum der Eheschließung in den christlichen Kirchen des 1. Jahrtausends, Münster/Westfalen 1962
Rodopoulos, Oikonomia	Rodopoulos, Oikonomia nach orthodoxem Kirchenrecht, in: Österreichisches Archiv für Kirchenrecht 36 (1986) 223 ff
Ryssel, Georgs Gedichte und Briefe	Ryssel, Georgs des Araberbischofs Gedichte und Briefe aus dem Syrischen übersetzt und erläutert. Leipzig 1883

Sachau, Christentum	Sachau, Vom Christentum in der Persis, Sitzungsberichte der Preussischen Akademie der Wissenschaften XXXIX, Berlin 1916, 958 ff
Sachau, Syrische Rechtsbücher I, II, III	Sachau, Syrische Rechtsbücher, hrsg. u. übersetzt, Berlin: 1. Band: Leges Constantini Theodosii Leonis, 1907. 2. Band: Richterliche Urteile des Patriarchen Chenanischo. Gesetzbuch des Patriarchen Timotheos. Gesetzbuch der Patriarchen Jesubarnun, 1908. 3. Band: Corpus juris des persischen Erzbischofs Jesubocht. Erbrecht oder Canones des persischen Erzbischofs Simeon. Eherecht des Patriarchen Mar Abha, 1914
Sachau, Von den rechtlichen Verhältnissen	Sachau, Von den rechtlichen Verhältnissen der Christen im Sassanidenreich, Mitteilungen des Seminars für orientalische Sprachen 10, Berlin 1907, 69 ff
Sachau, Zur Ausbreitung des Christentums	Sachau, Zur Ausbreitung des Christentums in Asien. Abh. der preussischen Akademie der Wissenschaften, Berlin 1919, 58 ff
Salaville/Nowak, Le rôle du diacre	Salaville/Nowak, Le rôle du diacre dans la liturgie orientale; étude d'histoire et de liturgie, in: Archives de l'Orient Chrétien 3, Paris-Athènes 1962
Santos Hernandez, Iglesias	Santos Hernandez, Iglesias de oriente II, Repertorio bibliographico, Santander 1963
Saran/Shedd, Catalogue	Saran/Shedd, Catalogue of Syriac Manuscripts in the Library of the Museum Association of Oroomiah College. Urmia 1898
Sauget, Le mariage	Sauget, Le mariage dans le rit syrien occidental, OSyr 2 (1957) 3 ff
Sauget, Prières	Sauget, Prières et cérémonies de la bénédiction des époux selon le rit de l'église syrienne d'Antioche, OSyr 2 (1957) 19 ff
Sbath, Catalogue	Sbath, Bibliothèque de manuscrits Paul Sbath, prêtre syrien d'Alep, I—II. Le Caire 1928—1934
Scher, Catalogue	Scher, Catalogue des manuscrits syriaques et arabes consérvés dans la bibliothèque épiscopale de Seert (Kurdistan). Mossoul 1905
Scher, Manuscrits de Diarbékir	Scher, Notice sur les manuscrits syriaques et arabes consérvés à l'archévéché chaldéen de Diarbékir, in: JA ser. X, tom. X (1907)
Scher, Manuscrits de Mardin	Scher, Notice sur les manuscrits syriaques et arabes consérvés dans la bibliothèque de l'évéché chaldéen de Mardin, in: RBl VIII (1908) 64 ff
Scher, Manuscrits de Mossoul	Scher, Notice sur les manuscrits syriaques consérvés dans la bibliothèque du patriarcat chaldéen de Mossoul, in: RBl VII (1907) 227 ff

Scher, Manuscrits de Nôtre-Dame-des-Sémences	Scher, Notice sur les manuscrits syriaques consérvés dans la Bibliothèque du couvent des chaldéens de Nôtre-Dame-des-Sémences, in: JA ser. X, tom. VII—VIII (1906—1907) 479 ff bzw. 55 ff
Scher, Manuscrits du Musée Borgia	Scher, Notice sur les manuscrits syriaques du Musée Borgia aujourd'hui à la Bibliothèque Vaticane, in: JA ser. X, tom. XIII (1919) 249 ff
Schiwietz, Mönchtum	Schiwietz, Das morgenländische Mönchtum, Bd. III. Das Mönchtum in Syrien und Mesopotamien und das Aszetentum in Persien, Mödling 1938
Schönfelder, Die Kirchengeschichte	Schönfelder, Die Kirchengeschichte des Johannes von Ephesus, München 1862
Schulthess, Syrische Kanones	Die syrischen Kanones der Synoden von Nicaea bis Chalcedon nebst einigen zugehörigen Dokumenten, ed. F. Schulthess, Göttingen (Berlin) 1908
Schwartz, Kanonessammlungen	Schwartz, Die Kanonessammlungen der alten Reichskirche, SZ Kan. Abt., Bd. 25 (1936) 1 ff. Gesammelte Schriften, Band 4, Berlin 1960, 159 ff
Schwartz, Über die Bussbücherliteratur	Schwartz, Über die Bussbücherliteratur, in: NchGWG. 1905
Segal, Mesopotamian communities	Segal, Mesopotamian communities from Julian to the rise of the Islam, London 1955
Selb, Kanonessammlungen	Selb, Die Kanonessammlungen der orientalischen Kirchen und das griechische Corpus canonum der Reichskirche, in: Speculum Iuris et Ecclesiarum, FS für W. M. Plöchl zum 60. Geburtstag, Wien 1967, 371 ff
Selb, Le livre	Selb, Le livre syro-romain et l'idée d'un coutumier de droit séculier orientalochrétien, in Problemi attuali di scienza e di cultura: L'oriente cristiano nella storia della civiltà. Accademia nazionale dei Lincei, Roma 1964, 329 ff
Selb, OrKiR I	Selb, Orientalisches Kirchenrecht Band I, Die Geschichte des Kirchenrechts der Nestorianer (von den Anfängen bis zur Mongolenzeit) Wien 1981
Selb, Vat.Syr. Nr. 560	Selb, Vat.Syr. Nr. 560 „Gesetze der christlichen Könige", SZ Rom 85 (1968) 400 ff
Selb, Zur Bedeutung	Selb, Zur Bedeutung des Syrisch-Römischen Rechtsbuches, München 1964
Selb, Sententiae Syriacae	Selb, Sententiae Syriacae, ediert, übersetzt und kommentiert von W. Selb, Wien 1990
Selhot, Livre du ministère	Selhot, Livre du ministère sacerdotal selon la tradition de l'Église syrienne catholique (= Rituel syrien), Beyrut 1872

Sherwood, Le fonds patriarcal	Sherwood, Le fonds patriarcal de la Bibliothèque manuscrite de Charfet, in: OSyr II (1957) 95 ff
Smith, Codices syriacos	Smith, Codices syriacos, carshunicos, mandaeos, complectens, in: Catalogi codicum manuscriptorum Bibliothecae Bodleianiae, VI. Oxonii 1864
Spiessens, Les patriarques	Spiessens, Les patriarques d'Antioche III. 1. Le patriarque syrien-jacobites, OSyr 7 (1962) 404 ff
Spuler HB. Or., mit Seitenzahlen	Spuler, in: Handbuch der Orientalistik, 1. Abt., Bd. VIII, 1961, 2. Abschnitt ,,Religionsgeschichte des Orients in der Zeit der Weltreligionen'', mit den Artikeln: Die nestorianische Kirche, 120 ff; Die westsyrische (monophysitische) jakobitische Kirche, 170 ff; Die Maroniten, 217 ff; Die Thomaschristen in Südindien, 226 ff; Die armenische Kirche, 240 ff; Die koptische Kirche, 269 ff; Die äthiopische Kirche, 309 ff
Synodikon I, II	The Synodikon in the West-syrian tradition, edited and translated by Arthur Vööbus, Louvain 1975—1976, I und II, in CSCO vol. 367, 368, 375, 376 = Scr.Syr. tom. 161, 163 (Text), tom. 162, 164 (Versio), Louvain 1975, 1976, zitiert nach der Übersetzung tom. 162 = I und tom. 164 = II
Tabé, Identité	Tabé, Identité des bnay wa bnoth gyomo, Thèse Pont, Univ. Lat., Rome 1975—1976
Tritton, Islam I, II	Tritton, Islam and the protected religions, JRAS 1928, 485 ff (= I) und 1931, 311 ff (= II)
Tritton, The Caliphs	Tritton, The Caliphs and their non-muslim subjects. A critical study of the covenant of Umar, Oxford 1930
Vailhé, Droit d'appel	Vailhé, Le droit d'appel en Orient, in: EO 20 (1921) 129 ff
Vailhé, Une ,,Notitia episcopatuum''	Vailhé, Une ,,Notitia episcopatuum'' d'Antioche, in: EO X (1907)
Van Lantschoot, Carmé	Van Lantschoot, Art. Carmé, in: DictHGE XI, Paris 1949
Van Lantschoot, Beth Nuhadra	Van Lantschoot, Art. Beth Nuhadra, in: DictHGE VIII. Paris 1935
Van Lantschoot, Beth Ramman	Van Lantschoot, Art. Beth Ramman, in: DictHGE VIII. Paris 1935
Van Lantschoot, Beth Waziq	Van Lantschoot, Art. Beth Waziq, in: DictHGE VIII. Paris 1935
Van Lantschoot, Inventaire	Van Lantschoot, Inventaire manuscrits syriaques des fonds Vatican (490—631), Barberini oriental et Neofiti, in: SeT CCXLIII. Città del Vaticano 1965

Van Roey, Les débuts de l'église jacobite	Van Roey, Les débuts de l'église jacobite, in: A. Grillmeier — H. Bacht, Das Konzil von Chalkedon, II. Würzburg 1953, 344 ff
Volterra, Il libro siro-romano	Volterra, Il libro siro-romano nelle recenti ricerche, in: Problemi attuali di scienza e di cultura: L'oriente cristiano nella storia della civiltà, Accademia nazionale dei Lincei, Roma 1964, 297 ff
Volterra, Un ipotesi	Volterra, Un ipotesi intorno all'originale greco del libro siro-romano di diritto, Rendiconti Lincei ser. VIII vol. VIII (1953) 23
Von Harnack, Die Mission	Von Harnack, Die Mission und Ausbreitung des Christentums in den ersten drei Jahrhunderten, 4. Aufl., 2 Bde, Leipzig 1923
Von Harnack, Geschichte I, II/1, II/2	Von Harnack, Geschichte der altchristlichen Literatur bis Eusebius, Leipzig Bd. I: 1893, II/1: 1897, II/2: 1904
Vööbus, Asceticism I	Vööbus, The origins of Asceticism, Early monasticism in Persia, Louvain 1958, CSCO Subs. 14
Vööbus, Asceticism II	Vööbus, The origins of Asceticism. Early monasticism in Mesopotamia and Syria. Louvain 1960. CSCO Subs. 17
Vööbus, benai qeiama	Vööbus, Institution of the benai qeiama in the ancient Syrian church, in: CH XXX (1961) 19 ff
Vööbus, Celibacy	Vööbus, Celibacy, a requirement for admission to baptism in the early Syrian church, Stockholm 1951
Vööbus, Développement	Vööbus, Sur le développement de la phase cénobitique et la réaction dans l'ancien monachisme syriaque, in: Recherches de science religieuse XLVII (1959) 401 ff
Vööbus, Dionysios	Vööbus, Neues Licht über die kirchlichen Reformbestrebungen des Patriarchen Dionysios von Tell Mahre. FS H. Engberding, OC XLVIII (1964) 286 ff
Vööbus, Emergence	Vööbus, Emergence of the Synodicon in the West Syrian Tradition, in: JThS NS XIX (1968) 225 ff
Vööbus, Entdeckung	Vööbus, Die Entdeckung neuer wichtiger Quellen für das Syrisch-Römische Rechtsbuch, in: SZ Rom 89 (1972) 348 ff
Vööbus, Hananja-Kloster	Vööbus, Eine wichtige Urkunde über die Geschichte des Mar Hananja-Klosters: Die von Johannan von Marde gegebene Klosterregel, in: OC LIII (1969) 246 ff
Vööbus, Important Syriac Manuscripts	Vööbus, Discovery of Important Syriac Manuscripts on the Canons of the Ecumenical Councils, in: ANahr XII (1971—1972) 94 ff

Vööbus, Islamic Law Syriac	Vööbus, New Important Manuscript Sources for the Islamic Law in Syriac: Contributions to the History of Jurisprudence in the Syrian Orient. In: PapETSE XXVII. Stockholm 1975
Vööbus, Jaʿqob von Edessa	Vööbus, Art. Jaʿqob von Edessa, in: RAL IX
Vööbus, Kirchenordnung	Vööbus, Die Entdeckung der ältesten Urkunde für die syrische Übersetzung der apostolischen Kirchenordnung: Neue Quellen für die syrische Version, OC LXIII (1979) 37 ff
Vööbus, Kanonessammlungen	Vööbus, Syrische Kanonessammlungen. Ein Beitrag zur Quellenkunde, I Westsyrische Originalurkunden 1, A und B, Seiten durchgezählt. Louvain 1970 (CSCO voll. 307 und 317, Subs. tom. 35 und 38)
Vööbus, Maruta-Kanones	Vööbus, The canons ascribed to Maruta of Maipherkat and related sources, Louvain 1982 (CSCO voll. 439 et 440 = Scr.Syr. tom. 191 et 192)
Vööbus, Neue Angaben über die Regierungszeit des Qyriaqos	Vööbus, Neue Angaben über die Regierungszeit des Patriarchen Qyriaqos, in: OC LII (1968) 123 ff
Vööbus, New Canons of Jaʿqob	Vööbus, New Discoveries of the Canons of Jaʿqob of Edessa, in: OCP XXXIV (1968) 412 ff
Vööbus, New Light	Vööbus, New light on the textual history of the Syro-Roman law book, Labeo 19 (1973) 156 ff
Vööbus, Octateuque	Vööbus, Nouvelles sources pour l'octateuque syriaque clémentin, Le Muséon LXXXIII, 105 ff
Vööbus, Origin of Monasticism	Vööbus, Origin of Monasticism in Mesopotamia, in: CH XX (1951) 27 ff
Vööbus, Panegyrikus	Vööbus, Die Entdeckung des Panegyrikus des Patriarchen Mikael über Johannes von Marde OC LV (1971) 204 ff
Vööbus, Reformbestrebungen des Dionysios	Vööbus, Neues Licht über die kirchlichen Reformbestrebungen des Patriarchen Dionysios von Tell Mahre. FS H. Engberding, in: OC XLVIII (1964) 286 ff
Vööbus, Regeln im syrischen Mönchtum	Vööbus, Die Rolle der Regeln im syrischen Mönchtum des Altertums, in: OCP XXIV (1958) 385 ff
Vööbus, Reorganisierung	Vööbus, Reorganisierung der westsyrischen Kirche in Persien. Neues Licht aus einer sehr wertvollen Urkunde, in: OC LI (1967) 106 ff
Vööbus, Restaurationswerk des Johannan	Vööbus, Neues Licht über das Restaurationswerk des Johannan von Marde, in: OC XLVII (1963) 129 ff
Vööbus, Synodikon I, II, III, IV (siehe Synodikon)	Vööbus, The Synodikon in the West Syrian tradition I—IV, Louvain 1975/76, CSCO 367/8, 375/6 = Scr.Syr. 161 ff

Vööbus, Syriac and Arabic Documents	Syriac and arabic documents regarding legislation relative to syrian asceticism, ed. A. Vööbus, Stockholm 1960, Pap ETSE 11
Vööbus, Syrische Verordnungen I	Vööbus, Syrische Verordnungen für die Novizen und ihre handschriftliche Überlieferung, in: OC LIV (1970) 106 ff
Vööbus, Syrische Verordnungen II	Vööbus, Ein Zyklus der Verordnungen über die Ausbildung der Novizen im syrischen Mönchtum: Ein kulturhistorisches Dokument. Der syrische Text mit einer deutschen Übersetzung, in: OC LIX (1975) 36 ff
Vööbus, Syro-Roman Lawbook	Vööbus, The Syro-Roman Lawbook, The syriac text of the recently discovered manuscripts ..., I The syriac text with an introduction, Stockholm 1982 (Pap ETSE 36)
Vööbus, Unknown Recension	Vööbus, An unknown recension of the Syro-Roman Lawbook. A facsimile edition of three syriac mss. with a translation, Stockholm 1977 (Pap ETSE 28)
Vosté, Athanasios Abougaleb	Vosté, Athanasios Abougaleb, évêque de Gihan en Cilicie, écrivain ascetique du XIIe siècle, in: ROC XXVI (1927—28)
Vosté, Catalogue	Vosté, Catalogue de la bibliothèque syro-chaldéenne du couvent de Nôtre-Dame des sémences près d'Alqos (Iraq). Rome—Paris 1929
Vosté, Disciplina caldea CCO Fonti	Vosté, Disciplina caldea (Caldei, Malabaresi), primo studio, in: CCO Fonti I fasc. VIII: Studi storici sulle fonti del diritto canonico orientale, Città del Vaticano 1932, 649 ff
Wesseling, The Syrian Jacobites	Wesseling, The Syrian Jacobites and Their Theology of the Sacrements, in: The Eastern Churches Quarterly, vol. IV (1941)
Wigram, Separation	Wigram, The separation of the Monophysites, London 1923
Wright, Catalogue	Wright, Catalogue of Syriac Manuscripts in the British Museum acquired since the Year 1838, I—III. London 1870—72
Wright/Cook, Catalogue	Wright/Cook, Catalogue of the Syriac Manuscripts in Cambridge, I—II. Cambridge 1901
Wright, History	Wright, A short history of syriac literature, London 1894 (NDr 1966)
Ziadé, Syrienne	Ziadé, L'Église Syrienne, DThC XIV, 2, Paris 1941, col. 3017—3088
Zotenberg, Catalogue	Zotenberg, Catalogue des manuscrits syriaques et sabéens (mandaites) de la Bibliothèque Nationale. Paris 1874

VERZEICHNIS DER ABGEKÜRZT ZITIERTEN QUELLEN

Ankyra, Kanon ...	Kanones der Synode von Ankyra (24 Kanones)
Anonyme Kanones für Kleriker	Anonyme Kanones, vorwiegend für Kleriker, ohne Titel, aus BL Add. 14.493 fol. 154 b
Anonyme Kompilation	Eine anonyme Kompilation aus der Hs. Berlin Sachau 335 foll. 1 a—66 a, unediert, ausführlich beschrieben bei Vööbus, Kanonessammlungen I 1 B 553 ff
Anonyme Mönchsregeln, Kanon ...	,,Die Kanones, die sich für die geziemen, die das hl. Kleid anziehen" (12 Kanones, nach Vat.Syr. 159 ediert von Vööbus, Syriac and arabic documents 109 f)
Anordnungen des Simeon	,,Die Anordnungen und Ermahnungen des hl. Mār Šemʿōn (Esṭūnājā), aus BL Add. 14.484, zitiert nach Vööbus, Kanonessammlungen I 1 B 138 ff
Antiocheia, Kanon ...	Kanones der Synode von Antiocheia (25 Kanones)
81 Apostelkanones, Kanon ...	,,Die kirchlichen Kanones der hl. Apostel und Vätersynoden, zu verschiedenen Zeiten gesammelt" (Synodikon I 72—83), zumeist 81 Kanones
Aus den Väterkanones der Synode, Kanon ...	,,Aus den Väterkanones der Synode" (8 Kanones) (Synodikon II 244 f)
Basilios an Diodoros	Ein Brief des hl. Basilios an Diodoros den Presbyter (Synodikon I 178—182)
Brief an einen Freund, Kanon ...	,,Aus einem Brief, den einer der verehrungswürdigen Bischöfe an einen Freund schrieb, wegen bestimmter Vergehen" (8 Kanones) (Synodikon I 171 ff)
Brief an Paulā und Paulā, Kanon ...	,,Aus einem Brief der hl. Väter an die Presbyter und Äbte Paulā und Paulā aus dem Dorf Lisos in der Region Kilikien" (7 Kanones) (Synodikon I 168—170)
Brief an Martyrios	Brief aus Konstantinopel an Mār Martyrios, Bischof von Antiochien über die Konversion von Häretikern (Nau, ALCS III)
Brief aus Italien	,,Kanones aus einem Brief, der aus Italien an die Bischöfe des Ostens geschrieben wurde" (Nau, ALCS III)

Brief des Athanasios	Brief des Athanasios an Amon (De Lagarde, Reliquiae 99 ff)
Brief des Johannes aus Zypern	Brief des Johannes aus Zypern (Nau ALCS III)
Brief des Qōsṭanṭīnā an Marqōs	„Aus einem Brief des hl. Qōsṭanṭīnā, Metropoliten von Laodikeia an Aba Marqōs, den Isaurier“ (Synodikon I 170 f)
Chalkedon, Kanon ...	Kanones der Synode von Chalkedon (27 Kanones) (Synodikon I 130—138)
Chirotonien	„Die Taxis und Kanones der Chirotonien der hl. Kirche“ aus dem 5./6. Jh. n. Chr., aus Hs. Šarf.Patr. 87 foll. 167 b—171 b
Die „nötigen Kanones“, Kanon ...	Anonyme „Kanones, die für die Mönche nötig sind“ (26 Kanones) (Vööbus, Syriac and arabic documents 69—77)
Dionysios (1), Kanon ...	Kanones des Patriarchen Dionysios von Tell Mahre (gestorben 845 n. Chr.) = Synode von Qallīnīqōs, in 12 Kanones (Synodikon II 27—36)
Dionysios (2), Kanon ...	Kanones des Patriarchen Dionysios (gestorben 909 n. Chr.) = Synode von Mār Šīlā in 25 Kanones (Synodikon II 61—68)
Dionysios bar Ṣalībī, Kasualien, Kanon ...	Die Kanones des Dionysios bar Ṣalībī, Metropoliten von Amīd über die Kasualien der Kirchen und Klöster (Hs. Aleppo Maron. 212, foll. 1 a—10 a), unediert, beschrieben bei Vööbus, Kanonessammlungen I 1 A 249—253
Dionysios bar Ṣalībī, Bußkanones	Die Bußkanones des Dionysios bar Ṣalībī, nach Denzinger, Ritus orientalium I 493 ff, anderenfalls unter Angabe der jeweiligen Rezension
Doctrina Addai, Kanon ...	Die Lehre des Apostels Addai (26 Kanones)
Ephraem-Ermahnungen	„Ermahnungen des Mār Ephraem“ in alphabetischer Ordnung in 22 Kanones (Vööbus, Syriac and arabic documents 17—23)
Fragen des Addai, Frage ...	„Fragen, die der Presbyter Addai dem Bischof Jakob (von Edessa) stellte und die Antworten darauf“ (51 Fragen ohne originale Zählung) (Synodikon I 235—244)
Fragen des Sargīs, Frage ...	„Nützliche und gute Fragen, die der Presbyter Sargīs dem verehrungswürdigen und hl. Bischof Mār Jōḥannān (bar Qūrsōs), seinem Lehrer, stellte“ in 48 Fragen (Synodikon I 197—205)
Fragen des Severos	Auszug aus einem Brief des Mār Severos (Sewīrā) an einen Freund, nach Cambr.Add. 2023
Fragm. Kanones, Kanon ...	Kanones zum Kirchendienst, Fragment aus einer Sammlung von 9 Kanones, ohne Einleitung, aus dem Synodikon I 186, 187

Für die Mönche in Persien, Kanon ...	Die Regeln für die Mönche in Persien (26 Kanones) (aus Bar ʿEbrājā, Nomokanon, nach Vööbus, Syriac and arabic documents 87—92)
Gangra, Kanon ...	Kanones der Synode von Gangra (20 Kanones)
Georg der Araber	„Die Kanones des Georg (Gīwārgī), Bischofs der Araber", aus Barʿ Ebrājā, nach Vööbus, Syriac and arabic documents, and Nau, ALCS II
Gīwārgī, Kanon ...	Kanones des Patriarchen Gīwārgī = Synode von Kepharnābū in 22 Kanones (Synodikon II 2—7)
Ignatios, Kanon ...	Kanones des Patriarchen Ignatios = Synode von Mār Zakkāi bei Qallīnīqōs in 12 Kanones (Synodikon II 53—61)
Jaḥjā ibn Ǧarīr, Al-Muršīd	Jaḥjā ibn Ǧarīr von Tagrīt, Al-Muršīd („Buch des Führers"), teilweise übersetzt, so Kapitel 31 von Cureton "The lamp"
Jakob von Edessa an Jōḥannān Esṭūnārā, Frage ...	„Fragen, die Jōḥannān Esṭūnārā dem verehrten Lehrer Mār Jaʿqōb stellte und die Antworten darauf" (Synodikon I 215 ff)
Jakob von Edessa, Kanon ...	„Weitere Kanones, aufgestellt von Jaʿqōb aus dem gesegneten Ūrhāi" (24 Kanones) (Synodikon I 245—247)
Jōḥannān bar Qūrsōs, für die Kleriker, Kanon ...	„Kanones, die durch den verehrungswürdigen Jōḥannān bar Qūrsōs, Bischof von Tellā de Mauzalat erlassen wurden" (27 Kanones) „damit die Priester, besonders die in den Dörfern, sie beachten" (Synodikon I 142—151)
Jōḥannān von Mardē, Geschichte	„Über Jōḥannān von Mardē" (Synodikon II 212 ff)
Jōḥannān, Ehen	Patriarch Jōḥannān, Anhang zu den Kanones der Synode „Über illegitime Ehen" (Synodikon II 49—53)
Jōḥannān, Kanon ...	Kanones des Patriarchen Jōḥannān = Synode von Mār Šīlā in 26 Kanones (Synodikon II 37—48)
Kanones der hll. Lehrer und Väter, Kanon ...	„Die Kanones der hll. Lehrer und Väter", unediert, nach Vööbus, Kanonessammlungen I 1 A 234 ff
Kanones des Jōḥannān von Mardē, Kanon ...	„Die kirchlichen Kanones des Jōḥannān von Mardē" in 40 Kanones (Synodikon II 247—269)
Kanones der Perser	„Die der Perser" aus Bar ʿEbrājā, nach Vööbus, Syriac and arabic documents, und Nau, ALCS II
Kanones des Mōšē bar Kēphā	Kanones des Mōšē bar Kēphā, nach Fragmenten aus verschiedenen Hss., unediert
Kanones der persischen Bischöfe	Eine westsyrische Rezension der (persischen) Synode von Seleukeia-Ktesiphon. Original in Chabot, Synodicon Orientale

„Kanones für den Empfang", Kanon ...	„Die Taxis, wie rechterweise ein Bischof die Stadt betreten soll", nach Rahmani, Documenta liturgica 1—4, aus Šarf.Patr. 87 foll. 303—305
Kanones für die Nonnen, Kanon ...	„Kanones für die Nonnen" in 14 Kanones (Vööbus, Syriac and arabic documents 62—68)
Kanones für Mār Ḥananjā, Kanon ...	Kanones für das Kloster Mār Ḥananjā (Vorwort und 31 Kanones) (Synodikon II 223—243)
Kanones über die Ordination, Kanon ...	„Die Ordnung und die Kanones der Handauflegung in der hl. Kirche" (Fragment von 25 Kanones) (Rahmani, Documenta liturgica 24—32 und 54—66)
Kanones von Mār Mattai, Einleitung, Kanon ...	„Die Kanones aus dem Kloster Mār Mattai" (Einleitung, 24 Kanones) (Synodikon II 197—208)
Kanones zur Zeit der Verfolgung, Frage ...	„Die kirchlichen Kanones, die von den hll. Vätern in der Zeit der Verfolgung aufgestellt wurden" (7 Fragen und Antworten) (Synodikon I 154—157)
Karthago, Kanon ...	„Kanones der hl. Synode der 87 Bischöfe, die in Africa versammelt waren" (Auszug in 5 Kanones aus den 20 Kanones von Karthago) (Synodikon I 173 ff)
Kephalaia aus dem Osten, Frage ...	„Kephalaia, die aus dem Osten geschrieben wurden" (42 Kanones in Fragen und Antworten) (Synodikon I 157—168). Bei Vööbus, Kanonessammlungen I 1 A 167 ff unter dem verwechselbaren Titel „Die aus dem Exil geschickten Kanones"
Konstantinopel I, Kanon ...	Kanones der ersten Synode von Konstantinopel (381 n. Chr.) (4 Kanones)
Kyriakos (1), Kanon ...	Kanones des Patriarchen Kyriakos (gestorben 817 n. Chr.) = Synode von Bēt Bātīn in 46 Kanones (Synodikon II 7—18)
Kyriakos (2), Kanon ...	Kanones des Patriarchen Kyriakos (gestorben 817 n. Chr.) = Synode von Ḥarrān in 26 Kanones (Synodikon II 19—27)
Kyriakos von Amīd	„Die Kanones des Kyriakos von Amīd", aus Bar ʿEbrājā, Nomokanon
Kyriakos an Īšōʿ, Frage ...	„Die Antworten des Patriarchen Kyriakos auf die Fragen des Īšōʿ aus dem Dorfe Tarmanaz", (Synodikon II 185 ff)
Laodikeia, Kanon ...	Kanones der Synode von Laodikeia in Phrygien (59 Kanones)
Marūtā-Kanones, Kanon ...	„Die dem Marūtā von Maipherkat zugeschriebenen Kanones". Nach The canons ascribed to Maruta of Maipherkat and related sources by A. Vööbus, CSCO vol. 439 und 440, Script.Syr. 191 und 192, Louvain 1982

Michael I, II, III, IV mit Seitenangabe	Chronique de Michel le Syrien, patriarche jacobite d'Antioche (1166—1199), éditée pour la première fois et traduite en francais par J.-B. Chabot, Paris 1899—1910, tome I, II, III, IV (syrischer Text), zitiert nach den Seitenzahlen der Übersetzung von Chabot
Mönchskanones des Philoxenos, Kanon ...	„Die Kanones des Aksenājā, Bischofs von Mabbūg" in 8 Kanones (Vööbus, Syriac and arabic documents 51—54)
Mönchskanones für Mār Mattai (1), Kanon ...	„Die Bestimmungen und Kanones des hl. und göttlichen Klosters unseres Vaters Mār Mattai und Mār Zakkāi und Mār Abraham" (1. Reihe: 24 Kanones) (Hs. Wien Mech.syr. 1)
Mönchskanones für Mār Mattai (2), Kanon ...	„Die Kanones des Patriarchen Michael und Mār Johannans, des Maphrians, sowie der Väter und Äbte des Klosters und der Ältesten" (2. Reihe: 12 Kanones) (Hs. Wien Mech.syr. 1)
Mönchskanones für Mār Zakkāi	„Die Kanones, die der selige Jōḥannān (bar Qūrsōs) für das Kloster des Mār Zakkāi aufgestellt hat" (nur Kanon 48) (Vööbus, Syriac and arabic documents 60 f)
Neokaisareia, Kanon ...	Kanones der Synode von Neokaisareia (14 Kanones)
Nikaia, Kanon ...	Kanones der Synode von Nikaia (20 Kanones)
Ps.-Rabbūlā für die Mönche, Kanon ...	Die Kanones des (Pseudo-) Rabbūlā für die Mönche in 34 Kanones (Vööbus, Syriac and arabic documents 78—86)
Rabbūlā, Mönchskanones, Kanon ...	„Kanones betreffend die Taxis der Mönche von dem hl. Mār Rabbūlā, Bischof der Stadt Ūrhāi" (26 Kanones) (Synodikon I 152—154)
Rabbūlā-Kanones für den Klerus, Kanon ...	„Gebote und Ermahnungen für die Priester und die benai qejāmā" des Rabbūlā, Bischof von Ūrhāi (59 Kanones) (Vööbus, Syriac and arabic documents 34 ff)
Regeln über die Pflichten	„Kanones, die mit Eifer und Ernst, Wachsamkeit und Sorgfalt zu bewahren sind" (Vööbus, Syriac and arabic documents 105 ff)
Sententiae Syriacae	Sententiae Syriacae, hrsg., übersetzt, mit einer Einleitung versehen und kommentiert von W. Selb, Wien 1990

Syrisch-Römisches Rechtsbuch	Syrisch-Römisches Rechtsbuch aus dem fünften Jahrhundert, hrsg. von Bruns/Sachau (Leipzig 1880, 2. NDR 1985); weiter hrsg. und übersetzt von Sachau, Syrische Rechtsbücher, Berlin: 1. Band: Leges Constantini Theodosii Leonis, 1907; weiter hrsg. in Vööbus, Synodikon und in Vööbus, Syro-Roman Lawbook; im übrigen unter Handschriftenangabe, wo erforderlich, zitiert
Simeon-Kanones	„Die Taxis der Apostel durch Hippolyt von Simeon dem Kanaaniter über kirchliche Kanones" (Synodikon I 84—94)
Taxeis und Kanones der īḥīdājē	„Taxeis und Kanones der īḥīdājē, das sind die, welche in der Wüste sind" nach Hs. Mard.Orth. 426 foll. 5 b—6 a, Inhaltsangabe bei Vööbus, Kanonessammlungen I 1 B 373 ff Fn. 2—13
Test. Dom. 1. R.	„Testament oder Worte, die unser Herr, als er von den Toten auferstand, zu den hll. Aposteln sprach und die in acht Büchern durch Clemens von Rom, den Schüler des Petrus, aufgeschrieben wurden" (1. Reihe) (Synodikon I 27—47)
Test. Dom. 2. R.	„Aus dem Testament unseres Herrn, das zweite Buch des Clemens ..." (über die Taufe) (Synodikon I 47—57)
Test. Dom. 3. R.	„Kanones des Testaments unseres Herrn und die Lehren eben dieses unseres Herrn" (3. Reihe) (Synodikon I 57—64)
Timotheos, Frage ...	„Fragen an den hl. Timotheos den Großen, Patriarchen von Alexandrien" (Synodikon I 138—141)
Titloi, Kanon ...	„Eine Sammlung aller Kanones der hll. Apostel und der Vätersynoden" in 51 Titloi (Synodikon I 65—72)
Väter der drei Synoden, Kanon ...	„Die Kanones der hll. Väter von drei hll. Synoden" (Auszug in 12 Kanones) (Hs. Vat.Syr. 58 foll. 146 b—147 b, vorgestellt in Vööbus, Kanonessammlungen I 1 A 125—127)
Vereinbarung für Mār Mattai	„Vereinbarung über die Erneuerung des Christophoros, Metropoliten des hl. und göttlichen Klosters von Mār Mattai" (Synodikon II 208—211)
Verordnungen für Novizen, Kanon ...	Anonyme Anordnung über die Novizen-Brüder (6./7. Jh.); vorgestellt bei Vööbus, Kanonessammlungen I 1 B 336 ff

VERZEICHNIS DER DIREKT ZITIERTEN HANDSCHRIFTEN

Aleppo

Mar.[1] 212 164
Orth.[2] 102 168

Berlin

Berl.Sachau 179 173
Berl.Sachau 315 173, 269
Berl.Sachau 335 157, 162

Birmingham

Ming.Syr. 8 89ff, **98f, 101, 107ff,** 110ff, **121ff,** 135, 142, 148

Cambridge

Cambr.Add. 2023 91, 97, **101, 107ff,** 112ff, 135, 137, 159, 163, 165f

Cambridge (Mass.)

Harv.Syr. 93 (einst 85) 91, 93, 98f, **100, 106ff,** 110ff, **120ff,** 135, 140, 148
Harv.Syr. 105 (einst 99) 91, **98,** 119, 149ff

Damaskus[3]

5/46 146
8/1 91, 93, 98, **107ff,** 110ff, **121ff,** 135
8/2 91, 93, 98ff, **107ff,** 110ff, **121ff,** 135, 140ff, 148
8/11 82, 89ff, 92, **93ff,** 98f, **101, 107ff,** 110ff, 119, **121ff,** 129f, 131, 132f, 135, 137f, 140ff, 148ff, 153, 236, 241, 255, 285
8/12 164

Istanbul

Mart Marjam[4] 164 137, 152, 166

Jerusalem

Mark. 129 131, 151

---

[1] Sammlung der Hss. der Maroniten in Aleppo
[2] Sammlung der Hss. aus der syrisch-orthodoxen Kirche Mār Gīwārgī
[3] Sammlung der Hss. im Patriarchat der syrisch-orthodoxen Kirche
[4] Syrisch-orthodoxe Kirche

London

BL Add. 12.155 91, 95ff, 98ff, **100, 106ff,** 110, 113ff, **120ff,** 135, 140, 143f, **145ff**
BL Add. 14.484 159
BL Add. 14.493 128, 149, **160**
BL Add. 14.526 91ff, **98ff, 100, 106ff,** 112f, 116, **120ff,** 135, 140ff, 145ff, 164
BL Add. 14.527 98, **100, 106ff,** 113ff, **120ff**
BL Add. 14.528 98f, **100, 106ff,** 111, **120ff,** 135, 140ff, **145**
BL Add. 14.529 140
BL Add. 14.600 118
BL Add. 14.610 118
BL Add. 14.631 118
BL Add. 14.645 172
BL Add. 14.709 95
BL Add. 17.193 135
BL Add. 17.216 168
BL Add. 17.262 118
BL Add. 17.265 173
BL Add. 18.295 137
BL Add. 18.715 137

Mardin[5]

M. 309 89ff, 93ff, **98ff, 100, 106ff,** 110ff, **120ff,** 135, 141f, **144,** 148
M. 310 89ff, 93ff, 98ff, **101,** 107ff, 110ff, 121ff, 128, 135, 142ff, 148
M. 320 89ff, 93ff, **98ff,** 135, 142ff
M. 321 91, 93, 144
M. 322 90, 93, 110ff, **121ff,** 135, 147ff
M. 323 90, 119ff, 129f, 131, 132, 137f, 149ff, 153, 166
M. 324 137, 162, 164
M. 325 137, 152, 164
M. 326 Kleinformat 164
M. 326 Großformat (einst 316?) 90, 130, 137f, 149, 156
M. 327 90, 96f, **98ff,** 110ff, **121ff,** 135, 141ff
M. 337 90, **98f,** 110ff, **121ff,** 135, 141
M. 350 294
M. 426 169

Mossul

Orth. A[6] 128, 149, 163

Münster

HS. Münster 1 151

Oxford

Oxf. Bodl. 136 160

---

[5] Bibliothek der ehemaligen syrisch-orthodoxen erzbischöflichen Residenz

[6] Bibliothek des syrisch-orthodoxen Erzbischofs in Mossul

Paris

B.Nat.Syr. 62 82, 88ff, 92ff, **98ff, 101, 107ff,** 110ff, 119, **121ff,** 133ff, 137, 141ff, 149f, 262, 293
B.Nat.Syr. 110 249
B.Nat.Syr. 206 133
B.Nat.Syr. 207 133
B.Nat.Syr. 224 135, 285

Rom

Borg.Syr. 10 168
Borg.Syr. 148 88ff, 97, 98ff, **101, 107ff,** 110ff, **121ff,** 135, 141f
Vat.Ar. 153 137
Vat.Lat. 5403 141f
Vat.Syr. 53 285
Vat.Syr. 127 95ff, 98ff, **100,** 106ff, 118, 135, 140
Vat.Syr. 144 172
Vat.Syr. 147 116
Vat.Syr. 159 170
Vat.Syr. 353 135
Vat.Syr. 490 163
Vat.Syr. 560 82, 88ff, **101, 107ff,** 111, **121ff,** 130, 135, 137ff, 152

Šarfe[7]

Šarf.Patr. 73 89ff, 98ff, **101,** 110ff, 135, 167
Šarf.Patr. 87 90f, 97, **98,** 114, 135, 142, 147, 159, 161
Šarf. 4/1 232
Šarf. 4/6 165
Šarf. 19/17 285

Wien

Aydin[8] 1 157
Aydin 2 91, 119, 128, 129, 131, 138f, 149ff, 153
Mech.syr.[9] 1 166f, 170

---

[7] Im Patriarchat der syrisch-katholischen Kirche
[8] Im Besitz des syrisch-orthodoxen Priesters Aydin Emanuel Aydin in Wien
[9] Im Besitz des Mechitaristenklosters in Wien

PERSONEN

Allgemein bekannte Personen- und Ortsnamen werden allein oder vorrangig in ihrer deutschen Form wiedergegeben. Sonst wird die syrische (bzw. arabische) Form transskribiert. Eine Ausnahme wird bei griechischen Namen gemacht, die in der syrischen Transskription noch als solche verstanden werden; sie werden allein oder vorrangig in ihrer griechischen Form wiedergegeben. Bei der Transskription syrischer Wörter ins Deutsche wurde aus drucktechnischen Gründen auf die Transskription des Alaph verzichtet, die Aspiration des p wurde mit ph ausgedrückt, die des b unterblieb ebenso wie die des g, d, k und t. Die westsyrische Aussprache o für ā wurde als bekannt vorausgesetzt und nicht eigens geschrieben.

Abraham = Abīrām, Gegenpatriarch (gestorben *836/837 n. Chr.*) 214, 300

Abraham, der Einsiedler (7./8. Jh. n. Chr.) 117, 145, 267

Addai, Presbyter (7./8. Jh. n. Chr.) 100, 117f, 124f, 134, 141

Aḥīšemmā, nestorianischer Bischof (Anfang des *7. Jh. n. Chr.*) 195

Aksenāiā, siehe *Philoxenos*

Amon, Abt 112, 120f, 141, 146

Amphilochios von Ikonion (Zeit des *Kirchenvaters Basilios*) 104, 112

Anastasios, Kaiser 176ff

Anthimos, Bischof von Konstantinopel (6. Jh. n. Chr.) 115, 122f, 136, 141

Aphrahat = Aphrahāṭ (3./4. Jh. n. Chr.) 87, 249f, 264

Athanasios Baldājā = von Bālād, Patriarch (um 684—686 n. Chr.) 115, 116, 120ff, 136, 141, 184, 202, 269, 296

Athanasios (I) Gammālā, Patriarch (6./7. Jh. n. Chr.) 181, 192, 212f, 222ff, 248, 277

Athanasios Ḥaijē, Patriarch (11. Jh. n. Chr.) 214, 218

Athanasios, Metropolit Sandalājā = Sandālē (8. Jh. n. Chr.) 190, 203f, 220, 270f, 299

Athanasios, Bischof von Qālīnqālā (Erzerum) 186

Bardesan = Bardaiṣān (2./3. Jh. n. Chr.) 87

Basilios, Kirchenvater, Bischof von Caesarea (Kaisareia) 104, 112f, 115, 120f, 141, 151, 158, 240, 247, 261

Basilios von Bālād, Metropolit von Tagrīt (9. Jh. n. Chr.) 206, 223

Basilios, Patriarch (gestorben *935 n. Chr.*) 189

Caesaria, Hypatissa (Zeit des *Severos von Antiochien*) 115, 122f, 136, 264

Christodoulos, Patriarch von Alexandrien 173

Christophoros, Metropolit von Mossul (Anfang des *7. Jh. n. Chr.*) 153, 181, 212, 222

Coelestin, Bischof von Rom 116, 124f, 146f

Damasus, Bischof von Rom 113, 120f, 146

Damianos, Patriarch von Alexandrien 179, 191f

David, Abt von Phesqīn 269

David von Dārā, Gegenpatriarch (gegen *Gīwārgī, 8. Jh. n. Chr.*) 214, 220, 299

Denḥā von Qallīnīqōs, Bischof (12. Jh. n. Chr.) 209

Denḥā, Metropolit von Tagrīt (7. Jh. n. Chr.) 184, 202, 220, 224, 226

Dionysios Areopagites (von Athen) 118, 135, 149

Dionysios bar Ṣalībī (12. Jh. n. Chr.) 91f, **158,** 163, **164,** 221, 230, 250ff, 263, 284ff, **293f**

Dionysios (I) von Tellmahrē, Patriarch (seit *817 n. Chr.*) 151, 172, 186ff, 199, 206, 214, 217, 239, 253f, 270, 272, 300ff

Dionysios (II), Patriarch (gestorben *909 n. Chr.*) 129, 150, 188, 207, 258, 270, 277, 288ff, 301

Dioskoros, Bischof von Alexandrien 85, 115, 122f

Elias, Patriarch, aus Gūbbā Barrājā (8. Jh. n. Chr.) 216f, 271

Ephraem der Syrer (4. Jh. n. Chr.) 87, **168f,** 285

Eucharios, Bischof 115, 122f

Eutyches 85

Flavianos, Patriarch von Antiochien (5./6. Jh. n. Chr.) 176

Gabriel, julianistischer Oberbischof (8. Jh. n. Chr.) 162, 197, 205

Georg (Gīwārgī), der Araberbischof (7./8. Jh. n. Chr.) **161,** 220, 276ff

Gīwārgī, Patriarch (759 n. Chr.) 128, 150f, 204, 214ff, 239ff, 259ff, 278, 288ff, 299ff

Gīwārgī von Beʿeltān 269

Gregor von Nazianz, Theologos 112, 120f, 146

Gregor von Nyssa, Kirchenvater 112f, 120f, 135, 141, 146

Gregorios Abu'l-Farağ, genannt *Barʿ Ebrājā = Barhebraeus* (latinisiert) *(1225—1286 n. Chr.)* 78, 82, 89ff, 97, 150, **154ff,** 167, **172,** 177, 185ff, 203ff, 216ff, 223ff, 231ff, 237ff, 256ff, 284ff, 298

Ḥananjā, Bischof von Mardin (8. Jh. n. Chr.) 132

Ḥananjā, Bischof von Qarṭamīn 180

Herakleios, Kaiser 190

Ignatios von Antiochien, Apostelschüler 110ff, 120f, 135, 145f, 151

Ignatios (I), Patriarch (gestorben *878 n. Chr.*) 129, 151, 188, 207, 217, 239, 272, 289, 303

Ignatios (II), Patriarch (13. Jh. n. Chr.) 191

Ignatios, Patriarch (gestorben *1333 n. Chr.*) 210, 215

Isidor von Pelusion 118, 135, 149

Īšōʿ, Diakon 131, 151, 260, 276

Johannes = Īwannīs = Ἰωάννης, *Patriarch* (auch *Johannan* genannt) *(8. Jh. n. Chr.)* 213

Īwannīs, armenischer Katholikos 192

Jaḥjā ibn Ğarīr, Autor (11. Jh. n. Chr.) **165,** 220, 223, 239, 247f, 262, 280

Jakob Burdʿānā (Baradaios, Baradai) (6. Jh. n. Chr.) 85, 179, 191, 211, **213,** 222, 228

Jakob von Edessa (gestorben *708 n. Chr.*) 79, 87, 92, 105, 110, 115f, **117ff,** 124f, 133, 136, 141, 145ff, 163, **170,** 172, 194, 220, 243, 247, 252f, 262, 267ff, 287

Jakob von Srūg (5./6. Jh. n. Chr.) 86, 130, 153, **160**

Jōḥannān bar Maʿdanī, Maphrian, später *Patriarch (13. Jh. n. Chr.)* 132, 153, 216, 231

Jōḥannān (V) bar Abgārē 137

Jōḥannān bar Qūrsōs, Bischof von Tellā (519—538 n. Chr.) 104, 112f, 116, 118f, 124f, 136, 145ff, **163f,** 167, 240, 252f, 262f, 264, 268, 281, 302

Jōḥannān bar Šūšān, Patriarch (11. Jh. n. Chr.) 173, 208, 214, **269,** 285

Jōḥannān Daljātā (8. Jh. n. Chr.) 168

Jōḥannān Scholastikos von Bostrā (zur Zeit des *Severos von Antiochien*) 122f, 133, 279, 283f

Jōḥannān von Kaišūm, Bischof (12. Jh. n. Chr.) 210

Jōḥannān, Bischof von Mār Ḥananjā = Mardin (Mardē) (12. Jh. n. Chr.) 132, 153f, 166, 194, 210, 221, 228, 236, 240ff, 250ff, 258, 269ff, 285ff

Jōḥannān von Qallīnīqōs, Gegenpatriarch (gegen *Gīwārgī, 8. Jh. n. Chr.*) 204, 214, 220

Jōḥannān von Sarīgtā, Patriarch (11. Jh. n. Chr.) 218
Jōḥannān, Metropolit von Qallīnīqos (12. Jh. n. Chr.) 167
Jōḥannān, Bischof von Kelaṭ (Armenien) 186
Jōḥannān, Bischof von Qarṭamīn 179
Jōḥannān, maudiānā, Patriarch (*1129 n. Chr.* gewählt) 208
Jōḥannān, Maphrian von Tagrīt 202, 204
Jōḥannān, Maphrian von Tagrīt (zur Zeit *Michaels des Großen*) 167
Jōḥannān (III), Patriarch (gestorben *873/874 n. Chr.*) 128, 188, 207, 215f, 238, 255ff, 270ff, 287, 303
Jōḥannān (IV), der Stylit, Patriarch (gestorben *922 n. Chr.*) 188
Jōḥannān (XI), Patriarch 271
Jōḥannān, der Stylit von Līṭārb (7./8. Jh. n. Chr.) 243
Jōḥannān, Presbyter 181, 212
Jōḥannān = Īwannīs von Dārā **162,** 220, 232, 239, 284
Johannes, Bischof von Zypern (6. Jh. n. Chr.) 114, 122f, 136, 197
Johannes Chrysostomos 112, 120f, 131, 135, 146, 153
Johannes Stratiotes (zur Zeit des *Severos von Antiochien*) 115
Josselin I, Graf von Edessa 193, 208
Julian von Halikarnassos 197, 296
Julianos (I), Patriarch, aus Qennešrē 202, 213
Julianos (II), Patriarch, aus Qennešrē (gestorben *708/709 n. Chr.*) 184, 203
Justinianos, Kaiser 177, 184, 211
Justinos I, Kaiser 175, 177, 184, 211
Justinos II, Kaiser 177
Kosma, Presbyter (zur Zeit des *Severos von Antiochien*) 115, 122f, 153
Konstantin (Qōsṭanṭīnā), Bischof von Laodikeia (6. Jh. n. Chr.) 122f, 146
Kyriakos, Bischof von Amīd (6./7. Jh. n. Chr.) **160f,** 212
Kyriakos, Patriarch (gestorben *817 n. Chr.*) 94, 119, 128, 130, 137, 151ff, 173, 186ff, 199, 204ff, 221, 230, 238f, 255ff, 270, 277, 288f, 299
Kyrillos I, Patriarch von Alexandrien 116, 124f, 141
Kyrillos III, Patriarch von Alexandrien 191
Litoios, Bischof von Mytilene (zur Zeit des *Gregor von Nyssa*) 141
Markos (Marqōs), Aba, der Isaurier 288
Markos, Patriarch von Alexandrien 173
Martyrios, Patriarch von Antiochien (5. Jh. n. Chr.) 115, 121f, 135, 176
Mārūtā, Maphrian 226
Mārūtā von Maipherkaṭ (6./7. Jh. n. Chr.) 102, 108f, 134, 169, 225f, 265, 274ff
Michael der Große = der Syrer, Patriarch (1126/1127—1199 n. Chr.) 146, 153, **165,** 170, **172f,** 176ff, 189ff, 191ff, 209ff, 222ff, 245, 269ff, 285ff, 299f
Michael, Patriarch von Alexandrien (9. Jh. n. Chr.) 167, 173
Mōšē bar Kēphā (zur Zeit des *Jōḥannān III*) **162,** 165, 221, 233f, 249, 284
Namīrājē, christlicher arabischer Stamm 183
Neǧrājē, christlicher arabischer Stamm 191
Nestorios 84f
Paulā und Paulā (Paulos), Äbte und *Presbyter (6. Jh. n. Chr.)* 114, 122f, 136, 146, 243, 277, 288
Paulos von Ukkāmā, Patriarch (5./6. Jh. n. Chr.) 211, 213
Petros, Patriarch von Alexandrien 110ff, 120f, 146
Petros der Walker, Patriarch (5. Jh. n. Chr.) 176
Petros von Qallīnīqōs, Patriarch (6. Jh. n. Chr.) 213, 271
Philoxenos, Bischof von Mabbūg = Aksenāiā 86, 112f, 118, 120f, 136, 146, 266
Polyeuktos, Presbyter (zur Zeit des *Severos von Antiochien*) 115, 153
Qōsṭanṭīnā = Konstantin, Metropolit von Laodikeia (6. Jh. n. Chr.) 136, 288, 296f
Rabbūlā, Bischof von Edessa (5. Jh. n. Chr.) 104, 112ff, 118f, 120ff, 141, 145ff, 233, 240, 246ff, 264ff, 273ff
Sābā Rūḥānājā 168

Sergios Amphiator, Bischof (Ende des *6. Jh. n. Chr.*) 116, 124f, 148
Sergios von Ḥālā, erster Patriarch der westsyrischen Kirche (6. Jh. n. Chr.) 211
Sergios von Pellā, Patriarch 179
Sergios Zakūnājā, Metropolit (7. Jh. n. Chr.) 184, 202, 220
Sergios von Germanikeia, Bischof 184
Severos (Sewīrā), Bischof (9. Jh. n. Chr.) **165**
Severos bar Mašqā, Patriarch (7. Jh. n. Chr.) 202, 216
Severos, Patriarch von Antiocheia (oft als *1. westsyrischer Patriarch* gezählt) *(6. Jh.)* 86, 115, 122f, 130f, 136, 145, 153, 176, 179, 243, 245, 264, 279, 283f, **295f**
Simeon (Šemʿōn), der Stylit (Esṭūnājā) (um 390—459 n. Chr.) **159**
Simeon, Metropolit von Tagrīt 205
Solon, Bischof (zur Zeit des *Severos von Antiochien*) 115, 118, 122f
Taglībājē, christlicher Araberstamm 183, 190
Thekla, Adressatin eines Severos-Briefes 115, 118, 122f, 243
Theodora, Kaiserin 179, 270
Theodoros bar Wahbūn, Gegenpatriarch (gegen *Michael den Großen*) 208ff, 220, 270
Theodoros, Bischof von Olbai (zur Zeit des *Severos von Antiochien*) 115, 122f
Theodoros, Bischof von Arabien 179
Theodosios, Patriarch von Alexandrien (6. Jh. n. Chr.) 115, 118, 122f, 130, 136, 153, 179
Theodosios, Patriarch (gestorben *896 n. Chr.*) 188
Timotheos, Patriarch von Alexandrien 104, 110ff, 118, 120f, 135f, 145f, 258ff
Timotheos von Tell Patrīq 214
Zakkāi, häretischer Presbyter (zur Zeit des *Severos von Antiochien*) 296
Zebad, häretischer Presbyter (zur Zeit des *Severos von Antiochien*) 296
Zenobios, Presbyter 115, 153
Zenon, Kaiser 175f

ORTE

Adiabene, Region, siehe Karte
Akko 154
Akkra 185
Aleppo = *Ḥālāb* = *Beroea* = Βέρροια 154, 187, 196
Alexandreia = *Alexandrien* 106f, 175f, 180, 191
Amīd = Ἀμίδα = heute *Dijarbakir* 164, 178, 188, 216ff, 229f, 287
Anazarba = Ἀνάζαρβα = *Anazarb* = *Ainzarb* 190, 215
ʿAnāt (= *ʿAnāh* = *ʿAnā*) 183
Anbar = *Pērōz Šabōr* 183
Ankyra = heute *Ankara* 99ff, 104, 106f, 141f, 239, 291
Antiocheia = *Antiochien in Syrien* = heute *Antakya* **84ff,** 99, 103, 106f, 158, 175f, 185ff, 196, 211, 216ff, 235, 272
Apameia = *Aphamījā* = Ἀπάμεια 190, 196, 216
Arbēl = *Arbela* = *Arbil* = *Irbil* 183
Arbinē, Kloster **203**
Arzūn 178ff, 186
Ašpharīn = *Šūphrīn (?),* Kloster, siehe Karte
Asphūlōs = *Saphylos,* Kloster bei *Rēšʿainā* 188, **206,** 269
Aserbeidschan (Region) = *Adorbīǧān* 186
Assur = *Ninive (antik)* = *Mossul* = *Moṣul* 165, 181, 186f, 203ff, 224, 230
Ausebuna = *Eusebona,* Kloster 217f, 270
Bagdad 195, 217, 235
Bālād = heute *Aski Mosul* 115, 202
Bar Gagai, Kloster bei *Melitene* siehe Karte
Barīd, Kloster = *Qarīrā* 185, 218, 270
Barṭellā = *Barṭelli* 223ff, 270
Beʿeltān 269
Berytos = *Beyrut (Beyrouth)* 197
Bēt Arabājē, Region 183
Bēt Bālāš 200
Bēt Bāṭīn 119, 128, 137, 149ff, **204**
Bēt Kijōnājā 162, 165
Bēt Kūdīdā bei *Mār Mattai* siehe Karte
Bēt Marān, Kloster 197
Bēt Melkē, Kloster im *Ṭūr ʿAbdīn* = *Mār Malke* 218
Bēt Nūhādrān = *Bēt Nūhādrā* 182f
Bēt Rāmān = *Bet Wāzīq* = *Bet Rāzīq* 162, 165, 182
Bēt Tellāt **202**
Bēt Ukkāmā 211, 213
Bethlehem 197
Bizona, Säulenkloster bei *Qallīnīqōs* 270
Bosrā = *Bosṭrā* = Βόστρα 114, 118
Caesarea = Καισαρεία *(in Palästina)* 185, 197
Chalkedon 85, 102ff, 108f, 120f, 140ff, 175ff, 235, 274, 295
Damasqōs = heute *Damaskus* 190, 196, 218, 235
Dārā = Δάρα 162, 178, 190, 207, 228
Dōlīk = Δολίχη 185, 196
Edessa = *Ūrhāi* = Ἔδεσσα 178, 185ff, 195f, 218, 229, 246, 266
Emesa = Ἔμεσα = heute *Homs* oder *Hims* 190, 196, 215, 218
Ephesos 102ff, 108f, 116, 124f, 140ff, 147, 178, 295
Eusebona = *Ausēbūnā* 217f, 270
Gabalā = Γάβαλα 196
Gangra **99f,** 106f, 110
Gargar = *Gerger,* Region und Ort 185, 193, 209
Gaza 191
Gōmēl = *Gōgmēl* = *Gūgmēl* 183
Gozārtā de Qardū (Gordyene) = *Ǧezirat ibn Umar* = heute *Čizre* 183ff, **207,** 226, 272

Gūbbā 154
Gūbbā Barrājā, Kloster 188, 205f, 218ff, 230
Gūbrīn 114, **205**
Ḥabōrā, Fluß und Region 209, 228
Ḥālā, Kloster 211
Ḥālāb = *Aleppo* 272
Hamadan 183
Ḥarēm 197
Harput = heute *Elaziğ* 186
Ḥarrān = Κάρραι 119, 128, 151, 178, 195, 197ff, **203ff,** 216ff, 266
Hebron 197
Ḥerūl – *Ḥūrēw* 187
Ḥesnā de Zaīd 218
Ḥesnā de Manṣūr = *Ḥesn Manṣūr* **208**
Ḥesnā de Rūmājē = Qālā Romaitā = Qualʿat ar-Rum = Hromkla 193
Ḥīrtā = *Ḥīrā* 183
Ḥōrasān, Region 186
Jaffa 197
Jazdaphnah (Šahrōz) zwischen *Arbēl* und *Hamadan* 183
Jerusalem 175, 185, 190, 196, 229
Kaišūm 185, 193, **208,** 218
Karmēh, bei *Tagrīt,* siehe *Ṭīrhan*
Kelaṭ = *Ḥilāt* = Χλέατ = *Ahlat,* am Westufer des *Van-Sees* in *Armenien* 187
Kenūšiā, Kloster bei *Quallīnīqōs* = *Bīzōnā,* auch „*Säulenkloster*" genannt 198, 269
Kepharnābū 128, **204,** 218
Kephartūtā 207, 215f, 223ff, 228
Konstantinopel 99ff, 103ff, 106ff, 140ff, 193, 235, 295
Kūfēh = *Aqūwālā* 183
Laodikeia = heute *Latakia* 99, 106ff, 140, 196, 295
Laqabīn, in der Region *Melitene*
Mabbūg = *Hierapolis* = Ἱεράπολις = *Manbig* 190, 196f, 218
Maʿaltā (Maʿaltājā) 183
Maipherkaṭ = Μαρτυρόπολις = auch *Maipherkit, Maipherqīn* und *Majāpharqīn* 167, 178, 186, 190, 218
Manavazgerd 192, 200, **202**
Mār Abāi, Kloster bei *Ṣur* 153, 166
Mār Abḥai, Kloster **208,** 269, 281
Mār Abraham, Kloster 167, 269
Mār Aphtōnājā, Kloster 269
Mār Athanasios, Kloster 269
Mār Atūnōs, Kloster 269
Mār Barṣaumā, Klöster 188, **208ff,** 217f, 223, 229
Mār Barṣaumā, Kloster bei *Mardin* 185ff
Mār Behnām, Kloster 167
Mār Gabriel, Kloster im *Ṭūrʿ Abdīn* = *Qarṭamin* (nahegelegenes Dorf) = heute *Deir al-Umar* 173, 188, 271, 274
Mār Ḥananjā, Kloster bei *Mardin (Mardē)* = heute *Deir az-Zaʿfaran* 131f, 149, 153f, 166, 188, 209ff, 217f, 223, 228, 269, 274ff
Mār Malkē, Kloster im *Ṭūr ʿAbdīn* siehe Karte
Mār Mattai, Kloster auf dem Berg *Alphaph* bei *Mossul* 85, **130f, 153,** 160, **166ff,** 178ff, 190, 198, 203ff, 212, 219ff, 222, 230f, 268ff, 278f
Mār Šīlā, Kloster in *Quallīnīqōs* 128f, 165, 188, **203ff,** 220f, 229
Mār Simeon, chalkedonisches Kloster siehe Karte
Mār Zakkāi, Kloster bei *Qallīnīqōs* 129, 151, 167ff, 188, 207, 268, 272, 281
Marʿaš = *Germanikeia* = Γερμανικεία 184f, 190, 197, 215
Mardē = *Mardin* = heute *Mardin* 178ff, 187f, 217, 228ff, 266, 272
Margā, Region 183
Melitene = Μελιτήνη, beim heutigen *Malatya* 184f, 187ff, 229
Merībā de Rēšʿainā **203**
Midjat, im *Ṭūr ʿAbdīn* 119
Mopsuestia 196
Mossul = *Moṣul* 162, 165, 186f, 202ff, 222ff, 230, 235
Nazareth 197
Neokaisareia = Νεοκαισαρεία 99, 110
Nikaia = Νικαία 98ff, 106f, 140ff, 231f, 259, 291, 295ff
Ninive bei *Mossul* 181f, 203, 230
Nisibis = *Nesībīn* = *Saubā* = heute *Nusaybin* 172, 178, 224, 235
Nūhadrā = *Nūhadrān* 182f
Olbai = Ὄλβας, in *Isaurien* 118
Palmyra = *Tadmōr (Tudmūr)* = Παλμύρα 187

Phesqīn, Kloster **209,** 269, 272, 282
Pīr Šabōr = *Pērōz Šabōr* = *ʿAnbār* 183
Qālā Romaitā = *Hromkla* = *Qalʿat ar-Rum* (siehe *Ḥesnā*) 193
Qalīnqālā = *Erzerum* 186
Qallīnīqōs = Καλλίνικος = Νικεφώριον = *Raqqā* 128, 151, 167, 178, 187ff, 195ff, 206, 209, 215, 218, 223, 233, 266ff
Qarīrā, Kloster, siehe *Barīd*
Qarqīsīōn = *Circesium* = Κιρκέσιον 187
Qarṭamīn, Kloster (siehe *Mār Gabriel*) 179, 188, 271
Qennešrē = *Mar Aphtōnājā*, Kloster 173, 188, 269
Qennešrē = *Qenneš*rīn, Stadt 197, 205, 218
Qlaudīa = *Klaudia*, Region bei *Melitene*
Quros = Κύρρος (nördlich von *Aleppo*) 190, 196, 200, 203
Rehabōt = *al-Mijadin* 187
Reṣāphā = *Ruṣāphā* = *Sergiopolis* = Σεργιούπολις 190
Rēšʿainā = *Rāš elʿAin* 178, 184, 188, 190, **202,** 218
Šahrōz = *Šahrzūl* = *Šahārzūl* = *Šahārzūr* 183
Samaria 197
Samarra 183
Samosata = Σαμόσατα am *Euphrat* 186, 190, 215
Saphylos, Kloster = *Asphūlōs*, bei *Rešʿainā* 188, **206,** 269
Sednaja, nordwestlich von *Damaskus* 77, 218
Segestan (Region) 186
Seleukeia-Ktesiphon 102f, 114, 135, 141f, 151, 160
Seleuqījā = Σελεύκεια = *Seleukeia von Isauria* siehe Karte
Serdika 102ff, 108f, 112, 146
Šmīšāt = *Šimšāt* = Ἀσμόσατον 185
Srūg = Σερογήνη, bei *Batnan*, heute *Sürüc (Türkei)* 188, 203f, 207, 209
Sidon 197
Šiggār = Σιγγάρα = *Singar* 177, 182
Sūgdāi, Kloster im Osten
Symnada 190
Tagrīt = *Tigrīt* = *Tikrīt* 153f, 160, 165, 182ff, 187f, 189, 198, 202, 205f, 211f, 215ff, 222ff, 249, 266
Tarmanā 203
Tarsos = *Ṭarsōs* = Ταρσός 184, 190ff
Tell Besmē 228
Tell Mahrē = *Tell Mahrīn* *188*
Tell Patrīq bei Melitene 214
Tellā = *Tellā de Mauzalat* = Κονσταντίνα 105, 147, 167, **204,** 218
Tellʿādā, Kloster bei *Ḥālāb* 272
Ṭīrhān = *Ṭrīhān* = *Karmēh* (Bistum) 183
Tripolis 185, 196
Ṭūr ʿAbdīn, Region 142, 187, 272
Tyros = Τύρος = *Ṣūr* 197
Zeugma = Σεῦγμα 215
Zuqnīn, Kloster bei *Amīd* 172, 272
Zūr = *Deir az-Zūr* 187

A. EINFÜHRUNG UND QUELLENLEHRE

I. ORIENTALISCHES KIRCHENRECHT

1. Ostkirchenrecht

Im weitesten Sinne versteht man unter orientalischem Kirchenrecht (law of the oriental churches, diritto canonico orientale, droit des églises orientales) die Rechtsordnungen aller jener christlichen Gemeinschaften, die organisatorisch oder doch wenigstens dem Ritus nach außerhalb der abendländischen, lateinischen, sei es katholischen oder evangelischen Kirchen stehen. Selbst die Sonderordnungen der durch die Union mit Rom der abendländischen katholischen Kirche in Glaube und Organisation verbundenen christlichen Gemeinschaften orientalischer Herkunft werden somit nach dem Ursprung ihrer älteren Quellen aus der Zeit vor der Union als orientalisches Kirchenrecht bezeichnet. Die in der Tradition mit der abendländischen, lateinischen Kirche verbundenen evangelischen Kirchen sind demgegenüber selbst dann nicht von der Bezeichnung „Ostkirchen" erfaßt, wenn wir ihnen in der Orientmission begegnen. Gelegentlich verwendet man auch den Ausdruck „Ostkirchen", um diese Weite der historischen Betrachtung darzutun; so etwa in der deutschen Benennung der „Gesellschaft für das Recht der Ostkirchen".

In einem engeren Sinne versteht man nämlich im Deutschen unter dem „Orient" im kirchengeschichtlichen Sinne nur den Vorderen Orient, den Nahen Osten. Erst in einem weiteren Sinne erfaßt man damit auch Kleinasien und den ehemals byzantinischen Herrschaftsbereich. Darüberhinaus bezeichnet man dann aber auch alle jene Kirchen als orientalisch, die auf die byzantinische Mission im östlichen Europa zurückgeführt werden können bis hin zur russisch-orthodoxen Kirche.

In diesem weitesten Sinne wird das Wort „orientalisch" etwa in dem großen Quellenwerk der Sacra Congregazione Orientale bei der römischen Kurie[1] verstanden, die eine umfassende Kodifikation für die

[1] Vgl. Codificazione Canonica Orientale, Fonti I fasc. VIII: Studi storici sulle fonti del diritto canonico orientale, Città del Vaticano 1932.

unierten Gemeinschaften orientalischer Tradition schaffen sollte, für die der Codex Iuris Canonici nicht galt und nicht gelten sollte. So verstehen den Ausdruck „orientalisch" auch COUSSA in seinem Buch „Epitome praelectionum de iure ecclesiastico orientali"[2], DE CLERQ in seinem Werk „Fontes iuridici ecclesiarum orientalium"[3] oder andere Autoren und Dokumente zur Unionsgeschichte. Ebenso ist das Interesse der „Gesellschaft für das Recht der Ostkirchen", wie es sich weniger aus ihrer Benennung als aus ihrem wissenschaftlichen Unternehmen[4] und ihrem Mitgliederkreis[5] ergibt, so weit gesteckt, daß es z. B. die äthiopische Kirche ebenso erfaßt wie die armenisch-orthodoxe oder russisch-orthodoxe Kirche.

In älteren Darstellungen des Ostkirchenrechts, deren Blick noch fast ausschließlich auf die traditionell so genannten „orthodoxen Kirchen" gerichtet war, wird demgegenüber unter den „orientalischen" oder „morgenländischen" Kirchen nur die auf byzantinischer Tradition beruhende „Orthodoxie" verstanden, so etwa bei PITZIPIOS-BEY[6], der die armenische Kirche aus rein praktischen Gründen in einem Anhang einbezieht, bei MILAŠ[7] oder bei VERING[8].

Aus der vorliegenden Darstellung orientalischen Kirchenrechts soll jedoch gerade dieser Forschungsbereich „Orthodoxe Kirchen" ausgenommen sein. Er muß einer gesonderten Darstellung vorbehalten bleiben, da er völlig andere Anforderungen in Sprach-, Geschichts- und Rechtskenntnissen an den Bearbeiter stellt als der des orientalischen Kirchenrechts mit seinem Zentrum im Vorderen Orient. Wenn übrigens hier und noch öfter von „orthodoxen Kirchen" gesprochen wird, soll keinesfalls schon durch die Benennung Stellung zur Frage der Rechtgläubigkeit dieser oder anderer Kirchen aus jeweils fremder Sicht genommen werden. Auch die Kirchen des Vorderen Orients, letztlich auch die katholische Kirche, bezeichnen sich im durchaus respektierten Selbstverständnis als „orthodox", „rechtgläubig". Doch erleichtert es die Diskussion, einmal eingeführte und vielfach verwendete Benennun-

---

[2] Vol. I, Romae 1948, 3 ff zur denominatio.

[3] Romae 1967.

[4] Vgl. die Materialien aus Kanon, Jahrbuch der Gesellschaft für das Recht der Ostkirchen I (Wien 1973), II (Wien 1975) und III (Wien 1977).

[5] Einen guten Überblick ergeben die Kongreßberichte in Kanon I—II (Fn. 4).

[6] Wien 1865.

[7] Das Kirchenrecht der Morgenländischen Kirche, nach der deutschen Übersetzung von A. VON PESSICS, 2. Aufl., Mostar 1905.

[8] Lehrbuch des katholischen, orientalischen und protestantischen Kirchenrechts, 3. Aufl., Freiburg i. Br. 1893.

gen weiter zu gebrauchen. Empfindlichkeiten sollten in diesem Falle dem wissenschaftlichen Interesse an allgemein verständlichen und eingeführten Bezeichnungen weichen.

2. Orientalische Kirchen im engeren Sinne

Orientalische Kirchen sind demnach für die vorliegende Darstellung nur jene, deren kirchliche Zentren in den Jahrhunderten eigenständiger Prägung im Vorderen Orient lagen: Die ostsyrisch-nestorianische (und ihre Tochter, die syro-malabarische), die westsyrisch-jakobitische, modern: syrisch-orthodoxe (und ihre Tochter, die syro-malankarische), die armenische (armenisch-apostolische), die koptische (und ihre Tochter, die äthiopische), die griechisch-orthodoxe (melkitische) und die maronitische Kirche. Auch hier sollen aus Gründen der Zweckmäßigkeit im Laufe der Zeit üblich gewordene Benennungen beibehalten werden. Selbstverständlich respektiere ich auch hier alle Vorbehalte, die der traditionellen Benennung — vielleicht auch der Bezeichnung als „Kirche" — gegenüber gemacht werden könnten.

Die gemeinsame, aber von Rom wie von Byzanz gesonderte Betrachtung dieser Kirchen rechtfertigt sich aus den bislang erzielten Ergebnissen der Erforschung ihrer kirchlichen Rechtsgeschichte. Es läßt sich nämlich zum einen zeigen, daß die rechtlichen Traditionen dieser Kirchen nicht sehr weit über die theologisch-dogmatische Trennung hinaus mit der Reichskirche gemeinsam verlaufen. Andererseits sind die Traditionen der verschiedenen orientalischen Kirchen zumindest bis zum Ende der Mongolenzeit in der Rechtsliteratur durch Entlehnungen stark ineinander verzahnt. Das gilt in ganz besonderem Maße für die westsyrisch-jakobitische, modern: syrisch-orthodoxe, (in Zukunft nur „westsyrische") Kirche. Von ihr, oder doch von ihrem Ursprungsgebiet, gehen die meisten gemeinorientalischen Traditionen aus.

Die reichskirchliche Basis aus der Zeit vor der Trennung ist jedoch für alle Kirchen gleich. Sie führt uns zu Beginn der Darstellung in Quellenbereiche, die in den Lehrbüchern des katholischen Kirchenrechts ebenso behandelt werden müssen wie in denen des orthodoxen Kirchenrechts.

3. Unierte

Doch ist noch eine andere Abgrenzung der orientalischen Kirchen erforderlich. Sie ergibt sich aus der Unionsgeschichte. Für die mit Rom unierten Gemeinden aus den verschiedenen orientalischen Kirchen — wir können sie genau genommen nicht ihrerseits wieder als Kirchen bezeichnen, sondern nur als Teilkirchen der einen katholischen Kirche

— verläuft die Rechtsentwicklung vom Zeitpunkt der Union an anders als für die orientalischen Kirchen, von denen sie sich getrennt haben. Daher ist das Kirchenrecht der unierten Teilkirchen, der koptisch-katholischen, syrisch-katholischen, chaldäischen[9], armenisch-katholischen und melkitischen (die orthodoxen Melkiten nennen sich selbst „griechisch-orthodox", haben aber Mühe, den griechischen Charakter zu erklären oder zu leugnen), besser einer eigenen Darstellung vorbehalten, zumal die zeitliche Grenze, die wir unserer Darstellung gesetzt haben, überschritten würde. Zweifellos wird aber alles, was wir an Rechtsstand der orientalischen Kirche im 14. Jh. feststellen, den Ausgangspunkt jeder rechtlichen Unionsgeschichte bilden.

4. Maroniten und Melkiten

Obwohl es nun für die Maroniten nicht die sonst zu verzeichnende Spaltung in unierte und — von Rom oder Byzanz aus gesehen — dissidente Gemeinden oder Kirchen oder Teilkirchen gibt, ist ihre Geschichte doch sowohl in der vorliegenden Darstellung als auch in der anderen, die sich mit der Unionsgeschichte befaßt, zu finden. Doch soll damit die Frage, ob die Maroniten allgemein oder zum Teil jemals in ihrer Geschichte als von Rom oder Byzanz getrennt angesehen werden können, nicht aufgegriffen oder gar entschieden werden (vgl. jetzt Gemayel, Les échanges culturels entre les Maronites et l'Europe, I, II, Beyrouth 1984). Sie spielt hier keine Rolle. Man wird aus rein praktischen Gründen der Quellengemeinsamkeit mit den orientalischen Kirchen zu folgen haben. Diese Gemeinsamkeit aber führt uns bis in die Zeit herauf, in der auch in den unbestritten unierten Gemeinden sich erstmals Probleme mit der nichtlateinischen Tradition ergeben.

In einer ähnlichen Weise wie bei den Maroniten finden wir das Problem auch bei den zunächst mit der Reichskirche — im besonderen mit Byzanz —, später mit der griechischen Orthodoxie verbundenen Melkiten. In ihrem Bekenntnis sind sie trotz ihrer zumeist arabischen Kirchensprache in gleicher Weise wie die byzantinischen Kirchen „orthodox" zu nennen. Dennoch teilen sie bis zum 13./14. Jh. die Rechtsquellen mit den übrigen orientalischen Kirchen und entlehnen aus dem reichskirchlich-byzantinischen Quellenbereich wahrscheinlich nicht mehr Material als verschiedene andere orientalische Kirchen auch. Bis

---

[9] Chaldäer werden die unierten Nestorianer genannt. Die orthodoxen Nestorianer nennen sich seit dem 1. Weltkrieg Assyrer. Aus der evangelischen Mission ist die „Reformierte nestorianische Kirche" hervorgegangen.

dahin werden wir sie also — wie die Maroniten — in der vorliegenden Darstellung berücksichtigen müssen. Ihr ferneres Schicksal aber gehört in eine Geschichte des byzantinisch-orthodoxen Kirchenrechts.

5. Andere Unionen und Missionen

Eine bescheidene Unionsgeschichte gibt es übrigens auch im Verhältnis zwischen den orientalischen Kirchen und den byzantinisch-orthodoxen Kirchen. Denken wir nur an jene nestorianischen Gemeinden, die sich der russisch-orthodoxen Kirche zugewandt haben (Ajsory). Hierher gehört auch die Geschichte der Georgier. Unions- und Missionsgeschichte gehen schließlich ineinander über, wenn von dem Verhältnis der orientalischen Kirchen zur Mission evangelischer Gemeinschaften die Rede sein wird, uns etwa eine armenisch-evangelische Kirche begegnet. Die Geschichte der Thomaschristen Südindiens zeigt gar einen Weg christlicher Gemeinschaften zwischen Nestorianern und Monophysiten, zwischen lateinischer Mission und Union mit Rom, und zwischen allen diesen Richtungen und evangelischer Mission, einen Weg, der in seiner Verworrenheit kaum verständlich dargestellt werden kann. Der Phantasie sind keine Grenzen gesetzt: In Sednaja bei Damaskus gibt es eine mit der syrisch-orthodoxen Kirche unierte griechisch-orthodoxe Gemeinde.

II. EINHEIT UND VIELFALT DES ORIENTALISCHEN KIRCHENRECHTS

1. Gleiche Basis, aber getrennte Entwicklung

Der Werktitel „Orientalisches Kirchenrecht“ darf nicht so verstanden werden, als verbinde die genannten orientalischen Kirchen zu irgendeinem Zeitpunkt ihrer Geschichte ein einheitliches oder doch uniformes Kirchenrecht. Auf einer gemeinsamen reichskirchlichen Basis entwickeln sich recht schnell verschieden gestaltete Ordnungen. Dem entspricht auch ein klares Selbstverständnis getrennter Rechtsentwicklung bei allen Kirchen, selbst unter jenen gleicher Glaubensrichtung. Wir müssen demnach nestorianisches, westsyrisches, armenisches, koptisches, melkitisches, maronitisches und äthiopisches Kirchenrecht getrennt darstellen.

2. Rezeptionen

Freilich ist zu aller Zeit die Durchlässigkeit christlich-orientalischer Literatur, auch Rechtsliteratur, sehr groß, besonders soweit die Kirchensprachen dieselben waren. Die Nestorianer treffen mit der Ostmission der Westsyrer auf deren Quellen und umgekehrt. Und die westsyrische Literatur begegnet uns bei Armeniern, Maroniten und Kopten. Vor diesem Hintergrund ist leicht zu ersehen, daß Rezeptionen naheliegen. Wir werden dabei genauestens prüfen müssen, wie weit die literarische Rezeption nur der Information dient oder neues Recht einführt.

III. KIRCHLICHE RECHTSGESCHICHTE UND LITERATURGESCHICHTE DES RECHTS

1. Die Zäsur der Darstellung mit der Mongolenzeit

Die Hauptquelle der Erkenntnis orientalischen Kirchenrechts ist bei allen in Frage kommenden Kirchen die Fülle der kirchlichen Rechtsliteratur, wie sie sich bis zum 13./14. Jh. in chronologischen Sammlungen und systematischen Kompilationen anhäuft. Eine kirchliche Rechtsgeschichte wird sich daher bevorzugt dem Entstehen dieser Erkenntnisquellen widmen müssen. Denn sie spiegeln in ihrer Überlieferungsgeschichte Entstehen und Vergehen kirchlicher Rechtseinrichtungen. Daher gilt das Interesse zwangsläufig einer Literaturgeschichte der verschiedenen Sammlungen kirchlichen Rechts, die wieder als Teil der christlich-orientalischen Literaturgeschichte allgemein zu sehen sind. Es ist also nicht ein besonderes Interesse am Fortleben christlicher Antike, daß sich die vorliegende Untersuchung zunächst nur der Darstellung der Verhältnisse bis zum 13./14. Jh. widmet. Nicht nur bei den Nestorianern hat sich die Zäsur gezeigt[10]. Auch bei den Westsyrern kann nach Gregorios Abu'l-Farağ, genannt Bar ʿEbrājā (latinisiert Bar Hebraeus), dem letzten großen Autor der Westsyrer (gestorben Ende des 13. Jh.) von einer einigermaßen bedeutsamen Rechtsliteratur in syrischer oder arabischer Sprache nicht mehr die Rede sein[11]. Die geringe Zahl der nach der Verfolgung in der Mongolenzeit noch verbliebenen Gemeinden und ihre prekäre materielle und politische Situation ist anscheinend kein Boden für eine bedeutsame neue kirchliche Literatur gewesen. Baumstarks Geschichte der syrischen Literatur[12] endet daher verständlicherweise mit dem 14./15. Jh. Über die Entwicklung in spä-

---

[10] Vgl. Selb, Orientalisches Kirchenrecht I (Wien 1981).

[11] Graf, Geschichte IV 5 und 94; Macuch, Geschichte der spät- und neusyrischen Literatur, Berlin—New York 1976, 10 ff.

[12] Bonn 1922.

terer Zeit bis zu unseren Tagen sind wir auch schlecht genug informiert; dabei wissen wir von der Rechtstradition noch weniger als von der auf das 14./15. Jh. folgenden allgemeinen Geschichte der überlebenden christlichen Gemeinschaften[13]. Das gilt auch für die Armenier[14], für die Kopten[15] und indirekt auch für die Äthiopier[16], für die Melkiten[17] und für die Maroniten[18].

2. Rechtsleben und Rechtsliteratur

Bislang hat die Analyse der großen Sammlungen der Nestorianer[19] eher kirchliche Rechtsliteratur als ein kirchliches Rechtsleben gezeigt. Das wird bei der westsyrischen kirchlichen und weltlichen Rechtsliteratur noch einmal ein Problem sein. Zwar gibt es hier keine unmittelbar faßbare Motivation wie bei den Armeniern, mit der Schaffung einer eigenständigen Literatur die nationale Eigenständigkeit zu betonen oder im Werden zu unterstützen, doch wollten es wohl christliche Autoren, wie etwa Jakob von Edessa (Ūrhāi) gegenüber ihren andersgläubigen Zeitgenossen nicht an Nachweisen der Gelehrsamkeit fehlen lassen.

Wir wissen nicht viel von den wirklichen Lebensverhältnissen der westsyrischen Christen, wenn wir einmal die Rechtsquellen und die sich mit der Kirchenpolitik und Kirchenorganisation befassenden Chroniken beiseite lassen. Die Rechtsquellen selbst aber geben wie die Chroniken ein etwas verzerrtes Bild. Sie sind keine Zeugnisse für die normal gelebte Ordnung, sondern beziehen sich zumeist auf aktuelle Mißstände. Man könnte bei unkritischer Betrachtung der Rechtsquellen und Chroniken auf den Gedanken kommen, das Leben der christlichen Gemeinden sei eine bloße Folge von Machtkämpfen, von Gier nach Reichtum, von Verrat, von Unzucht und Ausschweifung, von Disziplinlosigkeit, u. a. m. Das wäre ganz gewiß falsch. Doch ist es andererseits recht schwierig, aus einem solcherart selektiven und oft negativen Bericht einer Chronik oder aus einem defensiven Regelwerk von Kanones auf die gesunden Lebensverhältnisse zu schließen, mit ihrer Hilfe das gewöhnliche Leben und seine Ordnung zu rekonstruieren, ein Leben, aus dem sich die Mißstände als abnorme Erscheinungen abheben.

---

[13] Zu dieser Geschichte vgl. SPULER, Hb.Or. 120 ff und 160 ff bzw. 170 ff und 209 ff.

[14] Vgl. HATZUNI, Armeni CCO Fonti I, VIII 141 ff; SPULER, Hb.Or. 258—261.

[15] Vgl. GOZMAN, Copti CCO Fonti I, VIII 34 ff.

[16] Vgl. GREBAUT, Etiopi CCO Fonti I, VIII 73 ff.

[17] Vgl. ABELA/COUSSA, Melkiti CCO Fonti I, VIII 281 ff.

[18] Vgl. DIB, Maroniti CCO Fonti I, VIII 90 ff.

[19] SELB OrKiR I.

IV. KIRCHLICHES RECHT UND WELTLICHES RECHT KIRCHLICH ABGEGRENZTER GEMEINSCHAFTEN

Die Quellen, die über das Recht, das in den orientalischen Kirchen tradiert wird, informieren, unterscheiden in den Anfängen nicht zwischen kirchlichem und weltlichem Recht etwa im Sinne der abendländischen Tradition. Und wenn die orientalischen Kompilatoren späterer Zeiten diese Einteilung in ihren systematischen Werken treffen, ziehen sie die Grenzlinie anders, als wir es in unserer abendländischen Rechtstradition seit dem Beginn der Neuzeit gewohnt sind. Dennoch dürfen wir die Unterscheidung für die Zwecke der Darstellung in das Quellenmaterial hineintragen, da die Arbeitsweise insbesondere bei der Erforschung der Herkunft von Rechtsnormen jeweils eine andere sein wird.

Die westsyrischen Gemeinden lebten in ihren Anfängen noch im Staatsverband des römisch-byzantinischen Reiches, bis die arabischen Eroberer kamen. In diesem Staatsverband lebten sie in Konkurrenz mit jenen Gemeinden, die der kaisertreuen Kirchenorganisation angehörten oder auf der Flucht vor deren Verfolgung. Wir wissen wenig darüber, wie weit sie bis dahin de facto der römischen Gerichtsorganisation und dem römischen Recht unterworfen waren. Es mag sein, daß sich schon in dieser frühen Zeit die kirchlichen Hierarchen als die wahren Träger weltlicher Gewalt über die eigenständigen Gemeinden der verfolgten Monophysiten erwiesen. Unter den arabischen Herrschern werden sie es in beschränktem Bereich, insbesondere im Bereich der zivilen Gerichtsbarkeit ganz gewiß. Die christlicher Vorstellungswelt entstammende (Paulus I Korinther 6), auch im römischen Reich geübte episcopalis audientia[20] wird zur ordentlichen Gerichtsbarkeit über Glaubensgenossen, in der zwischen dem Bereich kirchlichen und weltlichen Rechts nicht unterschieden wird[21].

V. ÄUSSERE RECHTSGESCHICHTE UND INSTITUTIONENGESCHICHTE

Im Vordergrund der Darstellung steht die äußere Geschichte der Rechtseinrichtungen der orientalischen Kirchen, d. h. ihre Organisation im Wandel der Zeiten, ihr Verhältnis zum umgebenden Staat, ihre Rechtsentstehungs- und Rechtskenntnisquellen und ihre Rechtsge-

[20] Vgl. dazu Jaeger RHD 38 (1960) 214 ff; Selb SZ 84 (1967) 162 ff und Waldstein FS Kaser (1976) 533 ff, alle mit weiteren Nachweisen.

[21] Vgl. dazu Selb OrKiR I 42 ff.

lehrsamkeit. Daneben soll aber auch eine Geschichte der hauptsächlichen Rechtseinrichtungen geschrieben werden, etwa eine Geschichte des Eherechts, der Organisation mönchischen Zusammenlebens, der Ordnung kirchlicher Schulen, der kirchlichen Vermögensträgerschaft, der rechtlichen Regelung der Sakramente, der Ordnung klerikalen Lebens und des Rechts der christlichen Laien. Geht es der vorliegenden Darstellung doch auch darum, der Rechtsvergleichung im kirchlichen Bereich Material zu bieten. Ohnehin wäre eine reine Quellengeschichte zu dürftig. Und die erforderliche Darstellung der Entwicklung der kirchlichen Verfassung ist ohne Zweifel nichts anderes als Institutionengeschichte.

Es hat sich bei der Darstellung des Kirchenrechts der Nestorianer gezeigt, daß die Ordnung des Bußsakramentes in einer Gemeinschaft, die einerseits ein großes Maß autonomer Jurisdiktion hat, der aber andererseits in der weltlichen Zwangsgewalt enge Grenzen gesetzt sind, eine größere Rolle spielt als das sonst in kirchlichen Rechtsordnungen der Fall ist. Demgemäß soll der Darstellung hierin breiterer Raum gegeben werden, als das in Band I etwa, bei den Nestorianern, der Fall war.

VI. KIRCHENRECHT UND LITURGIE

Der Versuch einer Trennung von Liturgie und Recht führt in einer Gemeinschaft, die den rechten Geist mit der rechten Form verbindet, nicht weit. Dementsprechend gehen Ritus und Recht, liturgische Anweisungen und Rechtsnormen ineinander über. Am deutlichsten wird das am Sakrament der Taufe und der Rechtsfolge kirchlicher Mitgliedschaft gezeigt werden können. Letztlich gibt es kein Kriterium, mit dessen Hilfe man Anweisungen darüber, was zu einer rechten Taufe gehöre, von jenen, wie diese Anforderungen liturgisch gefeiert werden sollen, trennen könnte. Und die Verbindung dieser Voraussetzungen mit der Rechtsfolge der Mitgliedschaft ist untrennbar. In der Quellenlehre wird man daher mit einer gewissen Großzügigkeit verfahren müssen. Die literarische Überlieferung reiht jedenfalls Kanones der Sakramentenverwaltung in Synodika und andere Sammlungen ein, ohne nach einer Unterscheidung von Recht und Liturgie zu fragen.

VII. DIE BESONDEREN DARSTELLUNGSSCHWIERIGKEITEN

1. Der Stand der Forschung

Noch vor wenigen Jahren schien es aussichtslos, eine Geschichte des Kirchenrechts der Westsyrer zu schreiben. Von der zu erwartenden kirchlichen Rechtsliteratur war im Vergleich zu der der Nestorianer nicht viel bekannt. Die Zitate bei Bar ʿEbrājā waren nicht allzu zahlreich und — wie der jetzt mögliche Vergleich bestätigt —, auch nicht besonders vertrauenswürdig. Der Reformer in Bar ʿEbrājā hat gegenüber dem Historiker überwogen. Die Überlieferung an Originalwerken, die einen ganz speziell westsyrischen Charakter hatten, war dürftig. Erst mit der Neubewertigung der bekannten Synodika, der Entdeckung und Edition der Handschrift Dam. 8/11 aus der Bibliothek des westsyrischen Patriarchats in Damaskus durch Vööbus[22] und erst durch eine genauere Durchsicht der Handschriftensammlung aus der Bibliothek der ehemaligen Metropolie von Mardin[23] entstand ein geschlosseneres Bild. Die schon länger bekannten, gemessen am Gesamtbestand nur einen „ersten Teil" repräsentierenden größeren Sammlungen in B.Nat.Syr. 62[24] und Vat.Syr. 560[25] können nunmehr eingeordnet werden, ebenso andere bekannte fragmentarische Zeugnisse aus westsyrischer Tradition[26]. Auch diese Einzelzeugnisse werden im Zusammenhang des Synodikon, aus dem sie stammen, besser verständlich.

Noch deutlicher als bei der Darstellung des Kirchenrechts der Nestorianer wird sich zeigen, daß auch jede Rechtsgeschichte der Antike unvollkommen geschrieben wäre, würde man den Beitrag der orientalischen Kirchen zur Überlieferung antiker Rechtsquellen nicht beachten. In ganz besonderem Maße zeigt das heute die Entdeckung der Sententiae Syriacae[27] aus der westsyrischen Tradition.

2. Probleme der Auswertung der Quellen

a. Das neugefundene westsyrische Synodikon hat erstmals klar gezeigt, wonach man für eine kirchliche Rechtsgeschichte der Westsyrer suchen muß. Diese Suche umfaßt nicht nur, die bekannten Handschriftenkataloge neu zu lesen und zu den Handschriften selbst zurückzukehren, um die Werke zu identifizieren und einer bestimmten kirchlichen Tradition zuzuordnen. Sie erfordert überhaupt, die Hand-

---

[22] Synodikon I—IV.

[23] Vgl. Selb, Sententiae Syriacae.

[24] Zotenberg, Catalogue des manuscrits syriaques et sabéens (mandaïtes) de la Bibliothèque Nationale, Paris 1874.

[25] Van Lantschoot, Inventaire des mss. syriaques, Studi e Testi 243, Città del Vaticano 1965.

[26] Hier sei einstweilen auf Vööbus, Kanonessammlungen I 1 B, 440 ff hingewiesen.

[27] Erstmals Selb SZ 85 (1968), 400 ff, später Vööbus, Synodikon II, 97 Fn. 1, jedoch unter falscher Identifikation als weitere Variante des längst bekannten Syrisch-römischen Rechtsbuches.

schriftenbestände der westsyrischen Gemeinden auf einschlägige Werke zu untersuchen. Die vorliegende Arbeit muß sich beim derzeitigen Stand der Forschung und bei den Aussichten, Editionsvorhaben durchzuführen, des öfteren auf von Hubert KAUFHOLD und dem Autor selbst angefertigte Kataloge und auf von ihnen angefertigte Handschriftenkopien stützen. Das bedeutet in manchen Teilen der Darstellung, daß sie ungleichgewichtig breit wird. Denn es muß nicht nur oft erst die Primärquelle vorgestellt werden, sondern auch eine erste Auswertung dieser Quelle erfolgen.

b. Auch hier fällt diese Auswertung in den Bereich besonders vieler Forschungsbereiche. Es war und ist kaum zu erwarten, daß bei einer Edition, Übersetzung oder ersten Auswertung einer Quelle die Gesamtzusammenhänge sachlicher Art wie etwa der Theologie, der Kirchengeschichte, des Kirchenrechts, der Antiken Rechtsgeschichte, der Judaistik und der Orientalistik in ihren vielen Zweigen sofort erkannt würden. Und es war und ist noch weniger zu erwarten, daß jeweils die Zusammenhänge räumlicher und sprachlicher Art zwischen lateinischer, griechischer, jüdischer, arabisch-islamischer, syrischer, armenischer, georgischer, arabisch-koptischer, arabisch-melkitischer, arabisch-maronitischer, äthiopischer und mittelpersischer Rechtsliteratur von Anfang an erkannt würden. Zwar haben die Kirchenhistoriker schon recht früh ein einfaches und geschlossenes Bild der Verhältnisse in den genannten Kirchen zeichnen können, doch standen sie den Rechtsquellen, so sie diese überhaupt schon kannten, recht fern. Dasselbe gilt für die Theologen, die sich nur gelegentlich mit Schulstatuten, Mönchskanones oder der Bußdisziplin befaßten. Für die Orientalisten lag die Beschäftigung mit dem christlichen Orient stets am Rande. Wo sich Juristen mit den Quellen beschäftigten, blieben die wenigen interessierten Kanonisten bei dem gerade sie interessierenden Material, dort wieder am liebsten bei allem, was zur Reichskirche oder zur Unionsgeschichte Bezug hatte. Und die wenigen interessierten Vertreter der Antiken Rechtsgeschichte analysierten die eine oder andere Quelle „weltlichen Rechts" aus dem christlichen Orient ganz oder teilweise, ohne in der Lage zu sein, eben diese Quellen dem rechten historischen Kontext zuweisen zu können. Für uns, die wir heute bereits das größere Bild, die Zusammenhänge sehen, erweist sich so die erste Beschäftigung mit dem Material, das unsere Erkenntnisbasis bietet, als in Zielsetzung und Arbeitsmethode bestürzend planlos.

VIII. DIE WESTSYRER UND IHRE CHRISTLICHEN NACHBARN

1. Die Missionsgeschichte des antiochischen Hinterlandes

Das syrische Antiochien (ἐπί Δάφνῃ), eine antike Weltstadt, begegnet uns in der Kirchengeschichte schon recht früh. Der Ort wurde als Cathedra Petri bezeichnet; das gab dem Bischofssitz im Ansehen der späteren Zeit einen hohen Rang. Die geographische Lage, die politische Bedeutung und der Charakter als Handelsplatz machten ihn zu einem Zentrum der frühen Ausbreitung des Christentums. Die von ihm ausgehenden Handelswege zum Binnenland, nach Nord- und Ostsyrien und von dort — über Edessa — in das gesamte Zweistromland, in die Persis und nach Afghanistan, wurden zugleich zu Missionswegen[28]. Freilich sind Einzelheiten dieser Missionsgeschichte aus Märtyrerakten, Legenden und Historiographen nur schwer zu erkennen. Die spätere Rechtsentwicklung, die eine starke jüdische Basis hat, erlaubt uns den wahrscheinlich noch tragfähigsten Schluß, daß sich die Mission in diesem Raum zuerst einmal auf die jüdischen Diasporagemeinden stützte. Für diese Missionsgebiete war Antiochien das Haupt der Welt, wie Basilios der Große es später formulierte. Und mit der Errichtung organisatorisch eigenständiger Gemeinden in diesem Raum wurde der Bischof von Antiochien zum Oberbischof, dem ein Ehren- und Rechtsvorrang gebührte[29]. Daran änderte sich auch nichts, als sich in Rom, Konstantinopel, Alexandrien und Jerusalem weitere kirchliche Zentren auf dem Boden des römischen Reiches bildeten.

Der westsyrische Patriarch verstand sich stets als Patriarch von Antiochien, wo immer er später residierte und wie weit sich immer sein Einflußbereich erstreckte. Daran lassen die Quellen keinen Zweifel. Und noch heute nennt sich der zur Zeit in Damaskus residierende Patriarch Zakka Iwas I „Patriarch von Antiochien".

2. Die Gründe und Anfänge der Trennung von der Reichskirche

a. Die Verurteilung des Nestorios zu Ephesos im Jahre 431 n. Chr. und die später daraus resultierende organisatorische Loslösung der da-

[28] Zur Frage Downey, Ancient Antioch, Princeton 1963.

[29] Zur kirchlichen Bedeutung Antiochiens und zur Entstehung seiner Patriarchalverfassung vgl. Beck, Kirche 27 ff, 95 ff und 190 ff; ferner Leipoldt, Frühes Christentum im Orient (bis 451), in Hb.Or. 1. Abt., Bd. VIII, Abschnitt 2, 3 ff (Syrien); ferner Devreesse, Le patriarcat. Quellen zur Stellung Edessas bereits bei Cureton, Earliest establishment, zusammengestellt. Zur politischen und kulturellen Bedeutung Antiochiens, besonders im 4. Jh. n. Chr., vgl. Liebeschütz, Antioch.

mals schon bestehenden ostsyrischen Gemeinden im sassanidischen Herrschaftsbereich spaltete — wie wir gesehen haben — das syrische Christentum erstmals. Das Patriarchat Antiochien umfaßte in geschlossener Organisation den in seinen Grenzen nicht festliegenden römisch beherrschten westlichen Teil seines ursprünglichen Einflußbereiches, den „Westen" im Sinne der nestorianischen, später auch der westsyrischen Quellen, darüberhinaus im „Osten" nur noch kleinere Gemeinden, welche die nestorianische Lehre ablehnten und sich um das Kloster Mār Mattai gruppierten.

Die christologischen Streitigkeiten aber dauerten fort. Einige der gegen Nestorios gerichteten Formulierungen aus Kyrillos' I Theologie waren ähnlich unscharf oder unglücklich gewählt wie die des Nestorios selbst. Das dabei gebrauchte Wort von der einen Natur (μιά φύσις) Christi wurde stark betont, besonders durch den Patriarchen Dioskoros I von Alexandreia (Kyrillos' I Nachfolger). Die Ausdeutung der μιά φύσις ging dabei gelegentlich so weit, daß Eutyches die Menschennatur Christi leugnete. Die gegen diese „monophysitische" Lehre gerichtete Bewegung der „Dyophysiten" trug auf der Synode von Chalkedon (451 n. Chr.) den Sieg davon und formulierte ein klärendes Glaubensbekenntnis, das einerseits gegen die „Monophysiten", andererseits gegen die „Nestorianer" gerichtet war. Die Entscheidung von Chalkedon konnte jedoch wiederum nicht allgemein durchgesetzt werden. Es kam erneut zur Spaltung der oströmischen Kirche, die durch eine Kompromißformel — das Henotikon — nur kurzfristig aufgehoben werden konnte.

b. Im Verlaufe der fortdauernden Streitigkeiten nach dem Konzil von Chalkedon geriet Antiochien zunächst zeitweise, je nach dem in Ostrom favorisierten chalkedonischen oder antichalkedonischen Bekenntnis, unter den Einfluß der Monophysiten. Später vermochte sich an vielen Orten Syriens, nicht aber in Kleinasien und Palästina, wo sich die byzantinische Orthodoxie durchsetzte, auf Betreiben des Jakob Baradaios (Burdʿānā, gestorben 577) (daher rührt der Name „Jakobiten") ein eigener „monophysitischer" Episkopat neben dem der „chalkedonischen" Reichskirche einzurichten und gegen alle staatliche Gewalt zu erhalten. Ohne die Stütze eines separierenden Staatsverbandes, wie ihn die Nestorianer Persiens hatten, oder ohne die Vorteile weitgehender regionaler Selbstständigkeit, wie sie die Monophysiten Ägyptens oder Armeniens hatten, blieb der Monophysitismus in Westsyrien jedoch nur ein Bekenntnis unter anderen. Es fehlte dieser Kirche in ihrer ganzen Geschichte der stärkende nationale Charakter. Das wird sich auch in der Geschichte des Kirchenrechts zeigen. Auch später, unter der Herrschaft des Islam, gelang es den syrischen Monophysiten nicht, alle Christen Syriens für sich zu gewinnen. Dafür vermochte sich der westsyrische Monophysitismus nun auch im ostsyrischen Raum stärker auszubreiten, wie umgekehrt kleinere nestorianische Gemeinschaften im „Westen“, d. h. westlich des ehemaligen Persien, entstanden. Die eine freie Ausbreitung hindernde politische Grenze zwischen Ost- und Westsyrien war eben mit der Herrschaft des Islam weggefallen. Es bleibt jedenfalls im „Westen“ das Phänomen, daß Jakobiten und Chalkedonier sowohl im wechselnden islamischen wie byzantinischen Herrschaftsbereich in größeren, organisierten Gemeinden zu finden sind. Das bedeutet für unsere Untersuchung sehr viel. Das Nebeneinander von Chalkedoniern, Monophysiten und Nestorianern im Raum Syriens, Phönikiens, Palästinas, Mesopotamiens, ja sogar Persiens schafft enge rechtsliterarische Kontakte. Und diese Tatsache läßt bereits ahnen, wie schwer es sein wird, die Rechtstraditionen der beteiligten Kirchen auseinanderzuhalten.

Stärkere Stützen der monophysitischen Lehre waren Philoxenos von Mabbūg (Hierapolis), Jakob von Serūg und Severos von Antiocheia. Sie werden uns auch in den rechtsgeschichtlichen Quellen als Autoren begegnen. Die innermonophysitisch weitergeführten Streitigkeiten[30] um die Natur Christi, besonders mit den Julianisten, führten zu keiner weiteren bleibenden organisatorischen Spaltung, sind also letztlich für die Rechtsgeschichte der westsyrischen Kirche ohne besondere Bedeutung.

c. Für die übrigen orientalischen Kirchen sei auf die Kurzdarstellungen aus Band I verwiesen[31]. Von den engeren Beziehungen der westsyrischen zur koptischen und armenischen Kirche wird bei der Darstellung der Quellen noch öfter die Rede sein.

IX. ERKENNTNISQUELLEN DES WESTSYRISCHEN KIRCHENRECHTS

1. Die Sprache der Quellen

Die westsyrische Kirche stützt sich auf eine Tradition von Quellen in griechischer und in syrischer Sprache. Schon vor der Trennung von

[30] Spuler, Hb.Or. 183 ff. Am eindruckvollsten ist es, dazu die Chronik Michaels des Syrers zu lesen: Chabot, Chronique de Michel le Syrien, Band I—IV, Paris 1900—1910.

[31] Selb OrKiR I 52 ff.

der Reichskirche gab es eine Bibelübersetzung in die syrische Sprache, gab es theologische und liturgische Schriften in syrischer Sprache (Bardaiṣān, Aphrahāṭ, Ephraem der Syrer u. a.). In der Zeit der Trennung wurde das Syrische, das die Sprache des Hinterlandes von Antiochien bis hinauf in das Zweistromland war, während das Griechische in den großen Städten wie Antiochien dominierte, zur Sprache der verfolgten, sich auf das Land zurückziehenden monophysitischen Gemeinden[32]. Damit wurde es zugleich zur Kirchensprache in einem Sprachgebiet, das bis zur islamischen Zeit als offizielle Sprache das Griechische kannte. Die Geschichte der Überlieferung zeigt jedenfalls, daß sich das ursprüngliche Nebeneinander von Griechisch und Syrisch[33] mit der monophysitischen Bewegung zugunsten des Syrischen veränderte. In den Stadtkirchen des ,,Westens" dürfte in der Liturgie freilich noch im 6. und 7. Jh. n. Chr. griechisch wie syrisch sprechenden Gläubigen Rechnung getragen worden sein. Die liturgische Terminologie ist zum Teil griechisch, und zumindest die Lesungen werden von je zwei Vorlesern doppelt gehalten, in griechischer und in syrischer Sprache[34]. Die für die neue Bewegung wichtige griechische Literatur wurde verstärkt ins Syrische übersetzt[35] und fortan nur noch in dieser Sprache tradiert. Die Übersetzungstätigkeit setzte sich dabei noch in der islamischen Zeit fort, besonders durch Jakob von Edessa[36]. Andererseits verloren die städtischen kirchlichen Gemeinden ihre griechische Sprache mit der islamischen Eroberung zugunsten des Arabischen. Schon für das Jahr 711 n. Chr. ist eine Anordnung überliefert, wonach die Schreiber auf dem Forum (δημόσιον) statt des Griechischen das Arabische als Urkundensprache zu verwenden haben[37].

Die schriftstellerische Verwendung des Syrischen trat aber bei den Westsyrern bald, sogar in der Theologie, hinter die des Arabischen zurück[38], bis das Syrische im 12./13. Jh. eine Renaissance erlebte. Doch sind nicht allzuviele original arabisch geschriebene kanonistische Texte

---

[32] Die Kreuzfahrer treffen freilich im 12. Jh. auch auf griechisch-orthodoxe Gemeinden mit syrischer Sprache, vgl. HAMILTON, The latin church in the crusader states, London 1980, 160.

[33] Vgl. BAUMSTARK, Geschichte, A I; RAHMANI, Documenta liturgica, 5 ff.

[34] So in den ,,Kanones für den Empfang", Kanones 26 und 32; vgl. dazu auch VÖÖBUS, Kanonessammlungen I 1 A, 195 f. Zur Datierung: RAHMANI, Documenta liturgica 1—4: 5. Jh. n. Chr.; VÖÖBUS, Kanonessammlungen I 1 A, 199 wie hier.

[35] Vgl. BAUMSTARK, Geschichte, A III.

[36] Vgl. BAUMSTARK, Geschichte, B II.

[37] Michael II 481.

[38] Vgl. BAUMSTARK, Geschichte, B II

der Westsyrer überliefert. Es wird ein Hauptproblem sein, die in der westsyrischen Kirche überlieferten arabischen, in arabischen oder syrischen Schriftzeichen (karšuni oder garšuni) geschriebenen Werke inhaltlich zuzuordnen. Sie dürften zumeist aus der koptischen oder melkitischen Tradition stammen und einfach des Interesses an der Handschrift wegen aufbewahrt worden sein.

Wichtig zu wissen ist, daß zahlreiche westsyrische Rechtsquellen nicht in Syrisch verfaßt, sondern ersichtlich aus dem Griechischen („Jonischen" oder „Rhomäischen", das ist in der Regel nicht etwa das in frühbyzantinischer Zeit für Rechtsquellen verwendete Latein) ins Syrische übersetzt worden sind[39]. Das zu wissen, ist für die Bestimmung der Vorlagen und damit für die Interpretation der Quellen von großer Bedeutung.

2. Die Arten der Quellen

a. Zu den Hauptquellen, aus denen wir unsere Kenntnis vom Recht der orientalischen Kirchen schöpfen, gehören die Synodika. Das gilt auch für die westsyrische Kirche. Nach dem Selbstverständnis der unbekannten westsyrischen Sammler handelt es sich aber bei ihren jeweiligen stufenweisen Redaktionen des Synodikon nicht um Material, das zumindest in der Sammlung eine Legitimation durch einen Synodalbeschluß erfahren mußte, sondern um eine private Sammlung, deren Teile nur durch ihre eigene Autorität wirken konnten.

b. Als Vööbus[40] in den Jahren 1975 und 1976 ein bis dahin nur in kleineren oder größeren Fragmenten bekanntes großes Synodikon aus der westsyrischen Tradition als Gesamtwerk in Edition und Übersetzung zugänglich machte, war endlich eine übersichtlichere Grundlage geschaffen, eine Geschichte des westsyrischen Kirchenrechts zu schreiben. Bis dahin kannte man zwar einen großen Teil der Werke, die wir heute ganz oder in Auszügen als Teil des Synodikon erkennen, aus den Handschriftenkatalogen zu B.Nat.Syr. 62, zu Borg.Syr. 148, zu Vat.Syr. 560 u. a. m. und aus den Übersetzungen vor allem von Nau, und man konnte viele von ihnen auch mit einiger Wahrscheinlichkeit

[39] Gute Beispiele bilden das Syrisch-Römische Rechtsbuch (vgl. zur Frage der Sprache Bruns/Sachau, Syrisch-Römisches Rechtsbuch aus dem 5. Jh., Leipzig 1880 Nachdruck Aaalen 1963, 153 ff) und die Sententiae Syriacae (vgl. zur Sprache Selb, Sententiae Syriacae, Wien 1990). Anders aber wohl in der Vorlage für die Handschrift Dam. 8/2, wo von einer Übersetzung aus der rhomäischen in die jonische Sprache die Rede ist (S. 24), also aus der lateinischen in die griechische (und dann erst in die syrische) Sprache.

[40] Synodikon I—IV.

auch oder allein der westsyrischen Tradition zuordnen, doch erst das Gesamtbild des Inhalts der Synodika gibt einen brauchbaren Eindruck von der Entstehung und der geschichtlichen Bedeutung dieser Tradition. Die orientalische Kanonistik steht nämlich vor der Erscheinung, daß manche Werke syrischer Sprache sowohl in der westsyrischen (jakobitischen) wie in der ostsyrischen (nestorianischen) Tradition erscheinen und als isolierte Werke nur schwer richtig zugeordnet werden können. Um ein Beispiel vorwegzunehmen: Das westsyrische Synodikon hat die Kanones der Synode von Seleukeia-Ktesiphon von 410 n. Chr. aufgenommen[41], die isoliert bislang nur als Teil der nestorianischen Tradition gesehen worden waren[42]. Zwar werden sie bei Bar ʿEbrājā zitiert[43], doch konnte man bislang immer noch annehmen, dieser Autor habe sie aus der nestorianischen Tradition, die er auch sonst verwendet, zitiert. Nun haben wir Klarheit.

c. Die westsyrischen Synodika sind in ihrem ausführlichsten, aus allen kombinierten Inhalt mit ca. 87 Werken überaus umfangreich, ebenso imposant wie das Synodikon der Nestorianer[44]. Vööbus zählt gar insgesamt 95 verschiedene Titel in seiner Ausgabe, freilich gehören viele der Auszüge thematisch als Werk zusammen. Doch war das Synodikon aus Dam. 8/11 nicht das umfangreichste mehrerer in Umlauf befindlicher Synodika, auf jeden Fall auch nur fragmentarisch überliefert. Es wird eine erste Aufgabe sein, den Gesamtbestand aller Werke im umfangreichsten Synodikon zu eruieren und dabei das typische Synodikon zu finden. Leider sind uns dabei die kursorischen Angaben bei Bar ʿEbrājā, welche Materialien er für seinen Nomokanon verwendet habe, nicht von Nutzen. Eher hilft uns noch, was er im Werk selbst unter Urheberangabe zitiert. Wir werden darauf im einzelnen zurückkommen. Eine erste grobe Übersicht mag uns im folgenden leiten.

Das Synodikon beginnt mit einigen Reihen von Kanones, die ganz oder zum größeren Teil auf die apostolische Zeit zurückgeführt werden und die kurz mit „Apostelkanones" bezeichnet sind (unten X,1). Es setzt mit einem Bestand reichskirchlicher, ökumenischer Synoden fort, dem manches synodale Randmaterial angereiht wird (unten X,2). Väterzeugnisse, reichskirchliche und monophysitische, sei es aus der west-

---

[41] So auch die Handschriften aus Mardin nach eigener Einsicht in diese Handschriften: M. 309; M. 310; M. 320; ferner Ming.Syr. 8 und Šarf.Patr. 73; B.Nat.Syr. 62; Vat.Syr. 560.

[42] Selb, OrKiR I 59 ff.

[43] ZB Nomokanon, cap. VII sec. VI = Kanon 15 der Synode von Seleukeia-Ktesiphon.

[44] Selb, OrKiR I 59 ff.

syrischen, sei es aus der alexandrinischen Tradition, bilden eine weitere, vielleicht die größte Gruppe (unten X,3). Eine eigene Sammlung innerhalb des Synodikon ist die der Kanones einiger bedeutender westsyrischer Synoden von 785 n. Chr. bis 976 n. Chr. (unten X,4). Dieser Sammlung ist Material ganz eigenen Charakters zugeordnet, nämlich zahlreiche Kanones weltlichen (römischen und islamischen) Rechts. Es folgt eine kleinere Reihe von Exzerpten kirchlichen Rechts. Den Schluß bildet eine nach dem Kolophon angereihte Sammlung von Mönchkanones samt sonstigem auf westsyrische Klöster zurückzuführendem Material (unten X,5).

d. Mehr als zehn Jahre war man für die Analyse eines Großteils des westsyrischen Synodikon-Materials im wesentlichen auf die von Vööbus edierte Handschrift Dam. 8/11 angewiesen. Zur Unterstützung im übrigen konnte man vor allem auf B.Nat.Syr. 62, Vat.Syr. 560, Borg.Syr. 148, und Ming.Syr. 8, Šarf.Patr. 73 und 87 zurückgreifen. Mittlerweile eröffnen sich weit mehr Möglichkeiten über andere Handschriften, die größere Teile desselben Synodikon bieten. Zusammen mit dem Kollegen Kaufhold (München) konnte ich im Herbst 1984 einen Katalog der Handschriften rechtlichen Inhalts aus der Bibliothek der ehemaligen syrisch-orthodoxen Metropolie erstellen. Er wird demnächst erscheinen und dazu dienen, den Gesamtbestand der Synodika und ihre innere Ordnung besser zu erfassen. Es handelt sich um M. 309 (von den Apostelkanones bis zu den Briefen des Severos), M. 310 (von den Kanones von Nikaia bis zu Jakob von Edessa), M. 320 (von den Apostelkanones bis zum Ende der reichskirchlichen Synoden)[45], M. 321 (Apostelkanones), M. 322 (von den Väterbriefen bis zu Jakob von Edessa), M. 323 (westsyrische Lokalsynoden, Mönchskanones, einige Auszüge und weltliche Kanones, alles in eigener Reihung), M. 326 Großformat (nur die weltlichen Kanones neben einem Nomokanon des Bar ʿEbrājā), M. 327 (von den Apostelkanones bis zu Jakob von Edessa), M. 337 (von Nikaia bis zu Jakob von Edessa). Dabei ist zu beachten, daß die Handschriften M. 320—323, M. 327 und M. 337 moderne Abschriften sind, die der gelehrte Bischof Dolabani in den Jahren 1951, 1952 und 1962 geschrieben hat. Dolabani hat aber ältere, leider nicht beschriebene Vorlagen dafür verwendet, wie er selbst angibt. Und er hat wohl schon dasselbe versucht, was hier als unsere Aufgabe erscheint, nämlich aus fragmentarischen Handschriften einen Gesamtbestand des Inhalts des Synodikon und dessen originale Ordnung zu erfassen. Es bestehen daher

[45] M. 309, M. 310 und M. 320 beschreibt bereits Vööbus, Kanonessammlungen I 1 B, 443 ff, 471; doch müssen die Inhaltsangaben zu M. 309 bezweifelt werden.

insoweit Bedenken, die Ordnung in diesen neueren Handschriften als quelleneigen zu verwenden. Man wird die Ordnungsversuche DOLABANIS vielmehr als Bereicherungen der Kenntnis vom Werkbestand und als wissenschaftlichen Diskussionsbeitrag anzunehmen und kritisch zu behandeln haben. Die Texte selbst sind nichtsdestoweniger von Interesse, soweit wir hinter ihnen ältere Vorlagen sehen dürfen, die im Original verloren sind. Das gilt auch von den fragmentarischen modernen Synodikon-Kompositionen in Dam. 8/1 und Dam. 8/2. Zu erwähnen ist auch noch die mir vorliegende moderne Handschrift Aydin 2 aus Wien (früher Midyat), die die weltlichen Kanones, die westsyrischen Kanones und die Kanones von Mār Mattai enthält.

e. Mit der erweiterten Kenntnis aus Dam. 8/11, aus M. 309 und M. 310 und selbst aus den Handschriften DOLABANIS in Mardin und Dam. 8/1 und 8/2 erscheint es möglich, auch BL Add. 14.526, BL 12.155, Harv.Syr. 93 (olim 85) und 105 (olim 99), Cambr.Add. 2023, Borg.Syr. 148, Ming.Syr. 8, Šarf.Patr. 87, B.Nat.Syr. 62 — eine Handschrift aus dem 8./9. Jh. — und Vat.Syr. 560 besser zu verwenden. Vat.Syr. 560 und Harv.Syr. 93[46] erweisen sich im Vergleich als völlig durcheinander geworfene Synodikonfragmente. B.Nat.Syr. 62 ist ein bis zu den Väterzeugnissen, freilich nur bis vor Jakob von Edessa reichendes Synodikonfragment; am Anfang entspricht es wohl eher der Sonderform, wie sie in M. 321 überliefert ist. Ming.Syr. 8 ist ebenso ein Fragment, das von Nikaia bis in die Väterzeugnisse reicht, eine Kopie aus M. 310. Ganz eigenständig, allenfalls Borg.Syr. 148 ähnlich, sind Šarf.Patr. 73 und 87.

f. Neben dem Synodikon oder den Synodika gibt es auch systematische Werke. Hier ist zunächst einmal das große Kodifikationswerk des Bar ʿEbrājā vom Ende des 13. Jh. n. Chr. zu nennen, das „Buch der Leitungen" (ketābā de hūdājē)[47]. Es geht um eine systematische Ordnung des im Synodikon überlieferten kirchlichen und weiteren, weltlichen Materials in Auszügen. Die Themen sind zum einen solche der Ordnung der kirchlichen Verwaltung und des Gottesdienstes. Zum anderen aber schuf Bar ʿEbrājā ein Kodifikationswerk weltlichen, vor allem moslemischen Rechts. Eine systematische Sammlung können auch die „Bußkanones" des Dionysios bar Ṣalībī genannt werden, vor allem sein Beichtspiegel für Laien und Kleriker[48]. Damit ist bereits der

[46] Durcheinandergeworfene Fragmente eines Synodikon sieht zu Recht schon VÖÖBUS, Kanonessammlungen I 1 B, 452 ff darin.

[47] Vgl. dazu unten XII.

[48] Vgl. dazu unten XV, 11.

Übergang zu zahlreichen kleineren Monographien kirchenrechtlichen Inhalts geschaffen, die nicht schon in das Synodikon Aufnahme gefunden haben[49].

X. DIE EINZELNEN QUELLEN AUS DEM GROSSEN SYNODIKON UMFASSENDSTER REDAKTION

1. Die „Apostelkanones“

Es gibt eine Reihe von Gründen, die es erschweren, Quellen, die sich auf apostolischen Ursprung berufen, völlig zweifelsfrei zu identifizieren[50], selbst wenn man die Texte vor sich liegen hat. Denn dasselbe Material kehrt in immer neuen, oft nur wenig veränderten Auszügen, Erweiterungen und Neukompositionen wieder. Benutzt man nur die in den Katalogen wiedergegebenen Überschriften der Werke, so steht man vor einer Fülle von unterschiedlichen quelleneigenen Varianten der Bezeichnung, die dem Verfasser der Quelle und seinem Legitimationsstreben oder dem Sammler zu verdanken sind. Vertraut man gar auf die Identifizierungsversuche der Wissenschaft, so liegt das Problem — abgesehen von zahlreichen Fehlern — in den modern-sprachlichen Varianten der Bezeichnung desselben Werkes oder — ebenso schlimm — in der gleichen Bezeichnung verschiedener Werke[51]. Für die Zwecke der vorliegenden Darstellung genügt es freilich, die Inhalte zu verwerten. Die letztliche Identifikation z. B. der „Apostelkanones“ oder der Kanonesreihen des Jakob von Edessa oder der Bußbücher des Dionysios bar Ṣalībī wird ohnehin nur vor dem Hintergrund der gesamten lateinischen, griechischen und orientalischen Tradition durch einen Spezialisten ermöglicht sein.

Ein gutes Beispiel für die Schwierigkeiten bieten die Synodika im Vergleich von B.Nat.Syr. 62, BL Add. 14.526 und Dam. 8/11. In B.Nat.Syr. 62 fol. 113 heißt es: „Achtes Buch jenes des Klemens. Diataxis oder Befehle der Apostel, welche ausgesandt worden sind, zu den Völkern durch die Hand des Klemens. Kirchliche Kanones.“ Am Ende der 82 Kanones heißt es: „Es endet die Abhandlung der Befehle und Kanones der Apostel durch die Hand des Klemens, Schüler des Apostels Petrus, die von ihm geordnet ist in acht Büchern oder Memre.“ Dabei

[49] Vgl. dazu unten XV, 1—10.

[50] Vgl. Magne, Tradition.

[51] Leider bietet Vööbus, Kanonessammlungen I 1 B 440 bei der Beschreibung eine Mischung aus allem und damit keine klare Information für den Leser.

ist das achte Buch durch die Doctrina Addai und die Titloi von den Büchern I bis VII getrennt. In Dam. 8/11 steht ungefähr dasselbe Werk isoliert nach den Titloi; die Bücher I und II sind isoliert, also nicht mit III bis VII als Sammlung aufgenommen. Der Titel lautet, als ob er für eine größere Sammlung geschrieben wäre, die mit den — jetzt 81 — Apostelkanones begann und mit den reichskirchlichen Synoden endete (fol. 24 a): „Die kirchlichen Kanones der hll. Apostel und der Vätersynoden, wie sie zu verschiedenen Zeiten gesammelt wurden". Das könnte eine Überschrift zu einer von den 81 (auch 80 oder 82 oder 85) Apostelkanones aus bis zum Ende durchgezählten Sammlung sein, die nur die Kanones ohne Begleitmaterial bot, 115 Apostelkanones (81 + 34? Kanones Simeons des Kanaanäers) zählte und 167 Synodalkanones, mit Kanon 116 fortgezählt (= Nikaia, Kanon 1) anreihte (so z. B. in Harv.Syr. 93). Am Schluß der 81 Kanones heißt es jedenfalls lakonisch: „Es enden die kirchlichen Kanones der hll. Apostel, die 81 an der Zahl sind." In BL Add. 14.526 folgt auf die Titloi (fol. 4 b): „Kirchliche Kanones der hll. Apostel", insgesamt 82. Darauf folgt die „Taxis der seligen Apostel durch die Hand des hl. Hippolyt" (die Kanones Simeons des Kanaanäers) und die Synoden mit Begleitmaterial. Hinweise auf eine Durchzählung fehlen. Wir stehen also vor demselben Werk, in drei verschiedenen Kompositionen eingereiht? Würde man die aufgenommenen Werke endlich an Hand von Editionen vergleichen, so könnte man zudem fast überall Rezensionen abweichenden Inhalts feststellen, wie es mir ein erster Vergleich von Dam. 8/11, B.Nat.Syr. 62, M. 309, M. 310, Dam. 8/1 und Dam. 8/2 zeigte.

a. Die Sammlung Dam. 8/11[52] beginnt mit einem Werk, das mit dem Titel versehen ist „Testament (διαθήκη) oder Worte, die unser Herr an die heiligen Apostel nach seiner Auferstehung gesprochen hat, und die aufgeschrieben worden sind durch Klemens von Rom, den Schüler des Petrus, in acht Büchern"[53]. Die Quelle beginnt als Kom-

---

[52] Ebenso M. 320. M. 309 beginnt nicht mit einer großen Lücke und nicht mit der Didaskalie der Apostel, wie Vööbus, Kanonessammlungen I 1 B, 444 und Fn. 5 angibt. Es scheint, als beschreibe Vööbus unter M. 309 (aO, 443 ff) die aus M. 320, M. 321 und M. 322 von Dolabani hergestellte Redaktion des Gesamtsynodikon, nicht den Pergamenttorso M. 309. Während die gesamte Didaskalie in M. 321 ca. 120 foll. gleicher Größe wie die in M. 309 umfaßt, gibt Vööbus fol. 1 a—9 b als Umfang seiner Didaskalie aus M. 309 an. Die Quelle, aus der Vööbus schöpft, bleibt ein Rätsel. Andererseits beschreibt Vööbus von M. 320, M. 321 und M. 322 nur M. 320 und selbst dazu stimmen die Angaben mit der Wirklichkeit nicht ganz überein; so bilden die Marūtā-Kanones das Ende der Handschrift M. 320; anders Vööbus, aO, 471.

[53] Zitiert in der Folge als Test.Dom. 1. R. Die „acht Bücher" sind eine Anspielung

position von Schriftzeugnissen über die Ereignisse zwischen Pfingsten und Himmelfahrt Christi. Es folgt eine Instruktion zur rechten Anlage eines Kirchenbaues, Regeln zur Auswahl und Gebete zur Cheirotonie bzw. Einsetzung von Klerikern, nämlich der Bischöfe, der Presbyter, der Diakone, der ,,Witwen, die vorne sitzen", der Subdiakone, der Vorleser.

Denselben Titel ,,Testament" (διαθήκη) trägt auch das zweite Werk derselben Sammlung Dam. 8/11, nun als ,,zweites" der acht Bücher des Klemens ,,betreffend die Taufe" bezeichnet[54]. Beide Teile werden in Editionen, Übersetzungen und Katalogtiteln üblicherweise als ,,testamentum domini"[55] zitiert; die gesamten acht Bücher des Klemens, von denen hier nicht weiter die Rede ist, sind wohl der syrische klementinische Oktateuch, der sich in einer anderen Synodikonvariante vollständig, d. h. mit Buch I—VIII, oder doch mit Buch I—VII findet. Der Text befaßt sich speziell mit der Auswahl der Katechumenen, ihrer Instruktion und schließlich ihrer Taufe.

Nun zeigt aber Dam. 8/11 gleich anschließend noch eine weitere, dritte Reihe von Kanones mit dem Titel ,,Testament (διαθήκη) unseres Herrn", näher ,,Kanones und Lehre unseres Herrn Jesus, des Messias"[56]. Sie gibt, gemischt, Regeln zur Liturgie, zur Disziplin der Kleriker, zu den Opfergaben und zum Begräbnis wieder. Vööbus[57] meint in Übereinstimmung mit der Schlußklausel dieser Reihe (,,Hier endet das Testament"), damit ende die Aufnahme des bereits vorhandenen, umfangreicheren syrischen Oktateuch. Doch gibt es in der westsyrischen Tradition in diesem Bereich der Quellen verschiedene Sammlungsreihen. In der einen Gruppe finden sich eben nur die genannten drei Teile des syrischen Oktateuch[58], die sonst den beiden ersten Büchern entsprechen[59], in der anderen Gruppe ist der syrische Oktateuch mit allen acht

auf den Oktateuch. Hat Dam. 8/11 etwa aus einem kompletten Oktateuch geschöpft? Oder sind diese Teile separat im Umlauf, wie M. 309 nahelegt?

54 Diese beiden Werke gelten als die ältesten, indirekt ebenfalls den Aposteln zugeschriebenen Werke, Vööbus, Synodikon I, 2. Verwendet ist ihr Inhalt bei Patriarch Kyriakos; ihm waren die Texte jedoch schon als Teile des Oktateuch überliefert. Vgl. Rücker, Das dritte Buch der Mēmrē des Kyriakos von Antiochien und seine Väterzitate, OC 31 (1934), 107—115, nach Hs. Jer.Mark. 129 und Münster 1; dazu wieder Kaufhold OC 72 (1988), 89 ff.

55 ZB Nau, ALCS I; hier im folgenden als Test.Dom. 2. R. zitiert.

56 Im folgenden als Test.Dom. 3. R. zitiert.

57 Synodikon I, 3 Fn. 8.

58 Dam. 8/11.

59 M. 320; falsch also die Angabe bei Vööbus, Kanonessammlungen I 1 B, 417, M. 320 enthalte ,,das Buch von Klemens", nur verwirrend sind die weiteren Angaben.

Büchern aufgenommen[60], wobei freilich das achte Buch als eigenes Werk geführt wird[61]. Andere Sammlungsreihen — ausgenommen M. 309 — zeichnen sich auch dadurch aus, daß sie die syrische Didaskalie (im Auszug?) und die Doctrina Addai nicht wie in den erstgenannten Reihen unter dem Material späterer Quellengruppen des Synodikon nennen, sondern in der Redaktion zu den Apostelkanones ziehen. Insoweit ähneln sie den koptischen Sammlungen. Eine wohl späte, redigierende Hand wird sichtbar. So sehr man sonst in Dam. 8/11 mit Blattvertauschungen und Lücken rechnen muß, hier dürfen sie insoweit nicht unterstellt werden; es sind nicht etwa die weiteren Teile des syrischen Oktateuch entfallen. Damit liegt aber zugleich näher, daß in der originalen westsyrischen Sammlung der syrische Oktateuch nicht als Gesamtwerk aufgenommen worden ist, sondern nur in Teilen oder — näher liegend — in Werken, die zu Teilen des Oktateuch wurden.

b. Ein eigenes Werk sind sicher die „zu verschiedenen Zeiten gesammelten Kanones der heiligen Apostel und der Vätersynoden" in 51 Titloi gegliedert, mit Angabe der verwendeten Quellenstellen, üblicherweise „tituli", „Titloi" oder (arabisch) „titlusat" genannt. Dies ist eine eigene kleine Sammlung, die zuerst zwei Reihen von Apostelkanones zum bloßen Inhaltsnachweis verwendet, die wir im folgenden als die „81 Kanones der Apostel" und die „Apostelkanones Simeons des Kanaanäers" kennenlernen werden. Dann wird eine Sammlung von reichskirchlichen Synodalkanones, die bis Konstantinopel I reichte, als Inhaltsverzeichnis verwendet und dabei ziemlich genau in der üblichen Zählung der einzelnen Kanones der Synoden zitiert. Die Titloi finden sich in Dam. 8/11, M. 309, M. 320, B.Nat.Syr. 62, BL Add. 14.526, BL Add. 12.155 und BL Add. 14.709. Vat.Syr. 127 beginnt mit den Titloi.

c. In Dam. 8/11, B.Nat.Syr. 62, Vat.Syr. 127, BL Add. 14.526, BL Add. 12.155 und BL Add. 14.709, etwas versetzt auch in M. 320, folgen „Kirchliche Kanones der heiligen Apostel und der Vätersynoden, die zu verschiedenen Zeiten gesammelt wurden", in 81 (80, 82 oder auch 85) Kanones. Der Hinweis auf Synodalkanones im Titel täuscht; der Inhalt läßt solche nicht erkennen; und der Schlußvermerk nach Kanon 81 (80, 82 oder auch 85) spricht auch nur noch von „Apostelkanones"[62]. Das könnte zur Vermutung führen, die Überschrift vor den 81 Apostelkanones habe eine Sammlung bezeichnet, der die Titloi vorangestellt

---

[60] B.Nat.Syr. 62 (nach Vööbus Synodikon I 3 in abweichender Rezension), M. 309 (Auszug aus III—VIII), Borg.Syr. 148, M. 321.

[61] Vgl. unten c.

[62] Bei den Nestorianern als „zweite Apostelsynode" bekannt; vgl. Selb, OrKiR I 66. Hier im folgenden als „81 Apostelkanones" zitiert.

waren, und die im folgenden zwei Reihen Apostelkanones und die Reichssynoden zumindest bis Laodikeia enthielt. Die unten bei 2 c besprochene Redaktionsnotiz zu BL Add. 14.526 fol. 29 b führt uns noch einmal darauf zurück. Nach Vööbus[63] handelt es sich um einen beständigen Teil der tradierten Sammlungen, der als ,,Buch acht" auch in den klementinischen Oktateuch aufgenommen wurde. Das wäre noch eingehender an Hand der Handschrift B.Nat.Syr. 62 zu überprüfen, die alle acht Bücher des syrischen Oktateuch aufgenommen hat, das achte Buch aber von den Büchern 1—7 getrennt führt. Daß es jedoch auch bei den Westsyrern eine völlig isolierte Tradition[64] dieser 81 (manchmal 80, 82 oder 85) Kanones gab, zeigt uns z. B. Dam. 8/11.

d. Die ,,Taxeis der Apostel durch Hippolyt, von Simeon dem Kanaanäer, betreffend kirchliche Kanones", hier im folgenden als Simeon-Kanones zitiert, gehören ebenfalls zu einer alten kirchlichen Tradition. Der markante Titel rührt vom ersten Kanon und seinem dort zitierten Urheber, Simeon dem Kanaanäer (Petrus), her. Nur eine andere Bezeichnung desselben Werkes ist die als ,,Kanones der Apostel einzeln und zusammen" oder ,,Kanones der Apostel durch Hippolyt"; sie orientiert sich daran, daß die Sammlung die Anordnungen bestimmten einzelnen oder auch mehreren Aposteln zugleich zuordnet — Petrus, Paulus, Matthäus und Petrus und Paulus jeweils zusammen. Nur eine Variante des Titels ist jener, der die Kanones dem erstgenannten Apostel Petrus (Simeon Petrus) zuordnet. Vööbus identifiziert das Werk mit den sogenannten ,,Diataxeis Apostolorum"[65]. Wie schwierig die Identifizierung ist, zeigt der Hinweis von Magne[66], daß die ,,Diataxeis einzelner Apostel und aller zusammen" wieder eine Epitome des achten Buches des syrischen Oktateuch sein sollen. Enthalten ist unser Werk in Dam. 8/11, M. 320, M. 327 und M. 309, ferner in Vat.Syr. 127, BL Add. 14.526 und BL Add. 12.155. In M. 327 scheint Bischof Dolabani bei seinen Abschriften und Versuchen der Neuordnung mit den Titeln durcheinander geraten zu sein. Er bietet die ,,Lehre der Apostel einzeln" und daneben zwei Reihen von ,,Diataxeis oder Vorschriften des Simeon des Kanaanäers".

e. Damit waren wohl, bevor eine ordnende Hand eingriff, der Bestand an Apostelkanones und die Reihung in westsyrischer Tradition abschließend bestimmt. Es blieb einer späteren Redaktion dieser oder

---

[63] Synodikon I 3.

[64] Zur isolierten Tradition bei den Nestorianern vgl. Selb, OrKiR I 108.

[65] Synodikon I 3.

[66] Tradition 78 ff; so schon Wright, Catalogue 1033 mit Labbe, Sacrosancta Concilia, tom. IX, coll. 453 ff.

einer anderen Synodikon-Version vorbehalten, die syrische Didaskalie aus dem ursprünglich später gereihten Material eines Synodikon oder gar aus einer selbständigen Überlieferung an die zeitlich rechte Stelle im Synodikon zu setzen, nämlich zeitlich richtig an den Anfang der Apostelkanones: B.Nat.Syr. 62, Vat.Syr. 560 und M. 321. Darin stimmen diese Redaktionen mit der koptischen Tradition überein. In Dam. 8/11 rangiert ein kurzer Auszug aus der Didaskalie unter den „Auszügen" vor den weltlichen „Gesetzen"[67] mit dem Thema „Rechtes Richten". Mit der Überlieferung der Didaskalie als Gesamtwerk hat das nichts zu tun. In Vat.Syr. 560 ist bei der späteren Vervollständigung das Fragment des Pergaments um die gesamte Didaskalie ergänzt worden[68]; zumindest in der Vorlage der Ergänzung muß sich also eine komplette Didaskalie an dieser oder an einer anderen Stelle gefunden haben. In M. 323 ist dasselbe Fragment wie in Dam. 8/11 zu finden, aber auch dort unter den „Auszügen" über das „rechte Richten", vor den „weltlichen Gesetzen". In Borg.Syr. 148 und Šarf.Patr. 87 findet sich ebenfalls eine vollständige Didaskalie aus westsyrischer Tradition.

f. Die Doctrina Addai findet sich in M. 309 unter den Synoden. In B.Nat.Syr. 62 findet sie sich nach dem Oktateuch gereiht, im apostolischen Material, ebenso in Borg.Syr. 148[69]. Unter den „Väterzeugnissen" rangiert sie nur in Dam. 8/11[70].

g. Ein Blick in den Nomokanon des Bar ʿEbrājā zeigt, daß er das „Testament unseres Herrn" (oben a.), die „81 Apostelkanones" (oben c.), die „Apostel einzeln und gemeinsam" (oben d.), die Didaskalie (oben e.) und die Doctrina Addai (oben f.) kennt und verwendet. Die Titloi zu zitieren hat er keinen Anlaß, da sie ihrerseits nur wieder zwei der schon genannten Werke synoptisch zitieren.

Eine Synopsis über die älteren Handschriften soll das Ergebnis nach Bestand und Reihung verdeutlichen. Dabei kann ich mich auf unpublizierte Vorarbeiten von Kaufhold stützen. Den maximalen Bestand der verschiedenen Synodikon-Redaktionen kann man dabei auch an Hand des Nomokanon des Bar ʿEbrājā überprüfen. Darüber hinaus an Hand der Handschriften, die Bischof Dolabani hergestellt hat, wobei er in M. 320 bis M. 324 und M. 337 den maximalen Bestand der verschiedenen Synodika, wie sie seine uns nicht genau bekannten Vorlagen zeigten, neu zu redigieren versuchte. Weiter kann für den Bestand der Überlieferung zur Zeit des 13. Jh. auch noch Cambr.Add. 2023 bemüht

[67] Synodikon, unter LXXXI.

[68] Vgl. zum Schicksal der Hs. Selb, Sententiae Syriacae.

[69] Die Einordnung (durch Dolabani) in M. 320 und M. 327 folgt dem.

[70] Synodicon, unter XXXIX.

werden. Die Zeichen bedeuten dabei: x für ,,vorhanden"; die Zahlen geben die bekannten Folienangaben; — steht für ,,fehlend"; Klammern bedeuten, daß die Texte in der Anordnung der Handschriften von der hier vorgestellten idealen Ordnung abweichen, die Handschriften also die Texte an anderer Stelle einreihen.

Synopsis I siehe Seiten 100 und 101

Die Gruppierungen von Handschriften, die sich danach abzeichnen, deuten sich schon in der Zunahme des apostolischen Materials an. Nur die Titloi hat BL Add. 14.528. Die Titloi, die Apostelkanones (80—82) und die Simeonskanones finden sich in BL Add. 14.526 (2×), 14.527, 12.155 und Vat.Syr. 127. Das eben genannte Material, 3 Reihen des testamentum Domini vorangestellt, findet sich in Dam. 8/11. Die Titloi mit den Büchern III—VIII des syrischen Oktateuch voran in M. 309 und Borg.Syr. 148 (letztere mit der Didaskalie zu Beginn. B.Nat.Syr. 62 enthält Buch I—III, führt aber das achte Buch des Oktateuch, nach den Titloi — richtig —, als ,,Apostelkanones".

2. Die reichskirchlichen (ökumenischen) Synodalkanones

a. Die zweite größere Gruppe von Kanones der Synodikon-Tradition bilden Kanones reichskirchlicher (ökumenischer) Bischofssynoden. Dabei ergeben sich aus den Handschriften Dam. 8/11, Dam. 8/1 und Dam. 8/2, M. 309, M. 310, M. 320, M. 327, M. 337, Ming.Syr. 8, BL Add. 14.526 (= 907), 14.528 und 12.155, Šarf.Patr. 87, Vat.Syr. 127, Borg.Syr. 148, Harv.Syr. 93 und 105 und B.Nat.Syr. 62 originaler Bestand eines älteren Synodikon und maximaler Bestand aller Synodikonredaktionen und die Reihenfolge der Kanones wie folgt:

1. Die große Synode von Nikaia aus dem Jahre 325 n. Chr. (20 Kanones) ohne und mit begleitendem Material, Prostagma Konstantins, Bischofsliste, Symbolum, Häretikerkatalog und Brief an die Alexandriner[71].

---

[71] In Harv.Syr. 93, BL Add. 12.155, Vat.Syr. 127, Dam. 8/11, M. 327, M. 337 ohne das in den ,,großen Sammlungen" zu Nikaia (vgl. Selb, OrKiR I 60) übliche Begleitmaterial. In M. 309, B.Nat.Syr. 62 und BL Add. 14.528 mit dem Prostagma Konstantins, dem nikaianischen Symbolum und einem Häretikerkatalog; in M. 310, Šarf.Patr. 73 und Ming.Syr. 8 ebenso, Zusätze aber teilweise an falscher Stelle, weiter mit dem Brief der Synode an die Alexandriner; in M. 320 in der Reihung der ,,großen Sammlungen", nämlich nach Neokaisareia aber vor Gangra, mit Synodalbrief; in BL Add. 14.526 an falscher Stelle. Die Marūtākanones finden sich nur in M. 320, sind aber nach Chalkedon gereiht. Vgl. allgemein zur Sammlungsgeschichte Selb, Kanonessammlungen. Da die verschie-

2. Die Synode von Ankyra (24 Kanones) „vor Nikaia aufgestellt“[72].

3. Die Synode von Neokaisareia (14 Kanones) „nach Ankyra und vor Nikaia aufgestellt“[73].

4. Die Synode von Gangra (20 Kanones) „nach Nikaia aufgestellt“[74].

5. Die Synode von Antiochien, „in encaeniis“ („bei der Kirchweihe“) genannt (25 Kanones)[75].

6. Die Synode von Laodikeia (59 Kanones)[76].

7. Die Synode von Konstantinopel I (4 Kanones)[77].

---

denen Sammlungsarten jeweils eine historische Basis haben, ist jene, welche Nikaia an der Spitze führt, keineswegs so eigenartig, wie Vööbus — ohne alle Kenntnis der einschlägigen Literatur — in Kanonessammlungen I 1 B, 444 meint. Die in der maronitischen und melkitischen Tradition zu findende dritte Variante, die die großen Synoden (Nikaia, Konstantinopel, Ephesos) an den Anfang rückt (Selb, OrKiR I 60), findet sich in der westsyrischen Tradition nun ebenfalls u. zw. in der modernen Handschrift Dam. 8/2, S. 1—24. Es zeigt sich darin wohl nur die Tatsache, daß die neueren Abschreiber mit der syrisch geschriebenen kanonistischen Überlieferung in anderen orientalischen Kirchen bestens vertraut waren.

72 Nach Plöchl, Geschichte des Kirchenrechts I 274: 314 n. Chr.; ebenso Feine, Kirchliche Rechtsgeschichte 91. In BL Add. 14.528, M. 309, M. 310, Šarf.Patr. 73, Ming.Syr. 8 und B.Nat.Syr. 62 mit Bischofsliste. Vgl. auch die folgende Fn.

73 Zum Vermerk „vor Nikaia aufgestellt“ vgl. Selb, Kanonessammlungen. Nach Gaudemet, L'Eglise 40, zwischen 314 und 319 n. Chr.; Schwartz, Kanonessammlungen 21: zwischen 314 und 320 n. Chr.; Plöchl, Geschichte des Kirchenrechts I 274: zwischen 314 und 325 n. Chr.; Feine, Kirchliche Rechtsgeschichte 91: um 320 n. Chr.; Beck, Kirche 49: zwischen 315 und 324 n. Chr.; Coussa, Melkiti CCO Fonti I, VIII 388: 320 n. Chr.; von Harnack, Geschichte I 161: um 318—320 n. Chr.

74 Coussa, Melkiti CCO Fonti I, VIII 389: 362—371 n. Chr. Zum Zeitvermerk „nach Nikaia“ vgl. Selb, Kanonessammlungen. In Dam. 8/11 ist nur der Anfang dieser Sammlung erhalten.

75 Nach Schwartz, Kanonessammlungen 21 und 34: 324/25 n. Chr.; Gaudemet, L'Eglise 34: zwischen 332 und 341 n. Chr.; Gozman; Copti CCO Fonti 43: 341 n. Chr.; Beck, Kirche 50: 325 n. Chr.; Coussa, Melkiti CCO Fonti 388: 325 n. Chr., jedenfalls ist trotz des Zusatzes „in encaeniis“ nicht die Kirchweihsynode von 341 n. Chr. gemeint. In Borg.Syr. 148, M. 309, M. 310, Šarf.Patr. 73 und Ming.Syr. 8 von einem Brief der Synode an Alexander, den Bischof von Neu-Rom begleitet. In B.Nat.Syr. 62 mit Bischofsliste, dem Brief an Alexander (7 Kanones), dem Antwortbrief der Bischöfe aus Italien (Bußkatalog in 17 (16) Kanones), beginnend mit Antiochien samt Folgematerial durchgezählt. Bischofsliste auch in BL Add. 14.528, M. 309, M. 310, Šarf.Patr. 73 und Ming.Syr. 8.

76 Gozman, Copti CCO Fonti 40, verlegt Laodikeia zu Unrecht ins 6. Jh.; Beck, Kirche 49: zwischen 325 und 381 n. Chr.; Coussa, Melkiti CCO Fonti 389: 343—381 n. Chr. In BL Add. 14.528 mit Bischofsliste.

77 In BL Add. 14.528, M. 309, M. 310 und B.Nat.Syr. 62 mit Bischofsliste und Symbolum. In BL Add. 14.526 und Ming.Syr. 8 Blattvertauschungen. In BL Add. 14.526, 14.528, M. 309 und M. 310, B.Nat.Syr. 62 und Borg.Syr. 148 mit einer Anaphora an Kaiser Theodosios.

Synopsis I

	Inhalt	BL Add. 14.528, 6. Jh.	Harv. Syr. 93 (olim 85) 8./9. Jh.	BL Add. 14.526 = 907, 6./7. Jh.	BL Add. 14.526 (Fs.) = 908, 7./8. Jh.	BL Add. 14.527, 11. Jh.	BL Add. 12.155, 8. Jh.	Vat. Syr. 127 ?
1	Didaskalie	—	—	—	—	—	—	—
2	Chronologie	—	—	—	40a ?	—	—	—
3	Test. Dom. 1.–3. R = Syrischer Oktateuch I u. II	—	—	—	—	—	—	—
4	Apostolische Kirchenordnung = Syrischer Oktateuch III	—	—	—	—	—	—	—
5	Über die Gaben (Charismen) und Chirotonien = Syrischer Oktateuch IV und V	—	—	—	—	—	—	—
6	Syrischer Oktateuch VI = unter 12, wenn selbständig	—	—	—	—	—	—	—
7	Siebente Diataxis der Apostel = Syrischer Oktateuch VII	—	—	—	—	—	—	—
8	Syrischer Oktateuch VIII = 11, wenn selbständig	—	—	—	—	—	—	—
9	Doctrina Addai	—	—	—	—	—	—	—
10	Titloi	3b–14a	—	1a–4b	40b–44a	1b–6b	201b–203b Abbruch	Am Anfang fragm. ×
11	Apostelkanones 81 (82, 80, 85), siehe auch 8!	—	60a	4b–8b	44b–47 Abbruch	7a–15a	203–205b	×
12	Simeonskanones, siehe auch 6 = Apost. Ordnung durch Hippolyt	—	59a–60a, 89b	9a–12b	↓	15b–23a	205b ff.	×
		Fs. mit Synoden	Fs. mit Synoden	Fs. mit Synoden bis 39a	Ende	Fs. mit Timotheos	Fs. mit Synoden	Fs. mit Synoden

M. 309 8. Jh.	M. 310 8. Jh. = Ming. Syr. 8 = Sarf. Patr. 73	Vat. Syr. 560 8./9. Jh.	B. Nat. Syr. 62 9. Jh.	Borg. Syr. 148 1576 n. Chr.	Dam. 8/11 1204 n. Chr.	Vorlagen für Dolabani	Vorlagen für Cambr. Add. 2023	Vorlagen für Bar ʿEbrājā
—	—	1a–22a (Auszug)	1a–89a	1b–61a	—	×	×	×
—	—	22a–22b	—	—	—	—	—	—
—	—	unklar, ob nur	90a–102	61a–107a	1a–20a	×	×	×
2^{v}	—	lücken-hafte Handschrift			—	×	×	×
–	—	↓			—	×	×	×
18^{v}	—				—	×	×	×
18^{v}–21^{r}	—				—	×	×	×
$21^{r/v}$–27^{r}	—		(113–121a) Apostel-kanones		—	×	×	= 11 ×
—	—		102–107b	107b ff.	(80b–85a)	×	—	×
27^{r}–31^{r}	—		108a ff.	111b ff.	(20b–24a)	×	×	nicht zu er-warten
siehe unter 8!	—		siehe unter 8!	—	24a–29a	×	×	= 8 ×
siehe unter 6!	—	↓	—	—	29b–34a	×	?	×
Fs. mit Synoden	Beginn mit Synoden	Synoden (fragm.)	Fs. mit Synoden	Fs. mit Synoden	Fs. mit Synoden	Fs. mit Synoden		

8. Die Synode von Ephesos, mit 1 oder 2 Kanones[78].

9. Die Synode von Chalkedon (27 Kanones disziplinären Inhalts)[79].

10. Die Synode von Karthago („Cypriansynode" oder auch ein erster Teil des umfangreicheren „Codex Ecclesiae Africanae" mit zwei Briefen, an Quintus und Philus)[80].

11. Die Synode von Serdika (20 Kanones)[81].

12. Marūtā-Kanones (oder pseudonikaianische syrische Kanones), als Gesamttext Nikaia fälschlich zugeschrieben[82], mit dem Namen des Bischofs Marūtā von Maipherkaṭ verbunden[83].

13. Kanones der persischen Bischöfe (24 Kanones)[84]. Es handelt sich um die lokale, aber doch noch reichskirchliche Synode in Seleukeia-

---

[78] Fehlt in BL Add. 14.528. In Harv.Syr. 93, Vat.Syr. 127, Dam. 8/11, BL Add. 12.155 und 14.526 ein einziger Kanon, in B.Nat.Syr. 62, Borg.Syr. 148, M. 309, M. 310, Dam. 8/2, Ming.Syr. 8 und Šarf.Patr. 73 zwei Kanones.

[79] In M. 310 ungefähr am Platz mit Brief; aber nach Ephesos ist hier Karthago eingeschoben; am Platz auch in BL 12.155, Vat.Syr. 127 und Dam. 8/11; in Ming.Syr. 8 sind vorher Karthago und die 25 Bußkanones des „Briefes aus Italien an die Bischöfe des Ostens" (vgl. unten 14.) eingeschoben; in M. 320 ist Chalkedon überhaupt in die „Väterbriefe" gereiht (von Dolabani?); in M. 327 (sehr selektiv) und M. 337 (sehr selektiv) fehlt Chalkedon gänzlich (war es in der Vorlage erst später gereiht?). In B.Nat.Syr. 62 findet sich Chalkedon wieder mitten unter den „Väterbriefen"; ebenso reiht BL Add. 14.526 Chalkedon unter die Väterbriefe, ein gewichtiges Zeugnis aus einer Hs. aus dem 7. Jh. wie Wright, Catalogue II, 1036 ausführt. Vollständig mit Bischofsliste und anderem Material nur in BL Add. 14.528; in BL Add. 14.526 ohne Bischofsliste. Fehlend in Dam. 8/2.

[80] In M. 320 vor Nikaia zum apostolischen Material eingereiht; sonst gibt es für das Material aus 10. keinen festen Platz in den verschiedenen Sammlungen. Komplett ist die kleine Sammlung des Codex Ecclesiae Africanae nirgends erhalten. In M. 309, Borg.Syr. 148, B.Nat.Syr. 62, M. 310 und Ming.Syr. 8 mit den zwei Cyprian-Briefen, an Quintus und Philus. In Vat.Syr. 560 findet sich der Brief an Quintus, aber an anderem Platz.

[81] Unter den „Väterbriefen" in M. 310 und Ming.Syr. 8, in B.Nat.Syr. 62 und Borg.Syr. 148. Die Einordnung unter den Synoden ist wohl sekundär: in M. 320 nach Konstantinopel I (Dolabanis Hand?), ebenso in Šarf.Patr. 87.

[82] Sie sind allein in M. 320 zu finden und nach Chalkedon unter den Synoden eingereiht. Der historische Zusammenhang mit Nikaia oder den Kanones der persischen Bischöfe und der Marūtā-Gesandtschaft lag m. E. näher. Vielleicht hatte Dolabani aber eine separate Tradition vor Augen, nicht eine komplettere Sammlung des Synodikon. Der westsyrischen Tradition gehörte das Werk ohnehin nicht an.

[83] Vgl. Selb, OrKiR I, 97 ff.

[84] Fehlt in Dam. 8/11, wohl aus einer Lücke im Text. Vgl. zum Werk Selb, OrKiR I, 97 ff. Die Einreihung in den Sammlungen ist verschieden, aber fast stets unter den „Väterzeugnissen". Nur M. 320 (Dolabani) reiht historisch richtig. Freilich ist der Originaltext nestorianischer Tradition hier epitomiert und das Symbolum verändert; vgl. dazu Vööbus, Kanonessammlungen I 1 B, 490 ff.

Ktesiphon, die 419 n. Chr. stattfand und die Bischöfe des persischen Herrschaftsbereiches versammelte.

14. Brief aus Italien an die östlichen Bischöfe (16 oder 17 Kanones), wohl eine Antwort auf die Übersendung der antiochenischen Kanones[85]. Die Einreihung der Kanones in den Sammlungen ist verschieden, aber sie sind meist im Zusammenhang mit dem reichskirchlichen synodalen Material zu finden[86]. BAUMSTARK sieht eine bis ins 9. Jh. zurückreichende jakobitische Tradition, die den syrischen Oktateuch mit den Synoden von Karthago und Serdika, dem „Brief aus Italien" und kanonischen Väterbriefen vereinigte[87].

b. Die westsyrische Kirche steht wie die ostsyrisch-nestorianische, die übrigen altorientalischen, die byzantinische, ja sogar die lateinische Kirche[88] in der Tradition eines im Bereich Antiochiens verfaßten griechischen Corpus canonum, dessen Bestand und Entwicklungsgeschichte uns bereits aus der nestorianischen Überlieferung recht gut bekannt sind[89]. Dieses Corpus canonum ist in einer eigenen Redaktion und Übersetzung[90] auch zur Grundlage des reichskirchlich-synodalen Teiles der westsyrischen Synodika geworden. Sein Bestand und sein Aufbau scheinen von der Synode von Nikaia bis zu der von Konstantinopel I klar zu sein. Vielleicht gehörten auch der eine oder beide Kanones der Synode von Ephesos schon zu diesem Bestand, von dem wir wissen, daß er der Synode von Chalkedon (451 n. Chr.) als geschlossene Sammlung vorlag[91]. Die Kanones der Synode von Chalkedon sind nun ganz gewiß nicht offiziell rezipierter Teil der Synodika der „Antichalkedonier" wie in den

---

85 NAU, Littérature canonique, 1—34 zieht sie mit Recht zum antiochenischen Material.

86 So in M. 309 (mit 25 Kanones), M. 310 und Ming.Syr. 8 (25 Kanones), B.Nat.Syr. 62, Borg.Syr. 148; in Dam. 8/11 wohl einer Lücke zum Opfer gefallen; in Dam. 8/2 mit dem patristischen Material (S. 81—92) in 26 Kanones; in Cambr.Add. 2023 ebenso im Zusammenhang patristischen Materials zitiert.

87 Geschichte, 262 f; Quelle ist für ihn die Sammlung B.Nat.Syr. 62, Borg.Syr. 148; dazu SCHWARTZ, Nachrichten der Ges. d. Wiss. in Göttingen 1908, 313—321. Edition von NAU aus B.Nat.Syr. 62, Littérature canonique, 1—50, wo er sie mit den griechischen Bußkanones aus Hs. Coislin 211, fol. 279—280 vergleicht (dort 25 Kanones) und zahlreiche Analogien zu Ankyra und Basilios (Bußkanones) feststellt, aO 7. Vollständig ist der edierte Text in B.Nat.Syr. 62, M. 309 und einer modernen Abschrift in M. 320 erhalten. Zur Einordnung in die Literatur der Bußkanones allgemein vgl. den Versuch bei VÖÖBUS, Kanonessammlungen I 1 B, 405 ff.

88 Vgl. SELB, Kanonessammlungen. Ohne eigenen Beitrag jetzt auch VÖÖBUS, Kanonessammlungen I 1 B, 472 ff.

89 SELB, OrKiR I 84 ff.

90 Vgl. dazu unten XI 1 zur Geschichte der Komposition des Synodikon.

91 Vgl. SELB, Kanonessammlungen.

Sammlungen der „Chalkedonier". Das ist kirchengeschichtlich unwahrscheinlich. Vielmehr wurden sie später, weil der disziplinäre Inhalt brauchbar war, zusätzlich zu einer mit Konstantinopel I oder Ephesos endenden Sammlung in den westsyrischen Bestand synodalen Materials aufgenommen. Damit reihten sich die chalkedonischen Kanones recht gut in das oben unter 10.—14. angeführte „zusätzliche" Material ein. Man entnahm der Tradition der übrigen orientalischen Kirchen, was brauchbar und dogmatisch unverfänglich war: Eine Epitome des ganzen Codex Ecclesiae Africanae oder doch die Cypriansynode in 20 Kanones über die Neutaufe der Abtrünnigen aus einer gemeinorientalischen Tradition, die Kanones der Synode von Serdika von den Melkiten, die Marūtākanones wieder aus einer breiteren Tradition unter den orientalischen Kirchen, die Kanones der persischen Bischöfe von den Nestorianern, während die Herkunft des „Briefes aus Italien" offen bleibt. Lantschoot[92] sieht sie in einer Version von 16 Kanones als Teil eines Basilios-Briefes an Amphilochios an.

c. Der Bestand an reichskirchlich synodalem Material und sein Kern im griechischen Corpus canonum sind also recht klar, die Reihung aber des über das griechische Corpus canonum, also über Konstantinopel I oder Ephesos hinaus aufgenommenen synodalen Materials ist fraglich. Es könnte durchaus sein, daß die in manchen Handschriften festzustellende Verteilung dieses synodalen Materials (oben 10.—14.) unter die folgenden „Väterzeugnisse" originaler ist als die Einreihung nach Ephesos.

Eine hilfreiche Redaktionsnotiz scheint sich in der Handschrift BL Add. 14.526 fol. 29 b nach der Subskription auf fol. 29 a und nach dem einzigen Kanon von Ephesos über die Bestätigung des nikaianischen Credos zu finden:

„Es endet die Gesamtheit der Kanones der Apostel und die der angehängten Synoden. Sie sind folgende: Von Nikaia 20, von Ankyra 24 usw. Insgesamt sind, außer jenen der hll. Apostel, (an Zahl) 167 jene der Synoden."

Daraus ergibt sich, daß BL Add. 14.526 auf der durchgezählten vorchalkedonischen griechischen Synodal-Sammlung beruht, die in der Tat mit dem einen aufgenommenen Kanon von Ephesos als Kanon 167 endete. Es folgt dann in fol. 29 b der Kreis der „Väterzeugnisse", in BL Add. 14.526 beginnend mit Timotheos, Rabbūlā, Jōḥannān bar Qūrsōs

---

[92] Inventaire 82. Er könnte sich heute auf Dam. 8/2 berufen, wo diese Kanones tatsächlich zwischen zwei Basilios-Briefe an Amphilochios gereiht sind. Dem Einfall des modernen Schreibers ist das wohl nicht zu verdanken.

von Tellā; danach erst wird Chalkedon mit 27 Kanones, Credo, Geschichte der Konzilien bis Chalkedon und einer Kaiserliste bis 641 aufgenommen.

Mit der Synode von Ephesos endete auch jene Sammlung von reichskirchlichen Kanones, welche zur mittelbaren Vorlage von Dam. 8/2 geworden ist. In dieser Handschrift findet sich ein nach Ephesos eingereihter Vermerk, der wie folgt lautet:

„Übersetzt wurden diese (Kanones) aus der rhomäischen Sprache in die griechische. Dann aber (im Jahre 998[93]) der Griechen (= 687 A.D.) aus der griechischen in die syrische. Im Jahre 1902[94] aus einem alten Buch genommen, das auf Pergament geschrieben war, ist sie im Jahre 1929[95], am 5. des April, auf die (vorliegende) Handschrift übertragen worden".

Mit der rhomäischen Sprache ist hier eindeutig das Lateinische, nicht wie sonst das Griechische (Oströmische) gemeint, weil die Übersetzung ins Griechische (Jonische) gerade angezeigt wird. Es handelt sich wohl im ersten Teil um einen aus der Vorlagehandschrift auf Pergament stammenden Urvermerk, der eine Sammlung reichskirchlicher Kanones in syrischer Sprache abschloß. Die syrische Übersetzung fällt in die Zeit des Jakob von Edessa (geboren um 640 n. Chr., gestorben am 5. 6. 708 n. Chr.). Daß die vorliegende Sammlung Ephesos zu den „großen Synoden" von Nikaia und Konstantinopel I und mit diesen vorgereiht hat, ist einer späten Redaktion zu verdanken. Der Vermerk bezieht sich daher nicht auf Ephesos allein oder gar auf die drei „großen Synoden", sondern auf eine mit Ephesos endende Sammlung.

Eine Synopsis über die älteren Handschriften soll wiederum das Ergebnis nach Bestand und Reihung verdeutlichen. Erneut kann ich mich auf unpublizierte Vorarbeiten von Kaufhold stützen. Die Synopsis schließt an die zu den Apostelkanones an.

Synopsis II siehe Seiten 106 bis 109

d. Schon jetzt zeichnen sich Gruppen von Handschriften ab. Sie beruhen sämtlich auf einer Basissammlung, die Nikaia als einzige der großen Synoden an den Anfang stellte. Auffallend ist demgegenüber wieder, daß nur Dolabani in M. 320 auch eine Sammlung kennt, die gemäß dem älteren Überlieferungsstrang Nikaia zeitlich richtig zwi-

---

93 ܨ̇ܨܚ = 900 + 90 + 8.

94 ܐܨ̇ܒ = 1000 + 900 + 2.

95 ܐܨ̇ܟܛ = 1000 + 900 + 20 + 9.

Synopsis II

	Inhalt	BL Add. 14.528 6. Jh.	Harv. Syr. 93 (olim 85) 8./9. Jh.	BL Add. 14.526 (= 907) 6./7. Jh.	BL Add. 14.526 (= 908) 7./8. Jh.	BL Add. 14.527 11. Jh.	BL Add. 12.155	Vat. Syr. 127 ?	M. 309 8. Jh.
1	Nikaia, Einleitung und Prostagma Konstantins	14b	—	13b–14a			—	—	31^r+ 42^v–44^r
2	Konstantin gegen die Arianer	bis	—	16a–16b			—	—	31^v
3	Symbolum von Nikaia	36a	—	(36a)			—	—	31^v
4	Symbolum von Konstantinopel		—	(36b–37a)	↑	↑	—	—	(65^r)
5	Bischofsliste		—	—	(keine	Synoden	—	—	32^r–36^v
6	20 Kanones		fragm. 60a–62b	14b–16a	Fort-setzung	fehlen,	207–209a	29b–39a	37^r–41^v
7	Brief an die Kirche von Alexandrien	—	—	—	der	Fs. mit	—	—	41^r–43^v
8	Ankyra, Einleitung	36b	62b	16b	Wieder-holungen	Timo-theos	209a	39a	44^r
9	Bischofsliste	36b–37b	—	—	von		—	—	zwei-sprachi 44^r u.
10	24 Kanones	37b–46a	62b–67a	16b–18b	BL Add. 14.526 = 907)		209a–210b	39a–46b	44^v–45^r
11	Neokaisareia, 15 Kanones	46a–50a	67b–69a	18b–19b	↓	↓	210b–211a	47a–50a	45^r 47^v
12	Gangra, 20 Kanones	50a–56b	69a–72b fragm.	19b–21b			211a–212a	50a–56b	47^v–50^r
13	Antiocheia, Einleitung	Lücke	—	21b–22a			112a–212b	56b–57b	50^r
14	Antiocheia, Bischofsliste	57a–57b fragm.	—	—			—	—	50^r–50^v
15	Antiocheia, 25 Kanones	57b–72b	72b–76b fragm.	22a–25a			212b–214a	57b–69a	50^v–55^r
16	Antiocheia, Brief an Alexander	—	—	—			—	—	55^r–57^r
17	Laodikeia, Bischofsliste	72b–73a	—	—			–	—	—

M. 310 8. Jh.	= Ming Syr. 8	Vat. Syr. 560 8./9. Jh.	B. Nat. Syr. 62	Borg. Syr. 148	Dam. 8/11	Vorlagen für Dolabani	Vorlagen für Cambr. Add. 2023	Vorlagen für Bar ʿEbrājā	Dam. 8/1 19. Jh.	Dam. 8/2 19. Jh.
14^{r}	?		121b	114b	—	×	(wohl ohne Bedeutung)	(nicht zu erwarten?)		—
	19b–20a		—	—	—	(in M. 320 nach Neo-				—
	?		122b	×	—	Kaisareia, in M. 327,				—
—	(49a–49b)		(152a–152b)	—	—	M. 337 wie hier)				—
	11a fragm.		—	—	—	—				—
	11b–17a	lücken-hafte	124a–128b	×	34a–37b	×		×		1–13
24^{v}	17b–19b	Hand-schrift,	—	—	—					—
24^{v}	20a	es fehlen	129a	—	37b	—				—
—	20a–20b	ca. 51	129a	—	—	—				—
29^{v}	20b–25a	foll.	129a–132b	119 ff.	37b–40b	×	—	×		25–34
30^{r}–31^{v}	25a–26b		132b–134a	122a	40b–41b	×	×	×		35–38
31^{v}–36^{r}	26b–30b		134a–137b	123a	41b–42a fragm.	×	–	×		39–48
36^{v}	30b–31a		137b–138a	?	42a–42b	–				
—	31a–31b		138a	?	—	—				—
	31b–38a		138b–143b	125b–129a	42b–46b	—		×		49–64
48^{v}	38a–42a		144a–147a	129b–131	—	—				—
—	?		—	?	—	—				—

	Inhalt	BL Add. 14.528 6. Jh.	Harv. Syr. 93 (olim 85) 8./9. Jh.	BL Add. 14.526 (= 907) 6./7. Jh.	BL Add. 14.526 (= 908) 7./8. Jh.	BL Add. 14.527 11. Jh.	BL Add. 12.155	Vat. Syr. 127 ?	M. 309 8. Jh.
18	Laodikeia, 59 Kanones	73b–88a	77a–80b fragm.	25a–27b			214a–215b	69a–78b	57^v–60^r
19	Konstantinopel I, 4 Kanones	88b	80b–83a	28a–29a			215b–216b	78b–83a	60^r–62^r
20	Konstantinopel I, Bischofsliste	bis	—	—			—	—	62^r–65^r
21	Konstantinopel I, Anaphora an Theodosios	102a	—	27b–28a			—	—	65^r–65^v
22	Ephesos, Kanones (1 oder 2)	—	83a–83b (1)	29b (1)			216b (1)	83a–83b (1)	65^v–67^r (2)
23	Doctrina Addai	—	—	—			—	—	67^r–72^r
24	Karthago, Akten	—	—	—			(219a–220b)	—	72^r –
25	Karthago, Brief mit Kanones	—	—	—			—	—	87^r
26	Brief aus Italien	—	—	—			—	—	87^r–89^v
27	Chalkedon, Kanones	102b	83b–89b fragm.	(32b–36a)			216b–218b	83b–93a	89^v
28	Chalkedon, Bischofsliste	bis	—	—			—	—	–
29	Chalkedon, sonstiges	138a	×	(36a–38b)			—	—	93^v
30	Serdika, Kanones	—	—	—			—	?	(104^r–110 (?))
31	Kanones der persischen Bischöfe	—	—	—			—	(149a–151 fragm.)	
32	Maruta — Kanones	—	—	—			—	—	—
		Thimoteos (andere Hand)		nach Ephesos offiz. Ende der Synoden					

l. 310 8. Jh.	= Ming Syr. 8	Vat. Syr. 560 8./9. Jh.	B. Nat. Syr. 62	Borg. Syr. 148	Dam. 8/11	Vorlagen für Dolabani	Vorlagen für Cambr. Add. 2023	Vorlagen für Bar 'Ebrājā	Dam. 8/1 19. Jh.	Dam. 8/2 19. Jh.
49^{r}– 53^{v}	42a– 46a		147a– 150a	131b– 133b	46b– 50a	×		×		64–73
53^{v}	46a– 49a		150a	134a	50a– 51b	×		×		(14–19) (+ Sym- bolum 19–20)
—	49a		bis	?	—	×		—		—
57^{v}	51b– 52a		152b	×	—	×				—
57^{v}– 60^{r} (2)	49b– 51b (2)		153a– 154a (2)	136a (2)	51b– 52a (1)	×				(21–24) (2)
—	—		(102b– 107b)	(107b)	(80b– 85a)	×		×		—
60^{v} –	52a–	(74a– 74b fragm.)	154a	137a– 145b	(74a– 75a)	×				—
84^{r}	84a aber	(75a– 75b)	– 173a	145b– 148b	—	×	—			—
84^{v}– 88^{r}	Reihen- folge	(75b– 76b)		148b– 150a	—	×	×			—
88^{r}	umge- kehrt	(59a– 61b fragm.)	(214a– 218b)	(180a– 183a)	52a– 56a	×	—	×		—
–	—	—	—	—	—	—				—
94^{v}	—	—	—	—	—	—				—
(108^{v}– 118^{r})	(99b– 108b)	(48b– 43b unter den „Vätern“)	(185a– 192a)	(159a– 163a)	—	×				×
(168^{v}– 172^{v})	(163a– 167a fragm.)	(83a– 83b u. 72a)	237b ff.	—	(80a fragm.)	×	—			159–170
—	—	—	—	—		×	—			

schen Neokaisareia und Gangra führt, zweifellos keine Erfindung des Bischofs Dolabani; ferner, daß nur Dam. 8/2 in der Reihung mit den „großen Synoden" Nikaia, Konstantinopel, Ephesos beginnt. Eine markante Eigenschaft ist gewiß, ob die Synode von Chalkedón schon zur Basissammlung gehörte oder erst mit anderem Material zugeschrieben wurde, als die jeweilige Sammlung aufgebaut wurde.

A) mit Chalkedon als Basis
BL Add. 14.528 (ohne Ephesos)
BL Add. 12.155
Harv.Syr. 93
Vat.Syr. 127
Dam. 8/11

B) Chalkedon aus späterer Redaktion
BL Add. 14.526
M. 309
M. 310
Borg.Syr. 148
Die Vorlagen für M. 320, 327 und M. 337

Die Gruppen A) und B) wieder lassen sich innerhalb danach einteilen, ob sie insoweit das gesamte synodale Material bieten (BL Add. 14.528, M. 309, M. 310 mit Kopie Ming.Syr. 8 und Šarf.Patr. 73, B.Nat.Syr. 62, Borg.Syr. 148) oder nur die Kanones oder kaum mehr als die Kanones (BL Add. 14.526 und 12.155, Vat.Syr. 127, Harv.Syr. 93 und Dam. 8/11).

3. „Väterzeugnisse"

a. Es kennzeichnet alle Synodika, die uns in den orientalischen Kirchen überliefert sind, daß sie den Apostelkanones und reichskirchlichen Synoden „Väterzeugnisse" jeweils verschiedenen Inhalts aus der reichskirchlichen und der separaten eigenen Tradition folgen lassen.

Gehen wir z. B. von BL Add. 12.155 aus, so stehen die „Fragen an Timotheos den Großen, Patriarchen von Alexandrien" am Anfang solcher Väterzeugnisse bei den Westsyrern. Eine andere Tradition der Westsyrer läßt die „Väterzeugnisse" mit „Briefen des zweiten Bischofs von Antiochien, Ignatios des Apostelschülers" beginnen[96]. In Dam. 8/11, wo die in den alternativen Handschriften vor Timotheos zu findenden Teile, nämlich Zeugnisse des „Ignatios" und des „Petros von Ale-

[96] M. 309, M. 310, Ming.Syr. 8 und Šarf.Patr. 73; B.Nat.Syr. 62; Borg.Syr. 148. Die Fragmente aus Harv.Syr. 93 erlauben keine Aussage. Der Sammler zu Cambr.Add. 2023 kannte aus seiner Vorlage die Briefe des Ignatios. Ebenso hatte Dolabani für M. 322, M. 327 und M. 337 eine Vorlage solchen Inhalts. Und sowohl für Dam. 8/1 wie Dam. 8/2 muß ebenfalls eine derartige Vorlage gedient haben.

xandrien"[97] gänzlich fehlen, liegt der Beginn der „Väterzeugnisse" mit den Ignatios-Briefen gleichwohl näher, zumal sich zeigen wird, daß Dam. 8/11 das Synodikon auch sonst nur mit großen Lücken und zahlreichen Blattvertauschungen überliefert. Am Ende der umfangreichsten Versionen steht stets eine große Sammlung von Material, das Jakob von Edessa zugeschrieben wird. Ignatios am Anfang und Jakob von Edessa am Ende sind demnach bei der Bestandsaufnahme Fixpunkte, zwischen denen die unterschiedliche Tradition liegt.

Es ergeben sich nun aus einem Vergleich der Handschriften etwa folgender maximaler Bestand und folgende Reihung des Inhalts:

a. Auszüge von Sentenzen aus Briefen des zweiten Bischofs von Antiochien Ignatios, Apostelschülers und Märtyrers[98]. Im einzelnen geht es um neun Briefe, an die Epheser (Nr. 1), die Magnesier (Nr. 2 und 7), die Ttlio (Trallier?) (Nr. 3 und 8), Polykarp von Smyrna (Nr. 4 und 9), an die Kirche von Asia (Nr. 6) und von Philadelphia (Nr. 5).

b. Auszüge aus einer Anleitung des Petros, Bischofs von Alexandrien und Märtyrers, über die Behandlung der in der Verfolgung Abgefallenen, in 39 Abschnitten[99].

c. Fragen an Timotheos den Großen, Patriarch von Alexandrien, und Antworten (15)[100]. Sie sind auch in griechischer Version erhalten (MIGNE PG XXXIII col. 1293—1310).

[97] Die Belege wurden gerade genannt. Obwohl es sich in Dam. 8/1 und Dam. 8/2 um modernere Handschriften handelt, darf nicht nur ihr inhaltlicher Bestand, sondern auch der Aufbau des Inhalts zum Argument genommen werden. Es zeigen sich zumindest in Dam. 8/1 keine Spuren, daß der moderne Schreiber seine eigenen Ordnungsvorstellungen unterbringen wollte, anders als in den modernen Handschriften aus Mardin. In M. 322 reiht sich auch noch ein Brief des Athanasios von Alexandrien vorher ein, der sonst erst später folgt.

[98] Fehlt in Dam. 8/11 aus einer Lücke?; die Reihung in M. 309, M. 310, Ming.Syr. 8, Šarf.Patr. 73, Borg.Syr. 148, B.Nat.Syr. 62, M. 310, M. 322, M. 327, M. 337, Dam. 8/1 und Dam. 8/2 ist wie hier; in Vat.Syr. 560 findet sich Ignatios mitten im durcheinander geworfenen Material, aber immerhin wie hier gleich nach „Ephesos", „Karthago" und dem „Brief aus Italien".

[99] Fehlt in Dam. 8/11 (Lücke?) und M. 327; in Vat.Syr. 560 fragmentarisch an anderer Stelle, aber doch unmittelbar vor Timotheos von Alexandrien; in M. 309, M. 310, Ming.Syr. 8, B.Nat.Syr. 62, M. 322, Dam. 8/1 wie hier; in M. 337 nicht aus dem Katalog zu erkennen; in Dam. 8/2 fehlt das Werk gänzlich.

[100] In Dam. 8/11, BL Add. 14.526 — wo bis Rabbūlā alles weitere fehlt — und BL Add. 12.155 — sehr lückenhaft — beginnen hier die Väterzeugnisse; Reihenfolge wie hier: B.Nat.Syr. 62, Vat.Syr. 560, M. 309, M. 310, Ming.Syr. 8, Šarf.Patr. 73; in M. 322 mit dem folgenden Text des Athanasios von Alexandrien am Platz vertauscht; in M. 327 fehlend; in M. 337 nicht aus dem Katalog zu erkennen. In M. 310 ist, wohl durch eine Blattvertauschung, das Symbolum der Synode zu Konstantinopel I im Anschluß an Timotheos zu finden. In BL Add. 14.528 ist Timotheos nach den Synoden völlig isoliert erhalten.

d. Die Synode von Serdika, 20 Kanones[101].

e. Brief des Athanasios von Alexandrien an Abt Amon[102].

f. Sieben Briefe des Basilios von Kaisareia an Perigorios, an die Chorbischöfe, an den Priester Diodoros, an Amphilochios von Ikonion (3 Reihen von Kanones)[103].

g. Die Synode von Chalkedon[104].

h. Philoxenos von Mabbūg an die Mönche[105].

i. Basilios, der Kirchenvater, über die Häretiker und Verfolger[106].

j. Johannes Chrysostomos, Auszüge aus den Kommentaren zum Kolosserbrief und zum Thessalonicherbrief; und Gregor von Nazianz (theologos) über die Taufe, ein Auszug[107].

In Dam. 8/1 am Platz, doch folgt gleich Athanasios; in Dam. 8/2 steht Timotheos mitten in den Väterzeugnissen.

[101] Vgl. oben zu den Synoden unter X 2a Nr. 11. Da die „Anhangssynoden" ursprünglich wohl unter die „Väterzeugnisse" aufgenommen wurden, ist Serdika hier richtig einzuordnen. In Dam. 8/11, M. 327 und M. 322 (Dolabanis Redaktion?), Dam. 8/1 und Dam. 8/2 fehlt das Werk. Wie hier: M. 309, M. 310, Borg.Syr. 148, B.Nat.Syr. 62, Vat.Syr. 560 und M. 337; unter den reichskirchlichen Synoden steht der Text in M. 320 (von Dolabani wohl hierher redigiert).

[102] Fehlt in Dam. 8/11; wie hier in der Aufeinanderfolge der Texte: M. 309, M. 310, Vat.Syr. 560, Ming.Syr. 8, M. 322 und B.Nat.Syr. 62, Borg.Syr. 148; in M. 327 und Dam. 8/2 erhalten, aber gleich nach Ignatios gereiht, in Dam. 8/1 gleich nach Petros, aber vor Timotheos. Keineswegs beginnen hier erst die Väterzeugnisse, wie Vööbus, Kanonessammlungen I 1 B, 450 meint.

[103] In M. 309 sind die Briefe nur sehr lückenhaft erhalten; in Dam. 8/11 finden sich zwei der Briefe verstreut unter späterem Material; wie hier in Bestand und Folge: Vat.Syr. 560, B.Nat.Syr. 62, Borg.Syr. 148; M. 310, M. 322 und Ming.Syr. 8; die Texte fehlen in M. 327; aus dem privaten Katalog zu M. 337 ist ihre Aufnahme nicht zu erkennen. Dam. 8/1 schiebt zwischen den 1. und 2. Brief 26 Bußkanones des Basilios, den „Brief aus Italien", der sonst und richtig zum Bestand der Synodalkanones gerechnet wird, vgl. oben X 2a.

[104] Nur in Vat.Syr. 560 zwischen Basilios und Gregor von Nyssa gereiht. Sonst vgl. oben unter X 2. In BL Add. 14.526 am Ende der Hs. nach Rabbūlā und Jōḥannān bar Qūrsōs. In Dam. 8/1 und Dam. 8/2 nirgends aufgenommen.

[105] Im Zusammenhang nur in B.Nat.Syr. 62 und Borg.Syr. 148 und nur an dieser Stelle erhalten. Die Vorlage für Cambr.Add. 2023 freilich muß das Werk ebenfalls enthalten haben. Ansonsten gibt es eine reiche separate Überlieferung, vgl. Vööbus, Kanonessammlungen I 1 B, 316. Zu Philoxenos vgl. De Halleux, Philoxène de Mabbog. Sa vie, ses écrits, sa théologie, Louvain 1963 (Dissertation).

[106] Nur in B.Nat.Syr. 62 und Borg.Syr. 148 und nur an dieser Stelle erhalten.

[107] Beide Werke nur in B.Nat.Syr. 62 an dieser Stelle; in M. 310 und Ming.Syr. 8 vorhanden, aber gegen Ende der Sammlung. In M. 322 ist Johannes Chrysostomos nach Gregor von Nyssa zu finden. Die Reihung ist unsicher; es könnte sein, daß die Auszüge zum ephesinischen Material (Synopsis, Nr. 31) gehörten.

k. Auszüge aus dem dritten Brief des Damasus, Bischof von Rom (5 Sentenzen)[108].

l. Gregor von Nyssa an Litoios, Bischof von Mytilene[109].

m. Rabbūlā-Kanones (26 Mönchskanones)[110]. Gleich hier sei bemerkt, daß die Erwägungen von Vööbus, nach der sich das Werk des Rabbūlā in den Hss. über Zuschreibungen, Umstellungen, Auslassungen und Auszüge in verschiedenen „Typen" präsentiert, einiges für sich haben. Ohne Editionen, allein auf Grund der wenigen Inhaltsangaben bei Vööbus, sind sie schwerlich nachzuvollziehen. Der Grundeindruck mag jedoch festgehalten werden, daß dieses Werk über Jahrhunderte einem lebendigen, sich wandelnden Mönchtum diente.

n. Rabbūlā-Kanones, eine zweite Reihe, für Priester und benai qeiāmā, von Kanon 27 bis Kanon 86 (87) weitergezählt[111]. Vööbus sieht auch hier — wie bei den Mönchskanones — Rezensionen hinter den Hss.

o. „Kephalaia aus dem Osten" (dem Exil in der Zeit der Verfolgung), in Fragen und Antworten (42—45 Kanones)[112]. Es geht um

---

108 Nur in B.Nat.Syr. 62 und Borg.Syr. 148 zu finden und an dieser Stelle gereiht.

109 Hier setzt wieder eine vollere Tradition ein, die in einigen Handschriften mit den Basiliosbriefen endete: M. 309, M. 310 und Ming.Syr. 8, B.Nat.Syr. 62, Vat.Syr. 560, Dam. 8/1.

110 In der frühen Handschrift BL Add. 14.526 folgt ein erster Kern für die Sammlung oder ein Auszug aus beiden Reihen auf Timotheos. Nach großen Lücken setzt hier Dam. 8/11, allerdings nach Jōḥannān bar Qūrsōs (26 Kanones) gereiht, wieder ein. Wie hier: Vat.Syr. 560, B.Nat.Syr. 62; M. 309, M. 310 und Ming.Syr. 8; M. 322; Šarf.Patr. 87; Dam. 8/1. So im groben Zusammenhang auch in M. 337; fehlt in Borg.Syr. 148 und M. 327. In Cambr.Add. 2023 folgen aufeinander: Basilios — Philoxenos — Rabbūlā. In Dam. 8/2 findet sich Rabbūlā zwar vor den „Kephalaia aus dem Osten", aber manches spätere Material ist ebenso vorgereiht; der Grund ist unklar, er muß der Vorlage entspringen. Über die außerhalb der Synodika zu findenden Handschriftenbelege vgl. Vööbus, Kanonessammlungen I 1 B, 307 ff.

111 Diese Reihe fehlt in Dam. 8/11. In Vat.Syr. 560, M. 309, M. 310 und Ming.Syr. 8, B.Nat.Syr. 62, M. 322, M. 327, M. 337, Šarf.Patr. 73 und 87, Dam. 8/1 und Dam. 8/2, ist sie sicher vorhanden. Vööbus weist für das volle Werk noch weitere Hss. außerhalb der Synodika nach, Kanonessammlungen I 1 A, 132 ff, und stellt Erwägungen zur Textgeschichte und den daraus resultierenden Rezensionen an.

112 Dam. 8/11 bietet zuerst die davon verschiedenen „Kanones zur Zeit der Verfolgung", dann erst die „Kephalaia aus dem Osten"; in Vat.Syr. 560 (Fragment) an ganz anderem Platz, aber doch vor den „Kanones der persischen Bischöfe"; einzeln stehend in BL Add. 12.155, Harv.Syr. 93 (Fragment), und BL Add. 14.527. Wie hier B.Nat.Syr. 62, M. 309, M. 310 und Ming.Syr. 8; M. 337; in M. 327 fehlend; in M. 322 von den Rabbūlā-Kanones durch mehrere Werke getrennt. In Dam. 8/2 an anderer Stelle aber doch nach den Rabbūlā-Kanones; in Dam. 8/1 an späterer Stelle in anderem Zusammenhang gereiht. Vgl. Vööbus, Kanonessammlungen I 1 A, 167 ff zu weiteren Hss.-Belegen und zu Versuchen, Rezensionsvarianten zu finden.

Taufe, Ordination, Konsekration von Kirchen, Anathemata und Häretikerkontakte.

p. Kanones der persischen Bischöfe; eine vom Original abweichende Rezension der Kanones der Synode von Seleukeia-Ktesiphon mit — korrigiertem — Symbolum[113].

q. Brief des Johannes, ägyptischen Bischofs von Zypern an die Äbte des Ostens (nach Gūbrīn) (3 Urteile)[114].

r. ,,Kirchliche Kanones, die von den hll. Vätern zur Zeit der Verfolgung aufgestellt wurden in Fragen und Antworten" (7 Kanones)[115], šūʿālē-Literatur. Vier exilierte Bischöfe schreiben aus Alexandria über den Umgang mit Häretikern in der Praxis des Lebens.

s. Aus einem Brief an die Presbyter Paulā und Paulā (7 Kanones)[116], šūʿālē-Literatur. Dabei handelt es sich trotz des zum Teil gleichen Themenkreises (z. B. Kanon 1) nicht um dasselbe Werk wie unter r[117].

t. Aus einem Brief des Konstantin, Metropoliten von Laodikeia an

---

[113] Fehlt in Dam. 8/11, Dam. 8/1, M. 337 und M. 322 (hier aus der ordnenden Hand Dolabanis?); wie hier M. 309; B.Nat.Syr. 62, Vat.Syr. 560, M. 310 und Ming.Syr. 8; in der fragmentarischen Sammlung M. 327 direkt vor Jakob von Edessa; in M. 320 im Zusammenhang der reichskirchlichen Synoden zwischen Serdika und Chalkedon (ordnende Hand Dolabanis?). In Dam. 8/2 an anderer Stelle, aber nach den ,,Kephalaia aus dem Osten". Vgl. oben X 3 aE. Vööbus behandelt den Text in Kanonessammlungen I 1 B, 490 ff. Zum Symbolum vgl. Gribomont, Le symbole de foi de Seleucia-Ctésiphon (410), in A tribute to A. Vööbus, Chicago 1977, 283 ff.

[114] In M. 310 (fragm.) und ebenso Ming.Syr. 8, Šarf.Patr. 73 und 87, B.Nat.Syr. 62 und Vat.Syr. 560 zu finden. Zur Rückführung auf Konstantin, Bischof von Laodikeia, vgl. Vööbus, Kanonessammlungen I 1 A, 175 ff, der in Šarf.Patr. 87 eine abweichende Texteinteilung annimmt.

[115] Zu Dam. 8/11 vgl. zu o; wie hier: M. 310 und Ming.Syr. 8; B.Nat.Syr. 62; in der Reihenfolge auch noch in Vat.Syr. 560; in M. 322 vor den ,,Kephalaia aus dem Osten" gereiht; in M. 327 und M. 337 fehlend. Älteste Versionen in BL Add. 12.155 und BL Add. 14.527. Belege sind weiter Dam. 8/1 (mit ganz anderer Einreihung) und die Fragmente aus Cambr.Add. 2023. Die Behandlung des Titels bei Vööbus, Kanonessammlungen I 1 A, 164 ff betrifft ein anderes Werk, den Brief an Paulā und Paulā. Unser Werk wird dagegen in I 1 B, 269 ff vorgestellt, dort mit weiteren Hss.-Belegen.

[116] In BL Add. 14.527 und BL Add. 12.155 am Platz. In Dam. 8/11 sind die ,,Kephalaia aus dem Osten" unmittelbar vorher eingereiht; in M. 322 ist der Brief insgesamt später gereiht, aber doch nach den ,,Kephalaia aus dem Osten"; in B.Nat.Syr. 62, BL Add 14.527, BL Add. 12.155, Dam. 8/1 und M. 322 wie hier. In Dam. 8/1 an anderer Stelle aber doch im Zusammenhang der ,,Kephalaia aus dem Osten" und der ,,Kanones zur Zeit der Verfolgung". In M. 309 ist nur der Schluß des Werkes erhalten.

[117] Vööbus ,,vermischt" die Werke r und s im Titel, vgl. Kanonessammlungen I 1 B, 269 ff und I 1 A, 164 ff.

Aba Markos den Isaurier (4 Kanones)[118]. Wieder geht es um die Kontakte zu Häretikern.

u. Aus einem Brief eines unbekannten (monophysitischen) Bischofs an seinen Freund (11 Kanones)[119]. Es geht vornehmlich um Wiedertaufe und Ehe.

v. Brief aus Konstantinopel an Mār Martyrios, Bischof von Antiochien über die Konversion von Häretikern[120].

w. Kanonistische Auszüge aus zahlreichen Briefen des Severos von Antiochien[121]. Es geht in der umfangreichsten Version um Briefe an Caesaria Hypatissa, an Thekla, über die Wiederholung der Taufe (Salbung), an Theodoros Bischof von Olba, an Bischof Solon, an die Presbyter Kosma, Polyeuktos und Zenobios, an Bischof Dioskoros von Alexandrien, an Eucharios, an Johannes Scholastikos von Boṣṭrā und an Johannes Stratiotes.

x. Aus einem Brief des Theodosios, Patriarchen von Alexandrien (5—7 Kanones)[122].

y. Brief des Anthimos, Bischof von Konstantinopel, an Jakob von Edessa[123].

z. Basilios, Bischof von Caesarea, Epitimịa, Strafen für die Mönche, 12 Kanones[124].

aa. Brief des Patriarchen Athanasios von Bālād (Baldāiā) über die Teilnahme der Christen an Opfern der Heiden[125].

---

118 Vgl. auch oben q! Am Platz in BL Add. 12.155, BL Add. 14.527, M. 310 und Ming.Syr. 8, B.Nat.Syr. 62, Dam. 8/11, im Zusammenhang des Kontextes auch in Dam. 8/1.

119 Am Platz in BL Add. 12.155, BL Add. 14.527, M. 310, Ming.Syr. 8, Vat.Syr. 560, B.Nat.Syr. 62, Šarf.Patr. 73, Dam. 8/11, M. 322. Im gleichen Zusammenhang in Dam. 8/1.

120 Am Platz in M. 310 und Ming.Syr. 8, Vat.Syr. 560, B.Nat.Syr. 62; in Dam. 8/1 gleịch nach den Rabbūlā-Kanones, und vor den Severos-Briefen, in Dam. 8/2 weit vor Rabbūlā, aber wieder vor den Severos-Briefen.

121 Die Folge auf v. ergibt sich aus B.Nat.Syr. 62, M. 310, Ming.Syr. 8. In Vat.Syr. 560 und Dam. 8/11 große Blattvertauschungen, die Texte des Severos (lückenhaft) sind verstreut. Reihenfolge auch in BL Add. 12.155 gewahrt. In Dam. 8/1 folgt Severos auf die Rabbūlā-Kanones und den Brief an Martyrios, genauso in M. 322. In Dam. 8/2 finden sich im gleichen groben Zusammenhang nur die drei erstgenannten Briefe des Severos.

122 Ende des westsyrischen Materials und der Handschrift in BL Add. 12.155 und BL Add. 14.527. Fehlt in Dam. 8/11. Vereinzelt stehend in M. 327 erhalten. Am Platz in B.Nat.Syr. 62, vor Anthimos, Basilios und Sergios Amphiator, ebenso in M. 310 und Ming.Syr. 8 — beide Male von Mingana wie Zotenberg als Kanones des Theodosios von Alexandrien bezeichnet —, und in Dam. 8/1. In M. 322 erscheinen sie nur als „Kanones des hl. Theodosios“.

bb. Brief des Kyrillos I von Alexandria an die Einsiedlermönche[126].

cc. Auszug aus einem Brief des Coelestin von Rom nach Konstantinopel[127].

dd. Materialien zu Ephesos (?), wie cc (?)[128].

ee. Kanones des Bischofs Sergios Amphiator in zwei Reihen von 4 und 6 Kanones[129].

ff. Jōḥannān bar Qūrsōs, Bischof von Tellā (27 Kanones)[130]: Ermahnungen und Gebote für die Lebensführung der Kleriker.

gg. Jōḥannān bar Qūrsōs, Bischof von Tellā, auf Fragen des Sergios (48 Kanones)[131], in Form der šūʿālē-Literatur.

---

[123] In M. 310 und Ming.Syr. 8 stand der Text wohl in der angegebenen Lücke der Vorlage, die sich in anderen Texten ebenfalls findet: Vat.Syr. 560, Dam. 8/1, Dam. 8/2, M. 322. Erhalten in B.Nat.Syr. 62 am Platz, in Borg.Syr. 148 nach Sergios Amphiator.

[124] Voll erhalten in B.Nat.Syr. 62 am Platz; in Vat.Borg.Syr. 148 nach Sergios Amphiator. In M. 310 und Ming.Syr. 8, Dam. 8/1, Dam. 8/2, M. 337, Šarf.Patr. 73, vielleicht auch in M. 322, beginnt das Werk nach leeren Seiten jeweils mit Kanon 9. Nicht identisch mit Vööbus, Synodikon XXXVII. Völlig falsche Erwägungen zur Identifikation bei Vööbus, Kanonessammlungen I 1 B, 369 f.

[125] Zur Identifikation vgl. Vööbus, Kanonessammlungen I 1 A, 200 ff. Dam. 8/11 ist hier lückenhaft. Vööbus, aO I 1 B, 495 meint, das Werk sei nicht allgemein in das Synodikon aufgenommen worden. In B.Nat.Syr. 62 und Borg.Syr. 148 findet sich Athanasios, aber erst nach Jōḥannān bar Qūrsōs; er fehlt nicht etwa wie Vööbus, aO I 1 B, 495 irrigerweise zu B.Nat.Syr. 62 annimmt; in M. 310 und Ming.Syr. 8 findet sich das Werk ebenfalls erst nach Jōḥannān bar Qūrsōs. M. 322 ist von ganz anderer Ordnung: Athanasios findet sich vereinzelt stehend vor Jakob von Edessa, einzeln auch in M. 327, M. 337 und Vat.Syr. 560. In Dam. 8/2 steht das Werk nach Sergios Amphiator. Das Werk bildet in Borg.Syr. 148 das Ende, in Šarf.Patr. 87 den Anfang der „Väterkanones". Weiteres Zeugnis Šarf.Patr. 73.

[126] In M. 310 und Ming.Syr. 8, B.Nat.Syr. 62 und Borg.Syr. 148 am Platz.

[127] In M. 310 und Ming.Syr. 8 und B.Nat.Syr. 62 am Platz, in Borg.Syr. 148 noch vor Theodosios von Alexandrien.

[128] In B.Nat.Syr. 62, Vat.Syr. 560, M. 310 und Ming.Syr. 8, am Platz. Vgl. die folgende Fußnote.

[129] Die Reihung, wie sie M. 310 mit Ming.Syr. 8 zeigen, scheint nicht die ursprüngliche zu sein. Das Material von Athanasios von Bālād bis zu den Materialien zu Ephesos wirkt wie ein Block, der zwischen Jōḥannān bar Qūrsōs und Jakob von Edessa eingeschoben wurde. Eher im ursprünglichen Sinne B.Nat.Syr. 62. In Dam. 8/1 sind Jōḥannān bar Qūrsōs und Jakob von Edessa durch anderes Material getrennt, in Dam. 8/2 ist Sergios einerseits von Jōḥannān bar Qūrsōs und Jakob von Edessa andererseits durch solches Material getrennt. Weitere Handschriften bei Vööbus, Kanonessammlungen I 1 A, 186 ff, der eine inhaltliche Gruppierung versucht; vgl. auch aO I 1 B, 494.

[130] In BL Add. 14.526, BL Add. 12.155 und BL Add. 14.527 wohl als echte Entwicklungsstufe allein, ohne die folgende Reihe, erhalten. Sonst in M. 310 und Ming.Syr. 8, Vat.Syr. 147, Vat.Syr. 560, B.Nat.Syr. 62, Dam. 8/11, Dam. 8/1, Dam. 8/2, Šarf.Patr. 73 und 87, M. 322, M. 327, M. 337 wie hier eingereiht. M. 309 ist als Beleg fraglich. In dem überaus lückenhaften Schluß der Hs. könnten sich Fragmente daraus finden.

[131] Es scheint, als gehöre das Werk nur einer bestimmten Hss.-Gruppe zu: M. 310

hh. Jakob von Edessa, Brief an den Einsiedler Thomas in acht Teilen über die Eucharistie, über die Kreuzzeichen, über das „Segnen des Geheimnisses", darüber, ob man das „Geheimnis" von einem Tag zum anderen aufbewahren darf, über die Taufe, über die Wasserweihe (2 Reihen).

ii. Jakob von Edessa, Brief an Jōḥannān, Stylites, Fragen und Antworten.

jj. Fragen des Einsiedlers Abraham an Jakob von Edessa[132].

kk. Fragen des Priesters Addai an Jakob von Edessa (51).

ll. Kanones des Jakob von Edessa (24).

mm. Andere Fragen (erweiterte Rezensionen zu kk) des Priesters Addai an Jakob von Edessa[133].

nn. Jakob von Edessa „für sich selbst" (Kanones, erweiterte Rezension zu ll) (fortgezählt als Kanones 74—110)[134].

oo. Jakob von Edessa, Fragen des Priesters Thomas[135].

b. Den beschriebenen Bestand und seine Reihung könnte man als Normalüberlieferung bezeichnen, die bei diesem oder jenem Überlieferer

---

und Ming.Syr. 8, Vat.Syr. 560, B.Nat.Syr. 62, Borg.Syr. 148, Dam. 8/11, Dam. 8/1, Dam. 8/2, Šarf.Patr. 73. Weitere, isolierte Belege bei Vööbus, Kanonessammlungen I 1 B, 263 ff, der verschiedene Sammlungstypen erkennt.

132 Die Briefe unter hh bis jj finden sich fragmentarisch in M. 309, Dam. 8/11, Dam. 8/2 , vollständig jedoch in Dam. 8/1. Sonst beginnt das Material zu Jakob von Edessa erst mit den Fragen des Priesters Addai. In Harv.Syr. 93 ist Johannes Stylites nachgereiht.

133 Die seltsame Reihung in kk bis mm scheint ursprünglich zu sein. Sie findet sich durchweg, in Harv.Syr. 93, M. 309, M. 310 und Ming.Syr. 8, in Dam. 8/11, Dam. 8/1, Dam. 8/2, M. 322, M. 327 und M. 337. Dabei zeigt sich, daß M. 322 mit Dam. 8/1 zumindest hierin eine gemeinsame Vorlage hatten. In M. 322 heißt es bei den zweiten „weiteren Kanones des Jakob von Edessa" (S. 325—378), daß sie aus einer Handschrift Nr. 102 stammen. Gemeint sind die „anderen Fragen des Addai", für die in Dam. 8/1 S. 338 vermerkt ist „nach der Handschrift Nr. 102 der Bibliothek von Mār Ḥananjā" (bei Mardin). Vgl. zu weiteren Handschriftenbelegen und zur Einzelüberlieferung der Teile und deren Rezensionen Vööbus, Kanonessammlungen I 1 A, 202 ff, I 1 B, 273 ff und 298. Seine Versuche überzeugen nicht. Die Titel und Zahlenangaben legen nahe, daß die „Fragen und Antworten" (51) zunächst gefolgt waren von 24 Kanones. Die „Fragen und Antworten" wurden in einer erweiterten Rezension zu ca. 73, die Kanones — nun einfach weitergezählt — wurden zu ca. 30. Die Zwischenüberschrift „für sich selbst" zeigt, daß es um die „Kanones" geht, die nicht an Addai adressiert waren.

134 In Dam. 8/1 mit einer eigenen Überschrift: „für sich selbst" geführt (S. 385 unten bis 409 oben), von Kanon 74 bis 110, also durchgezählt mit dem vorherigen Material der weiteren Fragen des Addai (73 Kanones). Vgl. Fußnote 133.

135 Sie stehen, soweit erhalten in M. 310 (?) und Ming.Syr. 8 (?) am Ende des Corpus der Kanones des Jakob von Edessa, ebenso in Dam. 8/1 und Dam. 8/2. Sonst sind sie vorgereiht: Harv.Syr. 93, M. 309, Dam. 8/11.

oder Abschreiber spezielle Zusätze oder Abstriche erfuhr. So finden sich in Vat.Syr. 560 mehrere Briefe des Isidor von Pelusion, die keine andere Handschrift aufweist. M. 321 allein enthält einen Brief des Dionysios von Athen (Areopagites) an Timotheos. Am Ende von B.Nat.Syr. 62 stehen — nach dem Katalog — „préceptes donnés à Moise".

Die bisher genannten Handschriften bieten den Hauptbestand an Belegen. Daneben finden sich weitere Belege, die entweder Materialien parallel — in anderem Sammlungskontext — überliefern oder gar Vorlagen für die Synodika geworden sind.

Ein alter Beleg aus einer Sammlung BL Add. 14.610 (6. Jh.) gibt u. a. die 15 Kanones des Timotheos von Alexandrien wieder, ferner die 5 Kanones des Theodosios von Alexandrien. Ein Beleg aus einer Sammlung BL Add. 14.631 (9. Jh.) bietet die Fragen des Priesters Sergios an Jōḥannān bar Qūrsōs und die Fragen des Priesters Addai an Jakob von Edessa, in BL Add. 17.262 (12. Jh.) ist u. a. Philoxenos von Mabbūg, Mönchsregeln, aufgenommen. Die in die Sammlung aufgenommenen Severos-Briefe könnten aus einer Briefsammlung wie in BL Add. 14.600 (8. Jh.) stammen: An Solon Nr. I, 2—4, 19, 23, 26, 41, an Caesaria Nr. III 4 und IX 7 an Jōḥannān von Bosṭrā Nr. VII 4, über die die neu taufen Nr. VIII 2, an den Bischof von Olba, an Thekla Komitissa Nr. VIII 3.

c. Erneut könnte eine Synopsis das Ergebnis des Handschriftenvergleiches verdeutlichen. Sie schließt an die zu den Kanones der Synoden an.

Synopsis III siehe Seiten 120 bis 127

d. Im Bereich der „Väterzeugnisse" scheint danach die Gruppierung der Handschriften einfacher zu sein. Auf der einen Seite stehen die Handschriften, die das gesamte Material absorbiert zu haben scheinen, jeweils vorbehaltlich der Schreiberqualität und des Erhaltungszustandes der Handschrift, nämlich M. 309, M. 310 und Ming.Syr. 8, Šarf.Patr. 73, Vat.Syr. 560, B.Nat.Syr. 62, Borg.Syr. 148 und in allen ihren Schwächen auch Dam. 8/11, auch die Vorlagen für Dam. 8/1 und Dam. 8/2 und die für M. 322, M. 327 und M. 337. Auf der anderen Seite stehen Synodika, die lediglich einen, voneinander wieder verschiedenen, Grundstock der Gesamtsammlungen bieten. BL Add. 14.528 und Vat.Syr. 127 enthalten nur die 15 Fragen an Timotheos von Alexandrien, BL Add. 12.155 und 14.527 enthalten Teile der westsyrischen Vätertradition ohne die Rabbūlā-Kanones aber mit einer Reihe von Kanones (27) des Jōḥannān bar Qūrsōs, Harv.Syr. 93 bietet daraus nur die ,,Kephalaia aus dem Osten", aber weitgehend die Quellen zu Jakob von Edessa, in BL Add. 14.526 finden sich Ansätze zu einer Rabbūlā-Sammlung mit den 27 Kanones des Jōḥannān bar Qūrsōs.

4. Die Synoden der westsyrischen Kirche

Nach dem Ende der Kanones des Jakob von Edessa beginnt im Synodikon eine eigene geschlossene Sammlung von westsyrischen Lokalsynoden nebst weiteren Quellen. Mit Recht kann Vööbus[136] das Dokument aus Dam. 8/11, soweit es die Lokalsynoden betrifft, eine atemberaubende Entdeckung nennen. Daß wir bislang von dieser Sammlung fast keine Spuren hatten, stimmt freilich nicht. In B.Nat.Syr. 62 findet sich am Ende als erster der nicht in Esṭrangelā geschriebenen beiden Zusätze ein Titel[137]:

,,Kanones, die aufgestellt wurden durch den seligen Mār Kyriakos, den Patriarchen, und die heilige Synode, die sich mit ihm zu Bēt Bāṯīn, einem Dorf in der Region der Stadt Ḥarrān, im Jahre 1106 der Griechen im Monat Tešrī, versammelt hat. Es wurden Kanones, 40 an der Zahl, aufgestellt."

Dem folgt ein Vermerk:

,,Sie sind nicht in diesem unserem Band aufgeschrieben, sondern sie haben Aufnahme in (unter?) anderen Sammlungen gefunden wie auch im ,,Buch der Rechtleitung des Maphrian"[138].

Das ist keine Klage des Verfassers oder Abschreibers, daß er die 40 Kanones des Kyriakos in seinem (Vorlage-)Exemplar nicht finden konnte[139], sondern ein Verweis auf ,,andere Sammlungen" oder doch eine Sammlung, welche die ,,Kanones aus Lokalsynoden" enthielt.

Ein weiteres Dokument, das dieselben Synoden bietet, nämlich M. 323, erweist sich leider bei näherer Betrachtung in anderen Partien[140] als Tochterhandschrift zu Dam. 8/11. Eine moderne Abschrift, wahrscheinlich einer verschollenen Handschrift aus Midjat (Melki?), ist auch die Hs. Aydin 2 aus Wien. Aus einer Sammlung, welche wohl alle diese Lokalsynoden enthielt, stammen auch die Zitate in der Hs. Harv.Syr. 105 — eine Analyse der sieben Folien hat mir freundlicherweise Kaufhold überlassen —. Die Zitate berufen sich auf einzelne Kanones aus den meisten der im folgenden angeführten und in Dam. 8/

---

136 Synodikon I, 5.
137 Übersetzt aus Zotenberg, Catalogue, 28.
138 Das ist der Nomokanon des Bar ʿEbrāiā.
139 So aber Vööbus, Kanonessammlungen I 1 B, 484 f.
140 ZB in den Sententiae Syriacae. Vgl. Selb, Sententiae Syriacae.

Synopsis III

	Inhalt	BL Add. 14.528	BL Add. 14.526	Harv. Syr. 93 (olim 85)	BL Add. 12.155	Vat. Syr. 127	BL Add. 14.527	M. 309
1	Briefe des Ignatios (9 Briefe)	—	—	—	—	—	—	93^{v}–96^{r}
2	Petros von Alexandrien über die lapsi (39)	—	—	—	—	—	—	96^{r}–102^{v}
3	Timotheos von Alexandrien, 15 Fragen	1a–3a	29b–30b	89b–91b	218b–219a	93a–96b	23b ff.	102^{v}–104^{r}
4	Synode von Serdika, 20 Kanones	—	—	—	—	—	—	s. o.
5	Athanasios, Brief an Abt Amon	—	—	—	—	—	—	110^{r} (?)–114^{r}
6	Basilios, Briefe an Perigorios, u. a. (7 Briefe)	—	—	—	—	—	—	114^{r}–130^{r}
7	Synode von Chalkedon, 27 Kanones	—	(32b–36a mit Symbolum)	—	(216b–218b)	—	—	89^{v}–93^{v}
8	Philoxenos von Mabbūg, an die Mönche	—	—	—	—	—	—	—
9	Basilios, über die Häretiker	—	—	—	—	—	—	—
10	Gregor von Nazianz, über die Taufe	—	—	—	—	—	—	—
11	Johannes Chrysostomos, Komm. zum Kolosser- und Thessalonikerbrief	—	—	—	—	—	—	—
12	Brief des Damasus von Rom	—	—	—	—	—	—	—
13	Gregor von Nyssa an Litoios	—	—	—	—	—	—	130^{r}–136^{r}
14	Rabbūlā von Edessa, 26 Kanones für die Mönche	—	30b–31a	—	—	—	—	136^{r} –

M. 310	= Ming Syr. 8	Vat. Syr. 560	B. Nat. Syr. 62	Borg. Syr. 148	Dam. 8/11	Dam. 8/1	Dam. 8/2	Vorlagen für Dolabani zu M. 322, 327, 337	Vorlagen für Cambr. Add. 2023	Vorlagen für Bar ʿEbrājā
94ᵛ–97ᵛ	84a–87a	(76b TA)	173a–	150a–152a	–	S. 1–8	S. 74–81	×	×	—
97ᵛ–106ᵛ	87a–97b	TA 34a–37a	175b–	152b–158a	—	S. 8–33	—	×	—	—
106ᵛ–108ᵛ	97b–99a	37a–38b	183b–185a	158a–159a	56a–57a	S. 40–45	S. 102–106	×	—	×
s. o.	99b–108b	38b–43b	185a–192a	159a–163a	—	—	—	×	—	—
118ʳ–120ʳ	108b–111b	43b–45a	192a–	163a–165b	—	(S. 33–40)	(S. 82–88)	×	—	—
120ʳ–144ᵛ	111b–138a	45a–59a	194b–214a	168b–	(76b–78b 80a fragm.)	S. 45–78 TA und S. 92–115	—	×	×	—
(s. o.)	×	59a–61b TA	214a–218b	180a–183a	(52a–56a)	—	—	×	—	—
—	—	—	218b	183a–183b	—	—	—	—	×	—
—	—	—	218b	183b	—	—	—	—	×	—
(219ʳ)	(212b–213a)	—	219a	183b	—	—	—	×	×	—
(215ᵛ–219ʳ)	209b–212b	(80b–81b TA)	—	—	—	—	S. 98–101	×	—	—
?	—	—	219a	183b–184a	—	—	—	—	—	—
(144ᵛ–152ᵛ)	138a–147a	TA 62a–66a	219a–	—	—	S. 115–136	—	×	—	—
152ᵛ –	147a–148b	66a–67a	226a–227a	—	(63a–64a)	(S. 145–149)	(S. 118–122)	×	×	×

	Inhalt	BL Add. 14.528	BL Add. 14.526	Harv. Syr. 93 (olim 85)	BL Add. 12.155	Vat. Syr. 127	BL Add. 14.527	M. 309
15	Rabbūlā von Edessa, 59 Kanones für den Klerus	—	Auszug	—	—	—	—	139v
16	Kephalaia aus dem Osten (42)	—	—	46b–47a Auszug	224a–225a	—	32a–40b	139v–146r
17	Kanones der persischen Bischöfe (Seleukia-Ktesiphon)	—	—	—	—	—	—	146r– (s. o.)
18	Brief des Johannes von Zypern an die Äbte des Ostens	—	—	—	—	—	—	—
19	Kanones aus der Zeit der Verfolgung (7)	—	—	—	225a–226a	—	40b–42b	—
20	An die Äbte und Priester Paulā und Paulā	—	—	—	226a	—	43a	—
21	Konstantin von Laodikeia, Brief an Aba Markos	—	—	—	226b	—	47a–	—
22	Brief eines Bischofs „an einen Freund"	—	—	—	226b–227a	—	44a–46a	—
23	Brief aus Konstantinopel an Martyrios	—	—	—	—	—	—	—
24	Severos, 10 Briefe, an Caesaria, Thekla, Theodoros, Joh. Scholastikos, Solon, Kosmas, Dioskoros, Euchorios	—	—	—	(219a–220a fragm.)	—	—	—
25	Kanones des Theodosios, Papa von Alexandrien (5)	—	—	—	227a	—	46a	—
26	Brief des Anthimos an Jakob	—	—	—	—	—	—	—
27	Basilios, 12 Bußkanones für die Mönche	—	—	—	—	—	—	—
28	Athanasios von Bālād, Patriarch	—	—	—	—	—	—	—

M. 310	= Ming Syr. 8	Vat. Syr. 560	B. Nat. Syr. 62	Borg. Syr. 148	Dam. 8/11	Dam. 8/1	Dam. 8/2	Vorlagen für Dolabani zu M. 322, 327, 337	Vorlagen für Cambr. Add. 2023	Vorlagen für Bar ʿEbrājā
157^{v}	148b–152b	67a–67b	227a–229b	—	—	(S. 145–149 (falsche Zählung))	(S. 122–132)	×	×	×
157^{v}–168^{v}	152b–163	82a–82b	229b–237a	—	(65b–71b)	(S. 215–236)	S. 133–158	×	×	×
s. o.	163a–167a TA leere Bl.	TA 83a–83b TA + 72a	237b–	—	80a fragm.	—	S. 159–170	×	—	—
74^{r}(?)–175^{v}	TA 170a –170b	72a–72b TA	242a–243a	—	—	—	—	×	—	—
175^{v}–78^{v}(?)	170b–174a TA	72a TA	243a–244b	—	64a–65b	S. 209–215	—	×	×	×
78^{v}(?) –179^{r}	Lücke?	Lücke?	245a–245b	—	71b–72a	S. 237–239	—	×	×	—
179^{r}–179^{v}	174a–174b	Lücke?	245b–	—	72b–73a	S. 239–240	—	×	—	—
179^{v}–181^{v}	174b–176a	TA 77a	246a–247a	—	73a–74a	S. 240–244	—	×	—	—
181^{v}–182^{v}	176b–177b	77a–78a	247a–	—	—	?	S. 91–93	×		
182^{v}–190^{r}	177a–184a	78a–79b fragm.	× fragm.	—	57a–57b, 75a–79b, ohne 76b –78b	(S. 152–170)	S. 94–98 an Caesaria, Thekla über Neusalbung	×	×	×
190^{r}–192^{r}	184a–185a	Lücke?	254a–	(187a–187b)	—	(S. 170–172 + leere S.)	S. 89–90	×	—	—
—	?	Lücke?	254b–	(187b–188b)	—	—	—	—	—	—
—	Anfang fehlt 187b	Lücke?	255b–	(188b–189a)	—	(S. 175 Anfang fehlt)	S. 111 Anfang fehlt	×	—	—
207^{v}–209^{r})	(201b–203a)	80a–80b	(272a–273a)	(189b–190a)	—	—	S. 115–117	×	—	—

	Inhalt	BL Add. 14.528	BL Add. 14.526	Harv. Syr. 93 (olim 85)	BL Add. 12.155	Vat. Syr. 127	BL Add. 14.527	M. 309
29	Brief des Kyrillos an die Mönche	—	—	—	—	—	—	—
30	Ephesos: Brief des Coelestin aus Rom nach Konstantinopel	—	—	—	—	—	—	—
31	Ephesos: Absetzung d. Nestorios, pragmat. Brief, Anaphora, an Theodosios, Enkyklika, Brief nach Konstantinopel, Br. an Caelestin in Rom	—	—	—	—	—	—	—
32	Sergios Amphiator, 2 Reihen zu 4 und 6 Kanones	—	—	—	—	—	—	—
33	Jōḥannān bar Qursos von Tellā, 27 Kanones	—	(31a–32b Auszug?)	—	(220b–224b)	—	25a–32a	i.e. Lücke?
34	Jōḥannān bar Qursos von Tellā, 48 Fragen des Sergios	—	—	—	—	—	—	?
35	Jakob von Edessa, Briefe an den Einsiedler Thomas über die Eucharistie (4), über die Taufe (1), über die Wassersegnung (2)	—	—	—	—	—	—	155ʳ – 158ᵛ
36	Jakob von Edessa, Fragen des Priesters Addai. Reihe 1 (51)	—	—	TA 1a–18a	—	—	—	158ᵛ – 159ʳ (TA)
37	Jakob von Edessa, 24 Kanones	—	—	18–25a	—	—	—	—
38	Jakob von Edessa, „andere Fragen" des Priesters Addai, Reihe 2 (73)	—	—	25a–33b	—	—	—	—

M. 310	= Ming Syr. 8	Vat. Syr. 560	B. Nat. Syr. 62	Borg. Syr. 148	Dam. 8/11	Dam. 8/1	Dam. 8/2	Vorlagen für Dolabani zu M. 322, 327, 337	Vorlagen für Cambr. Add. 2023	Vorlagen für Bar ʿEbrājā
(209ʳ–210ʳ)	(203a–204a)	?	256a	(189a–185b)	—	—	—	—	—	—
(210ʳ–212 (?))	(204b–206a TA)	—	257a	(184a)	—	—	—	—	—	—
(213ʳ–215ᵛ)	(TA 206a–209a)	TA, ab 73a–73b + 68a	258–261	×	—	—	—	—	—	—
192ʳ–193ʳ	187b–188b	68a–68b nur 6 Kap.	261a–262a	186b–187a	—	(S. 175–178)	S. 112–114	×	×	—
193ᵛ–201ᵛ	189a–195b	68b–72a TA	262a–267a	—	58a–63a	(S. 180–197)	S. 171–181	×	×	×
201ᵛ–207ᵛ	195a–201b	80a (nur d. Ende)	267a–271b	×	85a–88b	S. 197–209	S. 181–205	×	?	—
—	—	—	—	—	88b–92b	S. 262–276 und S. 314–316	—	?	—	×
212ʳ (?)	215a–231a	—	273a–284b	—	(103b–108a)	S. 316–332 TA leeres Blatt	S. 212–232 TA (leer)	×	×	×
	231a–236a?	—	—	—	(108a–109a)	S. 333–337	—	×	—	—
—	236a–239b	—	? 273a–	—	?	TA S. 338–(339 leer) 340–363 (1 S. leer) 371–385	fragm. S. 239–	×	×	—

	Inhalt	BL Add. 14.528	BL Add. 14.526	Harv. Syr. 93 (olim 85)	BL Add. 12.155	Vat. Syr. 127	BL Add. 14.527	M. 309
39	Jakob von Edessa, „an Addai" Fs. mit Kanon 74/72 bis 110 (111) Rez. z. d. Kanones (30)	—	—	(bis Kanon 129)	—	—	—	—
40	Drei Fragen des Priesters Thomas an Jakob	—	—	33b–37a	—	—	—	—
41	Jakob von Edessa, an Jōḥannān Stylites, Vorrede	—	—	37a–37b	—	—	—	—
42	An Jōḥannān Stylites, 1. Reihe (27)	—	—	—	—	—	—	—
43	An Jōḥannān Stylites, 2. Reihe (16/17)	—	—	37b–44b	—	—	—	—
44	Jakob von Edessa, Drei Fragen des Einsiedlers Abraham	—	—	—	—	—	—	—

Ende d

[M]. 310	= Ming Syr. 8	Vat. Syr. 560	B. Nat. Syr. 62	Borg. Syr. 148	Dam. 8/11	Dam. 8/1	Dam. 8/2	Vorlagen für Dolabani zu M. 322, 327, 337	Vorlagen für Cambr. Add. 2023	Vorlagen für Bar ʿEbrājā
235v	231a–236a?	—	284b?	—	—	S. 385–409	S. 274 (111)	×	×	—
[2]36r (?) [F]ragm.	239b–240a TA	—	—	—	(103a–103b)	S. 409–410	S. 274–275	—	×	—
—	—	—	—	—	93a	S. 276	—	—	×	—
—	—	—	—	—	93a–98a	S. 276–295	—	—	×	—
—	—	—	—	—	98a–102a	S. 295–311	—	—	×	—
—	—	—	—	—	102a–103a	S. 311–314	—	—	—	—

[sp]äterzeugnisse“

11 aufgenommenen Synoden: des Gīwārgī, des Kyriakos (1. und 2. Reihe), des Dionysios (Synode von Qallīnīqōs) und des Ignatios. Über die Vollständigkeit der den Zitaten zugrundeliegenden Sammlung geben die Blätter leider keine Auskunft.

Die Reihung der Synoden ist folgende:

1. Synode des Mār Gīwārgī, Patriarchen von Antiochien, gehalten in Kepharnabū bei Serūg am 22. Ijar im Jahre 1096 der Griechen = 22. 5. 785 n. Chr. mit 22 Kanones[141] allgemeinen Inhalts nach einem Synodalbrief.

2. Synode des Kyriakos, Patriarchen von Antiochien, gehalten in Bēt Bātīn bei Ḥarrān im Monat Tešrī qadīm im Jahre 1106 der Griechen = Oktober 794 n. Chr., mit 46 Kanones[142] allgemeinen Inhalts nach einem Synodalbrief.

3. Eine weitere Synode desselben Kyriakos, gehalten in Ḥarrān, im Jahre 1124 der Griechen = 812/13 n. Chr., mit 26 Kanones[143] über Kleriker, ohne Synodalbrief.

4. Synode des Dionysios, Patriarchen von Antiochien, gehalten in Qallīnīqōs = Raqqā im Monat Tešrī qadīm im Jahre 1129 der Griechen = Oktober 817 n. Chr., mit 12 Kanones[144] über Bischöfe, Ehen und Mönche.

5. Synode des Jōḥannān III, Patriarchen von Antiochien, gehalten im Kloster von Mār Šīlā bei Serūg im Monat Tešrī ḥrāi im Jahre 1158 der Griechen = November 846 n. Chr. mit 26 Kanones[145] allgemeinen Inhalts.

---

[141] Dazu ausführlich Vööbus, Synodikon I 5; ders., Kanonessammlungen, 5 ff.

[142] Zu einer Epitome mit 40 Kanones in BL Add. 14.493 vgl. Vööbus, Synodikon I 6, II 10 Fn. 21 und Kanonessammlungen, I 1 A, 13 ff. In BL Add. 14.493 stimmen die Nummern 1 bis 32 mit der Zählung in Dam. 8/11 überein, dann folgt nur noch ein Kanon 40 (= 39 in Dam. 8/11). Die nicht gezählten folgenden drei Kanones stammen aus der weiteren Synode des Kyriakos in Ḥarrān. Vgl. auch unten B V 5 m. und p.

[143] Vgl. dazu Vööbus, Synodikon I 6 f, II 19 ff, ders., Kanonessammlungen I 1 A, 22 ff. In M. 323 folgt hier noch eine weitere Reihe von Kanones eines Patriarchen Kyriakos „Antworten auf Fragen des Diakon Īšōʿ". Sie sind in Dam. 8/11 erst am Ende der regulären Sammlung, vor dem Kolophon, und in M. 310 schon vor Jakob von Edessa zu finden. Hat Dolabani etwa Kyriakos hier am Platz eingereiht, als er die Abschrift M. 323 veranstaltete? Jedenfalls gehören sie nicht hierher. Die neugefundene Hs. Aydin 2 enthält diese Kanones nicht. Sie ist damit eindeutig keine Tochterhandschrift zu M. 323.

[144] Vgl. dazu Vööbus, Synodikon, I 7, II 27 ff; ders., Kanonessammlungen, I 1 A, 35 ff. Kaufhold fand, nach einer brieflichen Mitteilung, in der Handschrift Nr. 17 aus dem Nachlaß von Chabot (vgl. Le Muséon 100 (1987)) einen Auszug aus dieser Synode. Unklar ist noch, ob Mos.Orth.A nicht die Vorlage dafür war.

[145] Vgl. dazu Vööbus, Synodikon, I 7 f, II 37 ff; ders., Kanonessammlungen, I 1 A, 47 ff.

6. Ein graphischer Abriß über verbotene Ehen von einem Jōḥannān[146], wahrscheinlich dem Patriarchen selbst.

7. Synode des Ignatios I, Patriarchen von Antiochien, gehalten im Kloster des Mār Zakkāi bei Qallīnīqōs Donnerstag, den 5. Ḥazīrān im Jahre 1189 der Griechen = 5. Juni 878 n. Chr., mit 12 Kanones[147].

8. Synode des Dionysios, Patriarchen von Antiochien, gehalten im Kloster von Mār Šīlā bei Serūg im Monat Nīsān des Jahres 1207 der Griechen = April 896 n. Chr. mit 25 Kanones[148].

5. Die Kanones der Griechischen und Arabischen Könige[149]

Der Kreis der wiedergegebenen westsyrischen Synoden ist mit der unter Dionysios II zu Ende. Einführung und Kolophon zeigen aber, daß diese Synoden wieder als Einheit mit anderem Material (unten 9.—19.)[150] in die Gesamtsammlung des Synodikon, wie Dam. 8/11 es überliefert, aufgenommen worden sind.

Die Einführung zu den Lokalsynoden zeigt, daß ihnen in der engeren Sammlung die Kanones der ,,griechischen Könige", d. h. die Sententiae Syriacae und das Syrisch-römische Rechtsbuch[151] und einige weitere Reihen von Rechtstexten, die das sogenannte ,,Erbrecht des Jōḥannān" und andere Regeln ,,arabischen", d. h. moslemischen Ursprungs enthielten, folgen. Das weitere Material ist in der ,,Einführung" nur dürftig angegeben: Eine Chronologie und Regeln (madbarnūtē) von ,,früheren Lehrern".

Im Kolophon dagegen wird die gesamte Sammlung schon besser, aber immer noch zu grob beschrieben: Apostelkanones, reichskirchliche

[146] Der ,,Abriß" erscheint wie ein Anhang zu Kanon 12 der Synode des Jōḥannān. Er trennt nicht etwa die Sammlung der westsyrischen Synoden in der Redaktion, wie Vööbus, Kanonessammlungen II 1 B, 486 f meint. Der Abriß ist zu einem ,,Eherecht" mit Vorrede, 20 Kanones und Schluß ausgewertet in M. 323, in Cambr. Add. 2023, foll. 23 a—25 b als 20 Kanones des hl. Paulus mit Anhang zur Scheidung.

[147] Vgl. dazu Vööbus, Synodikon, I 8; II 53 ff; ders., Kanonessammlungen I 1 A, 59 ff. Am Anfang fehlen fast drei Kanones.

[148] In der Einleitung zur gesamten Sammlung der westsyrischen Synoden hat sich der Verfasser um einen Dionysios verzählt, er nennt nur einen einzigen. Vgl. zu dieser Synode Vööbus, Synodikon, II, 61 ff; ders., Kanonessammlungen I 1 A, 64 ff.

[149] Titel nach der originalen Überschrift, vgl. unten 8 e.

[150] Ganz anders M. 323; es scheint als habe der Redaktor (Dolabani?) die Mönchskanones, vgl. unten 6., hier ,,eingearbeitet". Sie folgen sofort auf die Kanones der Lokalsynoden, vor dem Material aus 9.—19. In Aydin 2 folgen auf die Lokalsynoden die Kanones von Mār Mattai.

[151] Zur völligen Verschiedenheit der beiden in den Handschriften unter gleichem Titel ,,Kanones der christlichen Könige" überlieferten Werke vgl. Selb, Sententiae Syriacae, Einleitung.

Synoden, šūʿālē (Fragen und Antworten), dann das „Erbrecht des Jōḥannān" und andere Regeln „arabischen" Ursprungs, dann die „Kanones der gerechten Könige". Es bleibt demnach der Eindruck von einer kleinen Sondersammlung weltlichen Rechts, die bei einer Gesamtredaktion westsyrischer kanonistischer Tradition geschlossen in diese eingegangen ist. Diese Sondersammlung setzt sich nach dem Befund in Dam. 8/11 zusammen:

9.[152] Fundament der Zählung der Erbschaften nach den Nomoi der Araber (schon nach dem Titel wieder eine kleine Sammlung aus mehreren Werken für sich)[153]:

a. Fundament der Zählung der Erbschaften (sogenanntes Erbrecht des Jōḥannān)

b. Kephalaion über letztwillige Verfügungen

c. Über die Freilassung von Sklaven

d. Verschiedene erbrechtliche und andere Fragen (ohne Titel)

e. Andere Fragen der Erbschaft bei den Arabern

f. Darüber, wer neben einem anderen nicht erbt

g. Zählung der Erbschaft bei den Arabern.

10. Die Gesetze der christlichen und gerechten Könige (in 100–102 Paragraphen) (Sententiae Syriacae). Es handelt sich um eine Sammlung römischen Rechts, die vorwiegend Reskripte aus diokletianischer Zeit enthält[154].

11. Die Gesetze der christlichen und gerechten Könige (in 156 Paragraphen) (Syrisch-Römisches Rechtsbuch). Es handelt sich um römisches Recht, das auf östliche Gegebenheiten angewandt erscheint und mehrfach unrömische Denkweisen spiegelt[155].

12. [156]Aus der Didaskalie, für Bischöfe (über die rechte Art zu richten, 9 Kanones).

13. Aus der Didaskalie (über die rechte Art zu richten, 6 Kanones).

14. Aus der Kirchengeschichte des Sokrates (3 Auszüge).

15. Verschiedene Auszüge aus Väterzeugnissen (Theodosios von Alexandrien, Severos von Antiochien, Jakob von Serūg).

---

[152] In M. 323 nach 10. und 11. gereiht; dort finden sich 12.—19. vor 10. und 11.

[153] Zur Identifikation des Autors vgl. Kaufhold, Syrische Texte. Das Werk ist nunmehr aus weiteren Handschriften bekannt; vgl. dazu unten 7e.

[154] Zur Identifikation vgl. Selb, Sententiae Syriacae. Die Paragraphen-Zählungen in Dam. 8/11, M. 323, M. 326 und Aydin 2 scheinen sekundär zu sein. Ein fragmentarischer weiterer Beleg ist Vat.Syr. 560.

[155] Vgl. dazu Selb, Zur Bedeutung.

[156] Die Texte 12.—17. gehören zusammen, ihr gemeinsames Thema ist „rechtes Richten".

16. Auszüge aus den Apostolischen Konstitutionen, für Bischöfe (zwei Reihen).

17. Nochmals die Didaskalie im Auszug und weitere Väterzeugnisse (Johannes Chrysostomos, Severos von Antiochien).

18. Abhandlung über Oikonomia[157].

19. Kyriakos, Patriarch[158], Fragen und Antworten des Īšoʿ.

20. Aufzählung der reichskirchlichen Bischofssitze (Die sogenannte Notitia Antiochena).

21. Kolophon für das Gesamtsynodikon.

Doch endet damit die Sammlung noch immer nicht.

6. Die Kanones von Mār Mattai u. a.

a. Es ist kein Zweifel möglich, daß die nach dem Kolophon gereihten Kanones dem fertig redigierten Synodikon aus dem Jahre 1515 der Griechen = 1204 n. Chr. nachträglich zugeschrieben worden sind. Auch insoweit ist Dam. 8/11 ein einzigartiges Dokument. Bestand und Reihung der zusammengehörenden Nachträge sind folgende:

aa. Kanones des Klosters von Mār Mattai bei Mossul, aus dem Jahr 2 des Ardašir (III) = 629 n. Chr.[159] mit 24 Kanones über die Reorganisation der Kirche im Osten und einer Liste von Bischöfen des Ostens.

bb. Einigung über die Ernennung eines Metropoliten (Christophoros) für Mār Mattai (ein Stück der Kirchengeschichte des Ostens, doch auch der Klostergeschichte von Mār Mattai).

b. Die Originalhandschrift endet hier[160]. Es folgt in Dam. 8/11 eine weitere Ergänzung, die sich mit der Vorlage auch in M. 323 findet. Es sieht so aus, als bilde die Ergänzung in sich wieder eine Einheit, die sich um die Geschichte des Klosters des Mār Ḥananjā (Deir az-Zafaran) bei Mardin rankt. Und es liegt wohl nicht fern anzunehmen, dieser Text sei dem Synodikon dort zugeschrieben worden, wo sich die Handschrift Dam. 8/11 ursprünglich befand, nämlich im Kloster des Mār Ḥananjā.

---

[157] Vgl. dazu nun KAUFHOLD, Ein syrischer Brief aus dem 9. Jahrhundert über die kirchenrechtliche Oikonomia, OC 78 (1989).

[158] Demselben Kyriakos verdanken wir die unter Nr. 2 und Nr. 3 genannten Synoden. Wir haben es hier wohl mit einem Anhang zu tun, der dem Synodikon noch nach der Komposition beigeschrieben worden ist. Der Redaktor von M. 323 reiht den Text nach den beiden Synoden des Kyriakos ein. Vgl. auch oben zu 4. unter Nr. 3; Das Werk ist in der Redaktion von M. 323 am Platz; findet sich aber in Aydin 2 und in Jer.Mark. 129 unter die Synoden des Kyriakos gereiht. Vgl. auch VÖÖBUS, Kanonessammlungen I 1 B, 298 f.

[159] VÖÖBUS, Synodikon, II, 197 Fn. 4.

[160] M. 323 ist eine Zäsur nicht zu entnehmen.

aa. Geschichte[161] des Mār Jōḥannān, Bischof von Mār Ḥananjā bei Mardin[162].

bb. Mönchskanones für das Kloster Mār Ḥananjā bei Mardin durch Mār Jōḥannān[163].

cc. Mönchskanones aus den „Väterkanones", eine Auswahl.

dd. Bericht über 29 Mönchskanones des Patriarchen Michael und über Mönchskanones des Jōḥannān bar Maʿdanī (ohne Wiedergabe).

ee. Kirchliche Kanones des Jōḥannān (von Mardin) vom Kloster des Mār Ḥananjā bei Mardin (40 Kanones allgemeinen kirchenrechtlichen Inhalts)[164].

7. Editionen und Übersetzungen des Inhalts der Synodika

Eine geschlossene Edition und englische Übersetzung des oben vorgestellten umfassendsten westsyrischen Synodikon — freilich nach der häufig fragmentarischen Handschrift Dam. 8/11 — bietet nunmehr Vööbus in CSCO voll. 367, 368, 375, 376 = Scriptores Syri 162, 163, 164, 165 Louvain 1975—1976[165]. Teile daraus — über die Schwierigkeiten der Identifikation wurde bereits berichtet[166] — sind schon länger bekannt. Mit Rücksicht darauf, daß die Quelle nunmehr insgesamt ausgewertet werden soll, wird der Stand der Editionsarbeiten möglichst umfassend wiedergegeben. Dabei werden zugleich die noch zu leistende Arbeit und die Grenzen der derzeitigen Auswertung dargestellt.

a. Die Apostelkanones

aa. Das „Testament unseres Herrn Jesus Christus" findet sich schon bei Rahmani „Testamentum Domini nostri Jesu Christi nunc primum edidit, latine reddidit et illustravit", nach Hss. aus Mossul (Baumstark, Geschichte, 252 Fn. 3 und 7) und Borg.Syr., Mainz 1899 (NDr Hildesheim 1965); vgl. dazu Baumstark, Geschichte 252 Fn. 3; Battifol, Révue Biblique 9 (1900) 253 ff; Kent, Dublin Review (1900) 245 ff; Morin, Revue Benedictine 17 (1900) 10 ff; Funk, Das Testament unseres Herrn und die verwandten Schriften, Mainz 1901; von Har-

---

[164] Einen Vorbericht vor dem Erscheinen des Synodikon aus Dam. 8/11 gab Vööbus schon in „Das Restaurationswerk des Jōḥannān".

[165] Die Lücken der Edition gemessen an der rekonstruierten vollständigsten Version eines Synodikon ergeben sich aus der Beschreibung unter 1.—6.

[166] Vgl. oben X, 1.

[161] Fehlt in M. 323.

[162] Auch Bischof von Mardin und Kephartūtā genannt.

[163] Analyse bei Vööbus, Kanonessammlungen I 1 B, 375 ff. Zur Klostergeschichte vgl. ebenda.

NACK, Geschichte der altchristlichen Literatur bis Eusebius II, Leipzig 1904, 514. Eine französische Übersetzung eines Fragments, aus den Hss. B.Nat.Syr. 206 fol. 124 und 207, fol. 240 bietet NAU, Journal asiatique, März/April 1901 S. 233 ff. Eine englische Übersetzung aus dem Syrischen bieten COOPER/MACLEAN, The testament of our Lord translated in English from Syriac, London 1902. Fragmente hatte schon DE LAGARDE, Reliquiae juris ecclesiastici antiquissimae, syriacae, Leipzig 1856, 80 ff. nach B.Nat.Syr. 62 herausgegeben. Über „Vorläufer" und „Nachfolger" des Werkes vgl. MAGNE, Tradition Apostolique, Paris 1975, der noch am besten über den Stand der Erforschung der Kompositionen im Laufe der Zeit und über Benennungen und Zuschreibungen berichtet. Wo unser Text hier genau einzuordnen ist, wäre noch genauer zu erforschen.

bb. Die syrische Version des gesamten klementinischen Oktateuch — wohl der Übersetzung des Jakob von Edessa zu verdanken — liegt in einer französischen Übersetzung von NAU vor: La version syriaque de l'Oktateuque de Clément traduite en francais, in Le canoniste contemporain 1907—1913 = ALCS IV, Paris 1913. Vgl. dazu mit Handschriftennachweisen BAUMSTARK, Geschichte, 252; KAUFHOLD, Paul de Lagarde und die syrische Kirchengeschichte, Göttingen 1968. Eine Ausgabe nach der fragmentarischen Überlieferung aus B.Nat.Syr. 62 bietet DE LAGARDE, Reliquiae, 2 ff und 4 ff, Teile auch BAUMSTARK, Mitteilung des 2. Internat. Congr. für christl. Archäol. Roma 1900, 15 ff. Der dritte Text (Diatheke) aus unserem großen Synodikon in Dam. 8/11 wäre erst noch mit Teilen des Oktateuch (Buch 2) zu vergleichen. Daß er dazugehört, nimmt auch VÖÖBUS an[167]. Ein Desiderat wäre die Edition von M. 309.

cc. Die „Kanones der Apostel" — auch als letztes Kapitel des achten Buches der Apostolischen Konstitutionen bekannt[168] — in einer Rezension von 81 Kanones letzter Teil des klementinischen Oktateuch, ist mit diesem von NAU übersetzt. Eine Ausgabe findet sich bei LABBE, Sacrosancta concilia I 25 ff, in Teilen bei DE LAGARDE, Reliquiae 11 ff. Reiche Literatur in der Bibliographie von MAGNE, Tradition, 193 ff.

dd. Von den syrischen Titloi gibt es, soweit ich sehe, sonst keine Edition oder Übersetzung. Das parallele Werk des Johannes Scholastikos in 50 Titloi (griechisch) ist von E. SCHWARTZ, Die Kanonessammlung des Johannes Scholastikos, SB d. Bay. Akad. d. Wiss. phil.-hist. Abt. 1933, Heft 6, beschrieben.

---

[167] Synodikon I, 3 Fn. 8.

[168] Vgl. BAUMSTARK, Geschichte 252, MAGNE, Tradition, 19 f und VÖÖBUS, Synodikon I, 3.

ee. Die „Taxeis der Apostel durch Hippolyt von Simeon dem Kananäer" sind als Diataxeis Apostolorum von De Lagarde, Reliquiae, 24 ff, ediert.

ff. Die syrische Didaskalie ist von De Lagarde, Didascalia apostolorum syriace, Leipzig 1854, erstmals ediert worden; französisch übersetzt von Nau, in Fortsetzung, in Le canoniste contemporain der Jahre 1901/1902; ganz in La Didascalie des Douze Apôtres traduit de syriaque, 2e édition, Paris 1912 = ALCS I; Edition und englische Übersetzung von Gibson, The Didascalia Apostolorum in Syriac, 2 Bde, London 1903; deutsche Übersetzung von Achelis/Flemming, Die syrische Didascalia übersetzt und erklärt, Leipzig 1904; ferner Conolly, Didascalia Apostolorum, Oxford 1929 (mit englischer Übersetzung) (NDr 1962) und Vööbus, The Didascalia Apostolorum in Syriac I and II, CSCO vol. 401, 402, 407, 408 = Scriptores Syri. tom. 175, 176, 179, 180, Louvain 1979 (Text und englische Übersetzung).

gg. Die westsyrische Version der Lehre der Apostel (oder Doctrina Addai) ist von Philipps, The Doctrine of Addai, the Apostle, London 1876 erstmals ediert worden. Freilich gibt es Varianten, vgl. die Edition von Cureton, Ancient Syriac Documents, 24 ff[169].

b. Die reichskirchlichen Synoden

aa. Die reichskirchlichen Synodalkanones des Synodikon — von Nikaia bis Chalkedon, einschließlich Karthago und Serdika — sind uns überall dort überliefert, wo auf der reichskirchlichen Tradition aufgebaut wird, also bei allen orientalischen Kirchen, selbstverständlich auch in den lateinischen reichskirchlichen Sammlungen und in den byzantinischen Sammlungen. Über die zum Vergleich benötigten Editionen informieren für den lateinischen Bereich Feine[170] und Plöchl[171]. Für die byzantinische Kirche und für die übrigen orientalischen Kirchen — die Nestorianer[172] ausgenommen — muß einstweilen auf geplante aber noch ausstehende Sonderdarstellungen verwiesen werden[173]. Für die bislang bekannte Geschichte der Verbreitung der reichskirchlichen Synodalkanones in Sammlungen darf ich — auch für die pseudonicäanischen Marūtā-Kanones — auf meine eigenen Darstellungen verweisen[174].

---

169 Zur Handschriftenlieferung vgl. Baumstark, Geschichte, 28 und Fn. 2.
170 Kirchliche Rechtsgeschichte 90 ff.
171 Geschichte des Kirchenrechts I, 273 ff.
172 Vgl. insoweit Selb, OrKiR I.
173 Für den byzantinischen Bereich vgl. einstweilen Joannou, Discipline.
174 OrKiR I 68; Kanonessammlungen.

bb. Die von den „Persern“ übernommenen Kanones der durchaus noch reichskirchlichen Synode von Seleukeia-Ktesiphon sind uns bereits aus einer Textedition mit französischer Übersetzung von CHABOT[175] und aus einer deutschen Übersetzung von BRAUN[176] bekannt. LAMY stellte schon früher die Synode von 410, die Synode des Isaak, vor[177]. Freilich bietet die westsyrische Tradition eine andere Rezension, die gerade LAMY aus B.Nat.Syr. 62 herausgegeben hat.

cc. Der „Brief aus Italien“ liegt in Edition und Übersetzung von NAU[178] vor.

c. Die „Väterzeugnisse“

Die sieben echten Ignatiosbriefe sind schon früh ins Syrische übersetzt worden[179]. Hier jedoch handelt es sich um Auszüge, deren Rückführung auf Ignatios noch nicht gesichert ist[180]. Für die syrische Tradition der Väterzeugnisse beruft sich BAUMSTARK[181] auf B.Nat.Syr. 62, Borg.Syr. 148, Cambr.Add. 2023, BL 907 = Add. 14.528, BL 286 = Add. 14.493, BL 909 = Add. 14.527, Vat.Syr. 127 und 353, Borg.Syr. 133 II, B.Nat. Ancien fonds 224, BL 861 = Add. 17.193, Séert 69 (verloren). Zu ergänzen sind BL Add. 14.526, BL Add. 12.155, Harv.Syr. 93 (olim 85), Vat.Syr. 560, Borg.Syr. 148, Dam. 8/11, Dam. 8/1 und Dam. 8/2, Šarf.Patr. 73 und 87, M. 309, M. 310 und Ming.Syr. 8, M. 320, M. 322, M. 327, M. 337. Ausgaben — von den ohnehin aus griechischer Tradition bekannten griechischen Kirchenvätern[182] abgesehen —: Petros von Alexandrien: Edition von DE LAGARDE, Reliquiae, 99 ff. Athanasios an Amon: Edition von DE LAGARDE, Reliquiae, 99 ff; aus dem Griechischen von MIGNE, PG XXVI. Timotheos I: Übersetzung von NAU ROC 14, 35 ff = ALCS III. Antonios an Martyrios: Übersetzung von NAU, aO, 119 ff = ALCS III. „Kephalaia aus dem Osten“: RAHMANI, documenta liturgica, Edition und lateinische Übersetzung 30 ff. „Brief an einen Freund“: Übersetzung von NAU, aO,

---

175 Synodicon orientale.

176 Buch der Synhados.

177 Concilium; über noch ältere Versuche einer Edition berichtet BRAUN, Buch der Synhados, 7 f.

178 ROC 14, 12 ff = ALCS III.

179 BAUMSTARK, Geschichte, 75.

180 BAUMSTARK, Geschichte, 75 f, Handschriften 75 Fn. 3, 76 Fn. 1. Editionen von CURETON, Corpus Ignatianum London 1849, 192 ff.

181 Geschichte, 263.

182 Basilios: MIGNE PG XXXII; Gregor von Nyssa, ebenda XLV; Isidor von Pelusion ebenda LXXVIII; Johannes Chrysostomos, ebenda LXII; Dionysios Areopagites, ebenda IV.

117 ff = ALCS III, Inhaltsangabe bei Vööbus, Kanonessammlungen I 1 A, 183 f Fn. 26—32. „Kanones zur Zeit der Verfolgung": Übersetzung von Nau, aO, 113 ff = ALCS III. „Brief an Paulā und Paulā": Übersetzung von Nau, aO, 115 f = ALCS III. „Brief des Qōsṭānṭīna an Aba Marqōs", Übersetzung von Nau, aO, 116 f. „Brief des Johannes aus Zypern": Übersetzung von Nau, aO, 48 ff. „Brief des Severos an Caesaria": Übersetzung von Nau, aO, 120. Theodosios von Alexandrien: Nau, aO, 121 ff. Briefe des Anthimos, Kyrillos an die Einsiedlermönche, Coelestin nach Konstantinopel, an Kyrillos und an Johannes von Antiochien, Kanones des Sergios Amphiator und ein Brief des Athanasios von Bālād, Übersetzung von Nau, aO, 123—130. Die Mönchskanones des Philoxenos von Mabbūg sind von Vööbus herausgegeben und mit einer englischen Übersetzung versehen worden, Syriac and Arabic documents, 51 ff. „Rabbūlā-Kanones für den Klerus": Editionen von Overbeck, Sancti Ephraemi Syri ... opera selecta, 210—221, Bedjan Acta martyrum IV 453—459 und Vööbus, Syriac and Arabic Documents, 36—50 mit englischer Übersetzung. Rabbūlā, Mönchskanones, Edition mit englischer Übersetzung von Vööbus, Syriac and Arabic Documents, 24 ff. Jōḥannān bar Qūrsōs, auf Fragen des Sargis: Lamy, Dissertatio de Syrorum fide et disciplina in re Eucharistica, Löwen 1859, 62—97. Derselbe Jōḥannān, 27 Kanones, Kuberczyk, Canones Johannis bar Cursus Leipzig 1901, im vollen Umfang mit lateinischer Übersetzung; Nau, Canones et résolutions, 20 ff = ALCS II bietet eine französische Übersetzung; Vööbus, Kanonessammlungen I 1 A, 156 ff, Fn. 45—63 gibt Inhaltsangaben in Deutsch. Separat überlieferte Kanones für das Mönchtum sind von Vööbus in Syriac and Arabic Documents, 57 ff kritisch ediert mit englischer Übersetzung. Jakob von Edessa, Briefe: Einzelausgaben, Nachweise bei Baumstark[183]. Severos von Antiochien und Theodosios von Alexandrien: Nachweise bei Baumstark[184] und Van Lantschoot, Inventaire 83. Athanasios von Bālād, Edition mit Übersetzung: Nau, Littérature canonique ROC 14, 128—130 = ALCS III.

Die Editionsnachweise sind nur ein erster Behelf, sich dem Material zu nähern. Vielfach sind in den nachgewiesenen Handschriften unterschiedliche Rezensionen desselben Werks zu finden, während die Editionen oder bloßen Übersetzungen gerade eine einzige Handschrift zur Grundlage haben.

---

[183] Geschichte, 249 f und 353 und bei Vööbus, Kanonessammlungen I 1 B, 274. Im übrigen kurze Inhaltsangaben bei Vööbus, aO, 273 ff.

[184] Geschichte, 175 f.

d. Die Synoden der westsyrischen Kirche

Die Sammlung der einzigartigen Zeugnisse war bislang im Gesamttext und in den meisten ihrer Einzelteile unbekannt. Die Edition von VÖÖBUS ist daher die erste, die uns vollen Zugang zu den Texten gibt. Immerhin wußte man von den Synoden. Von der ersten Reihe von Kanones des Kyriakos gab es eine Epitome, die im Umlauf war, aber nicht überliefert ist. Doch bezieht sich gerade die Handschrift B.Nat.Syr. 62, die sonst etwa dem ersten Teil des Synodikon aus Dam. 8/11 entspricht, auf eine verschollene Handschrift, die die 40 Kanones von Bēt Bāt̄in enthalten haben soll[185]. Im Nachlaß von CHABOT[186] findet sich eine Handschrift Nr. 17, die u. a. einen „extrait du décret synodal de Callinique, 1129 Sél./818 A.D.", auf p. 24—25 enthält. Das ist die Synode des Patriarchen Dionysios, oben 4./4., mit 12 Kanones.

e. Anhänge zu den Synoden der westsyrischen Kirche

aa. KAUFHOLD hat sich erstmals mit den Erbrechtstexten arabischen Ursprungs näher beschäftigt und sie auf Grund der Handschriften Cambr.Add. 2023, BL Add. 18.715, Add. 18.295 (alle syrisch und westsyrischer Herkunft) und Vat.Ar. 153 (nestorianische Kompilation des Ibn at-Taijib), herausgegeben und übersetzt[187]. Nun liegen aus Dam. 8/11 dieselben Texte, freilich in anderer Folge und in Auszügen und Korruptelen in der Edition von VÖÖBUS vor. Nach einem privaten Katalog zu den juristischen Handschriften in Mardin[188] findet man dasselbe Werk in M. 323 nach dem Syrisch-römischen Rechtsbuch gereiht in M. 324 und in M. 325 im Rahmen einer anderen syrischen Sammlung, in M. 326 (großformatig) im Kontext mit den Sententiae Syriacae und dem Syrisch-römischen Rechtsbuch, syrisch geschrieben. Ebenso findet sich das Werk in der Bibliothek der syrisch-orthodoxen Kirche Mart Marjām (Merjem Ana) in Istanbul, in der insoweit syrisch geschriebenen Handschrift Nr. 164 foll. 50 a—55 a.

bb. Eine erste Edition und deutsche Übersetzung der ersten Reihe der „Kanones der christlichen und gerechten Könige" nach Vat.Syr. 560 stammt von SELB in SZ 85 (1968) 500 ff (Fragment von 30 Paragraphen).

---

185 BAUMSTARK hält sie für das Original, Geschichte, 270. Vgl. oben 4 zur ersten Synode des Kyriakos.

186 Vgl. DE HALLEUX, Le Muséon 1987.

187 Syrische Texte zum islamischen Recht. Das dem nestorianischen Katholikos Johannes V bar Abgarē zugeschriebene Rechtsbuch, München 1971; ders., Über die Entstehung der syrischen Texte zum islamischen Recht, OC 69 (1985) 54 ff.

188 Von KAUFHOLD und mir selbst im Jahre 1984 an Ort und Stelle erstellt, unpubliziert, in Vorbereitung.

Nun sind von Vööbus alle 100 Paragraphen der Sententiae Syriacae[189] allein nach Dam. 8/11 ediert aber beharrlich falsch identifiziert (als Syrisch-Römisches Rechtsbuch) und — vom Standpunkt des Rechtshistorikers aus gesehen, wenig brauchbar — ins Englische übersetzt. Mittlerweile haben sich jedoch in M. 326, in M. 323, in Aydin 2[190], auch in einer Abschrift des Mönchs Eugen Kaplan (K) aus Mār Gabriel bei Midjat nach M. 326 weitere volle Texte desselben Werkes gefunden. Vööbus bietet eine wiederum falsch identifizierende Faksimile-Edition von Dam. 8/11, M. 323 und M. 326 (bei Vööbus 316/9) mit englischer Übersetzung auch in An unknown recension of the Syro-Roman Lawbook, Stockholm 1977 (Pap ETSE 28). Eine eigene kritische Edition samt deutscher Übersetzung und samt Kommentar ist in Vorbereitung. Eine armenische Version ist bekannt und wird ebenfalls alsbald zugänglich sein[191]. Über einen Zwischenstand der Erforschung und geplanten Neuedition mit Übersetzung und Kommentar berichten Kaufhold und Selb in den Akten des 26. Deutschen Reichshistorikertages, 1986[192].

cc. Das Syrisch-Römische Rechtsbuch ist längst aus syrischen bzw. arabischen Handschriften nestorianischer (R I, R II, R III, Ibn at-Taijib), westsyrischer (L, P), koptischer, melkitischer oder maronitischer Tradition oder in armenischer Sprache aus armenischer Tradition oder aus georgischer Tradition ediert[193]. Aus Dam. 8/11 haben wir nun eine weitere Edition in einer Rezension von 158 Paragraphen samt englischer Übersetzung von Vööbus[194]. Die oben genannten Handschriften Vat.Syr. 560, M. 323, M. 326, ferner die uns jetzt endlich zugängliche Handschrift Alqōš 169 (Mutterhandschrift zu R I, R II und R III, wahrscheinlich auch zu Trichur 65)[195] geben nun eine breitere Basis für eine

---

[189] Eine falsche Identifikation als Syrisch-Römisches Rechtsbuch bei Vööbus, Synodikon, I, 22 ("two recensions of the Lawbook") und 97 Fn. 1. Trotz meines Hinweises schon im Jahre 1968 besteht er auf dem Fehler. Vgl. auch Vööbus, Discovery; ders., A new recension; ders., Die Entdeckung wichtiger Quellen für das Syrisch-Römische Rechtsbuch, SZ 89 (1972), 350 und 351.

[190] Im Besitz des Priesters Aydin Emmanuel Aydin in Wien.

[191] Vgl. Kaufhold, Zur Übernahme byzantinischer Rechtsbücher durch die Armenier, Hamdes Amsorya, Zeitschrift für armenische Philologie 90 (1976), Sp. 591 ff.

[192] Frankfurt 1987, 505 ff bzw. 519 ff.

[193] Vgl. Selb, OrKiR I, 70 f Fn. 124. Den älteren und den neuesten Stand der Hss.-Situation und der Editionen bietet jetzt Kaufhold, in Akten des 26. Deutschen Rechtshistorikertages, 1986, 505 ff; nur zu ergänzen um den Neufund Aydin 2, in dem sich u. a. eine syrische Version des Syrisch-Römischen Rechtsbuches findet.

[194] Synodikon II, 100—156 bzw. 106—157.

[195] Eine Edition aus den Handschriften Dam. 8/11, M. 326 (von Vööbus als M. 316 bezeichnet) und M. 323 bietet jetzt Vööbus in The Syro-Roman Lawbook, I The syriac

Edition des syrischen Textes, M. 311 aus koptischer Tradition ein weiteres arabisches Syrisch-Römisches Rechtsbuch in 129 Kanones. Eine Neuedition des syrischen Textes ist ein Desiderat. Das Werk weist zumindest in der syrischen Überlieferung keine rechtsgeschichtlich bedeutsamen Varianten auf. Die bloßen Ordnungsversuche späterer Überlieferung sind keine derartigen Varianten. Daher wird eine Neuedition (Die Kommission für Antike Rechtsgeschichte der Österreichischen Akademie der Wissenschaften übernimmt sie) einen einzigen syrischen Text bieten müssen. Die Übersetzungen bedürfen ebenfalls der Korrektur. Und ein neuer Kommentar soll das Werk besser in die nun schon in der Forschung deutlicher gewordenen nachklassischen Entwicklungen des römischen Rechts einbetten und einen Vergleich mit den Sententiae Syriacae unternehmen.

XI. DIE GESCHICHTE DER KOMPOSITION DER GROSSEN SYNODIKA

Die gerade eben unter X, 1—6 gegebene Bestandsaufnahme über den in der Überlieferung umfassendsten Inhalt der großen westsyrischen Synodika versuchte zugleich, über all den Mängeln der verschiedenen Handschriften — Auslassungen, Blattvertauschungen, Redaktionen u.a.m. — die originale Reihung oder die voneinander verschiedenen originalen Reihungen wiederzufinden. Hinter den jeweils originaleren Varianten der Hss. freilich stecken auch Entwicklungsvarianten der Sammlungen oder Synodika, deren Erschließung für die Geschichte des westsyrischen Kirchenrechts von Interesse ist. Der Entstehung der Sammlung oder der Sammlungen hat sich bereits Vööbus[196] gewidmet. Ein neuer Ansatz der Betrachtung ist jedoch aus vielen Gründen angebracht.

1. Die Anfänge im Corpus canonum graecum der Reichskirche

Die Anfänge der Sammlung reichskirchlicher Synoden in griechischer Sprache reichen bis in die Mitte des 4. Jh. n. Chr. zurück. Ihre Fortentwicklung und deren Redaktionsvarianten sind uns gut bekannt. Ebenso ist die Tradition solcher Sammlungen in den einzelnen orien-

---

text with an introduction, Stockholm 1982. Unberücksichtigt bislang Vat.Syr. 560 und die Hs. Aydin 2, die u. a. auch eine Rezension dieses Werkes enthält.

[196] Kanonessammlungen I 1 B, 472 ff.

talischen Kirchen bereits weitgehend erforscht[197]. Eine Redaktion, die bereits von Nikaia bis Chalkedon reichte, wurde nun nach dem Beleg in der Handschrift BL Add. 14.528 im Jahre 812 der Griechen, d. h. um 500/501 n. Chr., ins Syrische übersetzt[198]. Aus der nestorianischen Tradition kennen wir daneben eine ältere syrische Redaktion aus dem 5. Jh. n. Chr., die mit den Kanones von Laodikeia endete[199]. Aus Kanon 1 der Synode von Chalkedon kennen wir eine griechische Redaktion, die bis zu den Kanones von Konstantinopel I reichte und die gewiß der syrischen, antichalkedonischen Partei bekannt war[200]. Und aus einer Notiz in BL Add. 14.526 wie aus einem Vermerk aus der Vorlage zu Dam. 8/2 wird deutlich, daß die syrische Tradition auch einen Überlieferungsstrang kennt, der bis Ephesos reichte und eine Übersetzung ins Syrische im Jahre 687 n. Chr. notierte[201].

2. Die westsyrische Tradition der Reichssynoden

Eine eigenständige westsyrische Tradition dieser reichskirchlichen Basis an Synodalkanones läßt sich aus den Handschriften, die zur Rekonstruktion des Gesamtinhaltes des großen westsyrischen Synodikon verwendet wurden[202], erschließen.

Eine der Varianten bietet die reichskirchlichen Synoden in einer geschlossenen Reihe, die genau wie BL Add. 14.528, eine Handschrift aus dem 6. Jh. n. Chr., von Nikaia bis einschließlich Chalkedon, ohne Ephesos reichte. Diese Reihe ist in anderes Material eingebettet, von dem im folgenden noch die Rede sein wird. Wir dürfen in ihr aber einen eigenständigen Grundstock sehen, dem anderes Material vorangesetzt und nachgereiht worden ist.

Eine zweite Variante reicht über Ephesos bis einschließlich Chalkedon. Belege für diese Variante sind Harv.Syr. 93 (olim 85) aus dem 8./9. Jh.[203], BL Add. 12.155 aus dem 8. Jh.[204], Vat.Syr. 127, und Dam. 8/11 (1204 n. Chr.).

---

197 Vgl. Selb, Kanonessammlungen.

198 Die klare Redaktionsnotiz zum Ende der Synoden mit Ephesos wurde oben X, 2 am Ende bereits vorgestellt. Zur Handschrift BL Add. 14.528 vgl. jetzt auch — ohne weiteren Hinweis — Vööbus, aO 472 f.

199 Vööbus weist hier auf den weiteren Beleg in BL Add. 14.529 aus dem 7. oder 8. Jh. n. Chr. hin. Zur nestorianischen Tradition vgl. Selb, OrKiR I, 88 f.

200 Vgl. Selb, OrKiR I 88 f.

201 Vgl. oben zu X, 2.

202 Vgl. oben X, 1—5.

203 Eine grobe Inhaltsübersicht findet sich bei Vööbus Kanonessammlungen I 1 B, 452 ff.

204 Eine grobe Inhaltsübersicht findet sich bei Vööbus, Kanonessammlungen I 1 B, 442 f.

Eine dritte Variante legt eine Sammlung reichskirchlicher Synoden zugrunde, die mit Ephesos endete, die Kanones von Chalkedon also nicht mehr im Grundstock enthielt. Belege dafür sind die Handschriften BL Add. 14.526[205], B.Nat.Syr. 62[206], Borg.Syr. 148[207], M. 309, M. 327[208] und M. 337[209] und die Vorlage für Dam. 8/2. Wir müssen dabei nicht befürchten, die Kanones von Chalkedon seien am Platz durch eine Korruptel der Handschrift entfallen. Denn BL Add. 14.526 enthält wie B.Nat.Syr. 62 und Borg.Syr. 148 diese Kanones wohl, aber im Zusammenhang der „Väterzeugnisse", an deren Ende. Trotz aller Blattvertauschungen läßt auch noch Vat.Syr. 560 erkennen, daß die Synode von Chalkedon dort unter den „Väterzeugnissen" zu finden war. Die Synode von Chalkedon teilt dabei das Schicksal der Synode von Serdika, der Synode von Seleukeia-Ktesiphon, der Synode von Karthago und des „Briefes aus Italien" an die östlichen Bischöfe.

In den Kreis dieser Handschriftenbelege gehört auch die Kirchenrechtssammlung aus Vat.Lat. 5403. Es handelt sich um eine lateinische Übersetzung westsyrischen synodalen Materials, die Frances Peña[210], nach einem syrischen Original, um die Wende vom 16. zum 17. Jh. n. Chr. veranstaltet hat. Sie ist in drei Teile gegliedert. Der erste Teil enthält den syrischen Text der Didaskalie mit lateinischer Übersetzung auf 27 foll. Der zweite Teil bietet die Sammlung der Synoden von Ankyra bis Ephesos, reiht dann die Synode von Karthago, den Brief aus Italien, die Anleitung des Petros von Alexandrien und die Synoden von Serdika, Chalkedon und Seleukeia-Ktesiphon an. Ein dritter Teil enthält die Bücher 1 bis 3 und 6 des klementinischen Oktateuch (d. h. drei Reihen des Testamentum Domini und die Kanones Simeons des Kanaanäers), die Doctrina Addai, die Titloi und die (81) Apostolischen Kanones, dann die Synode von Nikaia, Athanasios an Amon, die Synode von Chalkedon, Basilios an Perigorios, die Synode von Seleukeia-Ktesiphon, Gregor von Nyssa an Litoios, Rabbūlā-Kanones, die Kephalaia aus dem Osten, den Brief des Anthimos an Jakob von Edessa, Basilios mit seiner Epitimia, Kyrillos an die Mönche, den Brief des Coelestin nach Konstantinopel, Athanasios zum Thema „Opferfleischgenuß", die Fragen des Addai an Jakob von Edessa. Angenommen, der Wechsel der Ord-

---

205 Vööbus, Kanonessammlungen I 1 B, 440 ff. Nikaia ist aus Versehen von Vööbus auf S. 441 vergessen worden.

206 Vgl. Vööbus, aO, 456 ff.

207 Vgl. Vööbus, aO, 466 ff.

208 Nach dem privaten unedierten Katalog von Kaufhold und mir.

209 Vgl. die vorhergehende Fn.

210 Vgl. Baumstark, OC III (1903), 211 ff.

nung sei dem Abschreiber zu verdanken, so bleibt eigentlich nur der schon von BAUMSTARK gezogene Vergleich mit B.Nat.Syr. 62 oder mit Borg.Syr. 148. Denn nur diese Handschrift und Borg.Syr. 148 entsprechen ihr inhaltlich. Von B.Nat.Syr. 62 wissen wir, daß die Handschrift noch Ende des 16. Jh. im Ṭūr ʿAbdīn war[211]. Sie müßte dann alsbald auf ihrem Weg nach Florenz noch im Orient abgeschrieben und übersetzt worden sein[212]. Nicht ausgeschlossen ist freilich, daß Vat.Lat. 5403 eine weitere, uns nicht bekannte syrische Handschrift zur Vorlage hatte.

Eine vierte Variante scheint auf der dritten Variante aufzubauen. Sie ordnet das dort vorgegebene synodale Material neu, indem sie alle oder einige der unter den „Väterzeugnissen" zu findenden, dort anscheinend ungeordnet eingereihten reichskirchlichen Synodalkanones an die Stelle rückt, die dem Redaktor dafür historisch richtig zu sein schien. Schon hier sei bemerkt, daß diese Art der Redaktion auch beim Material der Apostelkanones zu finden sein wird. Belege dafür sind M. 309 aus dem 8. Jh. (Karthago, „Brief aus Italien" an die östlichen Bischöfe, Chalkedon, Serdika), M. 310 aus dem 8. Jh. (Chalkedon in den Bischofsnamen, Karthago mit zwei Briefen, der „Brief aus Italien" an die östlichen Bischöfe, Kanones von Chalkedon) Ming.Syr. 8 (wie M. 310) und Šarf.Patr. 87 (Serdika — Chalkedon), modern.

Ganz auf der Linie dieser Redaktionen liegt jene, die wohl Bischof DOLABANI selbst in M. 320 im Jahre 1962 aus seinen Vorlagen hergestellt hat: Er stellt Karthago zeitlich richtig vor Nikaia, reiht Serdika gleich nach Konstantinopel I ein, reiht dann auch noch die persischen Kanones von Seleukeia-Ktesiphon zeitlich richtig (419 n. Chr.) vor Ephesos (432 n. Chr.) ein und läßt erst nach einem Einschub von „Väterzeugnissen" Chalkedon und die Marūtā-Kanones folgen.

Einzigartig ist die späte Redaktion in Dam. 8/2, welche die Synoden von Nikaia, Kontantinopel I und Ephesos als die „großen Synoden" vorreiht und dann erst Ankyra bis Laodikeia folgen läßt. Daß hier in der Vorlage Ephesos am Ende stand, kann kaum bezweifelt werden[213].

3. Die Vorschaltung der Apostelkanones verschiedenster Art

Die große Sammlung enthält in den verschiedenen Redaktionen „apostolisches Material", dessen genaue Identifikation wegen der ungezählten Rezensionen, die davon in Umlauf waren, erhebliche Schwie-

---

[211] Zur Geschichte der Hs., vgl. auch GRIBOMONT, Le symbole de foi de Seleucia-Ctésiphon (410), in A tribute to A. VÖÖBUS, Chicago 1977, 283 ff.

[212] BAUMSTARK, aO.

[213] Vgl. oben zu X, 2.

rigkeiten macht[214]. Für unsere Zwecke genügt es jedoch, daß wir das jeweilige Grundwerk identifizieren können. Das gelingt auch. Wir finden dabei drei Grundvarianten der Komposition. Leider stimmen diese Varianten nicht mit den oben bei der Aufstellung der Synodalkanones dargestellten vier Varianten überein.

Eine erste und recht kurze Variante findet sich in BL Add. 12.155 und BL Add. 14.526: Sie bietet zu Beginn der Sammlung als erste Reihe von Kanones die Titloi. In 51 Titloi werden thematisch geordnet und synoptisch dargestellt Kanonesnachweise aus „Apostelkanones" und aus einer Sammlung von Synoden, die bis Konstantinopel I reichte, geboten. Als nächstes folgen „kirchliche Kanones der hll. Apostel" in einer Redaktion von 81 oder auch einmal 80 oder 82 Kanones. Schließlich enden die Apostelkanones mit der „Taxis der Apostel durch Hippolyt", wie sie bereits oben als Simeons-Kanones beschrieben wurden[215].

Nur zwei Handschriften, nämlich Dam. 8/11 und die moderne Redaktion M. 320 enthalten die zweite Variante. In ihr ist den in der ersten Variante genannten Kanones eine zweifache (dreifache) Reihe von Apostelkanones vorgeschaltet, die als Diatheke (testamentum, Testament) unseres Herrn bekannt ist, meist Klemens zugeschrieben wird und bereits ausführlich beschrieben worden ist[216]. Die Möglichkeit, daß die Variante den klementinischen Oktateuch insoweit in einer auf die zwei ersten Bücher verkürzten Fassung bietet, ist weniger wahrscheinlich. Näher liegt, daß der Oktateuch redaktionelle Vorformen hatte, bis er zu seiner umfangreichsten Fassung gedieh, und daß eine dieser Vorformen noch im Umlauf war, als die für Dam. 8/11 maßgebliche Fassung entstand. Zeitlich müßte sie dann zwischen BL Add. 14.528 (6. Jh.) und M. 309 (8. Jh.) gereiht werden. Die Didaskalie gehörte zu dieser Variante sicher noch nicht, auch nicht die Doctrina Addai.

Eine dritte Reihe wie in Šarf.Patr. 87, Borg.Syr. 148 und wahrscheinlich auch Vat.Syr. 560 bietet unter den „Apostelkanones" zunächst einmal die ganze Didaskalie[217], dann Teile aus dem Gesamtwerk

---

214 Vgl. MAGNE, Traditions. Eigentlich sollte man künftig die Varianten erst nebeneinander edieren, nicht nur nach Benennungen identifizieren. Die Handschrift M. 309 bietet nun neue Fragen der Rezensionen und Kompositionen, andere als MAGNE sie stellt.

215 X, 1.

216 Vgl. oben X, 1; zitiert als Test.Dom. 1. R., 2. R. und 3. R.

217 Nicht zu verwechseln mit den Auszügen aus der Didaskalie „über das rechte Richten", die sich unter ähnlichen Auszügen zum Thema als Anhang am Ende des umfangreichen Synodikon in Dam. 8/11 finden, siehe oben 5. In B.Nat.Syr. 62 ist die Didaskalie von anderer Hand geschrieben, vgl. GRIBOMONT, Le symbole de foi de Seleucia-Ctésiphon (410), in A tribute to A. VÖÖBUS, Chicago 1977, 283 ff.

des klementinischen syrischen Oktateuch und geht davon sofort zu den Synodalkanones über. Ähnlich reiht B.Nat.Syr. 62: Die Didaskalie, Teile des klementinischen Oktateuch (I—VII), die Doctrina Addai, die Titloi und die 81 (80 oder 82) Kanones. Die Redaktionen Bischof Dolabanis in M. 320, M. 321 und M. 327 lassen den Schluß zu, daß seine Vorlagevarianten maximal folgendes enthielten: Die gesamte Didaskalie, Teile des klementinischen Oktateuch (I—VII), alternativ mehrere Reihen der Diatheke (testamentum) unseres Herrn, die 81 (80 oder 82) Kanones der Apostel, die Titloi, die Taxeis der Apostel durch Hippolyt und die Doctrina Addai.

Sieht man auf das Alter der Handschriften, so hat man in denen der dritten Reihe den Eindruck später Redaktionen der ursprünglich entweder in den Varianten 1 und 2 oder gar sofort mit den Synoden beginnenden Sammlungen.

Eine eigene Redaktion zeigt nun M. 309. Die Handschrift beginnt mit der Apostolischen Kirchenordnung, setzt — mit Blattvertauschungen — mit einer Abhandlung „über die Gaben", dann mit einer „über die Cheirotonien", dann mit „Simeon dem Kanaanäer", dann mit der „siebenten Diataxis über den sakramentalen Dienst" und mit den 81 Apostelkanones als achtem Buch des Klemens fort. Das Material entspricht in der Abfolge den Büchern 3 bis 8 des klementinischen Oktateuch, bietet jedoch zum Teil neue Rezensionen der Teile. Es folgen die Titloi; sie bilden das Ende des apostolischen Materials. Das ließe es geraten erscheinen, die paläographische Datierung von M. 309 in das 7. oder 8. Jh. n. Chr., wie sie Vööbus vorschlägt[218], noch einmal zu überprüfen. Ist die Annahme richtig, so muß die Redaktion in diesem Teil des Werks auf eine Zwischenredaktion des werdenden Oktateuch zurückgegriffen haben, obwohl es den gesamten Oktateuch schon gab. Die Zwischenredaktion umfaßte die späteren Bücher 4 bis 7, die aus einer Gesamtüberschrift auf fol 5v zu erschließen ist. Ihr wurden die Apostolische Kirchenordnung separat vorangestellt und die 81 Apostelkanones nachgereiht. Während zu den Büchern 4 bis 7 eine spätere Hand am Rande jeweils vermerkte, um welche Bücher „des Klemens", also des Oktateuch, es sich handle, gehört der Hinweis im Schlußvermerk der 81 Apostelkanones, es handle sich um das achte Buch des Klemens zur Originalhandschrift.

Als Beleg dafür, daß es zunächst auch Sammlungen ohne alle Apostelkanones gab, kann nicht etwa M. 310 herangezogen werden. Zwar macht dort die Synode von Nikaia den Anfang, doch fehlen vorher 15

---

[218] Kanonessammlungen I 1 B, 447.

foll. der Handschrift; dort hätte freilich allenfalls das Material der oben beschriebenen Variante 1 Platz gehabt.

4. Die westsyrischen Väterzeugnisse

Die „Väterzeugnisse" reichen in der umfassendsten Version von Ignatios von Antiochien (neun Briefe) bis zu Jakob von Edessa („drei Fragen des Einsiedlers Abraham"). Die Frage nach dem Vorgang und den Ursachen der Fortschreibung der Synodika und nach geschlossen aufgenommenen Werkgruppen stellt sich auch hier. Bei der Antwort auf diese Frage können uns zum einen die ältesten Handschriften leiten, da sie uns in ihrem Inhalt Frühformen des Sammelns verraten, u. zw. in dem, was sie, verglichen mit den späteren großen Synodika, noch nicht enthalten. Zum anderen verrät uns auch der Aufbau der großen Synodika etwas von der Art sukzessiver Komposition, obwohl es dazu meistens an eigentlichen Redaktionsnotizen im Text fehlt. Ein Teil des Kompositionsgeschehens freilich bleibt der Hypothese überlassen[219].

a. Die älteste Handschrift ist BL Add. 14.528, wahrscheinlich aus dem Jahre 500/501 n. Chr. In ihr folgt auf Chalkedon die Reihe der „15 Fragen an Timotheos von Alexandrien". Damit schloß diese Sammlung.

b. Die nächstältesten Handschriften sind gewiß BL Add. 14.526 aus dem 7. Jh. n. Chr.[220] und BL Add. 12.155 aus dem 8. Jh.[221]. Eine Synopsis in dem uns hier interessierenden Teil der „Väterzeugnisse" samt dem Übergang aus den Synodalkanones zeigt uns folgenden Befund der sukzessiven Zuschreibung in zwei Varianten. Die Handschrift BL Add. 14.526 führt nach den Synodalkanones, die mit Ephesos (1 Kanon) enden, folgendes Material: Timotheos von Alexandrien, Rabbūlā von Edessa, 8 Kanones, Jōḥannān bar Qūrsōs (von Tellā) in 14 Kanones, Kanones von Chalkedon und Geschichtliches. Gegenüber den bekannten umfangreicheren Sammlungen von Rabbūlā und Jōḥannān bar Qūrsōs wirken die hier überlieferten Teile entweder wie Auszüge oder wie erste Redaktionen, die sich später ausweiteten. Das letzte liegt näher.

c. In BL Add. 12.155 erscheint nach den Synodalkanones, die mit Chalkedon enden, und nach Timotheos von Alexandrien erstmals ein ganzer Block originär westsyrischen Materials mit Severos beginnend

---

[219] Eine erste Analyse bei Vööbus, Kanonessammlungen I 1 B, 479 ff. Kaufhold hat mit einer unveröffentlichten, mir freundlich überlassenen Synopsis schon einige Vorarbeit geleistet.

[220] Wright, Catalogue II 1036; Vööbus, aO, 440.

[221] Wright, Catalogue II 921 f; Vööbus, aO, 442.

„eingebaut". Es folgen aufeinander: Timotheos von Alexandrien, Auszüge aus Briefen des Severos, Kanones von Karthago, Jōḥannān bar Qūrsōs (von Tellā) in 27 Kanones, „Kephalaia aus dem Osten", „Kanones zur Zeit der Verfolgung", aus einem Brief an Paulā und Paulā, aus einem Brief des Konstantin (Metropoliten von Laodikeia) an Aba Markos, aus einem Brief (eines Bischofs) an einen Freund.

Es sieht ganz so aus, als begegneten wir hier einem Block von Kanones aus der Zeit der Verfolgung durch die Chalkedonier, der mit den „Kephalaia aus dem Osten" begann und mit dem „Brief an einen Freund" endete. Vor diesem Block war die Sammlung bereits um anderes reichskirchliches und westsyrisches Material nach Timotheos von Alexandrien fortgeschrieben.

d. Vor diesem Hintergrund zweier ganz verschiedener Ansätze zur Schaffung einer Sammlung sind nun folgende zwei Umstände zu bedenken. In den späteren und stets weit umfangreicheren Synodika wird nach allen Zeugnissen, die wir haben, die Reihe der „Väterzeugnisse" mit den Kanonesreihen des Jakob von Edessa abgeschlossen. Schon Vööbus[222] wies in seinen Erwägungen zur Sammlungsgeschichte der „Väterzeugnisse" auf die großen Leistungen des Jakob von Edessa im Bereich des Kirchenrechts der Westsyrer hin. Markant ist die von Michael dem Großen in seiner Chronik[223] geschilderte Szene, als Jakob von Edessa bei seiner Abdankung als Bischof im Jahre 688 n. Chr. betrübt oder zornig über die Nichteinhaltung der kirchlichen Kanones einen Band ins Feuer war, der eine Sammlung solcher Kanones enthielt. Zu bedenken ist weiter, daß Jakob von Edessa als ein fleißiger Übersetzer griechischer Werke ins Syrische bekannt ist[224]. Der Übersetzungstätigkeit eines Syrers sind aber gerade jene ursprünglich griechischen Teile zuzuschreiben, welche die „Väterzeugnisse" in den großen Synodika einleiten, in den dargestellten frühen Varianten aber noch fehlen: Ignatios von Antiochien, Petros von Alexandrien über die lapsi, die Synode von Serdika, die Briefe des Athanasios von Alexandrien an Amon, des Basilios von Kaisareia (7 Briefe über die Häretiker), des Gregor von Nazianz, des Gregor von Nyssa, des Johannes Chrysostomos, des Philoxenos von Mabbūg, des Coelestin und des Damasus von Rom. In diesen Werken haben wir allem Anschein nach wieder eine geschlossene Reihe griechischer Väterkanones vor uns, die in genau dieser Zu-

---

[222] Kanonessammlungen I 1 B, 482 ff.

[223] II 472.

[224] Zur Übersetzung des Test.Dom. 1. und 2. R. durch Jakob von Edessa vgl. Kaufhold, Akten des 26. Deutschen Rechtshistorikertages 1986, 512 mit weiteren Nachweisen, ebenda zur Übersetzung der Kanones von Karthago.

sammenstellung wohl nur zur Bereicherung einer schon bestehenden kanonistischen Sammlung ausgewählt und übersetzt sein konnte.

Und eine solche Sammlung, die in den Synoden der Reichskirche bis Ephesos reichte, wurde gerade im Jahre 687 n. Chr., also in der Zeit des Jakob von Edessa, ins Syrische übersetzt. Es liegt die berechtigte Annahme nahe, daß der Übersetzer der griechischen Kanonessammlung (bis Ephesos) auch die griechischen „Väterzeugnisse" übersetzte und der Sammlung beifügte.

Diese Reihe wird der schon vorhandenen Reihe heimischer westsyrischer „Väterzeugnisse" aus BL Add. 12.155 unter Einbeziehung der nun schon erweiterten Rabbūlā-Tradition aus BL Add. 14.526 vorangestellt. Was liegt näher, als die Auswahl, Übersetzung und Neukomposition der vorhandenen Tradition dem an der Materie interessierten Sammler und Übersetzer Jakob von Edessa zuzuordnen, der dann das umfangreiche eigene geschlossene Werk zum Abschluß der Sammlung beifügte.

Geschlossen beigefügt könnte auch jenes Material sein, das sich um Ephesos rankt und mit dem Brief des Coelestin von Rom beginnt und mit dem Brief an Coelestin endet (vgl. die Synopsis).

e. Im Vergleich mit BL Add. 12.155 fällt ein zweites auf. Die großen Synodika zeigen einige bereits vorhandene Ansätze der frühen Sammlung erheblich angereichert. Dasselbe ergibt sich aus einem Vergleich mit BL Add. 14.526. So werden die Auszüge aus den Briefen des Severos, die zunächst kaum über eine einzige Folie gehen, erheblich vermehrt. In der wohl umfassendsten Redaktion des Bischofs Dolabani, der in M. 322 insoweit wohl die Bestversion erfassen wollte, besteht dieses Werk aus ca. 14 Folien gleicher Größe wie wir sie in BL Add. 14.526 finden. Jōḥannān bar Qūrsōs (von Tellā) umfaßt in BL Add. 14.526 noch ca. 1 Folie, in BL Add. 12.155 dagegen bereits 3 1/2 Folien, im größten Synodikon aber mehrere Reihen von Kanones[225]. Die Kanones des Rabbūlā von Edessa aus BL Add. 14.526 umfassen ein kleines Werk von acht kurzen Texten aus dem Bereich, der später zwei Reihen von Kanones ergibt[226]. Im größten Synodikon sind daraus in der umfassendsten Überlieferung mehrere Reihen von Kanones in 5 Folien gleicher Größe geworden[227]. Damit wissen wir nun schon von vier in sich geschlossenen Reihen von „Väterzeugnissen" oder gar von fünf, wenn

[225] Vööbus, aO, 484, vermutet in Šarf.Patr. 87 eine Zwischenstufe.

[226] Vööbus, aO, 488.

[227] Dolabani stellt sie wohl in der Hs. M. 322 zusammen. Die Auslassungen in einigen Hss. können nicht zum Argument werden, da die von Vööbus, aO 488, dazu genannten Hss. Defekte aufweisen.

man die Rabbūlā-Kanones aus BL Add. 14.526 als eigene Überlieferung nimmt.

f. Damit stellt sich die Frage, ob nicht auch das Material, das mit dem Brief aus Konstantinopel an Bischof Martyrios beginnt, und bis zu Jakob von Edessa reicht, eine geschlossene durch irgendeinen Umstand zusammengehaltene Reihe bildet (in der Synopsis die Werke von Nr. 23 bis Nr. 32[228], Severos ausgenommen, der vielleicht an eine andere Stelle gehört). Wir können dazu nur Vermutungen äußern[229]. Auch bleibt offen, wann das Material der Sammlung beigeschrieben worden ist, ob vor oder nach der Beischreibung der Kanones des Jakob von Edessa. Die Einreihung vor diesen Kanones spricht zwar äußerlich dafür, daß sie auch zeitlich vor Jakob oder mit Jakob oder gar von Jakob selbst als Redaktor aufgenommen worden sind. Doch mag auch ein in der Kirchengeschichte versierter späterer Redaktor sie richtig zu den Kanones aus der Zeit des Kampfes und der Verfolgung gereiht haben[230].

g. Am Ende der „Väterzeugnisse" finden sich jedenfalls die Kanones des Jakob von Edessa. Es spricht einiges dafür, daß Jakob von Edessa seine eigenen Zeugnisse zur Sammlung ausgewählt und ihr am Ende beigeschrieben hat[231]. Doch ist nicht zu verkennen, daß es hier für die in sich wieder geschlossene Sammlung der „Fragen des Addai" samt „Kanones" zwei Überlieferungsstränge gibt. Zum einen erkennen wir eine Redaktion von 51 Fragen und Antworten samt 24 Kanones. Sie ist eindeutig allein in Dam. 8/11 zu finden. Zum anderen gibt es davon eine erweiterte, durchgezählte Sammlung, die zwischen 103 (73 und 30) und 111 Abschnitten enthält. Die „Kanones" rangieren dabei unter der Zwischenüberschrift „Jakob für sich selbst"; anscheinend verstand der Redaktor sie insoweit im Gegensatz zu den Antworten, die Jakob dem Addai auf dessen Fragen gab. Diese Doppelüberlieferung findet sich sicher in Harv.Syr. 93, M. 309, M. 310 und Ming.Syr. 8, ebenso in den Vorlagen für Dam. 8/1 und Dam. 8/2 und für die Abschriften Dolabanis aus Mardin. Dabei läßt ein Vermerk in Dam. 8/1 erkennen, daß der Schreiber[232] die beiden Rezensionen des Jakob aus verschiedenen Handschriftenvorlagen übernahm:

---

228 Dazu Vööbus, aO 494, der die Lücken in Dam. 8/11 unterschätzt, wenn er das Werk des Sargis (Sergios) Amphiator für nicht allgemein anerkannt hält.

229 Vööbus, aO, 479 ff.

230 So Vööbus, aO, 481 f.

231 Vööbus, aO, 495 ff sieht hier aus den Hss. Entwicklungszüge in der Übernahme des Materials.

232 Geschrieben von Jōḥannān Dolabani und anderen im Jahre 1941 in Mardin, nach dem Schlußvermerk der Handschrift, S. 410.

„Dann eine andere Sammlung von Kanones des Jakob von Edessa nach der Handschrift Nr. 102 aus der Bibliothek von Mār Hananjā: Fragen des Priesters Addai und Antworten des Jakob".

Erstaunlich, daß sich in M. 322[233] — S. 320 und 325 — aus der Hand des Dolabani derselbe Hinweis findet, wonach die erste Rezension Jakobs aus einer, die zweite, erweiterte Rezension Jakobs aus einer anderen Handschriftenvorlage, nämlich wieder Hs. Nr. 102, genommen worden sei.

h. Einige verlorene Zeugnisse, die sich nicht in allen großen Synodikon-Hss. finden, könnten ganz späten Bemühungen zu verdanken sein, die jene Zeugnisse außerhalb des Synodikon vorfanden und glaubten, sie einordnen zu müssen. Sie sind oben bereits genannt worden:[234] Isidor von Pelusion und Dionysios von Athen (Aeropagites)[235].

5. Die westsyrischen Lokalsynoden

Es gibt einige Zeugnisse einer über Jakob von Edessa hinausreichenden kirchenrechtlichen Sammlung der Westsyrer. Es ist das die erst in neuerer Zeit gefundene Handschrift Dam. 8/11[236] nebst einer Tochterhandschrift aus neuerer Zeit, nämlich M. 323[237]. Auch einige Fragmente reichen über Jakob von Edessa hinaus: M. 326, Aydin 2[238], K[239], BL Add. 14.493, Mos.Orth.A, Harv.Syr. 105 und CSCO Hs. Nr. 17. Die einzige Gesamtüberlieferung in Dam. 8/11 und M. 323 bietet als erstes einen Kreis von Kanones westsyrischer Lokalsynoden. Vor dem Hintergrund dieses Fundes liest sich nun auch ein Vermerk in B.Nat.Syr. 62 aufschlußreicher, wonach der Schreiber mit den Kanones der Synode von Bēt Bātīn fortsetzen wollte, auch noch deren Zahl mit vierzig angibt, dann aber auf einen eigenen Band verweist:

„Sie sind nicht in diesem Bande aufgeschrieben, sondern sie haben

233 Geschrieben von Jōḥannān Dolabani im Jahre 1952, nach dem hauseigenen Katalog in der bischöflichen Residenz in Mardin.

234 X, 3 a. E.

235 Dazu Vööbus, Kanonessammlungen I 1 B, 493. Die zahlreichen Handschriften für eine isolierte Überlieferung der Werke — Vööbus, aO, 316 ff — verstärken den Eindruck, daß der Text nachträglich in einige der Synodikonredaktionen eingefügt worden ist.

236 Vgl. einfach Vööbus, Synodikon.

237 Katalog liegt mir privat, unediert vor. Die Hs. beginnt mit den Lokalsynoden und folgt ziemlich genau Dam. 8/11.

238 Enthält die Lokalsynoden, aber nach den Sententiae Syriacae und dem Syrisch-Römischen Rechtsbuch.

239 Moderne Abschrift aus M. 326, durch den Mönch Eugen Kaplan aus Mār Gabriel in Mār Ḥananjā hergestellt, enthält die Sententiae Syriacae.

Aufnahme in (unter?) anderen Sammlungen wie auch im Buch der Rechtleitung des Maphrian gefunden".

Schon wegen des Hinweises auf das Werk des Maphrian Barhebraeus kann dieser Vermerk nicht aus dem 9. Jh. stammen; wir befinden uns vielmehr frühestens am Ende des 13. Jh. n. Chr. Es ist also müßig, aus der angeblichen Zeit der Entstehung der Handschrift B.Nat.Syr. 62 im 9. Jh.[240] darauf zu schließen, daß der Vermerk nur die zu dieser Zeit schon vorhandenen Kanones von Bēt Bātīn betreffen könne, wie Vööbus anscheinend erwägt[241]. Zur Zeit des Barhebraeus konnte es durchaus eine solche abgeschlossene Sammlung aller wichtigen lokalen westsyrischen Synodalkanones der Zeit von 785 n. Chr. bis 890 n. Chr. gegeben haben. In der Überlieferung aus Dam. 8/11 reicht sie von der Synode des Patriarchen Gīwārgī in Kepharnābū bei Serūg aus dem Jahre 1096 der Griechen, d. i. 785 n. Chr., bis zur Synode des Patriarchen Dionysios II in Mār Šīlā im Jahre 1207 der Griechen, d. i. 996 n. Chr. Die Einleitung, die uns Dam. 8/11 zu diesen Kanones bietet, weist leider keine getrennte Sammlung dieser Kanones aus. Vielmehr werden sie durch die Überschrift sogleich mit einem reichen Anhangsmaterial zusammengespannt, das bis zum Syrisch-Römischen Rechtsbuch reicht:

„In der Kraft unseres Herrn Jesus, des Messias, beginnen wir das Buch zu schreiben, das alle neuen Kanones der anderen Patriarchen enthält, nämlich des Gīwārgī, des Kyriakos — zwei Reihen — des Dionysios, des Jōḥannān, des Ignatios, ferner alle Nomoi, Urteile, Entscheidungen, Erbschaften etc. der griechischen Könige und alle Urteile, Nomoi, Entscheidungen, Erbschaften, Sklavenfreilassungen und alle Erwerbsgeschäfte etc. der arabischen Herrscher, mit deren Entscheidung die Gläubigen handeln und deren Nomoi sie achten".

Dennoch gibt es einen gewichtigen Hinweis, daß die lokalen Synoden getrennt gesammelt waren und daß die Überschrift aus Dam. 8/11 eine Redaktionsnotiz zu einer späteren größeren Sammlung ist, die jene kleine Sammlung von Lokalsynoden geschlossen aufgenommen hat. Ein solcher Hinweis findet sich im „Buch der Rechtleitungen" des Bar ʿEbrājā. Er verwendet eine Sammlung der Lokalsynoden, ohne deren Zusätze in den Kanones der griechischen Könige zu kennen. Er verwendet nämlich die eine Reihe dieser im großen Synodikon von Dam. 8/11 überlieferten zwei Reihen von Kanones der Könige überhaupt nicht, nämlich die von mir so genannten Sententiae Syriacae. Die andere Reihe aber, das Syrisch-Römische Rechtsbuch verwendet er nicht aus der in

240 Zotenberg, Catalogue 22 ff, 29 und Vööbus, Kanonessammlungen I 1 B, 457.
241 AO 485.

Dam. 8/11 überlieferten[242], sondern aus einer unabhängig davon überlieferten Rezension.

Daß die Sammlung der Lokalsynoden ihrerseits wieder eine Geschichte hat, vielleicht sukzessive entstand, ist wahrscheinlich. Doch gibt es in der Sammlung selbst keinen Hinweis darauf. Daß die Synode des Jōḥannān im Anhang ein „Verzeichnis der verbotenen Ehen" enthält, trennt die Teile nicht[243], denn das Verzeichnis gehört zu den Synodalkanones, zu Kanon 12, der damit erläutert wird.

Die Hs.Harv. 105, zu der mir KAUFHOLD freundlicherweise eine Analyse überlassen hat[243a], schafft insoweit eher neue Fragen als Antworten. Die sieben beschädigten Blätter einer Hs. aus dem 13./14. oder 16./17. Jh. bieten wohl systematisch geordnete Zitate aus einer Sammlung, die zumindest die beiden Quellengruppen „westsyrische Väterzeugnisse" und „westsyrische Lokalsynoden" enthielt. Unter den „Väterzeugnissen" finden sich Zitate aus einem Brief des Ignatios, des Apostelschülers, aus einem Brief des Basilios an Perigorios, aus Jōḥannān bar Qūrsōs, aus dem „Brief eines Bischofs an einen Freund" und aus der Synode von Seleukeia-Ktesiphon. Aus den Lokalsynoden finden sich Kanones der Patriarchen Gīwārgī, Kyriakos (Bēt Bātīn und Ḥarrān), Dionysios (Qallīnīqōs) und Ignatios (Mār Zakkāi). Da Dam. 8/11 aber die Briefe des Ignatios nicht enthält, insoweit auch keine Defektivität der Handschrift vorliegt, bleibt nur der Schluß, daß es neben Dam. 8/11 zumindest eine weitere Sammlung gab, welche die westsyrischen Lokalsynoden neben anders zusammengestellten „Väterzeugnissen" enthielt.

Die Bereicherung des synodalen Materials um die „Erklärungen des Patriarchen Kyriakos an Īšōʿ" findet sich in Dam. 8/11, in M. 323, in Jer.Mark. 129 und in Hs. Münster 1 (foll. 94 r—95 v) (vgl. KAUFHOLD, OC 72 (1988), 93 f.). Der eifrige Abschreiber (DOLABANI?) hat das in der Vorlage Dam. 8/11 vor der Notitia Antiochena gereihte Material wohl wegen des Namens Kyriakos Patriarcha in M. 323 zu den Kyriakos-Synoden gereiht. In Aydin 2 fehlt dieser Einschub, weshalb diese Handschrift sicher nicht auf M. 323 zurückgeht.

6. Die Sammlung der Regeln der griechischen und arabischen Könige

Zunächst einmal bleibt ein Rätsel im Aufbau dieses Teils der Sammlung. Die oben besprochene Überschrift in Dam. 8/11 entspricht der hier

---

242 AM VÖÖBUS, aO 538 f, der Dam. 8/11 verwendet sieht.

243 AM VÖÖBUS, aO 486 f.

243a Frühere Signatur Harv. 4034 oder Harv.Harris 99.

gewählten Überschrift, welche die Kanones der griechischen Könige, gemeint sind die römischen Kaiser, voranstellt. Schlägt man aber die Sammlung Dam. 8/11 selbst auf, so stehen dort die „Kanones der arabischen Könige" voran. Und schlägt man M. 323 auf, so sind dort nach den lokalen Synoden zuerst einige Reihen von Mönchskanones gereiht, darauf folgt Material, das in Dam. 8/11 teils vor teils nach dem Kolophon steht, und am Ende erst finden wir die Sententiae Syriacae, das Syrisch-Römische Rechtsbuch und die arabischen Normen als das „Rechtsbuch des Jōḥannān". ME ist diese neue Ordnung den Vorstellungen des Bischofs Dolabani zu verdanken, der diese Handschrift nach alten Vorlagen schrieb. Wir sollten diese Ordnung außer Acht lassen.

Die Kanones der griechischen Könige erscheinen in solcher Kombination mit arabischem Material nicht nur in Dam. 8/11 und M. 323[244], sondern auch noch in Vat.Syr. 560 (Fragment) und in M. 326. Eine moderne Abschrift liegt in Aydin 2 und — nur die Sententiae Syriacae — in K. In M. 326 stehen wieder die arabischen Kanones voran, doch wie in M. 323 unter dem Namen des Jōḥannān. In Vat.Syr. 560 ist der Name Jōḥannān nicht zu finden. Andererseits existieren die arabischen Kanones in Syrisch auch isoliert, nämlich in Hs. Istanbul Mart Marjam (Meryem Ana) 164 und in M. 325.

Es liegt nahe, anzunehmen, daß die Sententiae, das Syrisch-Römische Rechtsbuch und die Reihen der Kanones der arabischen Könige (= Jōḥannān) eine geschlossene Reihe bildeten, die ebenso geschlossen schon in das Synodikon aufgenommen wurde, das die Vorlage zu Dam. 8/11 bildete.

7. Auszüge zur praktischen Kirchenführung

Im Anschluß an das Syrisch-Römische Rechtsbuch findet sich anhangsweise Material, das wiederum irgendwie eine Einheit bildete und die Sammlung ursprünglich einmal — in einer Zwischenredaktion im Jahr 1204 n. Chr. — beschloß. So beginnt die Reihe mit Auszügen aus der Didaskalie über Richter und rechtes Richten, dasselbe Thema bestimmt die folgenden Auszüge aus den Apostelkanones, aus der Kirchengeschichte des Sokrates, aus der Geschichte des hl. Julius, noch

---

[244] Vööbus, Kanonessammlungen I 1 B, 464 nennt mit Midjat Melki 11 eine weitere moderne Abschrift von Dam. 8/11. Sie war am Ort im Jahre 1985 schon nicht mehr zu finden. Es scheint aber, als führe die Handschrift Aydin 2 darauf zurück. In Synodikon II 7 führt Vööbus übrigens M. 323 auf Midjat Melki 11 zurück, nicht auf Dam. 8/11 direkt. Das kann kaum stimmen, da sich die „Töchter" M. 323 (aus Dam. 8/11) und Aydin 2 (aus Midjat Melki, verschollen) unterscheiden.

einmal aus Sokrates, dann aus Theodosios Patriarches, aus Briefen des Severos an Solon, an die Presbyter Kosmas, Polyeuktos, Zenobios und an Dioskoros, aus Jakob von Serūg, noch einmal aus Apostelkanones, aus Johannes Chrysostomos und nochmals aus Severos, aus einer seiner Homilien. Den Schluß bilden eine Abhandlung betreffend die Rekonziliation — wie mir KAUFHOLD brieflich mitteilte, eine Abhandlung über Oikonomia —, die Entscheidungen des Patriarchen Kyriakos an Īšōʿ und die Notitia Antiochena.

8. Der Kolophon

Der Kolophon gibt leider nur eine ganz kurze Inhaltsangabe, diese aber für das Gesamtwerk, wie es sich bis hierher darstellt. Genannt werden als Inhalt apostolische Kanones, universale Synoden, Kanones in Frage und Antwort (šūʿālē), Erbteilungen (arabischer Herkunft) und die Nomoi der siegreichen Könige. Die leicht zu korrigierende Datierung[245] führt uns in das Jahr 1204 n. Chr. als Datum der Vollendung des Werks.

9. Die angehängten Kanones aus Mār Mattai

In der großen Sammlung von Dam. 8/11 nebst M. 323 und Aydin 2 folgen nun noch eine ganze Reihe von Werken, die zeitlich durch die ganze Kirchengeschichte der Westsyrer reichen, also nicht erst nach 1204 n. Chr. datieren. Zuerst folgen Quellen, die als Kirchen- und Klostergeschichte thematisch zusammengehören und wahrscheinlich auch in einer geschlossenen Sammlung vorhanden waren und beigeschrieben wurden. Sie reichen von den Kanones aus dem Kloster von Mār Mattai — nicht zu verwechseln mit den zwei Reihen Mönchskanones für Mār Mattai, unten XV — bis zu Materialien zur Kirchenreform im Osten zu Anfang des 7. Jh. n. Chr. — nämlich der Vereinbarung über die Stellung des Metropoliten Christophoros von Mār Mattai gegenüber dem Oberbischof des Ostens von Tagrīt. Hier endet die Originalhandschrift.

10. Die Anhänge aus anderer Hand

Die Handschrift wurde dann noch von anderer Hand um weiteres Material bereichert. Dabei handelt es sich um die Kanones des Klosters des Mār Ḥananjā nebst drei Belegen aus Lebensgeschichten des Jōḥannān von Mardē, dann noch um zwei kleinere Reihen von Mönchskanones für Mār Abāi und Mār Ḥananjā — mit Mönchskanones „aus Vätern und Synoden“ und von Michael dem Großen und Jōḥannān bar

245 Vgl. VÖÖBUS, Synodikon II, 195.

Maʿdanī. Den Schluß bilden allgemeine kirchliche Kanones des Jōḥannān von Mardē, die vielleicht deshalb zu den Mönchskanones von Mār Ḥananjā gruppiert sind, weil der Name des Jōḥannān von Mardē untrennbar mit diesem Kloster verbunden ist.

XII. DIE SYSTEMATISCHE SAMMLUNG DES BAR ʿEBRĀJĀ

1. Autor und Werk

Die westsyrische Tradition kennt nur eine einzige größere, aber kaum umfassend zu nennende systematische Sammlung, die des Bar ʿEbrājā.

Gregor bar ʿEbrājā, arabisch Grigor Abu' l-Farağ ibn al-Ibri, bei den westlichen Schriftstellern des 18. Jh. latinisiert zu Bar Hebraeus oder Barhebraeus, ist einer der größten Schriftsteller der Westsyrer, ja des christlichen Orients überhaupt[246]. Im Jahre 1226 wurde er, wahrscheinlich als Sohn eines Arztes jüdischer Abstammung, in Melitene geboren, nach reichen Studien schon mit 20 Jahren — gegen alle kirchlichen Kanones — zum Bischof von Gūbbā geweiht, später Bischof von Akko, dann von Aleppo schließlich zum Maphrian von Tagrīt ernannt. Er starb im Jahre 1286 n. Chr. Er schrieb[247] auf vielen Gebieten der Theologie, schuf Werke der Philosophie, der Geschichtsschreibung, der Astronomie, der Grammatik, der Medizin, der Erzählung und der Poesie und nicht zuletzt eine reiche systematische Sammlung westsyrischen Kirchenrechts und weltlichen Rechts.

Diese syrisch geschriebene Rechtssammlung trägt den Titel ,,Buch der Rechtleitungen" und umfaßt thematisch einen Großteil des gesamten für die zum Teil autonome kirchliche Gemeinschaft unter islamischer Herrschaft wichtigen Rechts[248]: Kirchliches Recht im engeren Sinne, allgemeines bürgerliches Recht und Strafrecht, in 4 Bänden, mit 40 Kapiteln. Kapitel 1 befaßt sich mit der Kirchenleitung, Kapitel 2—7 handeln von der Sakramentenverwaltung, von Taufe, Myron, Opfer, Fasten, Festen, Gebeten, Bestattung, den priesterlichen Ständen und den Mönchen, Kapitel 8 von Eherecht, Kapitel 9 und 10 von Testament und Erbschaft, Kapitel 11—32 von Kauf, Tausch, Pfand, Gesellschaft,

---

[246] Zu seinem Lebenslauf vgl. statt aller J. S. ASSEMANUS, BO II 244 ff und VÖÖBUS, Kanonessammlungen I 1 B, 499 ff mit Nachweisen.

[247] Zum Schriftsteller vgl. BAUMSTARK, Geschichte 314 ff; J. S. ASSEMANUS, BO II, 275 ff, VÖÖBUS, aO, 502 ff.

[248] Eine Analyse schon bei J. S. ASSEMANUS, BO II, 299 ff; dann bei VÖÖBUS, aO, 509 ff mit Quellenangaben. Doch fehlt zu einer vollständigen Analyse noch immer eine auf breiterer Handschriftenbasis beruhende Neuedition.

Schenkung, Bodenbewässerung, Miete, Kindesaussetzung, Sklavenfreilassung u. a., Kapitel 33—34 von Straftaten, Kapitel 35 vom Schlachten und von der Jagd; Kapitel 36—40 von Eid, Gelübde und Prozeß. Der Verfasser verwendet in diesem Werk nicht nur die aus dem Synodikon bekannten Werke, sondern auch andere, die isoliert in Umlauf waren. Und er verwendet nicht nur Werke der westsyrischen Tradition, sondern auch solche der Nestorianer und — im Bereich der Kapitel des Zivilrechts — vor allem moslemisches Recht.

Dabei beginnt er im kirchlichen Bereich zunächst in der Form der Wiedergabe des tradierten Materials unter Angabe des Verfassers oder der Synode und fügt nur ergänzend seine eigene Meinung unter der Bezeichnung „Rechtleitung" (bei ASSEMANUS mit „directio" übersetzt) bei. Doch bald überwiegt in der Darstellung die eigene Meinung (ab Band II, der mit Kapitel 8, dem Eherecht beginnt); die Zitate treten zurück und erscheinen oft nur noch innerhalb der eigenen Meinung des Bar ʿEbrājā. Schließlich tritt mit Kapitel 9 das Zitat fast völlig in den Hintergrund. Ohnehin ist der Verfasser auch in den Zitaten gelegentlich so frei, dem zitierten Autor seine eigene Meinung zu unterlegen. Einige Beispiele dafür bietet VÖÖBUS[249].

Eigentlich verspricht das Werk mehr als es hält. Aus der zur Zeit des Bar ʿEbrājā überreichen Überlieferung an kirchenrechtlichen Quellen wird nur ein höchst dürftiger Auszug geboten[250]. Und auch thematisch ist das Werk unvollkommen, jedenfalls im hier interessierenden kanonistischen Teil. Das Werk läßt uns im Zweifel, ob Bar ʿEbrājā tatsächlich eine unserer Sammlungen vorlag, oder ob er aus Einzelwerken schöpfte, die ihm gerade zur Hand waren.

Das Werk erlangte große Autorität in der westsyrischen Kirche und wurde wohl aus diesem Grund überaus stark verbreitet. Es wurde seit der Zeit des Bar ʿEbrājā immer wieder abgeschrieben, wohl auch epitomiert und vor allem auf die kirchenrechtlich interessanteren Teile beschränkt überliefert und ist in vielen Hss. erhalten.

2. Handschriften und Editionen

a. Dem Bestand an Handschriften, über den BAUMSTARK[251] und VÖÖBUS[252] berichten, ist, vor allem aus der Tradition westsyrischer Gemeinden in Kerala in Indien, heute[253] vieles zuzufügen:

---

249 Kanonessammlungen I 1 B, 531 ff.

250 Das vermerkt bereits VÖÖBUS, aO, 529 ff mit Beispielen.

251 Geschichte, 315 Fn. 3.

252 AO, 507 ff.

253 Der Erfolg einer Forschungsreise, die KAUFHOLD und PIELER im Jahre 1982 im

In Manjinikara, einem jakobitischen Kloster, Sitz eines Metropoliten, findet sich eine Handschrift ohne Titel und Kolophon, ca. 50 Jahre alt, die die ersten 10 Kapitel des Nomokanon des Bar ʿEbrājā enthält. (Quartformat, ca. 85 foll., Papier, 18 Zeilen/Seite, keine Lagen- oder Blattzählung, syrisch, das Werk aus fol. 1a zu erkennen: „Buch der Kanones der rechten Leitung").

In Pampakuda, Bibliothek des Fr. Abraham Konat, findet sich unter Nr. 33 der vollständige Nomokanon in einer alten, angeblich 1290 n. Chr., also 4 Jahre nach dem Tod des Autors geschriebenen Handschrift. Fragmente, die ersten 8 Kapitel, finden sich unter Nr. 37 und Nr. 72; ein weiteres Fragment, vom 38. Kapitel an unvollständig, findet sich unter der Nr. 87.

In Tozhiyoor, Bibliothek der Malabar Independant Church, finden sich Fragmente des Nomokanon: In Nr. 1 ein Fragment, das bis Kap. 4 reicht, ferner ein Fragment, das mitten in Kap. 7 beginnt und bis Kap. 10 reicht, unter Nr. 50 ein Fragment, das bis Kapitel 8 reicht, unter Nr. 33, im Rahmen einer größeren Kanonessammlung, ein Fragment, das Kapitel 1 zum Teil enthält.

In Kottayam, im Seminar der Mar-Thomas-Kirche findet sich ein vollständiger Nomokanon unter der Signatur A 208. In Trivandrum, Bibliothek des Erzbischofs der malankarischen Kirche, findet sich ein Teil mit den ersten 10 Kapiteln unter der Nr. 16.

b. Auch die Bibliothek der ehemaligen westsyrischen Metropole in Mardin bietet weitere Handschriften. Unter M. 315 findet sich ein vollständiges Exemplar des Nomokanon des Bar ʿEbrājā in karšuni aus dem Jahre 1700 n. Chr.; undatiert ein vollständiges Exemplar in karšuni in M. 316[254] (einst im Eigentum des syrisch-katholischen Patriarchen Michael Garbe). Ein vollständiges syrisches Exemplar liegt in M. 317[255] vor (eine Abschrift von 1844 n. Chr.), ebenso in M. 326 Großformat[256] aus dem Jahre 1661 n. Chr., ebenso in M. 328 ohne Kolophon in zwei Teilen (modern?).

Eine jüngst im Auftrag der Österreichischen Akademie der Wissenschaften unternommene Forschungsreise (KAUFHOLD, PIELER, SELB) brachte weitere Handschriftenbelege:

Im Bischofshaus der Syrisch-orthodoxen Kirche in Aleppo eine Hs.

Auftrag der Österreichischen Akademie der Wissenschaften nach Kerala unternahmen. Vgl. jetzt KAUFHOLD, Die syrischen Handschriften aus südindischen Bibliotheken, 1989.

[254] Von VÖÖBUS, aO 508 erwähnt, aber datiert gesehen (1660/1 n. Chr.), vielleicht mit M. 326 identisch?

[255] Von VÖÖBUS, aO 508 erwähnt.

[256] Die Nr. M. 326 kommt 2mal vor.

Nr. 12 (einst 74), zweispaltig, syrisch und karšuni parallel, Papier, 33 × 23 cm, Schrift 25 × 15 cm aus einer älteren Vorlage 1786 n. Chr. geschrieben.

In der Syrisch-orthodoxen Kirche Mār Gīwārgī in Aleppo (Kirche der Edessener) eine Hs. Nr. 26 (einst 75), Einband Leder auf Holz, orientalisches Papier 28 × 18 cm. Schrift 21 × 12 cm, Notiz: „gestiftet für die Kirche Mār Petros und Paulos in Urfa".

Im Bischofshaus der Syrisch-orthodoxen Kirche in Homs eine Hs. in karšuni, geschrieben von Abdel Ranni und drei Schreibern, „Kopie aus nicht korrigierten Hss. im Jahre 1911 d. Gr. = 1600 n. Chr. für die Kirche der Mutter Gottes in Aleppo".

Eine undatierte Handschrift mit dem vollständigen Werk findet sich auch in Wien, als Aydin 1 aufgenommen, im Besitz des Priesters Aydin Emmanuel Aydin. Sie enthält auch noch das Ethikon des Bar ʿEbrājā.

c. Eine Edition stammt von Bedjan, Barhebraei Nomokanon, Paris 1898; eine lateinische Übersetzung stammt von J. A. Assemani bei A. Mai, Scriptorum Veterum nova Coll. 10 II. Einen Auszug in Latein für die Zwecke der Codificazione Canonica Orientale bietet Ricciotti[257].

Eine neue Edition stammt aus Holland, besorgt von dem syrisch orthodoxen Bischof Cicek: Nomocanon of bar Hebraeus, Holland 1986. Hrsg. St. Ephraem der Syrer-Kloster. Nach einer Mitteilung aus dem Patriarchat in Damaskus soll es auch — für Kerala — eine Übersetzung in Malayyam geben.

d. Vööbus[258] beschreibt aus der Handschrift Berl.Sach. 335 fol. 1 a—66 a eine weitere systematische Kompilation, die sehr fragmentarisch an uns gelangt ist. Ein später Schreiber (18. Jh.?) überliefert uns eine Bearbeitung des Nomokanon des Bar ʿEbrājā. Daß solche Bearbeitungen in Umlauf waren, zeigt schon die Reihe der arabischen Epitomai[259]. Es ist zu vermuten, daß eine sorgfältige Analyse der zahlreichen syrischen und arabischen Handschriften zum Nomokanon auch dort Bearbeitungen zutage fördern wird. Schließlich ist seit dem 14. Jh. über die Jahrhunderte nicht eines der großen Synodika als Quelle des geltenden Kirchenrechts verwendet worden, sondern eben der Nomokanon des Bar ʿEbrājā.

---

257 CCO Fonti, fasc. III, I Nomocanone di Bar-Hebreo, Città del Vaticano 1931.

258 Kanonessammlungen I 1 B, 553 ff.

259 Vgl. Vööbus, aO 509.

XIII. DES DIONYSIOS BAR ṢALĪBĪ GROSSE SAMMLUNG VON BUSSKANONES

1. Die Bußkanones allgemein als Werk

Es ist höchst vereinfachend, wenn man von der einen Sammlung von Bußkanones des Dionysios bar Ṣalībī spricht. Überliefert ist eine Reihe von Redaktionen eines vielleicht gar nicht mehr im Original faßbaren Grundwerkes. Vööbus[260] unternimmt es, den Bestand an Handschriften, die hier im weiten Sinne einzuordnen sind, auf Originale und Ableitungen zu untersuchen. Eine volle originale Sammlung könnte 70 Kanones umfaßt haben und später vielfache Umstellungen, Verkürzungen, Zusammenstellungen erlebt haben. Ebenso ist eine inhaltliche Entwicklung in den Redaktionen spürbar. Die Zufallsfunde der handschriftlichen Überlieferung ergeben freilich noch kein einigermaßen klares Gesamtbild. Die Suche muß weitergehen. Eine Edition des Werks oder der eigenständigen Rezensionen ist ein Desiderat.

2. Der Inhalt des Werkes[261]

Die Bußkanones bilden in ihrem Kern einen Beichtspiegel. Es wird den Gläubigen für die Zwecke der privaten Beichte ein differenziertes Register an Sünden vorgestellt. Und für jede der Sünden wird die Buße vorgeschrieben.

3. Die Vorlagen des Werkes

Dionysios bar Ṣalībī hat einen eigenen, separaten Beitrag in die Sammlung eingebracht. Im übrigen hat er vorhandenes Material zusammengestellt und wohl schon im Original den Bedürfnissen seiner Zeit angepaßt. Die Vorlagen mag er in Texten gefunden haben, die nur aus den Synodika bekannt sind, etwa in Basilios' Epitimia, in dem „Brief aus Italien", in Synoden der Reichskirche (Antiochien z. B.), in den zahlreichen in Umlauf befindlichen Mönchskanones und in westsyrischen Synoden[262].

---

[260] Kanonessammlungen I 1 B, 405 ff.

[261] Lateinische Übersetzung einer nicht genannten Hs. von Renaudot in Denzinger, Ritus orientalium I 493 ff.

[262] Beispiele aus Vööbus, Kanonessammlungen I 1 B, 425 ff.

XIV. MONOGRAPHIEN RECHTLICHEN INHALTS AUSSERHALB DES SYNODIKON

Eine Reihe von rechtlich bedeutsamen Werken der Westsyrer sind nicht in den großen Synodika, wie sie oben vorgestellt worden sind, sondern isoliert überliefert.

1. Die „Anordnungen und Ermahnungen des Šemʿōn Esṭūnājā“ (um 390—459 n. Chr.)

In der Hs. BL Add. 14.484 foll. 130 b—133 b findet sich ein syrisch geschriebenes Werk des Šemʿōn Stylites, das den Titel „Anordnungen und Ermahnungen“, im Text auch „Gesetze und Anordnungen“ genannt, trägt. Es enthält nach der ausführlichen Beschreibung und Inhaltsangabe bei Vööbus[263] vor allem Bestimmungen für das soziale und sittliche christliche Gemeindeleben. Šemʿōn war von großem Einfluß auf das syrische Mönchtum. Die westsyrische Kirche zählt ihn zu ihren Vätern und seine Schrift zu ihren Quellen, ohne Rücksicht auf Šemʿōns Einstellung in den christologischen Streitigkeiten[264].

2. Die „Taxeis und Kanones der Chirotonien der heiligen Kirche“ (5./6. Jh. n. Chr.)

Das anonyme Werk — erhalten ist ein Torso von 25 Kanones — findet sich in der Hs. Šarf.Patr. 87 foll. 167 b—171 b[265]. Vielleicht gehört auch dieses Werk zum Bestand eines der großen Synodika wie Šarf.Patr. 87 es sonst zum Teil wiedergibt. Doch könnte es sich dort auch um eine späte Anreicherung der Hs. aus separater alter Vorlage handeln.

Der Text behandelt Weihe und Pflichten von Klerikern aller Grade. Eine Edition stammt von Rahmani mit einer lateinischen Übersetzung[266]; eine deutsche Inhaltsangabe bietet Vööbus[267], der das Werk in das ausgehende 5. Jh. datiert. Die Zuordnung zum Kreis der west-

---

[263] Kanonessammlungen I 1 A, 138 ff bes. Fn. 10—23; genannt schon bei Baumstark, Geschichte 60 f; übersetzt von Hilgenfeld, in Lietzmann, Das Leben des hl. Simeon Stylites, Texte und Untersuchungen zur Geschichte der altchristlichen Literatur 32, 180 ff.

[264] Vgl. dazu Baumstark, Geschichte 60 f.

[265] Ein Fragment oder eine Rezension findet sich in Cambr.Add. 2023, fol. 291 a—293 a.

[266] Documenta liturgica, in Studia Syriaca III, Šarfe 1908, 54 ff.

[267] Kanonessammlungen I 1 A, 146 ff, 147 ff, besonders Fn. 8—26.

syrischen Quellen ist ein wenig prekär. Die syrische Originalsprache könnte uns täuschen, da der Inhalt des Textes auf einen Urheber im ostsyrischen Raum weist, somit auch ein nestorianischer Ursprung möglich wäre. Gerade der altertümliche, auf das ausgehende 5. Jh. weisende Inhalt, den Vööbus so vorzüglich beschreibt, macht es wahrscheinlich, daß der im Text erwähnte Katholikos der nestorianische Oberbischof von Seleukeia-Ktesiphon ist, nicht aber der erst zu Beginn des 7. Jh. zum Oberbischof bestimmte westsyrische Bischof von Tagrīt. Dieser ist zudem in den Quellen selbst dieser späteren Zeit gewiß noch nicht als Katholikos bezeichnet worden, sondern einfach als Metropolit, wie die Kanones aus Mār Mattai[268] dartun. Die Tradition freilich unter westsyrischen Quellen rechtfertigt hier die Erwähnung.

3. Jakob von Serūg (gestorben 521 n. Chr.) über Sexualität und Ehe

Von Mār Jakob, dem Lehrer, ist ein kleines poetisches Werk „Über die Jungfräulichkeit, den Ehebruch und die Ehe der Gerechten" überliefert. Es ist von Overbeck, S. Ephraemi Syri ... opera selecta, 384—391, ediert[269].

4. Anonyme Kanones aus BL Add. 14.493 fol. 154 b

Es handelt sich um eine kleine Sammlung von Kanones, die vorwiegend für Kleriker bestimmt sind. Sie nennt keinen Autor und hat keine Überschrift. In der Handschrift wird sie nur mit den Worten „andere Kanones" eingeleitet. Vööbus gibt den Inhalt wieder[270], der ganz eindeutig in die westsyrische Tradition führt. Die Beziehungen zu den „Häretikern" sind ein Dauerthema der westsyrischen Quellen aus der Zeit der Verfolgung. Zudem ist unsere Quelle in BL Add. 14.493 (aus dem 10. Jh.) zusammen mit eindeutig westsyrischen Quellen wie den Kanones des Jōḥannān bar Qūrsōs, des Jakob von Edessa und einer Rezension der ersten Synode des Patriarchen Kyriakos überliefert[271].

5. Kanones des Bischofs Kyriakos von Amīd (gestorben 623 n. Chr.)

Bar ʿEbrājā referiert über einige liturgische Kanones dieses Bischofs[272]. Als Werk sind sie nicht erhalten. Über den Autor berichtet

---

268 Vööbus, Synodikon II 197 ff.

269 Aus Oxf.Bodl. 136 (?)

270 Kanonessammlungen I 1 A, 180 f, bes. Fn. 3—7.

271 Vgl. oben X, 4.

272 Nomokanon II 2 und IV 4.

VÖÖBUS ausführlich[273]. Er ist uns aus der Kirchengeschichte als jener Visitator bekannt, den Patriarch Athanasios I Gammālā nach dem Ende der byzantinischen Verfolgung mit der persischen Eroberung in die „befreite" bisherige Grenzregion sandte, damit er die Rechte des Patriarchen gegenüber den Bischöfen des „Ostens", die daran waren, ihren Einflußbereich in diesen Raum auszudehnen, wahre.

6. Die „Taxis, wie rechterweise ein Bischof die Stadt betreten soll"

Die vorwiegend liturgischen Kanones (55 an der Zahl) werden von VÖÖBUS vorgestellt[274]. Sie sind in einer einzigen, syrischen Handschrift — Šarf.Patr. 87 foll. 303—305 — erhalten und bereits von RAHMANI mit einer lateinischen Übersetzung ediert[275]. Die Datierung des Inhalts macht Schwierigkeiten[276]. Der Kontext der Sammlung in Šarf.Patr. 87 macht deutlich, daß es sich um ein Werk westsyrischer Tradition handelt[277], bedeutet aber noch nicht, daß es je Teil eines der großen Synodika wurde.

7. Die Kanones Georgs des Arabers (686—724 n. Chr.)

Bar ʿEbrājā referiert im Nomokanon über einige der im Originalwerk nicht erhaltenen Kanones des gelehrten „Bischofs der Araber" Gīwārgī. Verfasser und Werk werden von VÖÖBUS vorgestellt[278]. Liturgische und rechtliche Materien sind zu den Themen Taufe, Eucharistie, Myron, Wasserweihe und Mönchtum eng verbunden.

8. Die „Kanones der Perser" (vermutlich 7./8. Jh. n. Chr.)

Bar ʿEbrājā zitiert im Nomokanon aus einem Zyklus von Kanones „der Perser" zu Klerus und Mönchtum 42 Kanones. VÖÖBUS stellt an Mönchsregeln vor, was aus Bar ʿEbrājā rekonstruiert werden kann[279].

---

273 Kanonessammlungen I 1 A, 190 ff.

274 Kanonessammlungen I 1 A, 192 ff.

275 Documenta liturgica, 16 ff.

276 Vgl. VÖÖBUS, aO.

277 Vgl. VÖÖBUS, Synodikon II 164 und Fn. 7 und 200.

278 Kanonessammlungen I 1 A, 216 ff. Edition und englische Übersetzung der Fragmente bei VÖÖBUS, Syriac and Arabic Documents, 99; französische Übersetzung von NAU, Canons et resolutions, 92—94 = ALCS II. Deutsche Übersetzung von RYSSEL, Georgs Gedichte und Briefe, 145.

279 Kanonessammlungen I 1 A, 219 ff. Edition und englische Übersetzung der 26 Regeln zum Mönchtum bei VÖÖBUS, Syriac and Arabic Documents, 89—92; französische Übersetzung von NAU, Canons et resolutions = ALCS II, 98—101.

Eine anonyme Kompilation aus Berl.Sach. 335 foll. 1 a—66 a[280] zitiert diese Kanones ebenfalls. Vööbus bezeichnet die Sammlung[281] als Synodalkanones westsyrischer Bischöfe aus dem Kirchengebiet des Maphrians, also aus dem östlichen, einst persischen Bereich.

Diese „Kanones der Perser“ sind eindeutig nicht identisch mit den Kanones der persischen Bischöfe in der Synode von Seleukeia-Ktesiphon[282]. Die „Perser“ sind hier m.E. die Westsyrer des „Ostens“, d. h. des damals, zur Zeit ihrer Entstehung, nicht byzantinischen östlichen, d. h. persischen oder sassanidischen Herrschaftsbereichs. Die im Text der „Kanones der Perser“ zu findende Gegenüberstellung des Patriarchen im „Westen“ und des Katholikos im „Osten“ ist freilich nicht eindeutig. Kaufhold (Gabriel, 51 ff) findet demgegenüber nestorianische Kanones aus der Sammlung des Gabriel von Baṣra zitiert und westsyrischen Verhältnissen angepaßt.

Neben den Regeln zum Mönchtum finden sich solche für Kleriker über die Voraussetzungen ihrer Ordination, über ihre Amtspflichten und ihre Lebensführung.

9. Die Kanones des Mōšē bar Kēphā

Eine von den Synodika separate Tradition bietet auch Kanones des Mönchs und Bischofs von Mossul, Bēt Kijōnājā und Bēt Rāmān Mōšē bar Kēphā (gestorben 903). Das kirchenrechtliche Werk wird aus einigen verstreuten Fragmenten sichtbar, die Vööbus unter Angabe der Beleg-Handschriften vorstellt[283]. Es geht thematisch um die Qualifikation zum Episkopat, um Register für Ordinationen und Taufen, um Taufe und Fasten u. a. J. S. Assemanus[284] war von den kirchenrechtlichen Abhandlungen des Autors noch nichts bekannt.

10. Johannes (Jōḥannān) von Dārā (9. Jh.), Über das Priestertum

Metropolit Johannes (auch Īwannīs) von Dārā verfaßte „Vier Memrē über das Priestertum“. Es geht um die Ehen der Priester unter Verwendung von Belegen aus älterem Material. Ediert wurde der Text von Overbeck, s. Ephraemi Syri ... opera selecta, Oxford 1865, 409—413[285].

---

[280] Beschrieben bei Vööbus, Kanonessammlungen I 1 B, 553 ff. Vgl. oben XIII d.

[281] AO, 219 ff und 561; ders., Syriac and Arabic Documents, 87 f.

[282] Vgl. oben X 2 und 3. So jedoch Lamy, Concilium 110.

[283] Kanonessammlungen I 1 A, 227 ff; besonders Fn. 1—11.

[284] BO II 127 ff.

[285] Handschriftennachweis bei Baumstark, Geschichte, 277; zu ergänzen um M. 324 S. 117—129.

11. Anonyme „Kanones der heiligen Lehrer und Väter"

Das Werk ist außerhalb der großen Synodika, u. zw. in zwei Kodizes, separat überliefert (in Mos.Orth.A und Vat.Syr. 490). Vööbus[286] hat es inhaltlich vorgestellt. Es geht um Regelungen verschiedensten Inhalts für Nonnen, Mönche und Kleriker, für Ehe und Familie, für Liturgie und Disziplin und um Regelungen, die Sitte und Strafen und das Verhältnis zu Häretikern festlegen. Die Zuordnung zum westsyrischen Quellenbestand ist durch den Kontext der beiden Handschriften gesichert. Mos.Orth.A bietet sonst Texte z. B. aus den westsyrischen Lokalsynoden, aus Jakob von Edessa u. a., Vat.Syr. 490 bietet Bußkanones des Dionysios bar Ṣalībī.

12. Sechs Kanones des Bischofs Jōḥannān (bar Qūrsōs) „über die Ordnungen der hll. Mysterien"

Vööbus sieht in den handschriftlich mehrfach überlieferten Texten ein eigenständiges Werk eines nicht zu identifizierenden Bischofs Jōḥannān[287]. Die Rückführung auf Jōḥannān bar Qūrsōs lehnt er ab, ebenso eine Rückführung auf Bischof Jōḥannān von Mardē. In der Tat hat der Text aber schon in der Überschrift einen Anklang an den Titel und Schluß der in den Synodika enthaltenen Fragen des Presbyters Sergios (Sargīs) an den Bischof[288] Mār Jōḥannān (bar Qūrsōs)[289]. Dort befaßt sich Jōḥannān bar Qūrsōs ausschließlich mit der Ordnung der hl. Mysterien, gibt aber keinen Text, der mit einem der hier vorliegenden vergleichbar wäre. Doch war nach Cambr.Add. 2023 fol. 250 noch ein Brief des Jōḥannān bar Qūrsōs an die Diakone über die Eucharistie in Umlauf. Von demselben Bischof Mār Jōḥannān bar Qūrsōs stammen auch die 27 Kanones für die Priester im Synodikon[290], deren Kanon 8 sich mit genau jenen Problemen beschäftigt, die in unserer kleinen Sammlung in den Kanones 3 und 5 behandelt sind, wenngleich die Antworten in den 27 Kanones ausführlicher sind. Daß Jōḥannān bar Qūrsōs sich noch in einem weiteren Werk mit dem Thema der hl. Mysterien beschäftigt haben muß, ergibt sich schon aus Bar ʿEbrājās Zitat im Nomokanon[291]. Der dort wiedergegebene Text stammt in seinem dritten Absatz nur unwesentlich verändert aus diesem weiteren, hier

---

[286] Kanonessammlungen I 1 A, 234 ff; bes. Fn. 4—27.
[287] AO I 1 A, 236 ff.
[288] So die Schlußklausel.
[289] Synodikon II 197 ff.
[290] Synodikon I 142 ff.
[291] Nomokanon cap. IV, sec. IV: Jōḥannān von Tellā.

vorliegenden Werk in sechs Kanones u. zw. aus Kanon 4[292]. Die Annahme von RAHMANI[293] und HINDO[294], der Autor der Texte sei Jōḥannān bar Qūrsōs, ist also m. E. richtig.

13. Die Kanones des Dionysios bar Ṣalībī, Metropoliten von Amīd

Unter den vielen Werken des großen Gelehrten finden sich auch geschlossene kirchenrechtliche Arbeiten, abgesehen von kanonistischen Äußerungen in anderem thematischen Zusammenhang.

a. Zum einen geht es um eigene Bußkanones des Dionysios bar Ṣalībī, die Bestandteil[295] seiner größeren Sammlung von Bußkanones geworden sind[296]. In einigen Varianten der großen Sammlung von Bußkanones erscheinen diese Kanones separat als Zuschreibung.

b. Eine weitere Reihe von Regeln betrifft das System der Fastenzeit[297].

c. Ein eigenes Werk nennt sich einfach „Die Kanones des Mār Dionysios bar Ṣalībī"[298]. Es behandelt Vorkehrungen für die wirtschaftliche Existenz der Kirchen und Klöster, die Annahme sakraler Gaben und deren legitime Verwendung (Kasualien). Eine Rezension dazu ist in karšuni unter dem Titel „der zweite Brief von demselben Dionysios bar Ṣalībī dem großen Alten und erprobten Lehrer" bekannt[299].

d. Das „Kompendium apostolischer Kanones", das dem Dionysios zugeschrieben wird und auch einmal als Anhang zu den „Bußkanones" erscheint, gibt noch Rätsel auf[300].

---

292 Ein Rätsel bildet eine weitere (?) Sammlung von 11 Mönchskanones, die ebenfalls Jōḥannān bar Qūrsōs zugeschrieben wird, BL Add. 14.526 fol. 31 a—32 b. Vgl. dazu VÖÖBUS, Kanonessammlungen I 1 B, 488, der sie für eine Vorläufersammlung hält. Edition und englische Übersetzung von VÖÖBUS, Syriac and Arabic Documents, 55 ff.

293 Les liturgies orientales, 149 f.

294 III, 182.

295 Vgl. dazu VÖÖBUS, Kanonessammlungen I 1 A, 241 f mit Hss.-Belegen. Zu ergänzen um M. 324 und M. 325. Zur arabischen Überlieferung vgl. GRAF, Geschichte, 265. Die Überlieferung ist jedoch weit reicher und wäre noch zu erforschen: z. B. Nr. 212 aus der Kirche des maronitischen Bischofs in Aleppo (syrisch und karšuni), Dam. 8/12 (karšuni, fragm.), Dam. 5/46 (leider gerade nicht aufzufinden), M. 326 (Kleinformat), Thozhiyoor (Kerala) Nr. 1.

296 Zu dieser Sammlung vgl. oben XIII.

297 Vgl. dazu VÖÖBUS, Kanonessammlungen I 1 A, 240 f mit Hs.-Beleg.

298 Vgl. dazu VÖÖBUS, Kanonessammlungen I 1 A, 249 ff und 252 ff. Er stellt den Inhalt in S. 250 Fn. 3—20 vor. Beleg ist die Handschrift Aleppo Maron. 212 foll. 1 a—10 a.

299 VÖÖBUS, Kanonessammlungen I 1 A, 252 f mit Hss.-Belegen.

300 Vgl. VÖÖBUS, Kanonessammlungen I 1 A, 243.

14. Die Kanones des Michael, Patriarchen von Antiochien

Es geht um eine Sammlung, die sich mit der Wahl, vor allem aber der persönlichen Amtsführung des Patriarchen befaßt. Vorgestellt wird das Werk an Hand einer arabischen Übersetzung aus dem verlorenen syrischen Original nach einer Handschrift Šarf. 4/6 foll. 161 a—162 b von Vööbus[301].

15. Der Brief des Bischofs Severos

In Cambr.Add. 2023 ist uns ein Teil eines Briefes eines Bischofs Severos überliefert, der in 8 „Fragen und Antworten" verschiedene Themen behandelt[302]. Er war ein Synkellos des Patriarchen Jōḥannān III (846—873 n. Chr.), dem wir die Synode von Mār Šīlā verdanken. Frage 3 befaßt sich dann auch mit demselben Thema wie Kanon 4 der genannten Synode, ebenso Frage 5 wie Kanon 25 und Frage 7 wie Kanon 23. Von dem Autor Mār Severos wissen wir nicht viel[303]; doch kommt uns ein anderer Mār Severos „der Kurze" ins Gedächtnis, der um die gleiche Zeit zum Bischof von Mossul, Bēt Rāmān und Bēt Kijōnājā erhoben wurde, nämlich Mōšē bar Kēphā, dessen kanonistisches Interesse wir bereits kennen. Begegnen wir hier am Ende der gleichen Person? Insgesamt enthält die Schrift 8 Kanones verschiedenen Inhalts.

16. Jaḥjā ibn Ğarīr von Tagrīt, Kītāb al Muršīd, „Buch des Führers" (11. Jh. n. Chr.)

Jaḥjā ibn Ğarīr[304] verfaßte in Arabisch ein Kompendium der Theologie im weitesten Sinne[305]. Es umfaßt auch kirchenrechtliche Materien, besonders in Kapitel 31 über das Priestertum (herausgegeben von Cureton, The lamp that guides to salvation by Abu Nasr Yahya Ibn Harir al-Takriti, London 1865) und in Kapitel 47 über Ehe und Scheidung (Auszüge bei Hindo III 237 ff; deutsche Übersetzung von Aydin demnächst als Thèse Univ. Lat., Rom).

---

301 Kanonessammlungen I 1 A, 254 f; bes. Fn. 3—18.

302 Vgl. dazu Vööbus, Kanonessammlungen I 1 B, 300 ff.

303 Vgl. dazu Vööbus, aO. Jedenfalls war er in der Kanzlei des Patriarchen Jōḥannān III tätig, als er den Brief mit den Kanones abschickte, die Antworten auf bestimmte Fragen eines ungenannten Fragestellers enthielten.

304 Dazu Graf, Geschichte, 259 ff mit Hss.-Nachweis; ferner Graf, die Eucharistielehre des Jaḥjā Ibn Ğarīr, OC XXXVII—XXXVIII (1953—1954), 100 ff.

305 Die Titel variieren etwas nach den Handschriften, vgl. Graf, aO 261, der allgemeinste Titel lautet „Kitab al-Muršid", „Buch des Führers".

17. Kleinere Auszüge aus älteren Quellen

Die Zahl der Auszüge, von denen Vööbus in Kanonessammlungen I 1 A, 257 ff und I 1 B, 203 ff einige Reihen vorstellt, sind zahlreich. Die Auszugssammlungen sind damit gewiß nicht alle aufgezählt. Dazu müßte eine noch genauere Aufnahme des Bestandes an Handschriften stattfinden. ZB bietet M. 323 auf S. 202—204 „Auszüge aus den Kanones der Apostel und Väter" zur Ehe, Istanbul Mart Marjam 164 „Auszüge" aus kanonistischem Material. Die Art der Tradition von Texten, wie sie schon in der Zeit der Entstehung der Apostelkanones zu finden war, setzt sich bis heute fort. Nach Bedarf werden Texte aus der Tradition in immer neuen Auszügen und Neukompositionen abgeschrieben, frei wiedergegeben oder angereichert. Demnach macht auch die Identifikation von Werkteilen oder Einzeltexten größte Schwierigkeiten.

Ein gutes Beispiel ist das eben genannte Werk aus M. 323 S. 202—204. Die Schrift ist wohl mit jener gleich, die in Cambr.Add. 2023 (fol. 23 a) als „Kanones, die der Apostel Paulos aufgestellt hat über die Sitten bei der mekīrūṯā" erscheint (20 Kanones), die aber dort den ersten Teil einer größeren Abhandlung mit dem Titel „Wir schreiben aus den Kanones und Nomoi und Taxeis der Christen" bildet. Teil 2 bietet dann eine Abhandlung „Über die Verstoßung oder Trennung der Frau vom Mann oder des Mannes von der Frau" (fol. 24 a), Teil 3 dann eine „Darstellung, wie eine Trennung zwischen Mann und Frau stattfindet".

XV. SAMMLUNGEN VON MÖNCHSKANONES AUSSERHALB DES SYNODIKON

1. Mönchskanones für das Kloster Mār Mattai (erste Reihe aus dem Jahre 509 n. Chr.)

Unter den außerhalb des Synodikon überlieferten Werken nehmen die aus dem beginnenden 6. Jh. stammenden Mönchskanones (24 Kanones) für das Kloster Mār Mattai einen prominenten Platz ein[306]. Mit dem Kloster Mār Mattai sind nach einem Hinweis aus den Kanones des Jōḥannān von Mardē für die Klöster Mār Abāi und Mār Ḥananjā[307]

306 Einziger Beleg in Wien Mech.syr. 1, vgl. dazu Grill, Eine unbekannte syrische Handschrift OC 50 (1966) 56 ff; dazu Vööbus, Kanonessammlungen I 1 B, 325 ff. Die Kanones aus Mār Mattai über die Reorganisation der Kirche des Ostens, vgl. oben X 6, dürfen damit nicht verwechselt werden. Vööbus, aO, 326 ff Fn. 7—30 bietet eine Inhaltsangabe zu Wien Mech.syr. 1.

307 Synodikon II 244.

wohl der Klosterkomplex der drei östlichen Klöster Mār Mattai, Mār Zakkāi, Mār Abraham und vielleicht auch noch Mār Behnām gemeint, die finanziell-organisatorisch eine Einheit bildeten. Die Einleitung zur Kanonesreihe spricht jedenfalls von „Vorschriften für das hl. und göttliche Kloster (Sg.) unseres Vaters Mār Mattai und des Mār Zakkāi und des Mār Abraham auf dem Berge Alphaph und des wegen seiner Heilungen berühmten Mār Behnām“[308]. Der weitere Vermerk, wonach diese Kanones später auf einer Synode von 1174 n. Chr. bestätigt wurden, die unter dem Patriarchen Michael, dem Maphrian Jōḥannān, Mār Ignatios Metropolit von Maipherkaṭ, Mār Jōḥannān Metropolit von Quallīnīqōs und zahlreichen anderen Vätern und gottesfürchtigen Äbten des Klosters von Mār Mattai und der Klöster stattfand, entspricht dem Kanon 1 der zweiten Reihe von Mönchskanones aus derselben Handschrift Wien Mech.syr. 1, der die Einhaltung der 24 älteren Kanones (erste Reihe) verlangt. Noch eine weitere Bestätigung dieser Kanones wird erwähnt, die durch den „zweiten Gregorios Theologos“ den Maphrian (gemeint ist Gregorios bar ʿEbrājā) im Jahre 1582 d. Gr., also 1270/1 n. Chr.[309]. Der Inhalt besteht aus lauter Strafkanones für Mönchsvergehen verschiedenster Art.

2. Die Mönchskanones für das Kloster Mār Zakkāi bei Qallīnīqōs (6. Jh. n. Chr.)

Der vereinzelt daraus erhaltene Text, Kanon 48, nennt in der Überschrift Jōḥannān bar Qūrsōs (von Tellā) als Urheber. Damit ist nicht auf eines der Werke Bezug genommen, die sich schon im Synodikon[310] finden, auch nicht auf die Kanones über die Ordnung der hll. Mysterien[311]. Ediert ist der Text nach der Hs. Šarf.Patr. 73 von Vööbus[312]. Der Hinweis auf Jakob von Edessa läßt sich leider nicht verifizieren.

3. Anonyme Verordnungen für Novizen (6./7. Jh. n. Chr.)

Die anonymen[313] „Taxeis für die Novizen-Brüder“ bietet 60 Kanones einer Lebensordnung für Novizen, vorwiegend Regeln der Gesit-

[308] Vööbus ist zu Unrecht überrascht, daß das Kloster des Mār Abraham, auch Kloster von Kūkjātā genannt, von Bar ʿEbrājā, Chr.eccl. II 67 mit Mār Mattai identifiziert wird.

[309] Fälschlich liest hier Grill, aO, 59: 1405 d. Gr. = 1094 n. Chr.

[310] Vgl. oben X, 3. Vgl. Vööbus, Kanonessammlungen I 1 B, 334 ff.

[311] Vgl. oben XIV, 10.

[312] Syriac and Arabic Documents, 61 mit englischer Übersetzung.

[313] Zur Verfasserfrage vgl. die ausführliche Abhandlung bei Vööbus, Syrische Verordnungen 106 ff und Kanonessammlungen I 1 B, 339 ff.

tung und der Moral. Sie ist handschriftlich überaus reich überliefert, stets außerhalb der Handschriften, die geschlossene Teile eines Synodikon enthalten, u. zw. in mehreren Rezensionen[314]. Das Werk ist zumeist unter dem Namen des Jōḥannān Daljātā oder Sābā Rūḥānājā überliefert[315].

4. Mönchskanones des Rabbūlā und anderer (Pseudo-Rabbūlā)

Eine Reihe von 34 Mönchskanones, die dem Rabbūlā, Bischof von Edessa, zugeschrieben wird, ist in Hs. Borg.Syr. 10 erhalten und bereits ediert[316]. Sechs dieser Kanones sind wirklich von Rabbūlā, der Rest ist späteren Ursprungs[317]. Sie dürfen also als Werk nicht mit den Mönchskanones des Rabbūlā aus dem Synodikon verwechselt werden[318], obwohl der Titel ähnlich klingt.

5. Die Kanones für die Nonnen (5./6. Jh. n. Chr.)

Eine recht alte anonyme Sammlung an monastischen Regeln, einfach mit „Kanones“ überschrieben, aus dem 5./6. Jh. ist in der Hs. BL Add. 17.216 als Unikat erhalten[319]. Der Ursprung des Werkes bleibt im Dunkeln. Es enthält 14 Kanones über das, was den Nonnen in einer Gemeinschaft nicht erlaubt ist, wie auch die Kanones stets mit den Worten beginnen: „Keiner von den Schwestern ist erlaubt, daß ...“.

6. Dem Mār Ephraem (dem Syrer) zugeschriebene Mönchskanones

Eine Hs., die Rahmani[320] belegt und Vööbus ediert und englisch übersetzt hat[321] bietet 22 Mönchskanones, alphabetisch geordnet, zu einem Akrostichon zusammengefügt. Vööbus verdanken wir eine Ana-

---

[314] Vööbus, Syrische Verordnungen 107 ff und Kanonessammlungen I 1 B, 336 ff mit Inhaltsangabe, Fn. 6—27 (Hs. Aleppo Orth. 102 — aus der Kirche des Gīwārgī — enthält freilich das Werk nicht wie dort angegeben).

[315] Zur Frage des Verfassers vgl. Vööbus, aO.

[316] Mounayer, Les Canons 406—415, Edition mit französischer Übersetzung; Vööbus, Syriac and Arabic Documents 80—86, Edition mit englischer Übersetzung. Vgl. dazu Vööbus, Kanonessammlungen I 1 B, 350 ff.

[317] Überzeugend Vööbus, Kanonessammlungen I 1 B, 350 ff. Es handelt sich um die ersten sechs Kanones: Kanon 1 = 2, Kanon 2 = 3, Kanon 3 = 4, Kanone 4 = 9, Kanon 5 = 10, Kanon 6 = fehlt, Kanon 7 = 17; im übrigen gibt es zwar ähnliche Regeln aber keine weiteren Textanleihen.

[318] Vgl. oben X, 3.

[319] Vgl. dazu Vööbus, Kanonessammlungen I 1 B, 355 ff mit Inhaltsangabe. Edition mit englischer Übersetzung von Vööbus, Syriac and Arabic Documents 64—68.

[320] Collectio documentorum, 56.

[321] Syriac and Arabic Documents, 19—23.

lyse, welche die Zuschreibung an Ephraem den Syrer unwahrscheinlich macht[322]. Der Inhalt ist eher spirituell als rechtlich.

7. Anonyme „Kanones, die für die Mönche nötig sind"

Die in mehreren Rezensionen außerhalb der Synodika überlieferte Sammlung bietet 26 Kanones zu verschiedensten Themen aus dem klösterlichen Leben[323]. Sie ist aus verschiedenen Vorlagen zusammengeschrieben. Zu den Vorlagen gehören sicher die Mönchskanones des pseudonikaianischen Materials, der Marūtā-Kanones[324], aus der Reihe von 73 allgemeinen Kanones[325].

8. Anonyme „Kanones, die sich für die geziemen, die das hl. Schema anziehen"[326]

Es handelt sich um eine in zahlreichen Hss. außerhalb der Synodika überlieferte[327] und bereits edierte[328] Sammlung von Mönchskanones für eine klösterliche Gemeinschaft. In 12 Kanones werden vorwiegend Regeln der täglichen Lebensführung, die überaus streng sind, gegeben[329].

9. Verordnungen und Kanones für die Einsiedler, „die in der Wüste (leben)"

Aus Hs. M. 426 kennen wir Regeln für die Lebensführung von Einsiedlern. Vööbus stellt deren Inhalt vor[330]. Die Entstehung des Werkes bleibt im Dunkeln. Die strenge Regel des Kanon 9, daß sich der Einsiedler auch mit Brot, Wasser und Schlaf nicht befriedigen darf, findet sich übrigens auch in den gerade unter 8. behandelten anonymen „Kanones, die sich für die geziemen, die das hl. Schema anziehen".

---

322 Kanonessammlungen I 1 B, 359 ff.

323 Handschriften-Belege bei Vööbus, Kanonessammlungen I 1 B, 363. Edition und englische Übersetzung von Vööbus, Syriac and Arabic Documents, 71—77.

324 Vööbus, Marūtā-Kanones; derselbe, Syriac and Arabic Documents, 115 ff (ab Kanon 25 über den Chorbischof bis Kanon 66).

325 Vergleich bei Vööbus, Kanonessammlungen I 1 B, 365 ff.

326 Der Titel variiert, vgl. Vööbus, Kanonessammlungen I 1 B, 371.

327 Vgl. Vööbus, Kanonessammlungen I 1 B, 371.

328 Vööbus, Syriac and Arabic Documents 106—108; Edition mit englischer Übersetzung.

329 Analyse und Inhaltsangabe bei Vööbus, Kanonessammlungen I 1 B, 370 ff.

330 AO, 373 ff.

10. Mönchskanones für das Kloster Mār Mattai (zweite Reihe)

Die Hs. Wien Mech.Syr. 1[331] enthält eine weitere[332] Sammlung mit 12 gezählten und zwei ungezählten Kanones[333] für das Mönchsleben auf dem Klosterberg Alphaph, von dem man gewöhnlich vereinfachend nur als dem Kloster von Mār Mattai spricht. Die Sammlung wird auf eine synodale Versammlung zu Mār Mattai zurückgeführt, die unter dem Patriarchen Michael im Jahre 1173/4 n. Chr. stattfand. Diese Kanones und jene der ersten Reihe wurden nach einer Notiz in der Hs. im Jahre 1270/1 von Bar ʿEbrājā bestätigt[334].

11. Eine anonyme Kompilation von Mönchskanones aus Vat.Syr. 159

Die Hs. Vat.Syr. 159 enthält in karšuni 20 Kanones über mönchisches Leben[335]. Die Sammlung nennt keinen Autor. In den letzten Bestimmungen sind nach einem überzeugenden Vergleich von Vööbus[336] die (monastischen) „Kanones der Perser", die wir sonst wieder nur aus Bar ʿEbrājā[337] kennen, verwendet.

12. Die Mönchskanones des Jakob von Edessa

Nach den Belegen aus Bar ʿEbrājā[338], doch auch nach dem Zitat aus Kanon 48 des Klosters von Mār Zakkāi[339] muß es eine eigene Sammlung von Mönchskanones des Jakob von Edessa gegeben haben. Das im Synodikon überlieferte, reiche, unter dem Namen des Jakob von Edessa überlieferte kanonistische Material enthält die Sammlung jedoch nicht.

13. Kleinere Auszüge aus älteren Quellen

Auch für die Mönchskanones gilt, was für die allgemeinen Kanones ausgeführt wurde. Sie werden immer neu extrahiert und komponiert, gekürzt und erweitert. Vööbus kommt das Verdienst zu, solche Zyklen

331 Grill, Eine unbekannte syr. Hs. 56 ff.

332 Vgl. schon oben unter 1.

333 Inhaltsangabe bei Vööbus, aO, 387 ff Fn. 5—20.

334 Vgl. auch Vööbus, Kanonessammlungen I 1 B, 387 ff.

335 Ediert und ins Englische übersetzt von Vööbus, Syriac and Arabic Documents, 110 ff.

336 Kanonessammlungen I 1 B, 395 ff.

337 Vgl. oben XV, 7. Die 26 monastischen Kanones hat Vööbus aus Bar ʿEbrājā, Nomokanon, ediert und englisch übersetzt, Syriac and Arabic Documents 87 ff.

338 Edition und englische Übersetzung von Vööbus, Syriac and Arabic Documents, 93 ff.

339 Vgl. oben 2.

vorgestellt zu haben[340]. Eine Identifikation wäre erst nach einer Edition möglich. Wer in den Bibliotheken nach Hss. sucht, weiß, daß darüberhinaus noch einiges an solchen Werken in Umlauf war, was noch nicht erkannt und vorgestellt worden ist. Die Quellenlehre muß sich auch hier einstweilen mit einer Zwischenbilanz bescheiden.

XVI. NICHTJURISTISCHE QUELLEN

Es kann gar kein Zweifel bestehen, daß auch nichtjuristische Quellen über die Rechtsverhältnisse der westsyrischen Kirche Auskunft geben. Das gilt für alle Arten der syrischen Literatur, in ganz besonderem Maße aber für Chroniken; sie geben über die kirchliche Verfassung besser Auskunft als Synodalkanones, in denen sich weniger die Realität als kirchenpolitische Forderungen spiegeln.

1. Historische Quellen

a. Im folgenden sollen die verschiedenen kleineren Chroniken aufgezählt werden; die Frage, wie sie sich zueinander verhalten, sei dabei außer Acht gelassen. Sie interessiert im Quellennachweis kaum. Im einzelnen sind zu nennen:

Eine fragmentarisch überlieferte anonyme Chronik des Jahres 813 n. Chr.: Fragmenta chronici anonymi auctoris ad annum Domini 813 pertinentia; unter diesem Titel findet sie sich in einer Edition und Übersetzung von Brooks in Brooks-Guidi-Chabot, CSCO 5 und 6, Scr.Syr. 5 und 6, Louvain 1960, 1961.

Eine anonyme Chronik des Jahres 819 n. Chr.: Chronicon anonymum ad A.D. 819 pertinens; Edition von Barsaum in CSCO 81, Scr.Syr. 36, Louvain 1920.

Eine anonyme Chronik aus dem nestorianischen Synodikon: Chronicon anonymum, Guidi in CSCO 1 und 2, Scr.Syr. 1 und 2, Chronica minora, S. 13 ff, Louvain 1955, 1960.

Die edessinische Chronik: Chronicon Edessenum, Guidi in CSCO 1 und 2; Scr.Syr. 1 und 2, 1 ff.

Eine maronitische Chronik: Chronicon Maroniticum in CSCO 3 und 4, Scr.Syr. 3 und 4, Louvain 1906, 1960; Edition von Brooks, Übersetzung von Chabot.

Eine gemischte Chronik: Chronicon miscellaneum ad annum Do-

340 Kanonessammlungen I 1 B, 400—404.

mini 724 pertinens, CSCO 3 und 4, Scr.Syr. 3 und 4, Louvain 1906, 1960, 61 ff; Edition von Brooks, Übersetzung von Chabot.

Eine Chronik des Jahres 846 n. Chr.: Chronicon anonymum ad A.D. 846 pertinens, CSCO 3 und 4, Scr.Syr. 3 und 4, Louvain 1906, 1960, S. 123 ff; Edition von Brooks, Übersetzung von Chabot.

Eine Chronik des Jakob von Edessa, CSCO 5 und 6, Scr.Syr. 5 und 6, Louvain 1960, 1961; Edition von Brooks.

Eine Chronik des Jahres 1234 n. Chr.: Chronicon ad annum Christi 1234 pertinens, I, CSCO 81, Syr. 36, Louvain 1920; Edition von Chabot; II CSCO 354, Syr. 154, Louvain 1974, Edition von Abounda.

Fragmente der Chronik des Patriarchen Dionysios von Tell Maḥrē, die in der großen Chronik des Michael und in der ebengenannten Chronik von 1234 n. Chr. aufgegangen ist, finden sich in der Hs. Vat.Syr. 144, fol. 89[341].

Die Chronik des Pseudo-Dionysios (Chronik von Zuqnīn): Incerti auctoris chronicon Pseudo-Dionysianum vulgo dictum, CSCO 91 und 104, Scr.Syr. 43 und 53, Paris—Louvain, 1927, 1949. Edition und Übersetzung von Chabot[342].

Die Kirchengeschichte des Johannes von Asia (Bischof von Ephesos), Übersetzung von Payne Smith, Ecclesiastical history of John bishop of Ephesus, Oxford 1860, 385 ff.

Die Geschichte des Mār Aḥudemmeh und des Mār Marūtā: Geschichte des hl. Mār Aḥudemmeh, hl. Apostels und Märtyrers, und Geschichte der göttlichen Werke des hl. Mār Marūtā des Alten ediert und übersetzt von Nau nach der Hs. BL Add. 14.645 unter dem Titel, Histoire de Mār Ahoudemmeh, Apôtre des Arabes en Mesopotamie, und Histoire des divines actions de Saint Mar Marouta l'Ancien, PO III, 1, Paris 1905.

b. An größeren Chroniken sind zu verzeichnen:

Die Chronik des Elias von Nisibis: Elija bar Sinaja = Elias Nisibenus, opus chronologicum, CSCO 62—63, Scr.Syr. 21—24, Paris 1909, 1910, von Brooks und Chabot.

Die Weltchronik des Bar ʿEbrājā: Bar ʿEbrājā = Gregorii Barhebraei, Chronicon syriacum, ed. Bruns/Kirsch, I—II, Leipzig 1879.

Die Kirchenchronik des Bar ʿEbrājā: Bar ʿEbrājā = Gregorii Barhebraei chronicum ecclesiasticum, ediert und lateinisch übersetzt von Abbeloos/Lamy, I—III, Paris—Louvain 1872—1877.

Die Chronik des Michael des Syrers, des Großen: Chabot, Chronique

[341] Vgl. dazu statt aller Vööbus, Neues Licht 289.

[342] Zu den Zuordnungsschwierigkeiten vgl. statt aller Vööbus, Neues Licht 289.

de Michel le Syrien, patriarche jacobite d'Antioche 1166—1199, I—IV Paris 1899—1910 nach einem syrischen Unikat aus der Georgskirche in Aleppo, ediert und französisch übersetzt. Aus einer armenischen Übersetzung und Rezension übersetzt: LANGLOIS, Chronique de Michel de Grand, Venedig 1868. Zum Verhältnis des syrischen Originals zur armenischen Rezension vgl. HAASE OC V (1915) 60 ff und 271 ff. Zur arabischen Tradition vgl. GRAF, Geschichte, 267.

2. Vitae

Vitae virorum apud monophysitas celeberrimorum, Pars I Edition und Übersetzung von BROOKS in CSCO 7 und 8, Scr.Syr. 7 und 8, Louvain 1907.

Vita der hll. Mār Gabriel, Mār Samuel und Mār Simeon (Klostergeschichte für Mār Gabriel = Kloster von Qarṭamīn = Deir al Omar); aus BL Add. 17.265 und Berl.Sachau 179 (= Sachau 221) hrsg. und ins Französische übersetzt von NAU, Actes du XIVe Congrès international des Orientalistes, Alger 1905, Paris 1907, II 37 ff. Kompletter Quellennachweis bei KRÜGER, Mönchtum 14 f.

Vita des Jōḥannān bar Aphtōnāiā (über das Kloster Qennešrē); aus Berl.Sachau 315 hrsg. und ins Französische übersetzt von NAU, Actes du XIVe Congrès international des Orientalistes, Alger 1905, Paris 1907, II 78 ff.

3. Briefe

1. Ein Synodalschreiben des Patriarchen Kyriakos (793—817 n. Chr.) an den alexandrinischen Patriarchen Markos II, OCP III (1937), 395, in arabisch.,
2. Ein Synodalschreiben des antiochenischen Patriarchen Theodosios (887—896 n. Chr.) an den alexandrinischen Patriarchen Michael III, BO II 124 f, in arabisch, Fragment.
3. Ein Synodalschreiben des Patriarchen Jōḥannān Īšōʿ bar Šūšān (1057—1072) an den alexandrinischen Patriarchen Christodulos, in arabisch, BO II 143 ff.

B. INSTITUTIONEN

I. DIE ANFÄNGE EINER EIGENEN WESTSYRISCHEN KIRCHE

1. Der Widerstand gegen Chalkedon (451 n. Chr.) und die Zeit der Verfolgung

a. Anhänger und Gegner des in Chalkedon verworfenen Glaubens von der μιά φύσις Christi versuchten in einem lange währenden Kampf, den eigenen Standpunkt als allgemeingültigen in der einen Kirche durchzusetzen. Dieses Kampfziel hielt im Herrschaftsbereich der oströmischen Kaiser nahezu ein Jahrhundert lang an. Mit wechselndem Erfolg, je nach der am Hof in Konstantinopel vorherrschenden Strömung dominierte bald die eine, bald die andere Glaubensrichtung, stets in der Hoffnung, die andere zu überwinden. Die rechte Zuordnung von Bistümern, Gemeinden und Klöstern, von Mönchen, Presbytern, Bischöfen und Patriarchen zu einer bestimmten Richtung war dabei schon in der Zeit des Streites nicht einfach. Selbstzuordnung, Zuordnung durch den Gegner und Zuordnung im Urteil der Historiker der Antike fallen nicht selten auseinander, zumal Eifer, Unwissenheit, persönliche Gegnerschaft, Selbsttäuschung und Täuschung das Bild verzerrten. Faktionen in den beiden Grundrichtungen führten auch noch innerhalb dieser Grundrichtungen zum wechselseitigen Vorwurf der Häresie. Wechsel von der einen zur anderen Richtung oder Faktion waren ebenso an der Tagesordnung wie kurzfristige und regionale Unionen im Kampf. Die Kompromißformel Kaiser Zenons, das Henotikon von 482 n. Chr., blieb weitgehend erfolglos. Im Jahre 519 n. Chr. wurde sie durch Kaiser Justinos I offiziell für ungültig und das Chalkedonense zum allein zugelassenen christlichen Bekenntnis erklärt.

Den Kampf der theologischen Argumente begleitete schon bald nach dem Konzil von Chalkedon der Einsatz des Mittels wechselseitiger kirchlicher Diziplinierung der Anhänger der jeweils als häretisch abgelehnten Gegenrichtung im Glauben. Patriarchen von Konstantinopel, von Antiocheia, von Jerusalem und von Alexandrien belegten einander mit dem Anathem. In der Folge wurden für dieselben Sitze Gegenpatriarchen bestimmt und ordiniert, aufgenommen, abgesetzt und verjagt.

Aus Glaubensgründen wurden auch an der Basis Bischöfe, Presbyter und Klosterobere nicht angenommen und oder vorhandene verjagt. Jede Region wählte sich ihren Hirten aus eigener Autorität; so beschreibt die spätere Kirchengeschichte die Vorgänge[1]. Vermochten sich an ein und demselben Ort zwei oder mehr Richtungen mit Anhängern zu halten, so gab es nicht selten nebeneinander mehrere Bischöfe am gleichen Ort, nicht nur nominell für den gleichen Ort[2].

Der Einsatz der Staatsmacht, sei es der byzantinischen Zentralgewalt, sei es ihrer Regionalverwaltung, beeinflußte dabei die Gestaltung der Verhältnisse. Der Staat als Stütze des rechten Glaubens setzte seine Zwangsgewalt ein, um diese oder jene Glaubensrichtung zu fördern bzw. die gegnerische zu unterdrücken. Mit dem kirchlichen Anathem ging daher oft die Verbannung eines Patriarchen oder Bischofs durch den Staat einher. Patriarchen und Bischöfe der einen Richtung wurden so von denen der anderen Richtung mit staatlicher Hilfe aus dem Amt verdrängt. Jeder Richtungswechsel am Hof, z. B. unter Kaiser Anastasios oder unter Kaiser Zenon, führte dann wieder zu gegenläufigen Maßnahmen. So folgte im Jahre 471 n. Chr. auf den Patriarchenstuhl in Antiochien dem verdrängten Chalkedonier Martyrios der Antichalkedonier Petros der Walker. Dieser wurde noch im gleichen Jahr zu Gunsten eines Chalkedoniers abgesetzt und verbannt, kehrte von 475 bis 477 n. Chr. wieder zurück, wurde wieder verjagt und kehrte von 485 bis 488 n. Chr. erneut zurück[3]. So folgte in Antiochien im Jahre 512 n. Chr. der von den Westsyrern als einer ihrer „kirchlichen Väter“ verehrte Severos auf den abgesetzten Chalkedonier Flavianos; 518 n. Chr. mußte Severos vor der Verfolgung durch die Chalkedonier fliehen[4]. Nicht anders verhielt es sich mit den Bischöfen. Die Kirchengeschichte berichtet von Verbannung, von Rückkehr und von neuer Verbannung, besonders im Zusammenhang mit der individuellen wirklichen oder scheinbaren Annahme des Henotikon[5]. Sie berichtet auch von Flucht und Exil besonders nach Alexandrien[6].

In diesem wechselhaften Klima kam ohne scharfe Zäsur die Zeit, in der retrospektiv die Hoffnung der Monophysiten scheiterte, eine

---

[1] Michael II 122.

[2] Vgl. Honigmann, Evêques 64 f.

[3] Vgl. Honigmann, Evêques 3 f.

[4] Michael II 168.

[5] Michael II 144 ff. Vgl. bes. Honigmann, Evêques 5 f und Van Roey, Le débuts de l'église jacobite, 344 ff zur Geschichte der Vertreibung.

[6] Vgl. die „kirchlichen Kanones, die von den hll. Vätern in der Zeit der Verfolgung aufgestellt wurden“, Synodikon I 154 ff.

generelle Verwerfung der chalkedonischen Glaubensrichtung zu erreichen und eine einzige rechtgläubige Kirche wiederherzustellen. Nach 518 n. Chr. setzte die konsequente Verfolgung der Monophysiten durch die byzantinische Staatsmacht ein. Damit war zugleich der Beginn einer eigenständigen Kirche markiert, die sich gegen den Staat und das von ihm favorisierte chalkedonische Bekenntnis organisierte, das Trennende gegenüber dem Gemeinsamen betonte und letztlich im syrischen Raum den Rückzug dieses Staates zunächst vor den Persern und später vor dem Islam als Befreiung feierte.

b. Die Verfolgung der Monophysiten durch die Staatsgewalt der justinianischen Dynastie begann bald nach der Übernahme der Herrschaft durch Justinos I (518 n. Chr.). Sie steigerte sich unter Justinianos (527—565 n. Chr.) und Justinos II (565—578 n. Chr.)[7]. Verstand man bis zu Anastasios den Einsatz staatlicher Gewalt eher noch als Ausführung der gerade begünstigten innerkirchlichen Entscheidungen, so dominierte nun ein eigenständiges staatliches Ordnungsinteresse, das in den verworrenen kirchlichen Verhältnissen die innere Sicherheit des Staates gefährdet sah. Die neue Ordnung wollte dem Nebeneinander verschiedengläubiger Hierarchien, Klöster und Gemeinden ein Ende bereiten. Sie hatte damit zunächst auch vollen Erfolg. Als um 540 n. Chr. nahezu alle monophysitischen Ortsbischöfe getötet, verbannt oder eingekerkert und ihre Anhänger von weitgehender Rechtlosigkeit bedroht waren (vgl. CJ 1, 5, 12), schien im Kernbereich der oströmischen Herrschaft bis zur persischen Grenzregion das Ende der monophysitischen Glaubensrichtung unausweichlich. Michael der Große faßt zusammen: „Der Osten war ohne Bischöfe"[8]. Von einer ortsfesten Hierarchie monophysitischer Richtung im westlichen Syrien, wo wir zwischen 475 und 518 noch zahlreiche Anhänger der monophysitischen Richtung finden, oder gar in Kappadokien, Karien, Pamphylien, Palästina, Isaurien und Kilikien war nicht mehr die Rede[9].

Die Grenzregion zu Persien spielte bei der Neuorganisation in der Folgezeit eine bedeutsame Rolle. Um das Jahr 575 n. Chr. verlief eine im wesentlichen vom Einfluß über die Städte bestimmte Grenzlinie

[7] Dargestellt bei Michael II 170 ff und Bar ʿEbrājā, Chr.eccl. I 218. Vgl. dazu Honigmann, Evêques 145 ff und Van Roey, Les débuts de l'église jacobite, 350 ff.

[8] II 244.

[9] Anders anscheinend Honigmann, Evêques 19 ff; gegen seine Argumente aus der Notitia Antiochena, Vööbus, Synodikon II 189 Fn. 7, der die Quelle für Jahrhunderte jünger hält; alle mit weiterer Literatur. Wie alt immer die Überlieferung ist, sie gibt einen Stand reichskirchlicher, nicht aber monophysitischer, Hierarchie vom Ende des 6. Jh. wieder. Bar ʿEbrājā Chr.eccl. I 218: Es gab nur noch einen einzigen Ortsbischof, den von Šiggār.

zwischen Byzanz und Persien westlich von Nisibis in Nord-Süd-Richtung. Von den in der Geschichte der Westsyrer bedeutsamen Orten lagen Nisibis, Dārā und Arzūn im persischen, Maipherkaṭ, Qallīnīqōs, Tellā, Ḥarrān, Rēšʿainā, Mardē und Amīd im römischen Machtbereich[10]. In die Berge dieser Grenzregion flüchteten gelegentlich alle Anhänger der Monophysiten[11], vor allem aber die monophysitischen Mönche, die aus ihren Klöstern in oder bei Amīd, Rēšʿainā, Mardē und Edessa vertrieben worden waren[12]. Das kämpferische Mönchtum schuf in dieser Zeit in den Klöstern des Berglandes neue Zentren des monophysitischen Glaubens, in denen sich die neugeweihte Hierarchie etablierte, bis mit dem Vordringen der Sassaniden nach Westen, Anfang des 7. Jh. n. Chr., die einst monophysitischen Kirchen der Städte wieder den Monophysiten übergeben wurden[13]. Die letzte Stütze der Glaubensrichtung im Mönchtum prägte den Charakter der westsyrischen Kirche auf Dauer.

c. Jenseits der Ostgrenze Roms zum sassanidischen Persien gab es zur Zeit des Konzils von Chalkedon längst christliche Gemeinden[14]. Wie uns das nestorianische Synodikon zeigt[15], bestand im 5. Jh. n. Chr. auch schon eine gut entwickelte kirchliche Organisation unter dem Großmetropoliten (Katholikos) von Seleukeia-Ktesiphon. Im Streit um die Konzilien von Ephesos und Chalkedon und die daraus resultierende Spaltung zeigte sich im Osten Ende des 5. Jh. n. Chr. eine dominante nestorianische Kirche, daneben bestanden aber auch noch monophysitische und chalkedonische Gemeinden. Die Stütze der Monophysiten scheinen im mittleren Zweistromland die Mönche aus den monophysitisch gesinnten Klöstern gewesen zu sein, allen voran die Mönche des großen Klosters Mār Mattai bei Mossul. Prominente Laien erreichten zeitweise auch großen Einfluß für die Monophysiten am persischen Hof[16]. Und die Bischöfe der wandernden christlichen Araberstämme scheinen aus ihrer ständigen Verbindung zum „Westen“ der monophysitischen Lehre angehangen zu sein. Als die Sassaniden zu Beginn des

---

[10] Zur Zeit der Synode von Ephesos erobern die Römer Arzūn; der Bischof von Amīd kauft die Gefangenen frei (Michael II 14). Zur Zeit der Synode von Chalkedon nehmen die Römer erneut Arzūn; unter Anastasios fallen die Perser im oberen Mesopotamien ein (Michael II 154 ff); sie nehmen Amīd, das die Römer wieder belagern (Michael II 160).

[11] Michael II 173. Vgl. Honigmann, a. O., 108 ff über monophysitische Bischöfe im übrigen Kleinasien.

[12] Michael II 170 ff, 173.

[13] Michael II 379 und 380.

[14] Selb, OrKiR I 48 f.

[15] Selb, OrKiR I 97 ff.

[16] Vgl. z. B. Michael II 339.

7. Jh. die Westgrenze zu Byzanz überrannten, erschienen jedenfalls in ihrem Gefolge monophysitische Bischöfe des Ostens, die im eroberten Gebiet Ordinationen vornahmen.

d. Das Überleben in der Verfolgung war ein Werk des Jakob Burdʿānā. Der als Monophysit nach Konstantinopel verbannte alexandrinische Patriarch Theodosios weihte im Jahr 542/543 n. Chr., insgeheim den Presbyter Jakob Burdʿānā (gestorben 577 n. Chr.) und den Theodoros von Arabien zum Bischof. Die den Monophysiten gewogene Kaiserin Theodora hatte das ermöglicht[17]. Durch die Tätigkeit des Jakob und seiner Mitstreiter entstand nun eine eigenständige Hierarchie der Monophysiten im Untergrund[18], Hierarchie einer mehr und mehr als selbständig verstandenen „Kirche“[19]. Nach dem Tod des Severos von Antiochien ernannte Jakob Burdʿānā seinen Mitstreiter Bischof Sergios von Pellā im Jahre 544 n. Chr. zum Patriarchen von Antiochien. Das war nicht mehr ein Patriarch neben anderen in der einen universalen Kirche, sondern der Patriarch der Monophysiten Syriens und Mesopotamiens, Oberhaupt einer nach einer Glaubensrichtung[20] personal abgegrenzten eigenen „Kirche“.

Die Untergrundkirche Syriens, Palästinas, Phönikiens und Mesopotamiens verlor in der Verfolgung die Kirchen in den bedeutenderen Ortschaften und viele ihrer Klöster an die Chalkedonier. Kirchen und Klöster wurden ihnen nach Michael „weggenommen“[21]. Die Anhängergemeinden blieben jedoch bestehen. Ihre neugeweihten Bischöfe mußten sich in die monophysitischen Klöster Osrhoenes und des oberen Mesopotamien zurückziehen oder sie blieben in den Klöstern, aus denen sie stammten. So kann die Chronik für diese Zeit z. B. von einem Jōḥannān, „Bischof des Klosters Qarṭamīn“ berichten[22], so versammeln sich die monophysitischen Bischöfe (Abtbischöfe) zur Wahl eines Patriarchen in einem Kloster[23], so besucht Patriarch Damianos von Ale-

---

17 Dazu ausführlich Honigmann, Evêques 157 ff; De Clercq, Fontes, 40—43; Van Roey, Les débuts de l'église jacobite 356 ff.

18 Nach Heiler, Die Ostkirchen, 331 hat Burdʿānā 89 Bischöfe und Tausende von Priestern geweiht. Vgl. Michael II 292 f. Nach Honigmann, Evêques 175, nicht mehr als 27 Bischöfe. Vgl. auch die ältere Darstellung von Kleyn, Jacobus Baradeus — de stichter der syrische monophysietische kerk, Leyden 1882.

19 So auch Honigmann, Evêques 157, der die jakobitische Bewegung nicht als einfache Fortsetzung des severianischen Monophysitismus sehen will.

20 Zu den hier zunächst nicht weiter interessierenden innermonophysitischen Spaltungen vgl. Honigmann, Evêques 178 ff.

21 II 372 ff. Vgl. dazu Honigmann, Evêques 171.

22 Michael II 367.

23 Michael II 367 und 376 ff.

xandrien Klöster Syriens, wo sich jeweils die monophysitischen Bischöfe versammeln, um ihn zu begrüßen[24]. Kaum, daß einmal ein Bischof bei den Anhängern residiert[25]. Und noch lange ist vielleicht deshalb bei den Personenangaben schwer Herkunft und Sitz eines Bischofs zu trennen[26].

Alexandrien und die Kirche Ägyptens waren mehrheitlich den Monophysiten Syriens, Palästinas, Phönikiens und Mesopotamiens im Glauben verbunden. Dennoch zeigt sich schon im 6. Jh. n. Chr. eine organisatorische Separation, die nicht nur vom gleichen Rang der beiden Patriarchen von Antiochien und Alexandrien sondern auch von getrennten Synoden und von Gesprächen über Interkommunion bestimmt ist. Sie rechtfertigen die Bezeichnung der Organisationen als „Kirchen" bereits zum Ende des 6. Jh.

2. Die territoriale Organisation der westsyrischen Kirche im 7. Jahrhundert

Im Zuge der sassanidischen Eroberungen wurden überall im oberen Mesopotamien die Bischöfe der Chalkedonier verjagt. Die einst monophysitischen Kirchen und Klöster wurden wieder den Monophysiten übergeben. Ihren Bischöfen wurde erlaubt, in den Städten zu residieren[27]. Mit der Rückkehr der Byzantiner begann jedoch erneut eine kurze Zeit der Verfolgung, die bis zur moslemischen Eroberung des Gebietes im Jahre 640 n. Chr. andauerte. Es scheint, als hätten dann die neuen moslemischen Herren trotz der Nahebeziehung der Chalkedonier zu Byzanz beide Glaubensrichtungen nebeneinander zugelassen. So erscheint im „Westen" an manchen Plätzen erneut eine doppelte Hierarchie, die der Monophysiten und die der Chalkedonier[28].

Schon mit dem Vordringen der sassanidischen Heere in den „Westen" ergaben sich zwei organisatorische Probleme für die neue Kirche. Bislang hatte sich in der Zeit der Verfolgung im Westen des syrischen Raumes de facto eine Art allgemeiner und ausschließlicher Zuständigkeit des westsyrischen Patriarchen für diesen „Westen" ergeben. Und eine geordnete territoriale Zuständigkeit der in die Bergklöster oder nach Ägypten geflohenen Bischöfe hatte sich noch nicht einrichten lassen, sodaß eine Abgrenzung von bischöflicher und patriarchaler Zu-

---

[24] Michael II 344.

[25] Honigmann, Evêques, 174.

[26] Honigmann, Evêques, 174; ein Beispiel aus Michael II 456: Ḥanānjā, Bischof des Ṭūr ʿAbdīn, wird als „Bischof von Qarṭamīn" bezeichnet.

[27] Michael II 380.

[28] Vgl. z. B. Michael II 454.

ständigkeit nicht als Problem erschien. Nun aber erschienen mit den vorrückenden Sassaniden im oberen Mesopotamien neugeweihte Bischöfe, die nicht vom Patriarchen, sondern vom Metropoliten von Mār Mattai und Mossul geweiht waren[29]. Damit war zum einen die Abgrenzung patriarchaler Macht gegenüber der des monophysitischen Metropoliten des Ostens prekär geworden. Zum anderen erhob sich die Frage nach der generellen Zuständigkeit eines Metropoliten, Bischöfe in seiner eigenen oder gar in einer fremden Eparchie zu weihen, ohne die Zustimmung des Patriarchen zu erfragen.

a. Noch zum Ende der sassanidischen Zeit wurden die Grundregeln des Verhältnisses zwischen dem Patriarchen und dem Metropoliten des Ostens in der Kirchenregierung der als Einheit verstandenen westsyrischen Kirche festgelegt. Die bislang durch die politischen Grenzen schwierige Verbindung der Gemeinden im „Osten“ mit denen im „Westen“ war nun leichter geworden. Patriarch Athanasios Gammālā knüpfte die ersten Kontakte mit dem Metropoliten Christophoros von „Mossul, Assur und Ninive“, der seinen Sitz im Kloster Mār Mattai hatte, über den Presbyter Jōḥannān[30]. Christophoros kam daraufhin 628 n. Chr.[31] mit mehreren Bischöfen und Mönchen zum Patriarchen in die Region Antiochien. Das Ergebnis der Verhandlungen läßt sich aus zwei Quellen mit gegensätzlicher Tendenz erschließen, einerseits aus dem Bericht des Historikers und Patriarchen Michael[32] aus dem 12. Jh. n. Chr., der die zu seiner Zeit gewünschte Ordnung als alte Ordnung darstellt, andererseits aus dem Synodalbrief des Metropoliten Christophoros und den Kanones der Ostsynode von Mār Mattai vom November 629 n. Chr., wo Christophoros seine eigenen Prärogativen wahren konnte[33]. Christophoros bestand mit Erfolg darauf, daß er und nicht der Patriarch Bischöfe für den Osten weihte; und er berief sich dafür auf die altkirchliche Tradition[34]. Die Kirchenleitung durch den Patri-

---

29 Michael II 380. Vgl. Honigmann, Le couvent de Barsauma, 95. Vgl. auch Michael II 401, wonach man aus dem „Osten“ einen Bischof nach Edessa sandte. Allgemein zum Thema Sako, Le rôle de la hiérarchie syriaque orientale dans les rapports entre la Perse et la Byzance aux Ve—VIIe siècles, Paris 1986.

30 Zur Planmäßigkeit der Reise des Jōḥannān nach Mār Mattai, vgl. Vööbus, Reorganisierung 106f und Synodikon II 198 Fn. 11. Michael II 414 schildert die Reise als zufällig.

31 Michael II 414: 940 der Griechen.

32 II 414ff.

33 Synodikon II 197ff.

34 Michael II 414 betont, daß Christophoros die zu ordinierenden Mönche vom Patriarchen weihen lassen wollte, läßt es aber offen, wer die Weihe vornahm. Christo-

archen auch im Bereich des Ostens, wie Michael sie ohne nähere Konkretisierung beschreibt[35], wird im Synodalbrief des Christophoros vorausgesetzt, aber auch hier nicht näher präzisiert. Die Frage beschäftigte die Hierarchen der westsyrischen Kirche in den folgenden Jahrhunderten immer wieder.

b. Der Stand vor der Synode von Mār Mattai war, daß es im Kloster von Mār Mattai einen Bischof gab, der als Metropolit und Oberbischof über die Bischöfe des Ostens angesehen wurde, wohl im Anklang an die gut etablierte Kirchenorganisation der Nestorianer und ohne Parallele in der Kirchenorganisation im „Westen". Die vom Patriarchen gewünschte Neuregelung sah nach dem Prinzip „teile und herrsche" einen zweiten Metropolitansitz in Tagrīt[36] vor, einem Platz, der bis dahin den zweiten Rang[37] nach Mār Mattai einnahm. Die Synode weist folgerichtig beiden Metropoliten je sechs Bistümer als Suffragane zu. Michael[38] nimmt in seinem Bericht das spätere Ergebnis vorweg, wonach der Metropolit von Tagrīt vom Patriarchen zum Oberhaupt aller Bischöfe des „Ostens", also nicht nur seiner eigenen Metropolie, und zum Stellvertreter des Patriarchen für den „Osten" ernannt wurde. So abrupt ließ sich der alte Vorrang für Mār Mattai nicht abschaffen. Die Kirchengeschichte der Folgezeit erweist das hinreichend. Die Synode von Mār Mattai zeigt in ihren 24 Kanones das labile Verhältnis vielmehr ganz klar: Die Kirchenregierung im Osten soll von den beiden Metropoliten gemeinsam geführt werden[39].

Die regionale Neuordnung zeigt dabei nicht nur die Ausdehnung der monophysitischen Glaubensrichtung im Osten selbst, sondern auch die Abgrenzung zum Westen, die der alten Grenzlinie westlich von Nisibis folgt.

Die Metropolie von Mossul, Assur und Ninive mit Sitz in Mār Mattai umfaßte sechs Suffraganbistümer: Šiggār zwischen Mossul und Nisibis[40], Bēt Rāmān = Bēt Wāzīq, zwischen Mossul und Tagrīt[41], Bēt Nūhadrān,

phoros, Synodikon 199, betont, daß er selbst die Bischöfe geweiht habe, nachdem der Patriarch die Weihe zur Wahrung der guten alten Ordnung abgelehnt habe.

[35] II 416.

[36] Zu Tagrīt (Takrīt, Tikrīt) vgl. Kramers, „Takrit"; Fiey „Tagrit", mit weiteren Hinweisen.

[37] So der Synodalbrief des Christophoros, Synodikon II 199. Zur Vorgeschichte von Tagrīt als Bischofssitz vgl. Fiey „Tagrit", 300 ff.

[38] II 416.

[39] Vgl. unten VII, 4.

[40] Synodikon II 206 und Fn. 82; Honigmann, Le couvent de Barsauma, 96 f und 97, Fn. 1.

[41] Synodikon II 206 und Fn. 83; Honigmann, Le couvent de Barsauma, 97 und Fn. 5.

nördlich von Assūr[42], Arzūn, an der Grenze zu Armenien[43], Gōmēl (Gōgmēl) in der Region Margā, östlich von Mossul[44], Maʿaltā (Maʿaltājā), nördlich von Bēt Nūhadrān[45].

Die Metropolie von Bēt Arabājē mit Sitz in Tagrīt umfaßte ebenfalls sechs Suffraganbistümer: Ṭīrhān (Ṭrīhān), auch Karmēh genannt, in der Region Samarra[46], Gazārtā de Qardū (Ğezirat ibn 'Umar, heute Čizre)[47], Šahrōz (Šahārzūr, Šahrzūl oder Šahārzūl) zwischen Arbela und Ḥamadan[48], Pīr Šabōr (Pērōz Šabōr, später ʿAnbār, Stadt der christlichen Araber des Stammes der Namīrājē[49], Ḥirtā (arabisch Ḥīrā), südlich von Kūfēh (Bistum christlicher nomadisierender Araber)[50] und ʿAnat (Bistum christlicher nomadisierender Araber, Stamm der Taglībājē)[51].

c. Es gibt nicht allzuviele Zeugnisse über die Reorganisation der Kirche im sassanidisch bzw. moslemisch beherrschten Westen im 7. Jh. n. Chr. Der allgemeine Hinweis, wonach die Bischöfe wieder in die Städte zurückkehrten[52], rechtfertigt nicht die Annahme, die alte, in der Notitia Antiochena dargestellte reichskirchliche Kirchenorganisation aus der Zeit vor der Verfolgung der Monophysiten[53] sei nun einfach mit monophysitischen Metropoliten, Bischöfen und Priestern wieder hergestellt worden. Die im Kloster residierenden Abtbischöfe bleiben auch jetzt noch die Regel[54]. Die neue kirchliche Organisation knüpfte nicht an die alte an.

---

[42] Synodikon II 206 und Fn. 84; HONIGMANN, Le couvent de Barsauma, 98 und Fn. 2.

[43] Synodikon II 206 und Fn. 85; HONIGMANN, Le couvent de Barsauma, 97 und Fn. 3.

[44] Synodikon II 207 und Fn. 86 und 87; HONIGMANN, Le couvent de Barsauma, 97 und Fn. 4.

[45] Fehlt in den Akten der Synode von Mār Mattai, vgl. Synodikon II 206 ff; HONIGMANN, Le couvent de Barsauma, 97 und Fn. 2.

[46] Synodikon II 207 und Fn. 88; HONIGMANN, Le couvent de Barsauma, 97 und Fn. 6.

[47] Fehlt in Synodikon II 207; HONIGMANN, Le couvent de Barsauma, 98 und Fn. 1.

[48] Synodikon II 207 und Fn. 89; HONIGMANN, Le couvent de Barsauma, 98 und Fn. 4.

[49] Synodikon II 207 und Fn. 90 und 91; HONIGMANN, Le couvent de Barsauma, 98 und Fn. 3 und 5, macht zwei Bistümer daraus.

[50] Synodikon II 208 und Fn. 92 und 93; HONIGMANN, Le couvent de Barsauma, 98, setzt sie mit den Namīrājē gleich.

[51] Synodikon II 208 und Fn. 94—96. Problematisch die Bistümer in Segestan, Ḥerāt (Ḥārēw) und Asserbeidschan, vgl. dazu HONIGMANN, Le couvent de Barsauma, 99.

[52] Michael II 380.

[53] Synodikon II 189 ff.

[54] Vgl. unten II 2.

Ein besonderes Problem war die Neubildung von Metropolitansitzen im „Westen“ unter dem Einfluß des einst persischen Ostens. Sergios von Germanikeia (Marʿaš) machte mit einer großen Zahl von Bischöfen unter Berufung auf altes kirchliches Recht dem Patriarchen Severos bar Mašqā das Recht streitig, allein Bischöfe für die westsyrische Kirche zu weihen. Es kam zum Schisma[55], das erst nach dem Tod des Patriarchen durch die Synode von Rēšʿainā (684 n. Chr.) beigelegt wurde[56]. Die Hauptfrage blieb auch jetzt noch lange offen. Der auf eben dieser Synode gewählte neue Patriarch Athanasios Baldājā trug später auf dem Totenbett dem selbsternannten Metropoliten Sergios Zakūnājā auf, einen bestimmten Bischof zu weihen[57], ein nicht ungeschickter Schachzug, welcher dem behaupteten Recht den Anschein der Delegation von oben gab. Patriarch Julianos (gestorben 708 n. Chr.), sein Nachfolger, stand alsbald vor derselben Frage im Osten. Nun war es Denḥā, der Metropolit von Tagrīt, der für sich in Anspruch nahm, Bischöfe ohne Zustimmung des Patriarchen zu weihen. Mit Hilfe der Staatsgewalt obsiegte der Patriarch. Michael kann für diese Zeit festhalten: Alle Bischöfe erhalten ihre Weihe durch die Autorität des Patriarchen[58].

II. DIE TERRITORIALE ORGANISATION DER WESTSYRISCHEN KIRCHE IM VERLAUF IHRER ENTWICKLUNG

1. Die territoriale Ausdehnung der kirchlichen Organisation

Die Errichtung einer eigenen, territorial organisierten Hierarchie der Monophysiten Syriens und Mesopotamiens unter den neuen moslemischen Oberherren hatte im Westen eine Grenze, die sich aus dem Vordringen der moslemischen Heere gegen Byzanz ergab. Betrachten wir die Verhältnisse zu Beginn des 8. Jh. n. Chr., so stimmte diese Grenze freilich ungefähr mit jener überein, jenseits derer sich monophysitische Gemeinden oder Anhänger ohnehin kaum mehr fanden, weil sich schon vor der Verfolgung unter Justinos I und Justinianos die Gemeinden westlich der Linie zumeist dem chalkedonischen Bekenntnis angeschlossen hatten. In Kleinasien zog sich diese Linie vom Mittelmeer westlich von Tarsos Richtung Nordosten bis in das Gebiet von Melitene, wo bereits der armenische Einflußbereich begann.

---

[55] Michael II 457 ff.

[56] Vgl. MOUNAYER, Synodes 31 f; HINDO II 125; HONIGMANN, Le couvent de Barsauma, 101 ff.

[57] Michael II 474.

[58] II 476.

Die regionale Verbreitung der monophysitischen Gemeinden östlich der eben beschriebenen Grenze und in der Küstenregion des Mittelmeeres stimmte ungefähr mit der aus der Zeit zu Beginn des 6. Jh. n. Chr. überein. Freilich war einerseits die Basis in der monophysitischen Anhängerschaft in den mehr als einhundert Jahren der Verfolgung und der Führerlosigkeit geringer geworden. Andererseits hielt sich die in derselben Zeit etablierte chalkedonische Hierarchie trotz der neuen, Byzanz feindlichen moslemischen Oberherren beharrlich, weil sie sich auf eine ungebrochene breite Anhängerschaft stützen konnte. Nur ein Teil der in der Notitia Antiochena[59] verzeichneten Bistümer der reichskirchlichen Zeit erscheint daher in der hier behandelten Zeit, sei es auch nur kurzfristig, allein oder konkurrierend, von einem Bischof der Westsyrer besetzt. Das gilt in ganz besonderem Maße für die an Bischofssitzen reiche Küstenregion Syriens, Phönikiens und Palästinas. Für die Zeit der Kreuzzüge ist ein Bischof der Westsyrer nur in Jerusalem, in Akkra und in Tripolis bezeugt[60].

Die nach der Befreiung vom „byzantinischen Joch" neu eingerichtete westsyrische Hierarchie blieb bestehen, als sich die byzantinische Ostgrenze zu Beginn des 10. Jh. n. Chr. wieder nach Osten vorschob und Armenien, Melitene, Kaišūm, Marʿaš, Dolīk, Šmīšāt (Samosata), Edessa, Antiocheia und schließlich die gesamte Küstenregion des östlichen Mittelmeeres bis hinunter nach Caesarea erneut unter byzantinische Herrschaft gerieten. Im Gegenteil, das Zentrum der westsyrischen Kirche verlagerte sich Ende des 10. Jh. n. Chr. in die nun wieder byzantinische Ostregion Kleinasiens. Über längere Zeit begegnen uns die Klöster Mār Barṣaumā bei Gargar (Gerger) und Barīd[61] als Sitze des Patriarchen. Wahrscheinlich war die in den kirchlichen Chroniken stark betonte gelegentliche Verfolgung durch die Chalkedonier, die „bösen Griechen", weit weniger problematisch als die dauernde Ungunst einer moslemisch dominierten, politisch zerrissenen Umwelt. Als mit dem Ende des makedonischen Herrscherhauses der byzantinische Machtbereich wieder schwand und Turkvölker, Armenier, Kreuzfahrer und moslemische Lokalfürsten einander im gleichen Raum als Herrscher ablösten oder in Konkurrenz zueinander standen, blieb die beschriebene Westgrenze des Einflußbereiches der Westsyrer erhalten.

Die Grenze nach Norden war durch die ursprüngliche ethnische

---

[59] Zitiert nach dem ältesten Zeugnis in Hs. Dam. 8/11 aus der Sammlung des syrisch-orthodoxen Patriarchats in Damaskus, Synodikon II 189 ff.

[60] Hamilton, The latin church, 188 ff, 347 f.

[61] Vgl. Bar ʿEbrājā, Chr.eccl. I 412.

Geschlossenheit der Armenier und deren eigene Kirchenorganisation bestimmt. Sicher hatte die westsyrische Kirche Anhänger im armenischen Raum, doch dringt sie organisatorisch in diesen Raum nicht nachhaltiger ein. Die Weihelisten nach dem Patriarchen Kyriakos (ab 893 n. Chr.) berichten zwar von einem Bischof Athanasios von Qalīnqālā (Erzerum)[62] und einem Bischof Jōḥannān von Kelaṭ[62a] am Westufer des Van-Sees, in der Folgezeit ist jedoch nur noch von einem Bischof „der Armenier", d. h. der Westsyrer in Armenien, die Rede[63]. Es sieht so aus, als habe es sich um einen Bischof gehandelt, der von einem Sitz in einem westsyrischen Kloster aus Armenien bereiste, um die Jurisdiktion über die dort lebenden Westsyrer auszuüben, also keinen bestimmten Sitz innerhalb Armeniens hatte. Die Grenzlinie der westsyrischen Kirchenorganisation scheint über Harput (heute Elaziğ), Samosata (Šmīšāt) nördlich von Maipherkaṭ und Arzūn nach Osten verlaufen zu sein. Mit der großen Migration der Armenier nach Südwesten über Melitene[64] bis nach Kilikien öffnete sich freilich diese organisatorische Grenze. Eine armenische Hierarchie etablierte sich neben der westsyrischen, chalkedonischen und lateinisch-fränkischen[65], sogar mit einem Bischof in Jerusalem[66].

Im Osten reichte die westsyrische Kirchenorganisation über Gazārtā de Qardū (Ǧezirat ibn ʿUmar, heute Čizre) den Tigris hinab, über Mossul nach Tagrīt, dem mittleren Mesopotamien. Freilich war die Organisation und die Dichte der Anhängerschaft verglichen mit der der Ostsyrer (Nestorianer)[67] sehr locker. Vor allem aber fehlte der westsyrischen Kirche im Unterschied zur ostsyrischen[68] eine starke Ostmission. Die Weihelisten der syrischen Patriarchen[69] erwähnen gelegentlich einen Bischof (später Metropoliten) für Segestan[70], für Ḥōrasān[71] und für Asserbeidschan[72] in Persien und einen Metropoliten für

---

62 Michael III 451 (Appendix III, unter Nr. 22).

62 Michael III 451 (Appendix III, unter Nr. 23).

63 Weiheliste des Patriarchen Dionysios (seit 818 n. Chr.), Michael III 454 (Appendix III, unter Nr. 29) oder III 455 (Appendix III, unter Nr. 73).

64 Von einer armenischen Kirche in Melitene berichtet Michael III 314.

65 Von Armeniern in Edessa berichten Ibn al-Atur X, 222 und Ibn al-Qalanisi 279 f (zitiert nach Gabrieli, Die Kreuzzüge aus arabischer Sicht, Artemis 1973, 55, 90 ff).

66 Hamilton, The latin church, 188 ff.

67 Vgl. Selb, OrKiR I.

68 Vgl. Selb, OrKiR I, 200 f.

69 Michael III Appendix III 451 ff.

70 Vgl. dazu Honigmann, Le couvent de Barsauma 146, 155.

71 Honigmann, Le couvent de Barsauma 99, 100.

72 Honigmann, Le couvent de Barsauma 99, 100.

Ḥerāt (Ḥārēw) in Afghanistan[73]. Die betreuten westsyrischen Gemeinden dürften aber eher klein gewesen sein. In Asserbeidschan starb — auf einer Visitationsreise — Ende des 13. Jh. Bar ʿEbrājā, der Maphrian. Nichts charakterisiert die Missionsgeschichte besser als der Bericht[74], seine Exequien seien dort von den Westsyrern gemeinsam mit Nestorianern, Armeniern und Griechen, d. h. Chalkedoniern, gefeiert worden.

Nach Süden bildete die arabische Wüste eine natürliche Grenze für feste Siedlungen und Bischofssitze. Sie wird jedoch vom Euphrat durchschnitten, an dessen Ufern wir eine Reihe westsyrischer Zentren wie Rehabōt (al-Mijadin), Zūr (Deir az-Zur), Qarqīsīōn (mit der Region Ḥabōrā) und das an Klöstern reiche Qallīnīqōs (= Raqqā) finden. Bischofssitz war auch das mitten in der Wüste gelegene Palmyra (Tadmōr). Und eine Reihe von Bischöfen dieser Wüstenregion sind Stammesbischöfe nomadisierender christlicher Araber, die man zwischen Tigris und Euphrat und zwischen Euphrat und Aleppo (Ḥālāb) finden konnte. In der Zeit der Verfolgung hatten sich die Stämme sämtlich gegen Byzanz gewandt[75].

Betrachtet man die westsyrischen Zentren, Bischofssitze und Klöster auf einer Karte des Vorderen und Mittleren Orients, so findet sich die westsyrische Kirche von ihren Anfängen bis zum 14. Jh. n. Chr. in genau jenem Raum verbreitet, den man den fruchtbaren Halbmond nennt (s. Kartenbeilage).

2. Die Schwerpunkte nach Regionen, Klöstern und Bistümern

Der Patriarch der Westsyrer nennt sich allezeit „Patriarch von Antiocheia in Syrien". Dennoch spielte Antiochien in der Kirchengeschichte der Westsyrer nur eine untergeordnete Rolle. Die Zentren der Verteidigung des rechten Glaubens, der Frömmigkeit, der Gelehrsamkeit, doch auch der innerkirchlichen Streitigkeiten finden sich in der Region Edessa (Ūrhāi, heute Urfa), in der Region Mardin (Mardē), in der Region des Ṭūr ʿAbdīn, in der Region Melitene und in der Region um Mossul (Mār Mattai) und Tagrīt für den Osten. In diesen Regionen wieder ist es selten der Klerus und die Bevölkerung der Städte und Dörfer, der die kirchliche Organisation trägt; allenfalls in Mossul und

---

73 Honigmann, Le couvent de Barsauma 104.

74 Vgl. Abbeloos-Lamy, in Bar ʿEbrājā, Chr.eccl. I, S. XI. Zu einem jakobitischen Kloster und Kirche in Maragheh, südlich von Täbris aus der Zeit des Bar ʿEbrājā vgl. Bowman/Thompson, The monastery-church of bar Hebraeus.

75 Bar ʿEbrājā, Chr.eccl. I 218 f. Dazu ausführlich Nau, Les arabes chrétiens; Charles, Le christianisme; recht allgemein auch Spuler, Das Christentum bei den Arabern, in Kirche im Osten X (1967), 15 ff.

Tagrīt, in Edessa mit seinen 15 Kirchen, in Amīd (heute Dijarbakir), in Mardin (Mardē) oder in Melitene sind es die Priester und Laien der Stadt, welche gelegentlich die Kirchenpolitik mitbestimmen. Sonst geht alle Bewegung von den zahlreichen großen und kleinen Klöstern aus. Bischöfe und Patriarchen kommen aus dem Mönchsstand und damit aus den Klöstern. Dort residieren sie auch zumeist, sei es in ihrem Herkunftskloster oder in einem der Klöster ihres Bistums. Dort finden sie auch ihre Anhängerschaft in innerkirchlichen Querelen. So wird Kirchengeschichte in der damaligen Zeit recht treffend um die Klöster geschrieben, etwa um das Säulenkloster und Mār Zakkāi bei Qallīnīqōs, um Qennešrē und Mār Šīlā in der Gegend von Serūg, um Mār Barṣaumā in der Region Melitene, um Asphūlōs bei Rēšʿainā, um Mār Gabriel bei Qarṭamīn im Ṭūr ʿAbdīn, um Mār Ḥananjā bei Mardin (heute Dair az-Zaʿfaran) und um Mār Mattai bei Mossul.

3. Die regionale Aufgliederung in Bistümer

Die westsyrische Kirche zählt zu allen Zeiten, wenn man den Zahlenangaben der Chronisten folgt, eine Vielzahl kleiner Bistümer, die — sieht man von den Mönchen der Klöster der Region ab — oft kaum mehr als die Anhänger unter den Bewohnern einer kleinen Stadt samt ihren umliegenden Dörfern umfaßte. Patriarch Kyriakos, der 817 n. Chr. starb, soll nach dem glaubwürdigen Bericht bei Michael[76] in 24 Amtsjahren insgesamt 93 Bischöfe geweiht haben. In der Zeit großer Turbulenzen mit den Leuten von Gūbbā Barrājā und Tagrīt brachte die Partei, die den neuen Patriarchen Dionysios von Tell Mahrē wählte, im Jahre 818 n. Chr. noch 45 Bischöfe zu einer Synode zusammen. Als Dionysios im Jahre 845 n. Chr. starb, hatte er in 27 Jahren 100 Bischöfe geweiht[77]. Nach ihm weihte Patriarch Jōḥannān (gestorben 874 n. Chr.) in 27 Jahren 86 (84?)[78] Bischöfe. Patriarch Ignatios (gestorben 878 n. Chr.) weihte in 4 Jahren und 10 Monaten insgesamt 26 Bischöfe[79], Patriarch Theodosios (gestorben 896 n. Chr.) in 9 Jahren und 4 Monaten insgesamt 33 Bischöfe[80], Patriarch Dionysios (gestorben 909 n. Chr.) in 13 Jahren insgesamt 51 Bischöfe[81], Patriarch Jōḥannān (gestorben 922 n. Chr.) in 12 Jahren und 7 Monaten insgesamt 41 Bischöfe[82], Patriarch

---

76 III 35 und Appendix III.
77 Michael III 453 ff.
78 Michael III 39.
79 Michael III 119.
80 Michael III 120.
81 Michael III 120.
82 Michael III 121.

Basilios (gestorben 935 n. Chr.) in 11 Jahren und 7 Monaten insgesamt 32 Bischöfe[83]. Das bedeutet z. B. für die Zeit von 793 bis 874 n. Chr., also für 81 Jahre, insgesamt 279 Bischofsweihen, und für die Zeit von 887 bis 935 n. Chr., also für 48 Jahre, insgesamt 157 Bischofsweihen. Für die Zeit des Patriarchen Michael (1166—1199 n. Chr.) kommt man nach den Weihelisten auf mindestens 130 Bistümer[84] auf relativ engem Raum.

4. Die Metropoliten

Ein Metropolit als wahrer Oberbischof unter dem Patriarchen (rēš epīskōpē, ,,Haupt der Bischöfe", nämlich mehrerer Suffragane) begegnet uns bei den Westsyrern nur im Osten, im ursprünglich sassanidischen Herrschaftsbereich. Die Akten der Synode von Mār Mattai lassen erkennen, daß zu Beginn des 7. Jh. n. Chr. Mossul bereits Metropolitansitz war und Tagrīt als neuer Metropolitansitz gegründet wurde, wobei beiden je 6 Suffraganbistümer zugeordnet wurden. Modell dafür war wohl die nestorianische Kirchenorganisation dieser Region und Zeit[85].

Im Westen findet sich zwar bald darauf ebenfalls die Bezeichnung bestimmter westsyrischer Bistümer als Metropolien, auch wenn dort die alte Kirchenorganisation, wie sie die Notitia Antiochena für die Zeit vor oder während der Verfolgung beschreibt, nicht wieder errichtet wurde[86]. Die Chroniken berichten freilich von Versuchen aus der Zeit nach der Wiedererrichtung einer monophysitischen Kirchenorganisation, echte Metropolien mit Jurisdiktion über Suffraganbischöfe zu bilden. Die Versuche knüpfen an das alte (reichskirchliche) Recht, besonders an Kanon 25 von Chalkedon an, nach dem die Bischofsweihe eine Sache des Metropoliten als eines Oberbischofs war. Daneben war freilich zu jener Zeit auch der Patriarch von Antiochien insoweit nur Metropolit. Der westsyrische Patriarch setzt sich gegen diese Versuche durch[87] und verhindert eine Mediatisierung des patriarchalen Weiherechts, wie es sich in der Zeit der byzantinischen Verfolgung entwickelt hatte.

Von den Versuchen blieb allein die Erhöhung des Ehrenranges einiger Bischöfe. Michael der Große mag selbst insoweit mit dem Aus-

---

[83] Michael III 121.

[84] Vgl. Honigmann, Le couvent de Barsauma 106 ff.

[85] Selb, OrKiR I.

[86] Die Diskussion über die Notitia Antiochena ist daher in diesem Zusammenhang völlig überflüssig; vgl. jedoch aus anderer Auffassung Hindo II App. I, 425 ff. Zur Realität westsyrischer Kirchenverfassung vgl. auch unten VI 4 und VIII.

[87] Vgl. unten VIII.

druck „Metropolit von Edessa“, als er den Besuch des Kaisers Herakleios in Edessa (Anfang des 7. Jh. n. Chr.) schilderte, auf eine spätere Zeit vorgegriffen haben. Zwar gibt es in den folgenden Jahrhunderten bis zur Frankenzeit in den Chroniken klare Belege für die Benennung von Bischöfen als „Metropoliten“ auch im „Westen“, z. B. die Bischöfe von Marʿaš[88] (Germanikeia), Edessa (stets im Hinblick auf eine alte Tradition erwähnt)[89], Maipherkaṭ (durch den damaligen Metropoliten Athanasios Sandalājā arrogiert)[90], Dārā[91], Melitene[92], Qallīnīqōs[93], Aphamīja, Ṭarsōs, Jerusalem, Emesa, Mabbūg, Anazarba, Reṣāphā, Damaskos, Quros, Samosata, Symnada[94] und andere. Keiner der chronistischen Texte zeigt, daß mit der Benennung als Metropolit im Westen etwas anderes als ein Ehrenvorrang verbunden war[95]. Insbesondere zeigen umgekehrt die Berichte über Patriarchenwahl und Patriarchenweihe, daß sich keine Weihevorrechte der Metropoliten als solcher ergeben. Eine Ausnahme könnte sich allenfalls in der Zeit der byzantinischen Wiedereroberung im 10. Jh. in Melitene ergeben haben, wo der Bischof als Oberbischof im reichskirchlichen Sinne, jetzt wohl nach dem byzantinischen Vorbild angesehen wurde.

5. Nomadenbistümer

Bereits die Chroniken der frühen Organisation der westsyrischen Kirche berichten von einem Bischof für die christlichen Araber, die als Nomaden am südöstlichen Rande des byzantinischen Herrschaftsbereiches lebten. Parallel dazu berichten aus dem sassanidischen Herrschaftsbereich die Akten der Synode von Mār Mattai von Bischöfen für nomadisierende Araberstämme im mittleren Mesopotamien und in der Ǧezireh. Zwar nennen Kirchengeschichte und Rechtsquellen immer wieder Residenzen solcher Bischöfe; doch dürften die Bischöfe einfach mit den Stämmen mitgezogen sein. Eine Synode von Rēšʿainā (684 n. Chr.)[96] nennt einen „Bischof der Stämme“, im Osten wird ein Bischof des arabischen Stammes der Taglībājē zwischen 793 und 817 n. Chr. ge-

---

88 Michael II 459, 474.
89 Michael II 459, 520; III 4; III 190.
90 Michael II 459, 520.
91 Michael II 459, III 111.
92 Michael II 459; III 119, 121 („Melitene und Klaudia“), 124, 148, 164, 165, 190 f.
93 Michael III 124.
94 Michael III 174.
95 So auch Honigmann, Le couvent de Barsauma 103 ff mit weiteren Belegen.
96 Michael II 459, 461, 464; Vgl. Honigmann, Le couvent de Barsauma 101 f.

nannt[97], für das 9. und 10. Jh. sind Bischöfe der Neğrājē erwähnt[98]. Die Beispiele ließen sich vermehren. Die Angaben in den Quellen sind notwendigerweise wenig präzise, was Residenz und Lebensraum eines solchen Personalbistums betrifft[99]. Besonders dunkel ist die Geschichte christlicher Araber in Transjordanien[100].

III. DIE ABGRENZUNG VON DEN ALEXANDRINISCHEN UND ARMENISCHEN MONOPHYSITEN

1. Der Kirchenbegriff im Verhältnis zum monophysitischen Patriarchat von Alexandrien

Die Monophysiten, die sich im Bereich des alten Patriarchats Alexandrien parallel zu den Chalkedoniern organisiert hatten, fühlten sich — sieht man von gelegentlichen „Häresien" im Bereich Alexandriens und Antiochiens ab — in der gesamten uns interessierenden Epoche mit den Westsyrern im Glauben verbunden. Doch schon der aus der universellen Reichskirche stammende Gleichrang der jetzt monophysitischen Patriarchen von Alexandrien und Antiochien verhinderte, daß sich je eine einheitliche Kirchenorganisation unter einem einzigen Oberhaupt bildete. Die klare regionale Sonderung — obwohl ägyptische Monophysiten in Palästina erwähnt werden[101], und obwohl es gelegentlich zu Übergriffen bei der Weihe von Bischöfen für Jerusalem kam[102] — verhinderte zudem jede intensivere organisatorische Begegnung und Verflechtung. Gaza war die Grenze. So verbleibt es beim intensiven theologischen Dialog, mit dem man sich, besonders nach Patriarchenwahlen, des gleichen Glaubens vergewisserte. Ein gutes Beispiel dafür ist der Synodalbrief des Patriarchen Damianos von Alexandrien an die Westsyrer, den Michael der Syrer[103] wiedergibt. Der Antwortbrief des Jakob Burdʿānā dazu findet sich in der alexandrini-

---

[97] Vgl. HONIGMANN, Le couvent de Barsauma 120 f mit 148.

[98] Vgl. HONIGMANN, Le couvent de Barsauma 138.

[99] Vgl. HONIGMANN, Le couvent de Barsauma 153.

[100] Vgl. EDELBY, La transjordanie chrétienne des origines aux croisades, POC IV (1956), 97 ff.

[101] Michael III 193; vgl. auch HAMILTON, The latin church, 350 f.

[102] ASSEMANI BO II, VIII. Vgl. auch HAMILTON, The latin church 350 f; der koptische Patriarch Kyrillos III weihte einen Kopten zum Bischof für Jerusalem, der westsyrische Patriarch Ignatios II weihte einen Äthioper zum Abuna für die äthiopische Gemeinde Jerusalems.

[103] Michael II 325 ff.

schen literarischen Tradition[104]. Ebenso ist der Beileidsbrief des Damianos aus Anlaß des Todes des Jakob Burdʿānā[105] ein guter Beleg. Es bleibt nicht aus, daß in diesem theologischen Dialog gelegentlich „häretische" Entwicklungen im fremden Einflußbereich gerügt wurden und eine Entfremdung eintrat[106], die später durch eine Unionssynode der Patriarchen und delegierten Bischöfe wieder beigelegt wurde[107]. Die Interkommunion war dabei in Zeiten der ungetrübten Union unumstritten[108], ebenso die Unterstützung im Anathema gegen schismatische Bewegungen in der anderen Region[109]. In moderner Ausdrucksweise könnte man innerhalb des damaligen Verständnisses von Orthodoxie von „Teilkirchen" gleichen Glaubens sprechen.

2. Der Kirchenbegriff im Verhältnis zum monophysitischen Katholikat der Armenier

Jene Monophysiten, die sich im Bereich des Katholikats der Armenier organisierten, waren wohl nicht im gleichen Maße wie die Alexandriner von der Einheit im Glauben mit den Westsyrern überzeugt. Eine erste Diskussion darüber wird von dem westsyrischen Patriarchen Athanasios und dem armenischen Katholikos Īwannīs eingeleitet, zunächst im Briefwechsel, dann in der Begegnung einer Delegation von beiden Seiten. Das Treffen fand im Jahre 726 n. Chr. in Armenien, in der Ortschaft Manavazgerd statt. Es endete mit einem Unionsbeschluß, bestätigt durch wechselseitige Synodalschreiben des westsyrischen Patriarchen und des armenischen Katholikos[110]. Auch hier wurde in der Folgezeit grundsätzlich die Interkommunion praktiziert[111]. Auch hier verhinderte der anerkannte Gleichrang des Patriarchen von Antiochien und des Katholikos der Armenier eine weitergehende organisatorische Union. Die eigene Sprache der Armenier und ihre betonte nationale Eigenständigkeit mußten zudem ein Ergebnis bewirken, das wir wiederum mit dem Ausdruck „Teilkirchen gleichen Glaubens" beschreiben

---

[104] Zur Union aus alexandrinischer Sicht vgl. Renaudot, Historia Patriarcharum Alexandrinorum Jacobitarum, Paris 1713, 152 f und Abbeloos/Lamy, Bar ʿEbrājā, Chr.eccl. I 270.

[105] Michael II 339 ff.

[106] Damianos von Alexandrien gegen Petros von Antiochien, Michael II 364 f.

[107] Michael II 381 ff.

[108] Michael III 63 f.

[109] Michael III 65.

[110] Michael II 493; Bar ʿEbrājā, Chr.eccl. I 300 ff.

[111] Michael III 238 berichtet freilich einmal von Gegensätzen zwischen Westsyrern einerseits und Armeniern und Kreuzfahrern andererseits.

können. Die territoriale hierarchische Abgrenzung der beiden Kirchen ist trotz der langen Landgrenze zunächst recht klar; die alten Ortsnamen zeigen das auf der Karte. Das schließt nicht aus, daß es schon früh Armenier und armenische Kirchen auch südlich dieser Grenze und Westsyrer im Norden gab, so wie es ja auch sonst Kirchen der Armenier und Westsyrer in der Diaspora gab, etwa in Konstantinopel[112].

Mit dem Vordringen der Turkvölker nach Armenien drängten die Armenier nach Süden über Gerger, Kaišūm bis hinunter nach Kilikien[113]. Sie erschienen in der Folgezeit auch als Söldner in den Diensten der Kreuzfahrer. Die dichtere Migration und die Errichtung armenischer Staaten bedeutete auch eine Ausdehnung der territorialen Hierarchie des armenischen Katholikos in einem Grenzbereich, in dem zur Kreuzfahrerzeit nebeneinander Chalkedonier („Griechen"), Kreuzfahrer („Franken") und Westsyrer mit Bischöfen und Bischofssitzen zu finden sind. Der armenische Katholikos läßt sich zu dieser Zeit nach einiger Wanderschaft in Qālā Romaitā (Hromkla) nieder[114], zwischendurch auch einmal in Ṭarsōs[115].

IV. ANDERE CHRISTEN IM GLEICHEN TERRITORIUM

1. Die nationale Offenheit der Westsyrer

Es gibt keine Bindung der Westsyrer an ein bestimmtes Staatsgebiet und an bestimmte staatliche Oberherren. Verfolgen wir die Geschichte des „fruchtbaren Halbmondes" vom 6. Jh. bis zum 14. Jh., so waren die westsyrischen Christen, die in diesem Raum lebten, eigentlich stets ohne jede staatliche Schutzmacht, die sich prinzipiell ihrer religiösen Anliegen angenommen hätte. Der byzantinische Staat war, soweit sein Arm nach Osten gegen Persien reichte, seit dem Jahre 518 n. Chr. der Verfolger der westsyrischen Kirche, auch wenn später dieser oder jener Kaiser sie duldete oder gar begünstigte. Das unterschied sie selbst in jenen Zeiten, in denen die byzantinische Herrschaft in Nordmesopotamien, Syrien und Kleinasien zurückgedrängt war, von den nun im gleichen Raum unter „fremder" Herrschaft lebenden Chalkedoniern. Jene konnten sich, selbst als sie ihre griechische Sprache zu-

---

[112] Michael III 185.

[113] Michael III 187. Vgl. auch Hamilton, The latin church, 200ff.

[114] Eine Schenkung von Beatrice, der Frau des Grafen Josselin von Edessa; vgl. Hamilton, The latin church, 205.

[115] Michael III 395.

gunsten des Arabischen aufgaben, immer noch auf Byzanz als eine — wenngleich immer schwächer werdende — fremde Schutzmacht berufen. Das zeigt sich stärker wieder im Verhältnis zu den Kreuzfahrerstaaten und der lateinischen Hierarchie im gleichen Raum[116]. Im Osten, unter sassanidischer Herrschaft, waren die westsyrischen Christen Teil einer Minderheit, die noch dazu zahlenmäßig neben den Nestorianern nur eine geringe Rolle spielte, wie die Chalkedonier wegen ihrer organisatorischen Bindung an den byzantinischen „Westen" im Geruch des Landesverrats standen und selten einmal Einfluß bei Hof erlangten.

Unter moslemischer Herrschaft änderte sich an diesem Status einer tolerierten Minderheit nichts. Nur gelegentlich konnte die westsyrische Kirche die lokale oder zentrale weltliche Macht mit Erfolg bemühen, um eines der häufigen Schismen zu beenden. Als die Kreuzfahrer, die „Franken", ihre Staaten von Palästina nach Nordosten bis hinauf nach Melitene und im Osten bis Edessa errichteten, gewannen die Westsyrer auch in diesen doch christlichen und eher antibyzantinischen Kreuzfahrerstaaten keine Schutzherren[117].

Eine auf separater Sprache und Kultur beruhende nationale Identität konnten die Westsyrer niemals in gleicher Weise wie die Armenier oder die Kopten entwickeln. Die Pflege ihrer syrischen Sprache verfiel immer wieder für einige Zeit. Dazu fehlten ihnen alle integrativen Elemente. Ethnisch bildeten die Westsyrer selbst in kleineren Räumen ganz inhomogene Gruppen, bei Laien ebenso wie bei Klerikern und Mönchen. Wir verfügen gerade bei letzteren über zahlreiche Hinweise zu Herkunft und Wirkungskreis, die oft weit auseinanderfallen. Die Sprache, das Syrische, diente nur zeitweise als Integrationselement. Jakob von Edessa schuf zwar in Originalen und Übersetzungen eine reiche heimische syrische Literatur, die als Zeichen der Eigenständigkeit gepflegt wurde, die Westsyrer aber doch mit den Ostsyrern (Nestorianern) verband. Immer wieder freilich wurde die Klage laut, daß dieses integrative Element für längere Zeit verlorengegangen war und mühsam belebt werden mußte[118].

So lebten die Westsyrer in ihrem Lebensraum, dem „fruchtbaren Halbmond", wie auf einer nach allen Seiten offenen Bühne, nur dürftig geschützt durch feste Klostermauern, meist aber allen Widrigkeiten

116 Grundlegend Hamilton, The latin church. Speziell Ruecker, Aus der Geschichte der jakobitischen Kirche von Edessa in der Zeit der Kreuzfahrer, OC X (1935), 124 ff.

117 Vgl. Hamilton, The latin church, 188 ff.

118 Vgl. die Geschichte des Jōḥannān von Mardē (12. Jh.), Synodikon II 212 ff, 213. Bar ʿEbrājā, Chr.eccl. I 418 berichtet von einem Jōḥannān, Bischof des Klosters Mār Gabriel, daß er nach einem Jahrhundert die Esṭrangelā-Schrift wiedererweckt habe.

ausgesetzt, die sich in diesem Durchzugsraum der Geschichte überhaupt ergaben. Das mußte zwangsläufig seine Auswirkung auf das kirchliche Recht, insbesondere die kirchliche Verfassung haben.

2. Das Zusammenleben mit anderen christlichen Glaubensrichtungen im gleichen Raum

Im persischen Raum bedeutete die Konkurrenz der Westsyrer mit den dominanten Ostsyrern (Nestorianern), ja sogar an manchen Plätzen mit den Chalkedoniern[119], daß ihrer Ausbreitung enge Grenzen gesetzt waren. Andererseits ist das Vordringen der Ostsyrer (Nestorianer) seit dem 7. Jh. nach „Westen" ohne größere Bedeutung. Es scheint eher, als ob es eine Bindung der Glaubenszugehörigkeit an bestimmte Familienclans gegeben hätte[120], die schwer zu überwinden war. Das schloß Proselyten unter den christlichen Konfessionen nahezu aus; nur eine umfangreichere Migration von Glaubensangehörigen vermochte daher die Hierarchie territorial zu erweitern[121].

Viel bedeutender ist jedoch die Konkurrenz der Westsyrer mit den Chalkedoniern im gesamten übrigen „westlichen" Bereich. Trotz des sassanidischen Vordringens in den Westen zu Beginn des 7. Jh. n. Chr. und trotz der folgenden moslemischen Herrschaft blieben starke chalkedonische Gemeinden und eine chalkedonische Hierarchie („Chalkedonier", „Griechen" oder „Melkiten" = Kaisertreue genannt) erhalten. Die Angabe bei Michael, daß die chalkedonischen Bischöfe verjagt und ihre Kirchen und Klöster auf Anordnung der sassanidischen Eroberer den Jakobiten übergeben worden seien, betrifft nur jene Kirchen, die den Jakobiten vorher in der Verfolgung weggenommen worden waren[122]. Daß in dieser Zeit die Erinnerung an die Chalkedonier vom Euphrat aus nach Osten völlig verschwunden sei, ist eine eindeutige Übertreibung[123]. Schon kurze Zeit später finden wir nämlich Notizen über chalkedonische Bischöfe und Klöster in diesem Raum[124]. Der

---

119 Um 910 n. Chr. sind Chalkedonier („Griechen") in größerer Zahl für Bagdad bezeugt, Bar ʿEbrājā, Chr.eccl. III 236. Zu dieser Frage vgl. DICK, L'Eglise melchite en Irak, en Iran et dans l'Asie centrale, Jerusalem 1976.

120 Michael II 379: Nach Edessa kam mit den Sassaniden der Nestorianer Aḥīšemmā, der von den Gläubigen aber nicht angenommen wurde.

121 Über Nestorianer in den Kreuzfahrerstaaten vgl. HAMILTON, The latin church, 209 f, 355 ff.

122 Michael II 379 ff. Deutlicher, daß es sich nur um diese Kirchen handelte, Bar ʿEbrājā, Chr.eccl. I 266.

123 So aber Michael II 381.

124 Michael II 412: Edessa; ebenso II 454; III 32: Ḥarrān und Edessa; III 47 Ḥarrān: III 100: Qallīnīqōs.

Grund dafür war nicht allein, daß die Byzantiner kurzzeitig als Herren zurückkehrten[125]; es waren die Gemeinden der Chalkedonier bestehen geblieben. Die neuen moslemischen Oberherren schrieben dann den Status fest, den sie vorfanden[126]. Westlich des Euphrat, besonders aber in Phönikien und Palästina waren die Chalkedonier in allen Zeiten dominant[127]. Michael berichtet[128], daß im Jahre 721 n. Chr. nach 203 Jahren erstmals wieder ein monophysitischer Patriarch das von den Chalkedoniern ,,beherrschte" Antiochien betrat, keineswegs aber dort residierte. Es ist ganz eindeutig, daß sich diese chalkedonische Dominanz im 10./11. Jh. n. Chr. in jenem Bereich verstärkte, den die Byzantiner wiedererobern konnten[129]. Zu Beginn des 11. Jh. n. Chr. gab es z. B. in Melitene neben dem westsyrischen einen ,,griechischen" Metropoliten und bei der Stadt ein ,,griechisches" Kloster[130]. In der Stadt soll es zu dieser Zeit 56 Kirchen gegeben haben[131]. Als sich die Kreuzfahrer nach dem Konzil von Clermont (1095 n. Chr.) anschickten, die orthodoxe Autorität im alten Umfang wiederherzustellen, trafen sie auf rechtgläubige ,,griechische" Patriarchen von Antiochien und Jerusalem, auf mindestens 19 Suffragane von Antiochien im Küstengebiet[132] und einige wenige Suffragane für Jerusalem[133].

Eine ganz neue Konkurrenz der Glaubensrichtungen tauchte mit den Kreuzzügen auf. Die Kreuzfahrer, die um 1100 n. Chr. begannen, eigene Staaten zu errichten, wollten zwar zunächst nur die orthodoxe Autorität wiederherstellen, führten dann aber doch ihre eigene lateinische kirchliche Organisation ein. Nach der Eroberung finden sich ein lateinischer Patriarch in Jerusalem und in Antiochien[134]. Lateinische Metropoliten sitzen in Tarsos, Mopsuestia, Edessa, Dōlīk, Mabbūg und Apameia, lateinische Bischöfe in Tripolis, Laodikeia, Gabalā, Qūrōs,

---

125 Michael II 411 f für Edessa.

126 Michael II 413; anders für Edessa Michael II 419.

127 Vgl. Michael II 491; Bericht über Chalkedonier in Damaskos, Emesa, Jerusalem, Antiochien, Edessa: Michael II 492 f; in Aleppo (Ḥālāb): Michael II 495, III 58 und III 3; über ein Frauenkloster der Chalkedonier in Edessa: III 61. Wer die nordwestlichen Regionen des heutigen Syrien bereist, kann diese Dominanz noch immer feststellen.

128 Michael II 490.

129 Besonders deutlich bei Michael III 130, 131 für Phönikien und Palästina oder bei Michael III 136 ff für die Region Melitene und bei Michael III 409 für Maipherkaṭ.

130 Bar ʿEbrājā, Chr.eccl. I 442.

131 Bar ʿEbrājā, Chr.eccl. I 424 ff. Literatur dazu bei Abbeloos/Lamy, Bar ʿEbrājā, Chr.eccl. I, Fn. 1 zu 423 f.

132 Für das 10. Jh. bezeugt, vgl. Hamilton, The latin church, 20.

133 Vgl. Hamilton, The latin church, 53.

134 Michael III 377.

Marʿaš, Ḥarēm, Bethlehem, Hebron, Samaria, Jaffa, Nazareth, Caesarea, Sidon, Beyrouth und Tyros[135]. Die lateinischen Hierarchen traten mit dem Anspruch auf Zuständigkeit für alle „rechtgläubigen“ Christen auf und verdrängten folgerichtig die „griechischen“ Patriarchen und Bischöfe im gleichen Raum[136]. Die „Griechen“ behielten freilich ihre eigenen Pfarrkirchen, die Lateiner bildeten eine separate Pfarrorganisation für sich aus. Doch ereignete es sich auch einmal, daß ein „griechischer Patriarch“ wieder den lateinischen verdrängte[137] oder der „griechische“ neben dem lateinischen in Antiochien residierte[138]. Eine ernstere Konkurrenzsituation im Verhältnis zu den Westsyrern entstand daraus nicht, auch wenn gelegentlich westsyrische Familien ihre Kinder in den Kirchen der „Franken“ taufen ließen[139]. Die Bischöfe der „Franken“ verfolgten oder bedrängten die Westsyrer jedenfalls nicht[140]. Unklar bleibt es, ob die Kreuzfahrerbischöfe in größerer Zahl Anhänger im Land selbst finden konnten oder ob sie sich in ihrer seelsorgerischen Betreuung auf die Kreuzfahrer beschränkten.

Mitten in diesem Nebeneinander von Westsyrern, Nestorianern, Armeniern, Griechen und Franken findet sich eine weitere selbständige Kirchenorganisation, die der Maroniten. Unter einem eigenen Patriarchen errichteten sie eine Hierarchie, die das Kloster Bēt Marān zum Zentrum hatte. Die Kirchengeschichte zeigt Anhänger in ganz Syrien, Phönikien und Palästina, z. B. in Mabbūg[141].

Längere Zeit hindurch gab es auch eine Konkurrenz zwischen Westsyrern und Julianisten. Die Lehre des Julian von Halikarnassos (um 530 gestorben) bewirkte eine Spaltung unter den Monophysiten Syriens, die zur Ausbildung einer eigenen julianistischen Hierarchie führte. So weist der Unionspakt von 797 n. Chr. neben dem julianistischen Patriarchen Gabriel drei julianistische Bischöfe aus, die für Regionen zuständig waren, in denen es auch westsyrische Bischöfe gab, für Qallīnīqōs, für Qennešrīn und für Ḥarrān[142].

---

135 Michael III 191.

136 Vgl. dazu grundlegend Hamilton, The latin church, 1 ff, 80 ff.

137 Vgl. Hamilton, aO, 45.

138 Vgl. Hamilton, aO, 196.

139 Michael III 213.

140 Michael III 222 und 226. Vgl. zur Autonomie der nichtorthodoxen Ostkirchen Hamilton, aO, 162 f, 188 ff.

141 Michael II 511.

142 Vgl. dazu Draguet, Le pacte d'union, 93 ff, der bei einem der Bischöfe im Zweifel ist (Qallīnīqōs).

V. DIE ALLGEMEINE SYNODE DER WESTSYRISCHEN KIRCHE

1. Die Zusammensetzung der Synode

Die Synode der westsyrischen Kirche setzte sich aus ihren Bischöfen zusammen. Dabei wird aus leicht einsichtigen Gründen niemals angegeben, in welcher Zahl sich die Bischöfe zusammenfinden müssen, um Beschlüsse zu fassen. Nicht selten war es, gemessen an der Zahl der geweihten Bischöfe der Kirche, eine Minderheit, die sich zur Synode einfand. Schon die allgemeinen politischen Verhältnisse und die Schwierigkeiten einer Reise über große Entfernungen machten es nahezu unmöglich, daß sich alle Bischöfe aus West und Ost zu einer allgemeinen Synode einfanden. Die häufigen Schismen zeigen zudem Synoden neben Gegensynoden, auf denen die jeweilige Bischofsversammlung für sich in Anspruch nahm, die Kirche rechtmäßig zu vertreten. Eine theologische Sicht mochte die Erklärung akzeptieren, der Heilige Geist könne den Beschlüssen jedweder Versammlung innewohnen. Die weltliche Erklärung ist, daß sich letztlich in der Realität nach Verhältnissen realer Macht ergab, wer dominierte und übrig blieb. Patriarchalschismen wurden oft nur durch den Tod beseitigt wie Schismen, die sich durch illegale Weihen von Bischöfen und deren synodale Verurteilung ergeben hatten u. a. m. Rekonziliationen brachten zumeist Kompromisse an Stelle der einen Wahrheit zweier Gegensynoden. Jedenfalls gab es nie einen Zweifel an der Gültigkeit gefaßter Beschlüsse aus der Zahl anwesender Bischöfe.

Der Idee nach ist die Synode eine allgemeine Synode aller westsyrischen Bischöfe, der des „Ostens" und des „Westens". Wieder ist die Realität eine etwas andere. Es gibt immer wieder eine allgemeine Synode aller Bischöfe des „Ostens", des ehemals sassanidischen Herrschaftsbereichs, die sich nicht als bloße Metropolitansynode versteht. Das beginnt mit der Synode von Mār Mattai (629 n. Chr.), und zeigt sich z. B. in den Synoden von Kenūšiā (757 n. Chr.) und Tagrīt (835 n. Chr.). Bemerkenswert ist, daß der letztgenannten Synode der Patriarch, Dionysios, präsidiert. Ein Spiegel dieser Erscheinung ist, daß die als allgemein bezeichneten Synoden nicht selten den Anschein erwecken, als behandelten die „westlichen" Bischöfe spezielle Probleme des „Westens". Es hat auch den Anschein, als ob sich die Tendenzen in dem Maße verstärkten, wie der Maphrian des Ostens seine Stellung gegenüber dem Patriarchen festigte[143].

---

[143] Vgl. unten VII.

2. Synodale gegen patriarchale Kirchenführung

Der Patriarch war „das Haupt der Bischöfe". Von ihm sollten alle Bischofsweihen ausgehen. Er führte den Vorsitz auf der Versammlung der Bischöfe, die er einberief, und ohne seine Approbation wurden die Beschlüsse der Synode, die etwa vor seiner Wahl in der Zeit der Sedisvakanz gefaßt wurden, nicht wirksam[144]. Im Falle einer Sedisvakanz war es sein Vertreter, der die Wahlsynode einberief. Der Patriarch war es auch, der die Regionaleinteilung der Bistümer verfügte, etwa Bistümer teilte oder zusammenlegte[145].

Dennoch dominierte eher die Synode in der Kirchenregierung als der Patriarch. Ohne den Rückhalt bei den Bischöfen konnte der Patriarch nicht ernsthaft damit rechnen, Maßnahmen der Kirchenleitung durchzusetzen. Es gab in keiner Region und zu keiner Zeit einen Staat, der die kirchliche Rechtsordnung anerkannte und deshalb patriarchale Maßnahmen mit Mitteln staatlicher Zwangsgewalt durchsetzte. Nicht nur auf der versammelten Synode, sondern bei allen Maßnahmen mußte sich so der Patriarch einer breiten Anhängerschaft unter den Bischöfen vergewissern. Die Reise- und Visitationsberichte nennen daher zumeist zahlreiche Bischöfe als Begleiter des Patriarchen.

In Fragen der Gesetzgebung stellen die Synodalakten klar, daß Gesetzgeber nur die Synode und der Patriarch zusammen waren. So beginnen die Kanones der Synode von Ḥarrān aus dem Jahre 812/813 n. Chr. mit der Formel: „Kanones, die durch den Patriarchen Kyriakos und die Bischöfe, die mit ihm in der Stadt Ḥarrān im Jahre 1124 („der Griechen") versammelt waren, aufgestellt wurden". Oder, die Kanones der Synode von Qallīnīqōs aus dem Jahr 817 n. Chr. beginnen mit der Formel: „Kanones des Dionysios, Patriarch von Antiochien in Syrien, und der Synode, die mit ihm in der Stadt Qallīnīqōs im Jahre 1129 („der Griechen") versammelt war ...", um nur zwei Beispiele zu geben.

3. Die Aufgaben der allgemeinen Synode

a. Die Synode ist zusammen mit dem Patriarchen der Gesetzgeber der westsyrischen Kirche. Sie setzt νόμοι und pūqdānē, betont dabei aber stets, daß dabei eigentlich nur die alten νόμοι und κανόνες der Apostel, der Kirchenväter und der anerkannten reichskirchlichen Synoden in Erinnerung gerufen würden. Das trifft häufig zu, aber nicht immer. In zahlreichen Fragen der Organisation setzt sich die Synode

[144] Michael III 367 berichtet über einen Konfliktfall.

[145] Michael III 313.

über eben diese Tradition der Reichskirche wegen der völligen Veränderung der Verhältnisse klar hinweg.

Die Synode konnte auch bei Sedisvakanz Beschlüsse fassen. Tat sie das aber, z. B. vor der Wahl eines neuen Patriarchen, so wurden die Beschlüsse erst wirksam, wenn der später gewählte Patriarch die Beschlüsse bestätigte. So berichtet Michael[146] von einem Beschluß der zur Wahl zusammengetretenen Synode, mit dem eben noch schnell ein Kloster aus der Jurisdiktion des Patriarchen eximiert werden sollte. Der neugewählte Patriarch verweigerte dem Beschluß seine Bestätigung.

b. Die Synode hatte die Aufgabe, den rechten Glauben zu wahren. Immer wieder mußte sie gegen innermonophysitische „Häresien", wie z. B. die Julianisten, auftreten. Die Synode war es z. B., die über die Bedingungen der Rekonziliation dieser Julianisten befand und im Gegensatz zum Patriarchen darauf bestand, daß die julianistischen Bischöfe Julian anathemisieren und ihr Anathem gegen Severos aufheben sollten[147]. Eine Bischofsdelegation unter dem Vorsitz des Patriarchen diskutierte z. B. mit den Armeniern in Manavazgerd über beider Glaubenssätze und stellte am Ende die Einheit im Glauben fest[148]. Die Synode von Qallīnīqōs (818 n. Chr.) befaßte sich mit der liturgischen Formel „das himmlische Brot brechen wir" („panem caelestem frangimus") und überließ deren Gebrauch dem Gewissen des einzelnen, ohne damit freilich das Schisma im Verhältnis zu den Leuten von Bēt Bālāš und Qūrōs beilegen zu können[149].

c. Die Geschichte der westsyrischen Kirche war in der gesamten Zeit, die wir betrachten, eine stete Folge von Schismen und Rekonziliationen. Patriarch und Synode bemühten sich um die Wiedervereinigung mit Gegenpatriarchen, Gegensynoden und abtrünnigen Bischöfen über Einigungsgespräche im Guten und über Anathem und Deposition im Bösen. Bei Patriarchalschismen und Gegensynoden entschieden letztlich selten die sachlichen Einstellungen, sondern zufällige Mehrheiten und das Ansehen der Protagonisten, zufällige staatliche Protektion und der Zufall, wer überlebte, über den Sieg und damit die Einheit der Kirche. Ohne entscheidende Zwangsmittel war es jedenfalls selten gerade der Beschluß der Synode, der die Einheit der Kirche wahrte.

---

[146] III 367.

[147] Michael III 13 ff.

[148] Michael II 493 ff.

[149] Noch im 12. Jh. n. Chr. gab es Dissidenten aus diesem Streit, Bar ʿEbrājā, Chr.eccl. III 374 ff.

d. Die Synode war die oberste richterliche Instanz der Kirche. Der Patriarch konnte zwar die Deposition der Bischöfe aussprechen, er bedurfte jedoch selbstverständlich der Unterstützung der Bischofssynode, damit er seine Anordnung durchsetzen konnte[150]. Insofern mag man von der Synode als einer Appellationsinstanz zur patriarchalen Gerichtsbarkeit sprechen.

e. Patriarchenwahl und -ordination waren Aufgabe der Synode. Sieht man von der Zeit der Verfolgung ab, so berief stets eine Synode von Bischöfen den neuen Patriarchen[151]. Die Bischöfe der Synode waren es auch, die im Plenum oder in einem Ausschuß den oder die Ordinanten bestimmten[152].

4. Der Ablauf der Synode

Die Synode wurde vom Patriarchen einberufen, der in ihr auch den Vorsitz führte. In Zeiten der Sedisvakanz wurde die Wahlsynode vom dazu berufenen Organ einberufen. Den Vorsitz führte dann ein von der Versammlung besonders gewählter Bischof. Einen „geborenen" Vorsitzenden gab es nicht. Um Streitigkeiten wegen der Ehre der Ordination zu vermeiden, bildete sich bald die Regel heraus, daß je zwei von der Synode bestimmte Bischöfe aus dem „Osten" und dem „Westen" einen Ordinanten aus ihrem Kreis wählten. Den Abschluß der Synode bildeten, sehen wir von den reinen Wahlsynoden ab, Beschlüsse. Diese Beschlüsse wurden als Teil eines Protokolls über den Vorgang der Synode notiert. Der Patriarch publizierte sie als Teil eines Synodalschreibens mit dem er insbesondere die abwesenden Bischöfe informierte. In den Chroniken des Michael und des Bar ʿEbrājā werden z. B. solche Protokolle (Akten) der Synoden wiedergegeben. Im großen Synodikon aus Dam. 8/11 aber finden sich die Synodalschreiben der Patriarchen[153]. Das Protokoll wurde als Abschlußdokument von den Teilnehmern der Synode unterzeichnet[154]. Dabei ließen sich die vor der Protokollabfassung abgereisten Bischöfe gelegentlich vertreten, sei es durch Kollegen[155], sei es durch andere Kleriker[156] oder durch Laien. Zur Ausführung von Synodalbeschlüssen berief die Synode auch einmal einen Ausschuß von Bischöfen[157].

---

150 Eines der vielen Beispiele, Michael III 27 f: Der Patriarch setzte den Bischof von Tagrīt im Einvernehmen mit der Synode ab.

151 Vgl. unten VI 2.

152 Vgl. unten VI 2.

153 Vgl. Synodikon II 1 ff.

154 Michael II 516, III 42.

155 Michael II 516, III 42: „durch die Hand des Bischofs XY".

156 Michael II 516, III 42: „durch die Hand seines saʿūrā".

157 Michael II 41 ff; dazu Vööbus, Neues Licht 292 Fn. 41.

5. Die wichtigsten allgemeinen Synoden, die nicht lediglich Wahlsynoden waren

a. Im Jahre 680 n. Chr. fand in Bēt Tellāt eine allgemeine Synode unter dem Vorsitz des Patriarchen Severos bar Mašqā statt[158]. Diese Synode stellt in einer Auseinandersetzung mit einer Fraktion von Bischöfen unter der Führung des Sergios Zakūnājā eine wichtige Weiche in der kirchlichen Organisation des gerade von der byzantinischen Herrschaft befreiten „Westens". Die Jurisdiktion des Patriarchen sollte nach dem Willen dieser Fraktion durch die Einführung von Oberbischöfen (Metropoliten) im Sinne der alten reichskirchlichen Organisation (nach dem Beispiel der Notitia Antiochena) mediatisiert werden. Der Patriarch konnte sich letztlich durchsetzen. Es blieb dabei, daß im „Westen" der Rang des Metropoliten nur ein Ehrenrang war. Auch im Osten war — wenigstens für einige Zeit — allein der Patriarch zur Bischofsweihe legitimiert, nicht die Metropoliten von Tagrīt und Mossul. Das über dieser Frage entstandene Schisma überwand die Synode selbst noch nicht.

b. Bereits wenige Jahre später, im Jahre 684 n. Chr., fand eine allgemeine Synode in Rēšʿainā statt[159]. Ihr Ziel war die Beseitigung des Schismas, von dem gerade unter a. die Rede war. Den Vorsitz führte — Patriarch Severos war eben im Jahre 684 n. Chr. gestorben — Jōḥannān, der Metropolit von Tagrīt. Das Schisma wurde beigelegt. Ein neuer Patriarch wurde gewählt, Athanasios von Bālād[160]. Die Briefe, die Michael dazu überliefert, übergehen geschickt die Frage, die den Anlaß zum Schisma bildete. Doch zeigt ein kluger Schachzug des Athanasios vor seinem Tod, 687 n. Chr., wie es um das Problem stand: Er delegierte die in Anspruch genommene umfassende Weihegewalt eben an Sergios Zakūnājā, der sie aus eigenem Recht ausüben wollte[161]. Noch Julianos, der nachfolgende Patriarch kämpft mit dem Anspruch von Bischöfen auf Metropolitangewalt, nun dem des Denḥā von Tagrīt[162]; der Patriarch obsiegt „mit der Hilfe Gottes und dem Beistand des Königs"[163].

---

[158] Michael II 456 ff; Bar ʿEbrājā, Chr.eccl. I 283 f; Literatur dazu Hindo II 125; Mounayer, Synodes 31 f.

[159] Rēšʿainā im Quellgebiet des Flusses Ḥabōrā. Zur Teilnehmerliste Honigmann, Le couvent de Barsauma 102.

[160] Michael II 458 ff; Bar ʿEbrājā, Chr.eccl. I 289; Literatur: Mounayer, Synodes 32; Hindo II 248 u. 249.

[161] Michael II 474.

[162] Michael II 475 f.

[163] Michael II 476.

c. Patriarch Julianos II (gestorben 708 oder 709 n. Chr.) berief 706 n. Chr. eine Synode in das Kloster Mār Šīlā bei Srūg. Das Problem ist nicht bekannt[164].

d. Die Synode von Manavazgerd (726 n. Chr.) war eine armenisch-westsyrische Unionssynode, der von westsyrischer Seite freilich nur eine Bischofsdelegation beiwohnte[165]. Man kann daher zweifeln, ob es sich um eine westsyrische Synode handelte. Die unter Athanasios aus Gūbbā Barrājā beschlossene Union scheint jedenfalls allgemein akzeptiert worden zu sein.

e. Eine allgemeine Synode kann auch die im Kloster Arbine aus dem Jahr 736 n. Chr. genannt werden, die Athanasios Sandalājā von Maipherkaṭ als Gegensynode gegen Patriarch Johannes (Īwannīs) einberufen hatte[166]. Noch immer ging es um die Frage der Metropoliten, doch auch um Bischofssitze.

f. Im Jahre 743[167] oder 745 n. Chr.[168] fand im Kloster Meribā bei Rēšʿainā eine Synode statt, die der Patriarch, Johannes (Īwannīs), einberufen hatte. Das Problem der Synode war erneut die Metropolitangewalt, konkret die Zuständigkeit zur Bischofsweihe. Sie sollte nach der Meinung vieler zumindest nicht ohne die Zustimmung eines zuständigen Metropoliten stattfinden[169]; freilich ging es nur um „östliche" Bischöfe, für die der Maphrian von Tagrīt jetzt anscheinend die Weihegewalt dem Patriarchen gegenüber erfolgreicher als früher beansprucht hatte, sich nun aber nicht gegen die Bischöfe der Metropolie Mossul (= Ninive) aus dem Kloster Mār Mattai durchsetzen konnte.

g. Ein Schisma um die Besetzung des Bistums Ṭūr ʿAbdīn führte zur vom Patriarchen Johannes (Īwannīs) einberufenen Synode von Ḥarrān(I) im Jahre 750 n. Chr. und dort zum Anathem des Patriarchen gegen Athanasios Sandalājā[170].

h. In Tarmanā, in der Gegend von Qūrōs fand im Jahre 752

---

[164] Chronik des Ps-Dionysios von Tellmahre ed. CHABOT CSCO Syri II 155, 1933; Chronicon ad annum domini 846 pertinens ed. BROOKS CSCO Syri III 176; Literatur MOUNAYER, Synodes 33.

[165] Michael II 491, 493: sechs Bischöfe; ebenso Bar ʿEbrājā, Chr.eccl. I 300; vgl. HINDO II 247. Von armenischer Seite kamen der Katholikos, Bischöfe, Chorbischöfe und Presbyter.

[166] Zum Schisma selbst Michael II 512 ff, zur Synode Chronicon ad annum 846 pertinens ed. BROOKS, itpr. CHABOT in CSCO 3 Louvain 1906, 178; MOUNAYER, Synodes 33 f. Bar ʿEbrājā schildert den Streit nur in großen Zügen, Chr.eccl. I 308 ff.

[167] So MOUNAYER, Synodes 34.

[168] HINDO II 165.

[169] Michael II 508; dazu MOUNAYER, Synodes 34 f; HINDO II 165.

[170] Michael II 510 und 511 ff; dazu MOUNAYER, Synodes 35 f; HINDO II 247.

n. Chr.[171] — noch immer in der Sache des Athanasios Sandalājā — eine Rekonziliationssynode statt, an der die Bischöfe Mesopotamiens teilnahmen. Athanasios unterwarf sich dem Patriarchen, aber wieder nur vorübergehend[172].

j. Derselbe Athanasios war es dann auch, der noch im gleichen Jahr mit Hilfe der staatlichen Gewalt eine Synode zu Tellā einberief. Die Gegensynode erfüllte des Athanasios Wunsch, ihn zum Großmetropoliten zu erheben[173]. Der Patriarch reagierte auf die Vermittlungsversuche einiger Bischöfe mit einem Brief an die Synode, die noch versammelt war, der ein Friedensangebot enthielt. Die Synode nahm es an[174]. Das Problem der echten Metropolitangewalt war damit aber immer noch nicht gelöst.

k. Eine erste Synode des Patriarchen Georg (Gīwārgī) in Srūg (764/5 oder 766/7[175]) mußte sich mit einem Schisma und mit illegitimen Bischofsweihen des Gegenpatriarchen Jōḥannān von Qallīnīqōs befassen[176].

l. Eine Synode von Kepharnābū bei Srūg unter dem Patriarchen Georg (Gīwārgī) hatte sich im Jahre 785 n. Chr. mit Klagen der Tagritaner gegen ihren Maphrian Jōḥannān zu befassen. Die Synode enthob den Maphrian durch Delegierte seiner Funktion[177]. Sie erließ weiter 22 Kanones, die uns erhalten sind[178]. Sie befassen sich mit aktuellen Mißständen, dabei allein in 12 Kanones mit der Ehe.

m. Eine Synode von Bēt Bātīn in (der Region) Ḥarrān, im Jahr 795 n. Chr., — Wahl und Ordination des Patriarchen Kyriakos hatten 793 n. Chr. in Ḥarrān stattgefunden[179] — mußte sich mit dem Versuch des Patriarchen befassen, die von manchen noch immer gebrauchte und kämpferisch verteidigte Formel „das himmlische Brot brechen wir" („panem caelestum frangimus") zu unterdrücken. Der Gebrauch der

---

171 Michael II 514 f; Bar ʿEbrājā, Chr.eccl. I 312 f; dazu Mounayer, Synodes 37; Hindo II 248.

172 Michael II 515; Bar ʿEbrājā, Chr.eccl. I 313.

173 Michael II 515; Bar ʿEbrājā, Chr.eccl. I 314: Mētrōpōlītā rabbā.

174 Ausführliche Textwiedergabe aus Michael III 511 ff; auch bei Mounayer, Synodes 37 ff abgedruckt.

175 Vgl. dazu Vööbus, Kanonessammlungen I 1 A 10.

176 Michael II 527. Exakter Vööbus, Kanonessammlungen I 1 A 10. Bericht auch bei Elias von Nisibis aus Ps.-Dionysios: Assemani, BO II 112.

177 Michael III 4 f; vgl. dazu Barsaum, in Bull.dioc. de la communauté d'Alep 1963, 144 = CSCO ser. 3, 14, 17.

178 Ediert und übersetzt von Vööbus, Synodikon II 2 ff: vorgestellt auch in Kanonessammlungen I 1 A 5 ff; Hindo II 123 zitiert aus der Synode.

179 Bar ʿEbrājā, Chr.eccl. I 330.

Formel wurde auf der Synode freigestellt. Die Synode erließ darüberhinaus eine Reihe von Kanones. Michael und Bar ʿEbrājā berichten von 40 Kanones[180], der Synodalbrief des Kyriakos[181] gibt jedoch 46 Kanones wieder. Eine andere Sammlung dieser Kanones des Kyriakos greift in die Kanones der Synode von Ḥarrān II[182] über, nennt ohne Proömium insgesamt 40 Kanones, läßt aber zwischendurch 7 Kanones aus und fügt am Ende 3 Kanones ohne Zählung bei[183].

n. Für das Jahr 795 n. Chr. berief derselbe Patriarch Kyriakos in ein Kloster (Kloster der Stelen?) bei Qennešrīn (Chalkis) noch einmal eine Synode ein, die sich in zwei Sitzungen mit einer zwischen dem Patriarchen und dem julianistischen Oberbischof Gabriel vereinbarten Union befaßte. Die Union scheiterte an der Synode, die dem Patriarchen die Gefolgschaft verweigerte[184].

o. Im Jahre 808 n. Chr. berief derselbe Patriarch Kyriakos eine Synode nach Gūbrīn im Gebiet von Qūrōs ein[185]. Das Problem der Synode war ein Schisma, das aus der illegalen Weihe und der Disziplinierung von Bischöfen entstanden war. Im Mittelpunkt standen die abtrünnigen Mönche von Gūbbā Barrājā.

p. Eine Synode von Ḥarrān (II) unter dem Patriarchen Kyriakos im Jahre 812/3 n. Chr. beschäftigte sich mit der Ablehnung des zum Maphrian für Tagrīt geweihten Metropoliten Simeon[186]. Vor allem aber erließ sie 26 Kanones zur Mönchs- und Klerikerdisziplin[187].

q. Der alte Streit zwischen dem Kloster Mār Mattai und Tagrīt

---

180 Michael III 11; Bar ʿEbrājā, Chr.eccl. I 332 f; vgl. dazu Assemani BO II 342; Mounayer, Synodes 44 ff; Hindo II 132, 210, 293; Vööbus, Synodikon II 10 Fn. 21.

181 Ediert und übersetzt von Vööbus in Synodikon II 7 ff; vorher schon einmal in Syriac und Arabic documents 103 f.

182 Vgl. unten p.

183 Mounayer, Synodes 44 ff gibt sie nach BL Add. 14.493 foll. 160 a—162 a in französischer Übersetzung wieder; daraus zitiert Hindo II 132, 210 und 293. Vööbus, Synodikon II 10 Fn. 21 meint, Michael und Bar ʿEbrājā hätten diese Rezension von 40 Kanones vor sich gehabt. Vgl. oben A Fn. 142.

184 Michael III 13 f; Bar ʿEbrājā, Chr.eccl. I 336 f (beide nennen keinen Ort). Vgl. dazu Mounayer, Synodes 55 f; Hindo III 132 Fn. 1; Draguet, Le pacte d'union, Le Muséon 1941, 91 ff. Draguet gibt das offizielle syrische Dokument aus BL Add. 17.145, foll. 27 v—28 r mit deutscher Übersetzung wieder. Zum Ort der Synode ders., 93.

185 Michael III 23 ff; Bar ʿEbrājā, Chr.eccl. I 342; vgl. Mounayer, Synodes 58 f: Hindo II 125.

186 Michael II 27 f und Bar ʿEbrājā, Chr.eccl. I 343 f, beide zum Streit ohne Erwähnung der Synode. Vgl. dazu Vööbus, Synodikon II 19, Fn. 2 und Mounayer, Synodes 59 f.

187 Von Vööbus, Synodikon II 19 ff ediert und übersetzt.

führte zur Synode von Mossul im Jahr 817 n. Chr.[188] unter demselben Patriarchen Kyriakos. Ein Schisma wurde durch einen Kompromiß beigelegt. Der Vorrang des Metropoliten von Tagrīt, des Maphrians, damals Basilios, wurde zwar erneut betont[189], aber doch die alte Regelung aus dem Jahre 628 n. Chr. (der Synode der östlichen Bischöfe in Mār Mattai)[190] wiederhergestellt, die eine Art Gesamtjurisdiktion beider Metropoliten festgelegt hatte.

r. Qallīnīqōs sieht im Juni des nächsten Jahres 818 n. Chr. eine Wahlsynode und schon im Oktober desselben Jahres[191] eine weitere Synode unter dem dort am 1. August konsekrierten Patriarchen Dionysios von Tellmahrē. Schismen im Verhältnis zu den Leuten von Gūbbā Barrājā und zugleich zu den Bischöfen des Ostens waren das Hauptthema dieser Synode[192]. Die Formel „das himmlische Brot brechen wir" zu gebrauchen, wurde erneut freigegeben. Doch wurde eine dauernde Einigung mit Basilios von Tagrīt nicht erzielt. Die Synode erließ 12 Kanones, die in einem Synodalbrief des Dionysios erhalten sind[193]. Sie befassen sich mit den Aufgaben des Bischofs und mit der Klerikerdisziplin.

s. Eine Synode von Asphūlōs, einem Kloster bei Rēšʿainā, fand 828 n. Chr. unter dem Patriarchen Dionysios von Tellmahrē statt und befaßte sich mit der Disziplinierung des Bischofs Philoxenos von Mabbūg und des Gegenpatriarchen Abraham (Abīrām)[194].

t. Eine Synode der Bischöfe des Ostens, doch unter dem Vorsitz desselben Patriarchen Dionysios fand im Jahre 834/5 n. Chr. in Tagrīt statt. Wieder ging es um die Rekonziliation zwischen Mossul (Mār Mattai) und den Tagritensern. Man berief sich auf die Synode von Qallīnīqōs[195].

---

[188] Michael III 32 ff; dazu Mounayer, Synodes 60 f; Hindo II 157.

[189] Michael III 33; Bar ʿEbrājā, Chr.eccl. I 346 (ohne Erwähnung der Synode). Vgl. Mounayer, Synodes 61 ff; Hindo II 157.

[190] Synodikon II 197 ff.

[191] Michael III 41 f und Bar ʿEbrājā, Chr.eccl. I 346: 818 n. Chr. Ihm folgten Mounayer, Synodes 61 ff und Vööbus, Neues Licht, 292; Ders., Synodikon II 28 Fn. 6; Ders. Kanonessammlungen I 1 A, 46 f. Anders der Synodalbrief, 817 n. Chr., Synodikon II 28. Anders auch die Hs. Séert 69 unter XVIII, Scher, Catalogue 53.

[192] Michael III 38 ff und 41 ff; Bar ʿEbrājā, Chr.eccl. I 346 ff; vgl. dazu Mounayer, Synodes 63 ff; Hindo, II 132 ff; Vööbus, Neues Licht, 290 ff.

[193] Synodikon II 27 ff.

[194] Michael III 50; Bar ʿEbrājā, Chr.eccl. I 363 (Synode von Rēšʿainā); vgl. Mounayer, Synodes 68 f.

[195] Michael III 85 ff; Bar ʿEbrājā, Chr.eccl. I 382; Vgl. Mounayer, Synodes 69 ff und Hindo II 156 und 159.

u. Im Jahre 846 n. Chr. (oder 847) fand unter dem neugewählten Patriarchen Jōḥannān eine Synode im Kloster Mār Šīlā (II) bei Srūg statt[196]. Sie erließ 26 Kanones zur Klerikerdisziplin und zur Ehe[197]. Dem Synodalbrief scheint insoweit eine graphische Darstellung des Patriarchen Jōḥannān über ungesetzliche Ehen beigegeben worden zu sein[198].

v. Eine Synode von Kephartūtā — ein Ort zwischen Dārā und Rēšʿainā — befaßte sich 869 n. Chr. unter demselben Patriarchen Jōḥannān mit dem Verhältnis zwischen dem Patriarchen und dem Maphrian des Ostens und erließ dazu 8 Kanones[199]. Der Patriarch konnte die Versuche des Maphrians, seine Jurisdiktion nach dem „Westen" auszuweiten, abwehren.

w. Eine Synode von Mār Zakkāi, einem Kloster in Qallīnīqōs, fand im Jahre 878 n. Chr. unter Patriarch Ignatios statt, der kurz vorher gewählt worden war[200]. Die 12 Kanones dieser Synode sind in einem Synodikon der westsyrischen Kirche erhalten[201]. Sie befassen sich mit aktuellen Mißständen verschiedenster Art.

x. Eine Synode von Mār Šīlā (III)[202] unter Patriarch Dionysios von Bēt Bātīn erließ 879 n. Chr. 25 Kanones zur Klerikerdisziplin[203]. Sie sind im Synodikon der westsyrischen Kirche erhalten[204].

y. Im Jahre 1047 n. Chr. fand in Gozārtā de Qardū (Ǧezirat ibn Umar, heute Čizre) eine Synode statt. Die Bischöfe des Ostens hatten in der Zeit der Vakanz des Patriarchenstuhles einen neuen Maphrian von Tagrīt gewählt und geweiht. Die separate Wahl eines Patriarchen durch die Bischöfe des Westens war die Folge[205]. Die Synode brachte

---

196 Michael III 116; Bar ʿEbrājā, Chr.eccl. I 385; vgl. Mounayer, Synodes 72 f; Vööbus, Synodikon II 37.

197 Synodikon II 37 ff; vgl. Mounayer, Synodes 73.

198 Synodikon II 49 ff.

199 Wiedergegeben bei Bar ʿEbrājā, Nomokanon cap. VII sec. I; französisch bei Nau, ALCS II 96 und Mounayer, Synodes 74—75; Zitate bei Hindo II 145, 151, 156, 157, 160. Zur Synode vgl. Bar ʿEbrājā, Chr.eccl. III 203.

200 Michael III 119; vgl. dazu Mounayer, Synodes 75 und Vööbus, Synodikon II 53 f.

201 Synodikon II 53 ff. Zwei Zitate finden sich bei Bar ʿEbrājā, Nomokanon cap. VI sec. 2 und cap. VII sec. 6.

202 Michael III 120 und Bar ʿEbrājā, Chr.eccl. I 393 nennen nur den Ort Bēt Bātīn; vgl. dazu Vööbus, Synodikon II 62 Fn. 13.

203 Michael III 120; Chron. ad ann. 1234 II 276; vgl. dazu Mounayer, Synodes 76.

204 Synodikon II 61 ff mit klarer Angabe über den Ort der Synode.

205 Bar ʿEbrājā, Chr.eccl. I 436 und III 298 ff.

die Rekonziliation[206], zugleich aber eine Neuregelung für die Wahl und Ordination von Patriarch und Maphrian: Keiner sollte mehr ohne den anderen gewählt und oridiniert werden.

z. Es folgte im Jahre 1064 n. Chr. die Synode von Mār Abḥai, einem Kloster bei Melitene. Sie erließ 24, leider verlorene, Kanones unter dem Patriarchen Jōḥannān bar Šūšān[207], von dem berichtet wird, er habe die Bischöfe alle Jahre, wie kanonisch vorgesehen, zur Synode gerufen[208].

aa. Die Synode im Kloster von Mār Barṣaumā (I) vom Jahre 1074 n. Chr. war zwar eine Wahlsynode, doch ist sie deshalb von Bedeutung, weil die Synodalen vor der Wahl schnell noch das Kloster Mār Barṣaumā aus der Jurisdiktion des Patriarchen eximiert hatten. Der Patriarch bestätigte jedoch später den Beschluß nicht[209], wodurch die Exemtion hinfällig wurde.

bb. Eine Wahlsynode in Kaišūm, — sie wählte Jōḥannān maudjānā zum Patriarchen — im Jahre 1129 n. Chr. beschäftigte sich auch mit disziplinären Angelegenheiten und der Bereinigung eines Schismas[210]. Josselin I, Graf von Edessa erwies sich als Vermittler zur Synode.

cc. Im Jahre 1141 n. Chr. fand eine Teilsynode der westlichen Bischöfe ohne den Patriarchen statt[211]. Die Bischöfe versammelten sich zu Ḥesn Mansūr und verfaßten eine Kanonessammlung, wohl um den Patriarchen an die Einhaltung der kirchlichen Kanones zu erinnern. Die Synode endete mit einem Besuch der Bischöfe beim Patriarchen und der Vorlage der Kanones im Kloster Mār Barṣaumā, wo sie sich die Einhaltung der Kanones schriftlich versprechen, und damit die Synode approbieren ließen.

dd. Die Verlagerung des kirchlichen Zentrums in den byzantinischen Herrschaftsbereich brachte im Jahre 1155 n. Chr. eine allgemeine Synode in dem Kloster Mār Barṣaumā (II) hervor. Sie fand erneut ohne den Patriarchen, aber doch mit dessen Zustimmung statt[212]. Die Synode erließ 40 Kanones, vereinigte die Metropolien von Tagrīt und Mossul und befaßte sich mit Bischof Theodoros bar Wahbūn. Er wurde ab-

---

[206] Bar ʿEbrājā, Chr.eccl. III 300; vgl. dazu Mounayer, Synodes 77.

[207] Bar ʿEbrājā, Chr.eccl. I 446; vgl. Mounayer, Synodes 78.

[208] Michael III 171.

[209] Michael III 174; vgl. Mounayer, Synodes 78 f.

[210] Michael III 193 u. 231; vgl. Mounayer, Synodes 80.

[211] Michael III 252; Bar ʿEbrājā, Chr.eccl. II 496; vgl. dazu Mounayer, Synodes 80.

[212] Michael III 385; Bar ʿEbrājā, Chr.eccl. II 514 ff; vgl. dazu Mounayer, Synodes 83.

gesetzt, was jedoch das Problem nicht löste und die Einberufung einer weiteren Synode im Kloster Mār Barṣaumā erforderlich machte[213].

ee. Im Jahre 1167 n. Chr. fand eine Wahlsynode im Kloster Phesqīn in der Gegend von Gargar[214] statt. Die Synode gibt wegen eines Streites über das Recht zur Ordination Einblick in die Bildung von Gewohnheitsrecht. Der Maphrian nahm gegen eine längere Tradition, wonach der jeweils gewählte Vorsitzende der Wahlsynode auch der Ordinant war, das Ordinationsrecht für sich in Anspruch, weil er die Ordination bereits zweimal vorher ausgeübt hatte[215]. Der gewählte Patriarch war Michael der Große.

ff. Unter dem Patriarchen Michael fand 1167 n. Chr. eine Synode im Kloster Mār Ḥananjā (II) (heute Deir az-Zafaran) bei Mardē (Mardin) statt. Eine Notiz im westsyrischen Synodikon berichtet von 29 Kanones[216], die aus dieser Synode hervorgingen.

gg. Im Jahre 1169 n. Chr. versammelte Michael erneut eine Synode, jetzt in Mār Barṣaumā (II), die sich mit der Deposition eines Bischofs befaßte, aus gegebenem Anlaß auch gleich einen Kanon erließ, der das Zusammenleben eines Bischofs mit weiblichem Dienstpersonal verbot[217].

hh. Im Jahre 1174 n. Chr. wurde von Michael wieder eine Synode nach Mār Ḥananjā (III) einberufen[218]. Sie befaßte sich mit Simonie, illegitimer Patronanz durch die weltliche Gewalt, metropolitanen Machtansprüchen des Metropoliten Denḥā von Qallīnīqōs (über Qallīnīqōs, Ḥarrān, Serūg und Ḥabōrā). Die Synode[219] erließ für Mār Mattai 12 neue Kanones und wiederholte wahrscheinlich 24 ältere[220], sämtlich Mönchskanones.

---

213 Michael III 386 ff; unten jj.

214 Michael III 329 nennt nur „die Gegend von Gargar"; Bar ʿEbrājā, Chr.eccl. II 536 ff und III 362 nennt Phesqīn; vgl. dazu MOUNAYER, Synodes 86 f.

215 Michael III 330, 331.

216 Synodikon II, 246; vgl. auch Michael III 331; zur Erhaltung dieser Kanones siehe VÖÖBUS, Synodikon II 246 Fn. 3.

217 Michael III 334; Bar ʿEbrājā, Chr.eccl. II 546 ff; vgl. dazu MOUNAYER, Synodes 87.

218 Michael III 341 und 358.

219 Bar ʿEbrājā, Chr.eccl. III 368 berichtet nur von den Kanones, nicht von einer Synode.

220 MOUNAYER, Synodes 87 ff, 89 meint mit IGNATIOS JAKOB, Histoire du monastère de Mar Matta, 76, es habe sich bei den 24 Kanones um die der Synode von Mār Mattai (628 n. Chr.) gehandelt. Doch geht es in diesen Kanones nicht um Mönchsregeln. Es dürfte eine Verwechslung mit den wirklich approbierten Mönchskanones für Mār Mattai aus der Hs. Wien Mech.syr. 1 vorliegen. Vgl. zu diesen auch VÖÖBUS, Kanonessammlungen I 1 B, 325 ff und 387 ff.

jj. Erneut muß sich eine Synode, 1180 n. Chr. in Mār Barṣaumā (IV), mit dem zum Gegenpatriarchen gewählten Bischof Theodoros bar Wahbūn befassen[221]. Die Synode setzt ihn erneut als Bischof ab.

kk. Wieder ist es eine neue Revolte des Theodoros bar Wahbūn, die im Jahre 1188 n. Chr. eine Synode in Mār Barṣaumā (V) erforderlich macht[222]. Theodoros hätte ein Bündnis mit dem armenischen Katholikos und dem Fürsten Kilikiens, Leo dem Armenier, begründet, um Patriarch Michael zu stürzen.

ll. Und noch einmal, ein letztes Mal, war es dieser „Stachel im Fleisch der Kirche", der Michael zwang, 1188 n. Chr. eine Synode in Mār Barṣaumā (VI) abzuhalten[223]. Theodoros wurde erneut exkommuniziert. Gleichzeitig wurde noch ein anderer Bischof abgesetzt.

mm. Schließlich befaßte sich eine weitere Synode im Jahr 1193 (1192?) n. Chr. in Mār Barṣaumā (VII) mit innerkirchlichen Querelen. Jetzt war es der Maphrian des Ostens, der auf der Synode abgesetzt wurde[224].

nn. Zu erwähnen ist auch noch die Synode von Mār Ḥananjā (IV) aus dem Jahre 1303 n. Chr. Sie fand unter dem Vorsitz des Patriarchen Ignatios (gestorben 1333 n. Chr.) statt und brachte 10 Kanones über die jährliche allgemeine Synode und andere Fragen hervor[225].

oo. Zweifel kann man haben, ob die Synode des Jōḥannān von Mardē in Mār Ḥananjā aus dem Jahre 1153 n. Chr.[226] eine allgemeine oder nur eine regionale Bischofssynode war. Mounayer[227] reiht sie als allgemeine, erste Synode von Mār Ḥananjā ein. Immerhin war der Maphrian anwesend[228], und die Beschlüsse der Synode wurden durch Abgesandte dem Patriarchen in Mār Barṣaumā übermittelt. Bischof Jōḥannān von Kaišūm konnte zusammen mit diesen Abgesandten den Patriarchen bewegen, eine neue Synode zu erlauben[229], die dann auch

---

[221] Michael III 335 und 385; Bar ʿEbrājā, II 576 ff, 586; dazu Mounayer, Synodes 89 f.

[222] Michael III 387.

[223] Bar ʿEbrājā, Chr.eccl. II 586, ohne rechte zeitliche Einordnung des Todes des Theodoros, wie Mounayer, Synodes, 92 meint. Er versteht Michael III 410, als sei Theodoros erst 1193 n. Chr. gestorben. Das ist nicht zu halten; Michael will sagen, daß Theodoros damals, zur Zeit um 1188 n. Chr. starb.

[224] Michael III 408 f; Bar ʿEbrājā, Chr.eccl. I 598; vgl. Mounayer, Synodes 92.

[225] Barsaum, Histoire du couvent de St. Hanania appelé Deir-Zapharan, 133.

[226] Vööbus, Synodikon II 247 Fn. 1.

[227] Synodes 81.

[228] Bar ʿEbrājā, Chr.eccl. III 339.

[229] Bar ʿEbrājā, Chr.eccl. II 514 ff.

1155 n. Chr. stattfand[230]. Die nach dem Bericht des Bar ʿEbrājā dort beschlossenen 40 Kanones sind keine anderen als die der Synode von Mār Ḥananjā, die einfach bestätigt wurden. Ähnlich wurde ja auch die Vereinigung der Metropolien des Ostens (Mossul und Tagrīt) nur noch bestätigt, die auf der Synode in Mār Ḥananjā von 1153 n. Chr. vorbereitet worden war[231].

VI. DER PATRIARCH

1. Vom reichskirchlichen Patriarchen von Antiochien zum Patriarchen der westsyrischen Kirche

a. Solange der Streit um die Durchsetzung der christologischen Beschlüsse von Chalkedon in der einen, organisatorisch noch geschlossenen Kirche geführt wurde, solange noch jede der beiden Glaubensrichtungen damit rechnete, umfassend die Annahme bzw. Verwerfung des Chalkedonense oder des Henotikon durchzusetzen, war der Patriarch von Antiochien einer von mehreren Patriarchen der Reichskirche, gleichgültig, ob er gerade der einen oder anderen Glaubensrichtung zuzurechnen war. So sind weder Petros der Walker noch Severos von Antiochien als erste Patriarchen der westsyrischen Kirche, sondern als dem monophysitischen Glauben zugeneigte Patriarchen der Reichskirche in Antiochien anzusehen.

b. Eine eigene Kirche der Monophysiten Syriens, Phönikiens, Palästinas und Mesopotamiens bildete sich erst in der Zeit der Verfolgung durch Justinos I und Justinianos[232]. Die Weihe eines eigenen Episkopats in der Zeit des Jakob Burdʿānā war es, die eine separate Kirchenorganisation schuf. An ihrer Spitze sollte dabei ein Oberbischof stehen, der sich für seine funktionale Stellung von allem Anfang an auf den alten Vorrang Antiochiens, der cathedra Petri, berief. Sergios aus dem Kloster Ḥālā kann in diesem Sinne der erste Patriarch genannt werden. Jakob Burdʿānā weihte ihn in Konstantinopel zum Bischof und bestimmte ihn zum Patriarchen von Antiochien[233]. Doch verließ Sergios Konstantinopel bis zu seinem Tode nicht. Ihm folgte Paulos von Bēt Ukkāmā, der wiederum zum „Patriarchen von Antiochien im Exil"[234]

---

230 Vgl. oben dd.
231 Bar ʿEbrājā, Chr.eccl. II 516.
232 Vgl. oben I 1.
233 Zu seiner Person HONIGMANN, Evêques 192 ff.
234 Vgl. dazu HONIGMANN, Evêques 195 ff.

geweiht wurde. Seine Lebensgeschichte zeigt freilich, daß die Einrichtung einer eigenen Kirchenorganisation nicht ohne „Rückfall“ in die alte Zeit der Unionsversuche und der zeitweiligen oder dauernden Überzeugungswechsel vor sich ging. Völlig geklärt ist die Stellung des monophysitischen Patriarchen von Antiochien als Oberhaupt einer eigenständigen westsyrischen Kirche erst mit Athanasios, dem „Kameltreiber“ (Gammālā) (595–635 n. Chr.).

c. Der Funktionsbereich des Patriarchen von Antiochien ist im „Osten“ bis zu Athanasios Gammālā, zu Beginn des 7. Jh., recht unklar. Zunächst einmal hatte sich im abgetrennten sassanidischen Herrschaftsbereich schon länger eine gleichermaßen gegen Nestorianer und Chalkedonier gerichtete eigene, vom „Westen“ nicht weniger als die nestorianische isolierte Kirchenorganisation der Monophysiten gebildet, die sich vornehmlich auf das Zentrum im Kloster von Mār Mattai stützen konnte. Mit dem Vordringen der Sassaniden nach Westen zu Beginn des 7. Jh. wurde folgerichtig die Unterordnung der Bischöfe des „Ostens“ unter die Jurisdiktion des monophysitischen Patriarchen von Antiochien, der Anschluß des „Ostens“ an die im „Westen“ gebildete Teilkirche der Monophysiten prekär. Dem Patriarchen Athanasios Gammālā gelang der Versuch einer Union, die ihm die Führungsrolle auch im „Osten“ verschaffte. Sein erster Schritt war die Einsetzung des Kyriakos von Amīd als patriarchalen Visitators für den „Osten“[235], der zweite die Gesandtschaft des Presbyters Jōḥannān zu Christophoros, dem Metropoliten von Mossul im Kloster von Mār Mattai[236], der dritte die Errichtung eines weiteren Metropolitansitzes in Tagrīt[237], um sogleich die Vormachtstellung des Klosters von Mār Mattai zu verringern und die Unterordnung des „Ostens“ unter die Jurisdiktion des Patriarchen zu fördern. Von dem noch zu behandelnden dauernden Kampf der Patriarchen gegen die Rivalität zwischen Tagrīt und Mār Mattai und gegen den Versuch beider Metropoliten, die Macht des Patriarchen im „Osten“ zu beschneiden, wird noch zu handeln sein. Dauerhaft bleibt aber, daß sich die Monophysiten Syriens und Mesopotamiens als einheitliche westsyrische Kirche diesseits und jenseits der alten, jetzt politisch aufgehobenen Grenzlinie zu Persien, die oben gezeichnet worden ist[238], verstand.

---

[235] So richtig Vööbus, Reorganisierung 106; Quelle: Michael II 380.

[236] Vgl. den Bericht im Synodikon II 198 und Bar ʿEbrājā, Chr.eccl. III 119.

[237] Vgl. den Bericht im Synodikon II 200 und die Kanones der Synode, Synodikon II 202 ff.

[238] I 1 b.

2. Die Wahl und die Ordination des Patriarchen

a. Am Anfang steht die Aktion des Jakob Burdʿānā, der mit seinen Begleitern in einer Notzeit und im Untergrund Bischöfe für die Anhänger der verfolgten monophysitischen Lehre weihte, darunter auch einen nominellen Bischof für Antiochien, der traditionsgemäß Oberbischof für Palästina, Phönikien, Syrien und Mesopotamien, mit dem Titel eines Patriarchen, war. Auch Paulos von Bēt Ukkāmā wurde noch von Jakob Burdʿānā ausgewählt und von ihm und seinen bischöflichen Begleitern (es handelte sich um Abtbischöfe)[239] ordiniert. Michael[240] berichtet zwar, Jakob habe den Paulos „mit den rechtgläubigen Bischöfen" eingesetzt, ebenso anschließend den Petros von Qallīnīqōs. Ein gefestigter Wahlmodus hatte sich damit freilich noch nicht herausgebildet.

b. Mit der Wahl des Athanasios Gammālā[241] scheint jedoch eines bereits gesichert: Es sind die den rechten monophysitischen Glauben vertretenden Bischöfe, die in einer Wahlversammlung (Wahlsynode) den neuen Patriarchen bestimmen, und nur die Bischöfe, nicht auch die übrigen Kleriker und die Laien[242]. Die neuen politischen Verhältnisse ermöglichen nun auch schon ein leichteres Zusammentreffen der Bischöfe. Abwesende können ihre Zustimmung zur Abhaltung der Wahl bekunden[243]. Über das Verfahren der Willensbildung und darüberhinaus über den Vorgang der Ordination wird freilich über lange Zeit in den Quellen nichts genaueres berichtet.

c. Eine neue Regelung greift Mitte des 8. Jh. ein. Anscheinend hatten sich die Gruppierungen, die auf den bisherigen Wahlsynoden ihre verschiedenen Kandidaten durchbringen wollten, jeweils als so stark erwiesen, daß eine Einigung ausgeschlossen schien. Ein Kompromiß im Wahlverfahren wurde erzielt, um die stete Gefahr eines Schismas bei der Patriarchenwahl zu verringern. Die verschiedenen Gruppen einigten sich bei der Wahl des Patriarchen Īwannīs (die griechische Form von Jōḥannān ist Ιωάννης) auf drei Kandidaten, unter denen dann das Los gezogen wurde. Die Annahme liegt nicht fern, daß es die Stärke der Persönlichkeit des Bischofs Athanasios, genannt Sandalājā, war,

---

239 Nach Bar ʿEbrājā, Chr.eccl. I 244.

240 II 353.

241 Michael II 376 f.

242 Bei Petros von Qallīnīqōs versammeln sich noch die Bischöfe und Mönche (Bar ʿEbrājā, Chr.eccl. I 250 ff) zur Patriarchenwahl, seit Julianos werden nur noch die Bischöfe erwähnt, vgl. Bar ʿEbrājā, Chr.eccl. I 260 und 262.

243 Pontificale Syriacum, nach Assemani Diss. BO II, VII. Freilich ist keine solche Teilnahme an der Willensbildung möglich, wenn durch Los gewählt wird.

die eine derartige Neuerung durchsetzte[244]. Die Neuregelung wird in der Folgezeit nicht immer eingehalten. Bei der Wahl des Dionysios 818 n. Chr.[245] oder bei der Wahl des Jōḥannān bar Šūšān[246] scheint sie jedenfalls außer Acht gelassen worden zu sein, weil Einhelligkeit über die Person des künftigen Patriarchen bestand[247]. Im Jahre 1074 mußte die Loswahl erst wieder in Erinnerung gerufen werden, als man sich nicht auf einen Nachfolger für Jōḥannān bar Šūšān einigen konnte[248]. Patriarchalschismen aus Anlaß der Patriarchenwahl vermag das Verfahren der Loswahl freilich letztlich auch nicht zu verhindern[249].

Die Wahlsynode tagte unter einem Vorsitzenden[250], der wohl ad hoc aus der Synode gewählt wurde[251]. Es gab nicht etwa einen bestimmten Vorsitzenden der Synode. Es hat den Anschein, als sei es dann jeweils dieser Vorsitzende der Wahlsynode, von dem die Chronisten berichten, er habe das Recht gehabt, dem Patriarchen die Hände zur Weihe aufzulegen. Jedenfalls wird von Timotheos von Tell Patrīq berichtet, er sei Vorsitzender der Wahlsynode gewesen und habe dann dem Patriarchen die Hände aufgelegt[252]. Und bei der Ordination des Patriarchen Michael machten die Bischöfe ausdrücklich gegen die Ansprüche des Maphrian geltend, es sei bisher immer der (gewählte) Vorsitzende der Synode gewesen, der dem Patriarchen die Hände aufgelegt habe[253].

d. Eine eigene Ordination zum Patriarchen gab es nicht. Der Gewählte wurde, wenn er nicht schon Bischof war[254], zum Bischof (von

[244] Michael II 504 verdächtigt den Athanasios, diese Neuordnung vorgeschlagen zu haben, um dann doloserweise auf den Losen denselben Namen unterzubringen. Vgl. auch Bar ʿEbrājā, Chr.eccl. I 306.

[245] Michael III 41 f.

[246] Michael III 170.

[247] Belege zur Loswahl: Michael III 120 und Bar ʿEbrājā, Chr.eccl. I 392 für 887 n. Chr. und Michael III 90 für 897 n. Chr. Später finden sich in den Chroniken meist nur noch Berichte über die Ordination, nicht über die Wahl.

[248] Michael III 174; von da ab wieder für 1090 n. Chr. erwähnt: Michael III 108, oder für 1129 n. Chr.: Michael III 231 oder bei der Wahl des Michael selbst: Michael III 329 f. Auch später findet sie sich noch: Bar ʿEbrājā, Chr.eccl. II 608 ff.

[249] ZB nach der Wahl des Georg (Gīwārgī) 759 n. Chr. (Jōḥannān von Qallīnīqōs als Gegenpatriarch, danach David von Dārā: Michael II 525 und 527); im Streit um die Formel „panem caelestem" erscheint Abraham als Gegenpatriarch: Michael III 27 ff, 55 ff; oder nach der Wahl des Athanasios Ḥaijē: Michael III 162.

[250] Michael III 175.

[251] Michael III 368.

[252] Michael III 181. Assemani Diss. BO II, VII meint, Vorsitzender sei der Senior der Synode gewesen; Belege dafür finden sich nicht.

[253] Michael III 330.

[254] Bar ʿEbrājā, Chr.eccl. II 792 ff.

Antiochien) geweiht[255], wobei er wie alle Bischöfe mit der Weihe einen neuen Namen annahm[256]. Erlaubten es die Umstände einmal, so wurde er auch in Antiochien feierlich inthronisiert[257]. Die Handauflegung bei der Ordination war anscheinend das Vorrecht des Vorsitzenden der Wahlsynode[258]. Ein Vorrecht für irgendeinen der Bischöfe, diesen Vorsitz zu führen, gab es dabei nicht. Es sieht auch nicht so aus, als sei dabei je ein Unterschied zwischen Bischöfen und Metropoliten (des Ostens) gemacht worden. Unter den bei der Wahl des Patriarchen genannten Ordinanten finden sich z. B. die Bischöfe von Tarsos[259], von Samosate[260], von Emesa[261], von Marʿaš[262], von Anazarba[263], von Qallīnīqōs[264], von Zeugma[265] und der Metropolit von Tagrīt, d. h. der Maphrian[266].

Allenfalls vorübergehend hielt man sich wohl an Kanon 4 der Synode von Kephartūtā (Februar 869 n. Chr. unter Patriarch Jōḥannān III, 846–873 n. Chr.), wo schon einmal ein Streit um den Vorrang bei der Ordination zwischen dem Maphrian und dem Vorsitzenden der Wahlsynode zu schlichten war: Danach sollte eine Kommission von zwei östlichen und zwei westlichen Bischöfen gebildet werden, die aus ihrem Kreis den Ordinanten wählte[267]. Im Fall der Ordination des Michael des Großen berief sich der Maphrian erneut auf einen Vorrang vor allen anderen Bischöfen[268]. Ein Kompromiß, nach dem es neben dem Maphrian zwölf Ordinanten geben sollte, beendete den Streit für dieses Mal[269].

---

255 Michael III 43.

256 Dazu Assemani Diss. VII BO II. Seit 1293, Patriarch bar Wahib, stets den Namen Ignatios, Atiya, A history.

257 Michael III 44.

258 Vgl. oben c.

259 Michael III 116 und 121.

260 Michael III 119, 120.

261 Michael III 120.

262 Michael III 121.

263 Michael III 121.

264 Michael III 124.

265 Michael III 129 und 161.

266 Michael III 231 und 251. Eine vollständige Liste bietet Assemani Diss. VII BO II.

267 Zitiert nach Bar ʿEbrājā, Nomokanon VII, 1.

268 Michael III 330; es ist unrichtig, wenn Assemani Diss. VII BO II 8 und 339, 340, 437 behauptet, die Vorrechte des Maphrian hätten sich schon unter Dionysios 835 n. Chr. ergeben. Es ist der Maphrian Bar ʿEbrājā, der in der Auswahl der Texte in seinem Nomokanon die Rechte des Maphrians als altes Recht herausstellt.

269 Assemani BO II 363.

In der Folgezeit war der Anspruch des Maphrians jedoch nicht mehr aufzuhalten. Bar ʿEbrājā, selbst Maphrian, betont in seinem Nomokanon ohne Rücksicht auf die geschichtliche Entwicklung die Regelung der Synode von Kephartūtā[270] als alte, „von den Vätern übernommene" Regelung[271], wonach der Patriarch nicht ohne Zustimmung des Maphrians geweiht werden dürfe, und Assemani[272] nimmt das auf.

Der Ordination folgte eine im Regelfall bereits mit der Weihe verbundene Inthronisation[273]. Sie trat in den Vordergrund, wenn es ein Bischof war, der zum Patriarchen gewählt wurde. Es wurde über den Patriarchen das ihm allein vorbehaltene Gebet des Klemens gesprochen, ihm wurde der Stab des Patriarchen übergeben, seine Hand wurde über die Hände der Bischöfe gelegt[274] und er wurde zum Patriarchen von Antiochien proklamiert.

Nach einer mehrfach wiederholten Regel aus reichskirchlicher Zeit sollte ein Bischof auf Lebenszeit mit seiner Diözese verbunden sein[275]. Translationen von einem Bischofssitz auf einen anderen waren folglich unzulässig. Damit war es aber auch unzulässig, einen Bischof zum Patriarchen zu wählen und zu ernennen. Eine neue Weihe wäre in diesem Fall ohnehin nicht in Frage gekommen. Dennoch gibt es immer wieder solche Translationen: Patriarch Severos bar Mašqā war z. B. vorher Bischof von Amīd[276], Patriarch Elias war vorher Bischof von Apameia[277], Patriarch Johannes (Īwannīs) war vorher Bischof von Ḥarrān[278] und Patriarch Jōḥannān bar Maʿdanī war vorher Maphrian von Tagrīt[279].

Als Patriarch von Antiochien war der westsyrische Patriarch nominell zugleich Metropolit und Bischof von Antiochien. Das entspricht der reichskirchlichen Stellung, wo der Patriarch von Antiochien Metropolit von Syria I und Bischof der Stadt Antiochien war[280]. Dem wird dadurch rechtlich Rechnung getragen, daß es, wo immer der Patriarch seinen Sitz nimmt, neben dem Patriarchen keinen „Bischof von Antiochien" gibt. Nur ausnahmsweise dürfte einmal ein Patriarch freilich in

---

[270] VII, 1.

[271] So Bar ʿEbrājā, Chr.eccl. II 794.

[272] BO II 339, 340, 437.

[273] Michael III 171: nicht unbedingt in Antiochien.

[274] Bar ʿEbrājā, Chr.eccl. II 702. Pontificale Syriacum, Assemani Diss. VII BO II.

[275] Vgl. unten VII 2 h; Zusammenstellung bei Assemani Diss. VII BO II.

[276] Michael II 456.

[277] Michael II 490.

[278] Michael II 503.

[279] Kanones des Michael, Synodikon II 246.

[280] Honigmann, Evêques, 6 oben.

Anspruch genommen haben, an seinem realen Sitz auch bischöfliche Rechte auszuüben, etwa gerade über Antiochien, als er seinen Sitz im Kloster Eusebona hatte[281], oder über Amīd, als er dort seinen Sitz hatte[282], oder über Mardē, als er im Kloster Mār Ḥananjā residierte[283]; doch bezeugt schon die Synode von 1188 n. Chr. (im Kloster von Mār Barṣaumā[284]) einen vom Patriarchen verschiedenen Ortsbischof von Mardē, obwohl der Patriarch dort seinen offiziellen Sitz hatte.

e. Der neugewählte Patriarch wechselte seit der Zeit des Patriarchen Ignatios (878 n. Chr.) seinen Namen, von wenigen Ausnahmen abgesehen, selbst wenn er vom Bischof zum Patriarchen wurde[285].

3. Der Sitz des westsyrischen Patriarchen „von Antiochien"

a. Dem Namen nach war das Oberhaupt der westsyrischen Kirche zu allen Zeiten „Durch die Gnade Gottes Patriarch des apostolischen Sitzes von Antiocheia in Syrien"[286]. In der Realität hatte er dort zu keiner Zeit seinen wirklichen Sitz. Er besuchte die Stadt, in der sich nicht allzuviele Westsyrer befunden haben dürften[287], nur selten. Die Chronik des Michael nennt es daher ein ganz besonderes Ereignis[288], als im Jahre 721 n. Chr. der Patriarch Elias in Antiochien mit großem Erfolg einzog und dort eine neue Kirche der Westsyrer weihte, genau 203 Jahre nachdem Severos die Stadt hatte verlassen müssen. Von einer feierlichen Inthronisation in Antiochien ist einmal für das Jahr 819 (820?) n. Chr. die Rede, als sich Dionysios von Tell Mahrē zwei Jahre nach seiner Wahl und Ordination aus anderen Gründen in die Region begab[289]. Ein Besuch in Antiochien, oder zumindest in der Region, ist für Georgios (Gīwārgī) nach seiner Entlassung aus dem Gefängnis in Bagdad bezeugt[290].

b. In der Realität war es vom jeweiligen Patriarchen und den Zeitumständen abhängig, wo er seinen Sitz wählte, wenn er nicht gerade reiste, um seine Kirche zusammenzuhalten[291]. Für die Zeit vom Beginn

---

281 Michael III 49 (9. Jh. n. Chr.)

282 Michael II 255.

283 Michael II 331. Patriarch Michael der Große wollte diesen Zustand zur Regel machen.

284 Bar ʿEbrājā, Chr.eccl. II 586.

285 Zusammenstellung bei Assemani Diss. VII BO II.

286 ZB Michael III 32; Bar ʿEbrājā, Chr.eccl. I 298. Er hatte in diesem Titel zu allen Zeiten bis heute Konkurrenz aus anderen Kirchen.

287 Vgl. Michael II 491 über die große chalkedonische Mehrheit in der Region.

288 Michael II 490.

289 Michael III 44.

290 Michael III 3.

291 Vgl. dazu schon Assemani Diss. VII BO II.

des 7. Jh. bis zum Ende des 9. Jh. werden von Michael[292] als Sitze des Patriarchen die Orte Ḥarrān, Qallīnīqōs, Edessa und Antiochien, von Bar ʿEbrājā darüberhinaus Mabbūg, Qennešrē, Tellā, Gūbbā Barrājā, Malkē (Bēt Melkē?), Rēšʿainā, Kaišūm und Kepharnābū[293] genannt, doch ist mit Antiochien sicher nicht die Stadt selbst gemeint, sondern — seit Kyriakos I zu Beginn des 9. Jh. — das Kloster Eusebona in der Region Antiochien[294]. Es liegt nahe anzunehmen, daß der jeweilige Patriarch, besonders in Krisenzeiten, jenes Kloster zum Sitz auserwählte, aus dem er stammte[295]. Als mit dem Vordringen der Byzantiner im 10. Jh. das westsyrische Zentrum in den byzantinischen Herrschaftsbereich Kleinasiens verlegt wurde[296], tauchten neue Ortsnamen als Residenzen auf. Das neue Kloster von Barīd (Qarīrā)[297] ist die Residenz für Jōḥannān von Sarīgtā und seinen Nachfolger Athanasios; auch wird das Kloster des Mār Barṣaumā als Residenz genannt[298]. Als der Druck der Chalkedonier zunahm, wechselte der Patriarch in die Stadt oder Region Amīd[299], zeitweise in das Kloster von Mār Hananjā bei Mardē[300], zeitweise auch nach Ḥarrān und Maipherkaṭ[301], zeitweise auch nach Kaišūm[302] oder nach Ḥesnā de Zaīd[303]. Mit Michael dem Großen hat die Wanderschaft für längere Zeit ein Ende. Bis in das 20. Jh. bleibt Mār Ḥananjā (Deir az-Zaʿfaran) die Residenz der westsyrischen Patriarchen[304]. Im 20. Jh. folgen zunächst Homs (das alte Emesa) als Sitz, dann Damaskos. Eine Verlegung nach Sednaja, nordwestlich von Damaskos, ist derzeit geplant.

---

292 III 130.

293 Aufzählung bei Assemani Diss. VII BO II.

294 Auch in Michael III 47 ist nur die Region Antiochien gemeint: in III 49 heißt es dann genauer „in Eusebona, in der Region Antiochien“.

295 Vgl. den Bericht über den Patriarchen Jōḥannān von Sarīgtā (11. Jh.) bei Michael III 125.

296 Vgl. oben I 2.

297 Erbaut von Jōḥannān von Sarīgtā: Vgl. Michael III 130 und 125; Bar ʿEbrājā, Chr.eccl. I 412.

298 Assemani Diss. VII BO II; Hindo II 78.

299 Michael III 147, 212, 228, 252, 255, 282.

300 Michael III 147, 162, 331.

301 Michael III 171.

302 Michael III 242.

303 Michael III 306 und 307.

304 Die Kanones für die Klöster Mār Abḥāi und Mār Ḥananjā, Synodikon II 223 ff nennen Mār Ḥananjā ausdrücklich den „Sitz des Patriarchen für alle westlichen und östlichen Jakobiten“. Zum Thema vgl. Leroy, Le Deir-es-Zapharan et le siège d'Antioche“, in A tribute to A. Vööbus, Chicago 1977, 319 ff.

4. Die Jurisdiktion des Patriarchen

a. Alle Bischofsweihen sollen vom Patriarchen ausgehen[305]. Doch gibt es in dieser Frage eine Divergenz von Anspruch und Realität im Wandel der Zeit. Der Patriarch erhob zwar zu allen Zeiten den Anspruch territorial und sachlich umfassender Jurisdiktion, im „Westen" wie im „Osten". Die traditionelle und recht alte reichskirchliche Auffassung, wonach zur rechten Bischofsweihe einfach zwei oder drei Bischöfe genügten[306], wurde dem aber immer wieder entgegengesetzt und führte zu Absetzungen, Anathemen und Schismen. Letztlich vermag sich der Anspruch des Patriarchen im „Westen" durchzusetzen; jedenfalls wurden Weihen ohne Zustimmung des Patriarchen immer stärker als „illegitim" angesehen. Ihre Gültigkeit konnte freilich vom sakramentalen Standpunkt aus selten bestritten werden. So finden wir immer wieder Kompromißlösungen, um Schismen, die ihren Grund in solchen Weihen hatten, aufzuheben. Den unerlaubt geweihten Bischöfen sollten bei ihrem Rückzug in ein Kloster die bischöflichen Ehrenrechte gewahrt oder es sollte ihnen erlaubt werden, die bischöflichen Rechte mit dem Tod des legitim geweihten Bischofs auszuüben. Die Formulierung, daß alle Bischofsweihen vom Patriarchen ausgehen, richtet sich insbesondere gegen den Anspruch jener Bischöfe, die Metropolitanrechte in einer Kirchenprovinz beanspruchten[307]. Mit der Zeit gab es zwar mehr und mehr Metropoliten; doch verbindet sich jedenfalls im „Westen" mit dem Rang des Metropoliten nur ein Ehrenvorrang vor anderen Bischöfen; die Weihegewalt des Patriarchen wurde dadurch nicht etwa mediatisiert. Eine Besonderheit bildete auch insoweit der ehemals persische „Osten". Hier beanspruchten sowohl der Metropolit von Mossul in Mār Mattai als auch der Metropolit von Tagrīt — der Maphrian[308] — immer wieder, daß die „Bischöfe des Ostens" neue Bischöfe für ihre Region selbst weihten. Der Patriarch setzte sich hier letztlich nicht durch[309]. Im „Osten" blieb es bei der reichskirchlichen Tradition echter Metropolien, die das Weiherecht für die Metropoliten und ihre Suffragane mit Erfolg verteidigten, bis der Maphrian es für sich beanspruchte[310].

b. Der Patriarch bestimmte über die regionale Einteilung der Kirche in Bistümer, er teilte sie oder legte sie zusammen. Die Darstellung

---

[305] Vgl. schon oben V 2.

[306] Vgl. unten VIII 2.

[307] Vgl. unten VIII 1 und oben I 2.

[308] Vgl. dazu unten VII.

[309] Vgl. dazu unten VII.

[310] Vgl. dazu unten VII.

bei Hindo[311] täuscht freilich etwas; es ist nicht allein der Patriarch, der solche Bestimmungen trifft, sondern der Patriarch zusammen mit der Synode. Die regionale Neuordnung mag in den Chroniken diesem oder jenem Patriarchen zugeschrieben werden, doch nur die Synode konnte garantieren, daß die Neuordnung nicht zum Schisma führte[312].

c. Der Patriarch nahm zusammen mit der Synode die höchste Disziplinargewalt in der Kirche in Anspruch. Er selbst war es zumeist, der das Disziplinarverfahren, etwa durch eine Deposition, oder durch einen Auftrag an eine bischöfliche Untersuchungskommission einleitete. Ohne die Unterstützung durch die Mehrheit der Synode gelang dem Patriarchen selten die Absetzung, vor allem nicht gegen einen breiteren Kreis von Anhängern des abgesetzten Bischofs unter anderen Bischöfen oder doch unter den Klerikern und Laien des Bistums selbst. Die Kirchengeschichte ist voll von Disziplinarmaßnahmen der Patriarchen und daraus folgenden Schismen, die in den gravierendsten Fällen erst durch den Tod des disziplinierten Bischofs gelöst wurden[313]. Doch nicht nur die Bischöfe sind der Disziplinargewalt des Patriarchen unterworfen, sondern alle Mitglieder der Kirche, sofern nur der Fall bedeutsam genug ist, die Einheit der Kirche zu gefährden. Das war bei rebellischen Mönchen und Äbten, etwa denen von Gūbbā Barrājā, nicht selten der Fall.

d. Dem Patriarchen ist neben anderen Bischöfen erst von einer späteren Zeit ab die Weihe des heiligen Öls (Myron, Chrisma) vorbehalten. Die Kanones von Mār Mattai (7. Jh.) gehen noch wie selbstverständlich davon aus, daß (für den Osten) die Metropoliten des Ostens das Konsekrationsrecht haben (Kanon 6)[314]. Jakob von Edessa[315] erkennt das Weiherecht allen Bischöfen zu. Auf der Synode von Mār Šīlā (I) von 846 n. Chr. heißt es in Kanon 8 ebenso, daß es der Bischof ist, der das Myron konsekriert[316]; ebenso bei Johannes von Dārā[317] und bei Georg (Gīwārgī), dem Araber, Kanon 5[318]. Und noch Jaḥjā ibn Ǧarīr

[311] II 110 ff.

[312] Vgl. besonders die spätere Zusammenlegung der Metropolien Mossul und Tagrīt: Michael II 514 ff, Michael III 313; Bar ʿEbrājā, Chr.eccl. III 337 ff. Über Vereinigungen von Diözesen berichtet im übrigen Michael III 313.

[313] Hindo II 117 f nennt zwei Beispiele, die für viele gelten können: Sergios Zakūnājā und Denḥā von Tagrīt. Zu nennen wären auch noch Athanasios Sandalājā und Theodoros bar Wahbūn, David von Dārā und Jōḥannān von Qallīnīqōs.

[314] Synodikon II 203.

[315] Jakob von Edessa an Jōḥannān Esṭūnārā, Frage 1.

[316] Synodikon II 44.

[317] Zitiert nach Hindo III 149.

[318] Zitiert nach Bar ʿEbrājā, Nomokanon cap. III sec. V; ebenso Georg (Gīwārgī), der Araber, in der „Erläuterung der Sakramente", zitiert nach Ryssel, Georgs Gedichte und Briefe, 36 ff, 42.

(11. Jh. n. Chr.)[319], Mōšē bar Kēphā[320], Dionysios bar Ṣalībī[321] und Jōḥannān von Mardē[322] berichten, daß es der Bischof ist, der das Weiherecht hat. Bar ʿEbrājā leitete demgegenüber aus einem (zitierten) Satz bei Jōḥannān, Patriarch, wonach üblicherweise das Myron in bestimmten Städten geweiht wurde[323], aber doch durch den Bischof, recht gewaltsam ab[324], daß sich daraus ergebe, nur der Patriarch oder der Maphrian oder der Metropolit habe das Recht, das Myron zu weihen. Doch zitiert Bar ʿEbrājā auch hier zudem wieder einmal ungenau. Das Zitat stammt aus Kanon 24 der Synode von Mār Šīlā. Dieser Kanon verweist aber einfach für die Plätze, an denen das Myron geweiht wurde, auf die Zeit des Patriarchen Kyriakos[325]. Echte Metropoliten aber gab es im „Westen" zu keiner Zeit der Geschichte der Westsyrer.

e. Das Recht der Bücherzensur ordnete erstmals Bar ʿEbrājā dem Patriarchen zu[326]. Danach sollten alle kirchlichen Bücher, die im „Westen" erschienen, vom Patriarchen zensuriert werden; für den „Osten" weist dieses Recht Bar ʿEbrājā, der auch hier die Stellung des Maphrians aufwertet, dem Maphrian zu.

f. Eine bedeutsame Rolle spielt das Recht des Patriarchen, als erster in der commemoratio der Meßliturgie und in den Offizien überall in der westsyrischen Kirche genannt zu werden. Die Unterdrückung dieser Proklamation war das äußere Zeichen der Nichtanerkennung eines Patriarchen[327].

g. Der Patriarch war der Vertreter der westsyrischen Kirche gegenüber anderen Glaubensgemeinschaften und gegenüber den wechselnden weltlichen Oberherren. Unter den moslemischen Herrschern war ein eigenes Anerkennungsdiplom für den Patriarchen vorgesehen[328].

---

319 Al Muršid Kap. 32 über das Myron, zitiert nach Hindo III 147, 150.

320 Zitiert nach Hindo III 150.

321 Zitiert nach Hindo III 150.

322 Geschichte, 212.

323 Nomokanon III 1.

324 Nomokanon II 1, directio. Ebenso Abbeloos/Lamy, Bar ʿEbrājā, Chr.eccl. I 454 Fn. 1.

325 Hindo II 131 nimmt Hinweise, daß der Patriarch das Myron weihte (z. B. Michael III 255) gleich für dessen ausschließliches Recht. Anders dagegen in II 28 f, wo er die zahlreichen geschichtlichen Belege anführt, nach denen das Recht allen Bischöfen zukam.

326 Nomokanon VII, 9.

327 ZB Bar ʿEbrājā, Chr.eccl. III 207: So der Maphrian Sergios gegen den Patriarchen Ignatios, 878 n. Chr. Vgl. Hindo II 137 f.

328 Beispiele: Michael II 506.

VII. DER MAPHRIAN (MAPHREJĀNĀ)[329]

1. Der „Osten“ und der Maphrian

Die ursprünglich gesonderte organisatorische Entwicklung der monophysitischen Gemeinden im sassanidischen Herrschaftsbereich war auch nach der Union unter Patriarch Athanasios Gammālā zu Beginn des 7. Jh. noch spürbar. Die bereits vorhandene Integration bewahrte dem „Osten“, wie er immer wieder genannt wird, seine Sonderstellung, eine Organisation unter zwei Metropoliten, dem von Mossul (mit Sitz in Mār Mattai) und dem von Tagrīt. Beide waren echte Metropoliten mit Suffraganbischöfen im Sinne der alten reichskirchlichen Organisation, wie sie die Notitia Antiochena zeigt. Der geschickte Schachzug des Athanasios Gammālā verschaffte dem bis dahin alleinigen Metropoliten von Mossul einen Konkurrenten in Tagrīt. Dessen Vorrang im „Osten“ wünschte der Patriarch zwar, dessen Gleichrang ließ aber der Metropolit von Mossul, Christophoros, auf der Teilsynode von Mār Mattai in vielen Detailregelungen festhalten[330]. Es ist daher gewiß eine zeitliche Verzerrung, wenn Michael der Große berichtet, schon Jakob Burdʿānā habe einen Maphrian für den Osten geweiht[331]. Und noch immer zu früh ist es für die Zeit des Athanasios Gammālā, den neu eingesetzten Metropoliten von Tagrīt retrospektiv als „Maphrian des Ostens“ zu bezeichnen. Die Kanones von Mār Mattai und der dazugehörige Synodalbrief[332], die beide im Original erhalten sind, nennen den neuernannten Mār Mārūtā „Bischof von Tagrīt“ oder „Metropolit von Tagrīt“ und kennen im rechtlichen Sinn eher eine Gemeinschaftsführung des gesamten Ostens durch die beiden Metropoliten als einen Vorrang des Metropoliten von Tagrīt[333]. Die Annahme, Christophoros I

[329] Wörtlich „Befruchter“, Ehrentitel für den Oberbischof des „Ostens“, den Metropoliten Dionysios (1112—1142 n. Chr.), den Wiedererbauer von Tagrīt, Funktionstitel für seine Nachfolger, vgl. Fiey, „Tagrit“, 307.

[330] Besonders, daß der Metropolit von Mār Mattai und dessen Suffragane ohne Mitsprache des Metropoliten von Tagrīt bestimmt werden: Kanones von Mār Mattai, Kanon 15.

[331] II 339: „Katholikos“ genannt; wohl in Anlehnung an den Katholikos der Nestorianer, mit dem man sich im gleichen ostsyrischen Raum vergleichen wollte. Zum Streit mit den Nestorianern über diesen Titel vgl. Assemani Diss. VIII BO II.

[332] Synodikon, II 197 ff.

[333] Anders die Absicht des Athanasios Gammālā in seinem Brief an die Mönche von Mār Mattai, Michael II 416, und die die spätere Entwicklung vorwegnehmenden Chroniken des Michael und des Bar ʿEbrājā.

von Mār Mattai habe die Jurisdiktionsbezirke abgrenzen wollen[334], wird seinen Absichten nicht gerecht.

Zu Beginn des 9. Jh. änderte sich das Machtverhältnis zugunsten eines Vorrangs des Metropoliten von Tagrīt im Verhältnis zum Metropoliten von Mossul. Zunächst konnte der Metropolit von Mossul noch die alte Regelung der Synode von Mār Mattai für sich in Erinnerung rufen[335]. Und noch die Synode von Qallīnīqōs (818 n. Chr.) konnte nur minimale Vorteile für Tagrīt vermerken, zumal der Maphrian Basilios von Bālād erst 817 n. Chr. eine Niederlage gegenüber Mār Mattai erlitten hatte[336]. Die allgemeine Synode von Kephartūtā (869 n. Chr.) erkannte dagegen dem Metropoliten von Tagrīt den ersten Rang nach dem Patriarchen zu[337] und ordnete ihm den Metropoliten von Mossul (Mār Mattai) unter. Dennoch konnte sich Tagrīt nur schwer als Zentrum im Osten gegen Mossul durchsetzen.

Das Problem wurde erst im 12. Jh. endgültig gelöst. Die beiden Metropolien des Ostens wurden zu einer einzigen vereinigt. Es blieb nominell die Metropolie von Tagrīt erhalten; die neue Residenz des Oberbischofs des Ostens wurde Barṭellī[338]. Den Beschluß faßte die Synode von Mār Barṣaumā (1155 n. Chr.)[339], vor allem auf schon längeres Drängen des Maphrians[340] und nach dem Beschluß der Teilsynode von Mār Ḥananjā. Der neue Titel lautete: „Maphrian von Tagrīt und von Mossul, Katholikos des gesamten Ostens“. Dabei blieb es für die uns hier interessierende Epoche. Der Maphrian hatte sich als einziger Oberbischof zwischen den Patriarchen und die Bischöfe des Ostens geschoben. Jaḥjā ibn Ǧarīr nahm das im 11. Jh. vorweg: Der Maphrian kommt gleich nach dem Patriarchen und ist in den entfernten Regionen des Stuhles von Antiochien wie der Patriarch angesehen[341].

2. Das Territorium des „Ostens“

Die territoriale Reichweite der Jurisdiktion des Maphrians als Oberbischof ergab sich zunächst einmal aus der einstigen Grenze zwischen

334 So Vööbus, Reorganisierung 110 f.

335 Synode von Mossul (817 n. Chr.), Michael III 34.

336 Michael III 85, 87. Dazu Vööbus, Neues Licht, 296.

337 Kanon 3, nach Bar ʿEbrājā, Nomokanon cap. VII sec. I; Bar ʿEbrājā, Chr.eccl. III 203; vgl. auch Nau, ALCS II 96; Mounayer, Synodes 74.

338 Bar ʿEbrājā, Chr.eccl. III 344 ff (12. Jh.): Inthronisation des Maphrians, und Residenzwahl.

339 Michael III 313.

340 Michael III 308.

341 Al muršid Kap. 31, zitiert nach Hindo II 141. Assemani Diss. VIII BO II vergleicht das Verhältnis mit dem des Patriarchen von Alexandrien zum Oberbischof von Äthiopien.

Rom und Persien[342]. Später versuchte der Maphrian immer wieder, seine Jurisdiktion nach Westen auszudehnen. Die Synode von Kephartūtā (869 n. Chr.) hatte sich mit einem solchen Versuch des Maphrians zu beschäftigen, der Bischöfe für Qallīnīqōs, Ḥarrān und Rēš'ainā geweiht hatte[343]. Der Versuch scheiterte zunächst; die vom Maphrian geweihten Bischöfe mußten die Diözesen verlassen[344]. Allein Nisibis kam im 11. Jh. (wieder) zur Jurisdiktion des Maphrians[345].

3. Die Vorrechte des Maphrians

Am Ende einer langen wechselhaften Entwicklung bis zum 11. Jh. hatte der Maphrian im Osten eine Stellung erlangt, die einige der patriarchalen Rechte für den engeren Bereich des „Ostens" enthielt. Das Recht der Bischofsweihe, das der Patriarch bislang universal beansprucht und nach den Weihelisten auch ausgeübt hatte, erscheint nun für den Bereich des „Ostens" unbestritten beim Maphrian[346]. In Berichten für frühere Zeiten ist zu beachten, daß es sich bei derartigen Akten des Maphrians nach der Auffassung der Zeit noch um illegitime Ordinationen handelte[347]. Doch schon die Synode von Mossul (817 n. Chr.) behandelt nur mehr jene Frage, ob der Metropolit von Tagrīt, der Katholikos, für Bischofsweihen der Zustimmung des Metropoliten von Mossul (Mār Mattai) bedurfte, nicht mehr jene, ob er die Zustimmung des Patriarchen brauchte[348].

Das Rechte, eine Synode einzuberufen, und zwar als Teilsynode der Bischöfe des „Ostens", kam dem Maphrian schon früher zu. Die Synode von Mossul (817 n. Chr.)[349] bestätigte ein solches Recht des Maphrians. Kein gutes Beispiel für dieses Recht ist dann freilich die Synode von Tagrīt (835 n. Chr.), bei der die Bischöfe des Ostens unter dem Vorsitz des Patriarchen tagten[350]. Doch wird dort das Recht des Maphrians, eine Teilsynode einzuberufen, bestätigt. Damit ist zugleich

---

342 Vgl. oben I 2.

343 Hindo II 145 mit Bar 'Ebrājā, Chr.eccl. III 196 ff, 204 f.

344 Bar 'Ebrājā, Chr.eccl. 204 f.

345 Bar 'Ebrājā, Chr.eccl. III 304; vgl. Assemani BO II 357.

346 Bar 'Ebrājā, Chr.eccl. III 240, 244, 288, 296, 317 f, 321 ff, bes. 374. Assemani Diss. VIII BO II.

347 Etwa bei Maphrian Denḥā (10. Jh.), Bar 'Ebrājā, Chr.eccl. III 244. Berichte über diesen allgemeinen Streitpunkt bei Michael II 436 f und 475 f; Bar 'Ebrājā, Chr.eccl. I 284 und 288.

348 Michael III 34; Bar 'Ebrājā, Chr.eccl. III 194.

349 Michael III 34.

350 Michael III 85 ff; Bar 'Ebrājā, Chr.eccl. I 382; Mounayer, Synodes 69 ff.

die Disziplinargerichtsbarkeit des Maphrians und dieser Teilsynode über den gesamten „Osten“ gewahrt.

Ein Vorrecht, das sich ebenfalls erst mit der Zeit entwickelte, zeigte sich schon bei der Frage der Ordination des Patriarchen[351].

4. Die Wahl und Ordination des Maphrians

Der mit einem Ehren- und Rechtsvorrang ausgestattete Metropolit von Tagrīt war zunächst einmal Bischof wie jeder andere. Der Patriarch nahm auch bei ihm das Recht in Anspruch, im Falle der Vakanz des Sitzes von Tagrīt, einen Nachfolger zu bestimmen. Die Berichte aus den Kirchengeschichten gehen darüber freilich auseinander. Bar ʿEbrājā[352] bringt nachträglich die neue Realität mit dem alten Anspruch[353] in Einklang, daß die Bischöfe des Ostens ihre Oberbischöfe selber wählten. Nach dem Rundschreiben des Patriarchen Athanasios Gammālā[354] wurde der erste Metropolit von Tagrīt, Mār Marūtā zwar von den Bischöfen des Ostens gewählt; doch geschah diese Wahl noch mit Zustimmung des Patriarchen, der von sich behauptete, er habe den Metropoliten in Übereinstimmung mit den Bischöfen des Ostens eingesetzt. Mit schöner Regelmäßigkeit berichtet demnach der Maphrian Bar ʿEbrājā von einer Wahl des Metropoliten von Tagrīt durch die Bischöfe des Ostens[355]. Patriarch Michael dagegen betont als Chronist die Rechte des Patriarchen[356]. Reale Abweichungen vom Anspruch werden als Übergriffe dargestellt[357].

Die Synode von Kephartūtā (869 n. Chr.) versuchte, diese Quelle von Schismen in einer Neuregelung zu beseitigen[358]. In acht Kanones wurden die aktuellen Streitfragen behandelt. In Kanon 4 heißt es unter anderem, daß die Bischöfe des Ostens sich ohne Zustimmung des Patriarchen einen Maphrian weihen dürften[359]. Doch auch in der Folgezeit war es eher eine Frage des Durchsetzungsvermögens als des Rechts, ob

---

351 Vgl. oben VI 2.

352 Chr.eccl. III 120 ff.

353 Synodalbrief des Metropoliten von Mār Mattai, Christophoros, Synodikon II 197 ff (628/629 n. Chr.).

354 Michael II 416.

355 ZB Bar ʿEbrājā, Chr.eccl. III 146, 160. Von einer Loswahl spricht er in Chr.eccl. III 224.

356 ZB Michael II 475 f.

357 Bar ʿEbrājā, Chr.eccl. III 198.

358 Bar ʿEbrājā, Chr.eccl. III 204. Michael übergeht diese Zeit.

359 Bar ʿEbrājā, Nomokanon VII, 1; vgl. auch Mounayer, Synodes 74.

man der Neuregelung folgte oder nicht[360]. So nutzten die Bischöfe des Ostens im Jahre 1046 n. Chr. eine Doppelvakanz des Patriarchats und Maphrianats aus, um „ihr Recht" auszuüben[361]. Aber schon der alsbald neu gewählte Patriarch bestimmte trotz einer Rekonziliation in Gazārtā de Qardū über die wechselseitige Mitsprache den nächsten Maphrian wieder selbst und ordinierte ihn[362].

Bar ʿEbrājā berichtet von einem Brauch, nach dem als Maphrian niemals ein Kandidat aus dem Osten genommen werde[363]. Die Belege freilich sprechen dagegen, daß darin eine rechtliche Bindung gesehen wurde. So nahm man Ende des 13. Jh. n. Chr. nur deshalb einen Mann aus dem „Westen", weil man sich nicht auf einen aus dem „Osten" einigen konnte[364]. Schon vorher aber waren Maphriane aus dem Osten genommen worden: Mār Marūtā aus dem Kloster Mār Mattai[365], Denḥā, ein Schüler des Marūtā[366], Jōḥannān aus Mār Mattai[367], Paulos aus Kenūšiā[368], wieder einen Jōḥannān aus Mār Mattai[369] usw. Und selbst wenn die Maphriane „aus dem Westen" kamen, so waren sie gelegentlich doch Priester für eine Gemeinde der Tagritenser in der Fremde[370], oder stammten aus einer Familie aus Tagrīt[371].

5. Der Sitz des Maphrians

Offiziell war stets der Metropolit von Tagrīt der Oberbischof des „Ostens", Tagrīt also die Hauptstadt des „Ostens". Nach der Union der alten Metropolien von Mossul (Mār Mattai) und Tagrīt zu einer einzigen nahm der Maphrian seinen Sitz zunächst in Mār Mattai, dann in Barṭellā[372].

---

360 Eine Dominanz des Patriarchen zeigt sich in Bar ʿEbrājā, Chr.eccl. III 240, 248, 254, 258. Eine Wahl im Osten: Bar ʿEbrājā, Chr.eccl. III 378 f.

361 Bar ʿEbrājā, Chr.eccl. III 298 ff: Wahl des Basilios.

362 Bar ʿEbrājā, Chr.eccl. III 304: Wahl des Jōḥannān; ebenso z. B. Bar ʿEbrājā, Chr.eccl. III 334, 390.

363 Bar ʿEbrājā, Chr.eccl. II 656 f im Vergleich mit Äthiopien.

364 Bar ʿEbrājā, Chr.eccl. III 494.

365 Bar ʿEbrājā, Chr.eccl. III 120.

366 Bar ʿEbrājā, Chr.eccl. III 130.

367 Bar ʿEbrājā, Chr.eccl. III 146.

368 Bar ʿEbrājā, Chr.eccl. III 152.

369 Bar ʿEbrājā, Chr.eccl. III 160.

370 Bar ʿEbrājā, Chr.eccl. III 250 (in Nisibis).

371 Bar ʿEbrājā, Chr.eccl. III 254 (in Damaskos), wo ebenfalls eine Gemeinde der Tagritenser bestand. Zu den „Diasporagemeinden" der Tagritenser vgl. Fiey, „Tagrit", 315 f.

372 Bar ʿEbrājā, Chr.eccl. III 346.

VIII. BISCHOF UND METROPOLIT

1. Stellung in der Hierarchie

a. Die westsyrische Kirche knüpft zwar häufig an das Organisationsrecht der Reichskirche an, ein klarer Bruch mit der Tradition findet sich jedoch, soweit es um die Rechte der Metropoliten geht. Wohl nennen sich mehr und mehr westsyrische Bischöfe im Laufe der Zeit „Metropoliten", doch ist damit — sehen wir von der Sonderordnung im „Osten" ab — nur ein Ehrenrang verbunden[373]. Die westsyrische Kirche überliefert nun zahlreiche reichskirchliche Quellen in ihrem Synodikon, in denen von echten Metropolitanrechten die Rede ist. So berichtet Kanon 8 der Titloi unter Berufung auf die 81 Apostelkanones (Kanones 33 und 36), auf die Synoden von Antiochien (Kanones 3, 9 und 16) und Nikaia (Kanon 5) von einer echten Metropolitansynode[374]. Und die tradierten und zitierten reichskirchlichen Synoden, etwa Nikaia Kanon 6[375], Antiochien Kanon 9[376], Konstantinopel I Kanon 2[377] und Chalkedon Kanon 9[378], kennen echte Metropoliten. Die ebenfalls im westsyrischen Synodikon überlieferte Notitia Antiochena[379] bezeugt ebenso klar eine Metropolitanorganisation für den Bereich des Patriarchats Antiochien zu reichskirchlicher Zeit. Die Übernahme dieser Kanones und ihre Tradition ist aber rein literarisch. Als sich zu Beginn des 7. Jahrhunderts Bestrebungen zeigten, im „Westen" eine Metropolitanorganisation bei den Westsyrern einzuführen[380], berief man sich auf die alte kirchliche Tradition, fand damit aber beim Patriarchen kein Gehör[381]. Das Beispiel der Nestorianer[382] wirkte allenfalls im „Osten", das Beispiel der Chalkedonier, neben denen man lebte, oder der alten afrikanischen Kirche, deren Quellen man kannte[383], wirkte überhaupt nicht. So verwundert die Feststellung bei Kawerau[384], daß es keinen Beleg für eine Beschränkung der Ölweihe oder für eine Metropolitansynode gebe, nicht.

[373] Vgl. oben II 4.
[374] Synodikon I 66.
[375] Synodikon I 96.
[376] Synodikon I 112 f.
[377] Synodikon I 127 f.
[378] Synodikon I 133.
[379] Synodikon II 189 ff.
[380] Vgl. oben II 4.
[381] Vgl. oben II 4.
[382] Vgl. Selb, OrKiR I 127 ff.
[383] Tradiert mit der Synode von Karthago, Synodikon, I 173 f.
[384] Die jakobitische Kirche 31.

Eine Ausnahme bildet freilich vielleicht die von dem Bischof Jōḥannān von Mardē Mitte des 12. Jh. n. Chr. in das Kloster Mār Ḥananjā[385] einberufene Synode. Es handelt sich nicht um eine allgemeine Synode, die unter dem Vorsitz des Jōḥannān 40 Kanones erließ[386], sondern eher um eine Teilsynode. Die Lebensgeschichte des Jōḥannān, die uns erhalten ist[387], nennt ihn „Hl. Metropolit der Stadt Mardē und der Stadt Dārā und von Ḥabōrā und Kephartūtā und Tell Besmē und den übrigen Plätzen in eben der Region und Gegend von Mardē[388]". Doch sind mit diesen Plätzen nicht Suffraganbistümer gemeint, sondern Plätze eines einzigen großen Bistums. Freilich zeigt Kanon 9 der Synode, daß man die Synode der Bischöfe einer Eparchie wiederbeleben möchte und dafür einen alten Kanon über die Metropolitansynode in Erinnerung ruft[389]. Es mag die besondere persönliche Autorität des Jōḥannān von Mardē gewesen sein, die seinen sichtbaren Vorrang, einmalig in der westsyrischen Kirchengeschichte außerhalb des „Ostens", begründete.

b. Der Bischof als solcher kommt in der westsyrischen Hierarchie nach dem Patriarchen bzw. im „Osten" nach dem Maphrian. Dem Bischof folgten in der Hierarchie: Der Presbyter (qašīšā), dann der Diakon (mešamšānā), dann der Subdiakon (hypodiāqānā), dann der Vorleser (qarūjā), dann der Vorsänger (ψάλτης, pesultā), dann der Exorzist (maumjānā), dann der Türhüter (terʿā). Eine besondere Stellung hat der Chorbischof (χωρεπίσκοπος) oder periodeuta, visitator, der in der uns hier interessierenden Zeit keinen Bischofsrang bekleidet, aber nicht selten bischöfliche Rechte kraft Delegation wahrnimmt. Zwischen dem Presbyter und dem Diakon ist ferner der Archidiakon einzuordnen. Der Diakon hat ein weibliches Pendant, die Diakonin.

2. Bischofswahl, Bischofsweihe, Inthronisation

a. Die Bischofswahl war in der Zeit der Verfolgung völlig ungeordnet. Als Jakob Burdʿānā durch das Land zog und für die Anhänger seiner Glaubensrichtung Bischöfe weihte, war vor allem sein Wille für die Auswahl unter den Anhängern bestimmend. Auch in der Zeit unmittelbar nach der Verfolgung durch die byzantinischen Oberherren war die Entwicklung der Auswahl eines Bischofs weniger von kirchlichen

---

385 Vööbus weist auf Bar ʿEbrājā, Chr.eccl. III 339 hin, der eine Synode für 1153 n. Chr. erwähnt, läßt aber offen, ob es sich um dieselbe Synode handelt.

386 Erhalten im Anhang zum westsyrischen Synodikon, II 247 ff.

387 Anhang zum Synodikon II 212 ff.

388 Etwas andere Übersetzung bei Vööbus II 212.

389 Synodikon II 251 f.

Regeln als von der Macht der Umstände bestimmt. Als solche Umstände erscheinen aber wieder ziemlich regelmäßig folgende:

b. Die westsyrische Kirche ist eine Mönchskirche. Zum Bischof kann nur ein Mönch gewählt werden, und nicht selten ist es der Abt eines Klosters, der zum Bischof vorgeschlagen wird oder der Bischof wird zum Abt des Residenzklosters[390]. Damit liegt zugleich ein Übergewicht bei der Auswahl im klösterlichen Bereich, nicht bei den Klerikern und Laien jenes Ortes, für den ein Bischof ernannt werden soll. Die westsyrische Kirche steht hier im Unterschied zur nestorianischen oder zur byzantinischen Kirche. Sie ist keine Kirche der Städte, in denen ein starkes Laienelement ein Mitspracherecht geltend macht, sondern eine Kirche des Landes und vor allem der Klöster. Insofern ergibt es sich fast von selbst, daß die zahlreichen reichskirchlichen Kanones und Regelungen, wie sie auch HINDO in sein Sammelwerk aufnimmt[391], ohne Ausnahme kein Modell sind, das in der westsyrischen Kirche je befolgt wurde.

c. Eine rein tatsächliche Mitsprache der Kleriker und Laien der Diözese, für die ein Bischof bestimmt wurde, ergab sich allenfalls daraus, daß diese den Bischof nicht aufnahmen[392]. Michael der Große spricht in seinen Kanones[393] von einem einzuholenden Rat der leitenden Kleriker, meint damit aber wohl nur seine Bischöfe.

d. Zumeist ist es allein der Patriarch, der im „Westen" einen Mönch seines Vertrauens als Bischof auswählt. Die Beispiele dafür aus der Kirchengeschichte sind zahlreich. Die Formeln der Berichte an sich sind gleichlautend: Der Patriarch bestimmt etwa einen Bischof für Melitene aus dem Kreis der Mönche von Mār Šīlā, für Jerusalem einen Mönch aus den Bergen von Edessa, für Edessa einen Mönch aus dem Kloster Asphūlōs (Saphylos), für Amīd einen Mönch aus dem Kloster Barṣaumā[394]. Dasselbe gilt für Translationen, bei denen ein Bischof in eine

---

390 ZB „Bischof des Klosters Qarṭamīn": Bar ʿEbrājā, Chr.eccl. I 244 (für den Ṭūr ʿAbdīn). Vorchalkedonische Belege für Mönchsbischöfe, nach Theodoret, bei BLUM, Rabbula, 81, und CANIVET, Théodoret et le monachisme syrien avant le concile de Chalcédoine, in Théologie de la vie monastique, Etudes sur la tradition patristique, Paris 1961, 241—282.

391 II 172 ff: „De episcopi electione" und III 81 ff (hier freilich auch mit Belegen zum Streit des Patriarchen mit Bischöfen um Metropolitanrechte).

392 Beispiele bezeichnender Weise gerade aus der Großstadt Edessa mit starkem Laienelement: Michael II 379, 421; Michael III 4 und 9; aus Ḥarrān: Michael II 525. Ältere Kanones dazu: Ankyra, Kanon 17, und Antiocheia, Kanon 18.

393 Kanon 6 aus der Hs. Šarf. 4/6 nach VÖÖBUS, Kanonessammlungen I 1 A 254 f, Fn. 11.

394 Michael III 121; weitere Beispiele bei Michael: II 480, 509, 510; III 19, 124,

andere Diözese versetzt wurde: Der Patriarch Michael versetzt etwa Dionysios bar Ṣalībī von Mardē nach Amīd[395]. Im „Osten" waren es die beiden echten Metropoliten des Ostens, später allein der Maphrian von Tagrīt, die einen Bischof auswählten[396]. Nur ganz selten gibt es einen Bericht, wonach die Gläubigen einer Diözese mit einem Vorschlag zum Patriarchen kommen, eine bestimmte Person zum Bischof zu weihen, etwa die Leute von Gūbbā Barrājā zum Patriarchen Kyriakos[397]. In Krisenzeiten bestimmt auch einmal eine Synode zum Zwecke der Befriedung und Neuordnung über die Auswahl eines Bischofs oder dessen Translation[398]. Ganz selbstverständlich ist, daß in Zeiten eines Schismas, wenn die Auswahl und Ordination von Bischöfen der Vergrößerung der eigenen Anhängerschar dient, die Gegner des Patriarchen ganz einfach dessen Befugnisse für sich arrogieren[399].

e. Der einsamen Entscheidung des Patriarchen über die Einsetzung eines Bischofs im „Westen" oder der des Maphrians im „Osten" entspricht es, daß der gewählte Bischof nur in seltenen Fällen aus der Diözese, für die er bestimmt wird, stammt oder einen anderen Bezug zu ihr hat. Auch wählt der Patriarch immer wieder Parteigänger, Schüler oder Synkelloi aus seinem Heimatkloster zu Bischöfen. Die Weihelisten sind dabei deshalb aufschlußreich, weil sie die Herkunft der Bischöfe nennen[400]. Die wenig enge Verbindung eines Bischofs zu seiner Diözese läßt sich auch aus der Fülle von allein kirchenpolitisch bestimmten Translationen ermessen[401], ferner daraus, daß der Weiheort zumeist nicht mit dem Ort des Sitzes übereinstimmt[402], ferner daraus, daß der neuernannte Bischof ohnehin nicht häufig seinen Sitz in der nur nominellen Bischofsstadt nimmt, sondern entweder in einem nahegelegenen Kloster oder gar noch in seinem Heimatkloster lebt. Der „Metropolit von Mossul, Assur und Ninive", der in dem Mossul nahegelegenen Kloster Mār Mattai residiert, wird auch „Metropolit des Klosters" genannt[403]; er war dort von Bischöfen („Metropolit und Bischöfe des

174, 306, 310, 341. Ganz eindeutig auch die Geschichte des Klosters Mār Ḥananjā im Anhang zum Synodikon II 221. Michael, III 18, berichtet, wie Kyriakos als Patriarch einen Vorschlag aus einer verwaisten Diözese ablehnt.

[395] Michael III 331; weitere Beispiele bei Michael: III 190, 247, 255, 278, 299, 306.

[396] Michael II 380, im Beispiel von der Bevölkerung aber nicht angenommen.

[397] Michael III 18; weitere Fälle bei Michael III 259, 327.

[398] Michael III 313; Synode von Mār Barṣaumā, 1155 n. Chr.

[399] Michael II 513, 518 f, 521; III 5, 24 f.

[400] Michael III Appendix III, z. B. für Kyriakos I, 451.

[401] ZB Michael III 190, 247, 255, 278, 299, 306, 313.

[402] Siehe VI, 3.

[403] Kanon 1 und passim, der Kanones von Mār Mattai.

Klosters")[404] umgeben; es scheint, als seien es seine Suffragane gewesen, geweiht für bestimmte Diözesen, „zu Hause" aber in Mār Mattai. Die Kirchengeschichte berichtet auch immer wieder von Abt-Bischöfen, die ihre Funktion als Klostervorsteher nicht aufgaben, wenn sie Bischöfe wurden. Vom Patriarchen Jōḥannān bar Maʿdanī (13. Jh. n. Chr.) ist ein Dekret überliefert, das die Bischöfe zum Verlassen der Klöster bewegen will. In einer Abhandlung über „kirchliche Oikonomia"[405] ist gar von der Ernennung eines Bischofs der Mission die Rede, der Bischof sein sollte „wo immer er hingelange". In Zeiten der Rekonziliation nach Schismen gibt es in den Klöstern auch Bischöfe ohne Diözesen, die jedoch ihren Rang als Bischöfe bewahren, oder Bischöfe, die, um Doppelbesetzungen[406] zu lösen, warten, bis „ihre" Diözese frei wird.

Ziehen wir den Nomokanon des Bar ʿEbrājā für den Stand des 13. Jh. n. Chr. heran, so scheint sich an diesem Stand der Bischofsauswahl nichts entscheidendes geändert zu haben. Bar ʿEbrājā ist in Verlegenheit, für die Kompetenz zur Auswahl der Bischöfe kirchliche Regeln der eigenen westsyrischen Tradition zu bieten. Er muß, um das Thema nicht zu übergehen, auf alte reichskirchliche Regeln zurückgreifen[407], deren Nichtanwendung bei den Westsyrern in der Praxis für alle Regionen und Zeiten außer Zweifel steht.

f. Die Bischofsweihe ist in vielen alten reichskirchlichen Regeln behandelt. Von diesen Regeln wird gerade noch jene weiterhin streng eingehalten, die verlangt, daß es zur Weihe (zumindest) zweier oder dreier Bischöfe bedarf[408]. Im übrigen vollzieht sich ein erheblicher Wandel.

Titel 1 der Titloi, Teil des westsyrischen Synodikon[409], verweist auf die maßgeblichen reichskirchlichen Regeln: Kanon 1 der Apostelkanones gibt die genannte Regel wieder, ebenso Kanon 1 der Kanones des Simeon. Die Simeon-Kanones[410] lassen aber in Notzeiten einen einzigen Bischof genügen, wenn ein zweiter seine schriftliche Zustimmung zur Weihe erklärt. Kanon 4 und 6 der Synode von Nikaia[411] wollen

---

[404] Kanon 18 der Kanones von Mār Mattai. Dabei ist zu beachten, daß Mār Mattai eine Klostergemeinschaft aus drei Klöstern war, wie die Kanones über die Klöster von Mār Abḥāi und Mār Ḥananjā (Synodikon II 243) berichten.

[405] Synodikon, II 173 ff, 184.

[406] Sie waren stets verboten; Michael betont das in seinen Kanones, aus Hs. Šarf. 4/6 Vööbus, Kanonessammlungen I 1 A 254 f, Fn. 12: Kanon 7.

[407] VII 1 und 2.

[408] Schon in Test. Dom. 1.R.: mehrere Bischöfe.

[409] Synodikon I 65 ff.

[410] Synodikon I 84 ff.

[411] Synodikon I 95 ff, 96 und 97.

sämtliche Bischöfe einer Metropolie, dh die Metropolitansynode mit dem Metropoliten an der Spitze, an der Ordination beteiligt wissen, nur in Notzeiten sollten drei Bischöfe genügen, bei Widerspruch einiger Bischöfe sollte eine Mehrheit in der Synode genügen; das wird in Kanon 19 der Synode von Antiochien wiederholt[412]. Nun geht aber Titel 1 der Titloi insoweit über eine bloße Verweisung hinaus, als er auch noch die Mitsprache des Patriarchen verlangt. Die Entwicklung der reichskirchlichen Organisation war seit Nikaia und Antiochien insoweit weitergegangen. Der neuen Kirchenorganisation der Westsyrer mußte dieser Vorbehalt patriarchaler Zustimmung gefallen. Insoweit zeigt sich nun auch, daß Regeln über die Beteiligung bestimmter Funktionäre — des Metropoliten oder Patriarchen — nicht nur Ordinationsregeln, sondern Auswahlregeln sind. Während es jedoch in Titel 1 der Titloi noch um die Bestätigung einer nicht weiter beschriebenen Auswahl durch die Mitwirkung an der Ordination geht, ist in der Kirchengeschichte der Westsyrer daraus bereits ein Auswahlrecht des Patriarchen — und zu bestimmten Zeiten und mit örtlicher Begrenzung — des Maphrians geworden. Allein eine Ordination vornehmen kann der Patriarch — bzw. Maphrian — nicht. Johannes von Dārā[413] (8./9. Jh.) formuliert freilich die alte Regelung neu: Ein einzelner Bischof kann, auch wenn er Patriarch ist, nicht die Bischofsweihe spenden. Es müssen mehrere andere Bischöfe an der Ordination eines Bischofs mitwirken, zumeist zwei oder drei, ausgenommen in Notfällen[414]. Bar ʿEbrājā wiederholt im Nomokanon[415] insoweit nur die Kanones des Simeon.

g. Eine wichtige Voraussetzung der Bischofsweihe bei den Westsyrern ist, daß der Kandidat unverheiratet ist. Das ,,Testamentum domini"[416] beschreibt die erforderlichen Charaktereigenschaften eines Bischofs und vermerkt dabei noch, daß der Bischof möglichst ohne Weib sein, auf jeden Fall aber nur einmal verheiratet sein soll. Auch Kanon 5 der Apostelkanones[417] geht noch von verheirateten Bischöfen aus, versagt ihnen sogar, ihre Frauen aus Gründen der Askese zu ver-

---

[412] Vgl. auch Kanon 12 von Laodikeia

[413] Über das Priestertum IV, 6 (Hs. Šarf. 4/1 ff, 251 f): Vgl. auch Jaḥjā ibn Ǧarīr, Al Muršid Kap. 31.

[414] Zitiert nach Hindo II 186.

[415] VII 3; ebenso im ,,Buch der Strahlen" VII 2, zitiert nach Hindo II 189.

[416] Synodikon I 35; auch bei Hindo II 173 f, ähnlich zu den Charaktereigenschaften der Oktateuch des Klemens, Nau, ALCS IV 82 und die Didaskalie, Nau, ALCS I 39 ff, die Synode von Seleukeia-Ktesiphon, Kanon 1, zitiert nach Chabot, Synodicon orientale, 263, Mōšē bar Kēphā, zitiert nach Hindo II 175.

[417] Synodikon I 73.

stoßen. Rabbūlā von Edessa setzt sich darüber hinweg. Die Kanones 16—18 befassen sich mit der Mehrfachehe, der Witwenehe und der Verwandtenehe auch von Bischofskandidaten[418]. Die ausschließliche Auswahl der Bischofskandidaten aus dem Kreis der Mönche und die Bischofsweihe als indispensables trennendes Ehehindernis lösen dieses Problem in der westsyrischen Mönchskirche. Jaḥjā ibn Ǧarīr[419] (um 1083 n. Chr.) faßt die spätere Entwicklung zusammen: Patriarch, Maphrian, Metropoliten und Bischöfe müssen aus dem Mönchsstand kommen, sie dürfen weder heiraten noch je verheiratet gewesen sein. Bar ʿEbrājā trifft in diesem Sinne seine Auswahl an Texten für den Nomokanon[420]; von der Ehe eines Bischofs ist nicht mehr die Rede.

Die Weihe zum Bischof ist die höchste Weihestufe. Ihr müssen die Stufen der Weihe zum Presbyter und vorher zum Diakon[421] vorausgegangen sein. Wurden etwa, wie häufig, einfache Mönche zum Episkopat erhoben, so war der Vorgang der gleiche, wie ihn Dionysios, der Patriarch (818 n. Chr.) für seine eigene Weihe auf der Synode von Qallīnīqos beschreibt: „Sie weihten mich am Freitag zum Diakon — im Säulenkloster —, am Samstag zum Priester — im Kloster Mār Zakkāi — und am Sonntag, dem 1. August des Jahres 1129 (der Griechen) erhoben sie mich zur vollkommenen τάξις des höchsten Priesterstandes, in der katholischen (allgemeinen) Kirche der Stadt Qallīnīqōs".

Immer wieder werden die besonderen moralischen und intellektuellen Fähigkeiten eines Bischofs als Voraussetzung für seine Ordination beschworen[422]. Die Kirchengeschichte zeigt freilich häufig das Gegenteil. Rechtlich am besten faßbar ist von diesen Voraussetzungen das vorgeschriebene Alter von 50 Jahren[423]. Doch setzt man sich auch darüber häufig hinweg; Bar ʿEbrājā ist ein Beispiel für viele.

h. Der Bischof wird auf eine bestimmte Diözese geweiht[424]. Die wahrscheinlich auf Mōšē bar Kēphā zurückgehenden Regeln aus dem Pontificale Syriacum geben den Weihevorgang wieder: Der gewählte Bischof gibt öffentlich ein Glaubensbekenntnis ab, das er eigenhändig

---

418 Synodikon I 74.

419 Al Muršid Kap. 31, zitiert nach Hindo II 176.

420 VII 2.

421 Kanon 13 der Synode von Serdika, im Synodikon der Westsyrer unter den „Väterzeugnissen" überliefert.

422 Vgl. oben unter g und Michael II 475 f.

423 Schon in der Didaskalie, IV 1—3, Nau ALCS I 39 f und noch bei Jōḥannān von Mardē, Kanon 15. Bar ʿEbrājā wurde freilich schon mit 20 Jahren zum Bischof geweiht, vgl. Abbeloos/Lamy, praefatio zu Bar ʿEbrājā, Chr.eccl. IX. Sicher war das kein Einzelfall.

424 Vgl. Kanon 1 der Synode des Jōḥannān von 846 n. Chr.

geschrieben hat; die Ordinanten führen ihn dann zum Altar; es folgt die Handauflegung und das Weihegebet, wozu auch gehört, daß dem zu weihenden Bischof das offene Evangelium auf den Kopf gelegt wird; der Bischofsstab wird ihm übergeben, und er wird eingekleidet[425].

Die Inthronisation soll im Anschluß an die Weihe in der Bischofskirche stattfinden[426]. So berichtet Mōšē bar Kēphā (gestorben 903 n. Chr.) über die Ordination[427], daß es der Ordinant ist, der den neugeweihten Bischof auf dem Bischofsthron Platz nehmen läßt[428]. In gleichem Maße wird aber die Inthronisation ihrer eigentlichen Bedeutung entkleidet, als sie — wie die des Patriarchen — oft genug aus der Ferne stattfindet und zum symbolischen Teil der Bischofsweihe oder zur einfachen Anordnung des Patriarchen wird[429].

Die Weihe auf eine bestimmte Diözese schließt nach dem Zeugnis der älteren, reichskirchlichen Quellen den Übergang des Bischofs zu einer anderen Diözese, ja sogar zur patriarchalen Diözese als Patriarch, aus[430], sofern es die Synode nicht aus hinreichendem Grund erlaubt. Damit soll verhindert werden, daß Bischöfe sich in vakante Bistümer drängen, die ihnen reicher oder bequemer zu verwalten dünken. Die Kirchengeschichte ist voll von Versuchen dieser Art[431]. Die Translation durch den Patriarchen anstatt der durch die Synode war freilich die Regel[432]. Die Translation eines Bischofs zum Patriarchensitz von Antiochien wird freilich nur einmal als unkanonisch gerügt[433].

Die Weihe auf eine bestimmte Diözese schließt vor allem aber jeden Akt der Jurisdiktion in einer fremden Diözese oder für fremde Diözesanangehörige aus. Dabei geht es vor allem um Ordinationen und Wie-

---

425 Vgl. Hindo II 188 ff; zum Weihegebet: Test.Dom. 1.R.; zur Handauflegung Kanon 12 der „Kanones über die Ordination"; allgemein aber für den „Osten" Bar ʿEbrājā, Nomokanon cap. VII sec. III directio.

426 Pontificale Syriacum, zitiert nach Hindo II 192.

427 Hindo II 193 gibt den Text wieder.

428 Vgl. auch Bar ʿEbrājā, Buch der Strahlen VII 2 zitiert nach Hindo II 193.

429 In den „Kanones für den Empfang" (des Bischofs) (6./7. Jh. n. Chr.), Vööbus, Kanonessammlung 192 ff, geht es nicht — wie Hindo II, 194 meint — um eine Inthronisation. Sie sind eher eine Bestätigung, daß die Inthronisation aus der Ferne stattfand, und der Bischof anschließend von seiner Diözese in der Bischofsstadt Besitz ergriff.

430 81 Apostelkanones, Kanon 13; Nikaia, Kanon 15; Antiochien, Kanon 16. Trotz der abweichenden Praxis wiederholt Jaḥjā ibn Ǧarīr, Al Muršid 31, zitiert nach Hindo II 239, die reine Regel.

431 Die alten Kanones sind dabei bekannt und zitiert: Michael III 160.

432 Vgl. auch oben VI 2d. Beispiele bieten auch Jaḥjā ibn Ǧarīr, aO und Assemani Diss. VIII und BO II 358, 360, 361 ff etc.

433 Nach der Wahl des Jōḥannān (erste Loswahl), der vorher Bischof von Ḥarrān war: Michael II 508.

deraufnahme von Presbytern und Diakonen in fremden Diözesen oder für fremde Diözesen. Titloi 4 zitiert dafür zu Recht Kanon 15 und 34 der 81 Apostelkanones und Kanon 13 von Antiocheia. Konstantinopel I, Kanon 2, und Chalkedon, Kanon 5, bestätigen die Regel. Sie wird in der Zeit nach dem Ende der byzantinischen Verfolgung wieder eingeschärft; denn in der Verfolgungszeit war der „wandernde Bischof" Garant der Fortexistenz eines monophysitischen Klerus. Der aus dieser Zeit stammende Brauch war schwer abzuschaffen. Die Synode des Georg (Gīwārgī) (785 n. Chr.) wandte sich gleich im ersten Kanon gegen Bischöfe, die in fremden Diözesen predigen, Kleriker weihen, das Myron weihen oder Exkommunikationen durch den Ortsbischof lösen[434]. Und wenig später rügte Kanon 2 der Synode des Kyriakos I von 794 n. Chr.[435], daß Bischöfe Kleriker weihen, die zu diesem Zwecke die eigene Diözese verlassen und eine fremde aufgesucht haben. Die Kanones der Synode des Dionysios (817 n. Chr.)[436] beginnen gleich wieder mit dem Verbot für Bischöfe, in fremden Diözesen tätig zu werden und schärfen dasselbe nochmals in Kanon 9 ein. Daß es sich um ein Dauerproblem handelt, zeigen Kanones späterer Synoden[437]. Oft genug ergibt es sich auch daraus, daß Emigranten in einem fremden Bistum eine geschlossene Gemeinde bilden, die sich nach wie vor ihrem Heimatbistum zugehörig fühlt, wenn nicht gar um Exemption von der Jurisdiktion des Ortsbischofs kämpft. Die Gemeinden der Tagritenser an fremden Orten, besonders in Mossul[438], in Nisibis[439], in Bagdad[440] oder in Damaskos[441] sind dafür Beispiele.

3. Die Aufgaben des Bischofs

Die bischöflichen Aufgaben werden in den Quellen gelegentlich ganz generell beschrieben: Der Bischof ist der Wahrer der rechten, in der Predigt verkündeten Lehre; von ihm gehen alle Weihen (Cheirotonien) aus; er weiht das heilige Öl (Myron); er ist der Richter in kirchlichen (später auch in vielen weltlichen) Angelegenheiten seiner Diözese[442].

---

434 Synodikon II 4.

435 Synodikon II 10.

436 Synodikon II 31.

437 Jōḥannān, Kanon 1, Synodikon II 39; Dionysios, Kanon 2, Synodikon II 63.

438 ZB Bar ʿEbrājā, Chr.eccl. III 320.

439 Bar ʿEbrājā, Chr.eccl. III 248 und 250.

440 Bar ʿEbrājā, Chr.eccl. III 310.

441 Bar ʿEbrājā, Chr.eccl. III 254. Von in vielen Regionen lebenden Tagritensern spricht Bar ʿEbrājā, Chr.eccl. III 318.

442 Vgl. Kanon 6 der Kanones von Mār Mattai, Kanon 5 der „Kanones über die

Die Weihegewalt umfaßt die Priesterweihe[443], die Weihe zum Diakon und zum Subdiakon, die Weihe der Diakoninnen[444] und die Einsetzung der unteren Grade des Klerus. Ein Problem bildet dabei stets die personale Beschränkung auf Mitglieder der eigenen Diözese: Fremde dürfen vom Bischof auch in der eigenen Diözese nur mit Zustimmung des für diese Fremden personal zuständigen Bischofs geweiht werden[445]. Mönche dürfen nur mit Zustimmung des zuständigen Abtes[446] zum Priester oder Diakon geweiht werden. Und gelegentlich ist auch davon die Rede, daß der Ortsbischof den Abt eines Klosters einsetzt[447].

Der Bischof übt die oberste Disziplinargewalt über den Klerus seiner Diözese aus. Die Quellen nennen ihn deshalb auch mehrfach rēš kahnē, Haupt der Priester[448]. In den Stadtkirchen teilt er den Altardienst der Kleriker ein; sein Vertreter darin ist der Archidiakon[449]. Er ist geistlicher Richter über den Klerus und die Laien[450], doch auch in weltlichen Angelegenheiten[451]. Neugeweihte Priester weist er einer bestimmten Kirche zu, doch bedarf er dazu freilich der Zustimmung des dort bestehenden Priesterkollegiums[452].

Die Konsekration der Kirchen und Altäre ist dem Bischof ebenso vorbehalten[453] wie die Weihe des Myron[454].

Die Visitation der Kirchen gehörte zu den Rechten, aber auch zu den Pflichten des Bischofs[455]; in den weit verstreuten Landgemeinden

Ordination", Kanon 1 der Synode des Georg (Gīwārgī), Kanon 1 der Synode des Dionysios (1. Reihe), Kanon 26 der Synode des Jōḥannān.

443 ZB Kanones 14, 22, 25, 33 der ,,Kephalaia aus dem Osten", Kanon 11 der Synode des Jōḥannān, mit ,,81 Apostelkanones", Kanon 2.

444 Besonders hervorgehoben in Kanon 11 der ,,Kephalaia aus dem Osten".

445 Kanon 2 der Synode des Kyriakos (1), Kanones 9 und 10 der Synode des Dionysios.

446 Kanon 2 der Synode des Kyriakos (1).

447 Michael III 285.

448 Kanones von Mār Mattai, Synodikon II 197 ff, 199; und die Kanones des Jōḥannān von Mardē, Kanon 11, Synodikon II 247 ff, 253.

449 Kanon 5 der zu Beginn fragmentarischen anonymen Kanones des Synodikon aus Dam. 8/11, Synodikon I 186 f (XXXVII).

450 ZB Kanones 29 und 39 der ,,Kephalaia aus dem Osten", Kanon 46 der Synode des Kyriakos (1). Das Synodikon aus Dam. 8/11 enthält dazu eigens Auszüge aus den Vätern über das Thema des rechten Richtens: Unter LXX-LXXXIII = S. 157—173.

451 Vgl. unten XV 5.

452 Kanon 13 der Synode des Kyriakos (1).

453 ZB ,,Kephalaia aus dem Osten", Kanones 5, 10 und 12; ,,Kanones zur Zeit der Verfolgung" Frage 4; ,,Brief an Paulā und Paulā", Kanon 4.

454 Ein Zeugnis aus der Kirchengeschichte: Geschichte des Jōḥannān von Mardē, Synodikon II 212 ff. Im übrigen vgl. oben unter VI 4 d.

455 Kanon 6 der Synode des Jōḥannān.

übte er die Visitation durch Chorbischöfe (Periodeuten, saʿūrē) aus[456]. Auch die Verwaltung des kirchlichen Vermögens gehört zu den bischöflichen Rechten und Pflichten; damit verbunden ist auch die Sorge für Witwen und Waisen[457].

4. Der Amtsverzicht und die Absetzung

a. Zu allen Zeiten war es möglich, daß ein Bischof dem Patriarchen gegenüber auf sein Amt verzichtete. Die Weihegewalt blieb jedoch erhalten. So berichtet die Kirchengeschichte von Jakob von Edessa, daß er im Zorn über die Nichteinhaltung der kirchlichen Kanones auf sein Amt verzichtete, es nach dem Tode seines Nachfolgers aber doch wieder übernahm[458].

b. Die Kirchengeschichte der Westsyrer ist reich an Absetzungen von Bischöfen. Assemanus[459] stellt die Fälle zusammen. Zur Absetzung zuständig waren Patriarch und Synode gemeinsam. Ihre Wirksamkeit aber war nicht selten davon abhängig, wie stark die den unfolgsamen und schismatischen Bischof stützende Fraktion in der Kirche oder die hinter ihm stehende weltliche Macht war.

IX. DER DIÖZESANKLERUS

1. Die Presbyter

Die westsyrische Kirche baut in der Frage der Klerusorganisation innerhalb der Diözese auf der reichskirchlichen Tradition auf. Daher werden insoweit die alten reichskirchlichen Quellen nicht nur literarisch in die Synodika oder von Bar ʿEbrājā im Nomokanon übernommen, sondern immer wieder zitiert und als Argumente in Streitfragen verwendet. Freilich geschieht das nicht anders als in allen anderen Kirchen auch. Es haben sich jedoch ganz allgemein mit der Zeit neue Entwicklungen angebahnt, die manche der alten Kanones, besonders aber die „Apostelkanones", obsolet werden ließen.

Ein gutes Beispiel dafür ist die Unterscheidung von qašīšā (Presbyter) und qašīštā (Presbyterin). Noch in der ersten Reihe der in das Synodikon aufgenommenen „Apostelkanones" („Diatheke unseres

---

456 Vgl. unten IX 5.

457 Vgl. unten X 3.

458 Michael II 472; Bar ʿEbrājā, Chr.eccl. I 292, 294.

459 Diss. IX BO II.

Herrn")[460] finden sich unter den Klerikern neben den Presbytern die Presbyterinnen, die auch als „Witwen" oder als „Witwen, die vorne sitzen" bezeichnet werden. Für ihre Weihe durch den Bischof gibt es ein eigenes Weihegebet; doch wird die Weihe des Presbyters in der Quelle als „Cheirotonie" bezeichnet, die der Presbyterin aber mit einem anderen Wort, als „Einsetzung". In der zweiten Reihe der Apostelkanones des Synodikon[461] wird den Presbyterinnen eine Funktion bei der Taufe der Frauen zugewiesen. Kanon 11 der Synode von Laodikeia[462] spricht sich jedoch bereits gegen eine Einsetzung solcher Presbyterinnen aus. Genannt werden sie immerhin noch in Kanon 19 der Titloi[463]. Die spätere Entwicklung geht in dieser Richtung weiter. Erscheint die Frau noch ganz allgemein in Kanon 15 der Synode von Chalkedon und in Kanon 19 der Titloi als Diakonin, so wird ihr später allmählich auch diese Stellung im Klerus genommen[464].

a. Die Presbyter (qašīšē, d. h. Älteste), in den nachchalkedonischen Quellen immer häufiger als Priester (kāhnē) bezeichnet[465], sind die Verwalter des Altardienstes an einer ganz bestimmten Kirche; sie werden auf diese bestimmte Kirche geweiht[466]. Sie folgen im Range der Kleriker dem Bischof. Ihren Stand erlangen sie durch „Cheirotonie", dh durch Handauflegung, zu der nur der zuständige Bischof berufen ist. Fremde durfte ein Bischof nur mit einem Empfehlungsschreiben des zuständigen Bischofs weihen[467]. Zahllose Quellenzeugnisse umschreiben die gleichbleibenden Aufgaben der Presbyter: Die Feier des eucharistischen Opfers und die Segnung, die Austeilung des Leibes und Blutes Christi und die Spendung der Taufe; später auch die Einsegnung der Ehe. Dem Priester obliegt auch die Lesung des Evangeliums, doch darf uU insoweit der Diakon an seine Stelle treten.

b. Der Priester soll nicht vor dem 30. Lebensjahr die Ordination erhalten; nur wenn es nicht anders geht, mag er mit 28 Jahren geweiht werden[468]. Der Kandidat sollte untadelig im Lebenswandel, nicht hoch-

---

[460] Test.Dom. 1.R. Synodikon I 44. Severos nimmt in seinem Brief an Caesaria Hypatissa Bezug darauf (Synodikon I 141).

[461] Test.Dom. 2.R. Synodikon I, 43 ff.

[462] Synodikon I 120.

[463] Synodikon I 65 ff.

[464] Vgl. unten 3.

[465] Noch in Kanon 3 der Kanones des Kyriakos (1) qašīšē genannt.

[466] Kanones des Kyriakos (1), Kanon 3, mit „81 Apostelkanones" Kanon 14, Antiocheia, Kanon 3, Chalkedon, Kanones 5, 6, 10, 19 und 20.

[467] Vgl. oben VII 3. ZB Jōḥannān, Kanon 2; Dionysios (2), Kanon 3.

[468] Kyriakos (1), Kanones 2 und 4; Kyriakos (2), Kanon 7; Jōḥannān, Kanon 7,

mütig, rechtgläubig und kenntnisreich sein. Alle diese Anforderungen finden sich bereits in den ältesten tradierten Quellen[469]. Vor seiner Ordination soll der Presbyter einige Zeit als Diakon gewirkt haben[470]; auf keinen Fall aber soll man einen Neophyten sofort zum Priester weihen[471]. Bestimmte körperliche Defekte wie Blindheit, Stummheit, Taubheit, Besessenheit hindern die Ordination nach altem Recht[472]. Dasselbe gilt für die Kastration[473] oder die Sklaverei[474]. Die westsyrische Kirche kennt die Ehelosigkeit traditionell nur für den höheren Klerus. Die Priester durften verheiratet sein, wenn nur die Ehe vor dem Diakonat geschlossen war[475]; doch wird die Jungfräulichkeit als das hohe Ideal gepriesen[476]. Dabei scheint man freilich noch einige Zeit nach Kanon 9 der Synode von Ankyra vorgegangen zu sein, wo dem Diakon eingeräumt wurde, bei seiner Ordination zum Diakon den Vorbehalt künftiger Heirat zu machen[477]. Auf keinen Fall aber durfte ein Presbyter nach der Weihe eine erste oder gar zweite Ehe eingehen[478]. Die Zweitehe war für Kleriker noch aus anderem Grunde verboten[479], sodaß er auch vor dem Diakonat keine verstoßene oder verwitwete Frau heiraten durfte[480]; es war ein Hindernis für die Ordination zum Diakon und Presbyter, wenn er bereits in bigamischer Ehe lebte[481]. Und es war ein

---

mit Neokaisareia, Kanon 11; Kanon 16 der Synode von Seleukeia-Ktesiphon, Chabot, Synodicon orientale 269; „Kanones der hll. Lehrer und Väter", Kanon 8.

469 ZB Test.Dom. 1.R.; später bei Jaḥjā ibn Ǧarīr, al Muršid, Kap. 31, zitiert nach Hindo II 275, wiederholt.

470 Kyriakos (2), Kanon 7; auch „Fragen des Addai", Frage 8.

471 Nikaia, Kanon 2; Titloi, Kanon 31; Laodikeia, Kanon 4.

472 Jōḥannān, Kanon 9 mit „81 Apostelkanones", Kanones 74, 75 und Titloi, Kanon 35; Bar ʿEbrājā, Nomokanon cap. VII sec. V.

473 „81 Apostelkanones", Kanon 21 und Nikaia, Kanon 1.

474 „81 Apostelkanones", Kanon 78; Titloi, Kanon 38.

475 Die Fähigkeit zu heiraten wird vorausgesetzt in Gīwārgī, Kanon 2; Kyriakos (1), Kanones 10 und 11; Jōḥannān, Kanones 11 und 13; Ignatios, Kanon 12. Ältere Regelungen in Test.Dom. 1.R., Synodikon 41/42; „81 Apostelkanones", Kanones 5, 16, 17, 18, 25; Ankyra, Kanon 9; Neokaisareia, Kanon 1. Vgl. dazu auch Abbeloos/Lamy, Bar ʿEbrājā, Chr.eccl. II 547 f, Fn. 1.

476 Johannes von Dārā, Über das Priestertum, zitiert nach Hindo II 288.

477 Synodikon I 104: Mit Genehmigung des Bischofs. Eine Sonderregel bietet Kanon 21 des Dionysios (2), für den Fall, daß die Ehe nicht durch Heimführung vollzogen werden konnte, bevor die Frau starb. Hier durfte der Diakon nochmals eine Frau nehmen, obwohl eine „Zweitehe" vorlag; vgl. X 1.

478 Neokaisareia, Kanon 1; Gīwārgī, Kanon 22; Dionysios, Kanon 2; Ignatios, Kanon 3, jeweils mit der Folge des Verlustes seines ordo als Kleriker.

479 Vgl. unten X.

480 „81 Apostelkanones", Kanon 17; Ignatios, Kanon 12.

481 „81 Apostelkanones", Kanon 16; Gīwārgī, Kanon 22; Kyriakos, Kanon 10 (1).

Anlaß zur Deposition, wenn er nach der Weihe — durchaus gültig — heiratete. Auch hier reichen die Regeln bereits in die älteste Zeit zurück. Entschied sich der Kleriker für die Ehelosigkeit oder war seine Ehe durch den Tod der Frau aufgelöst, so war ihm der Konkubinat verboten; mit einer Frau durfte er überhaupt nur zusammenleben, wenn es sich um nächste Verwandte oder unverdächtige Personen handelte[482]. An die Ehefrau eines Klerikers wurden auch höhere Anforderungen als sonst gestellt. Es durfte sich nicht um eine Schauspielerin oder Dirne oder Sklavin handeln[483]; sie durfte auch nicht Häretikerin oder Heidin sein[484].

Äußerungen über die Pflichten und die rechte Lebensführung der Kleriker sind zahllos und nicht selten aus konkreten Mißständen hervorgegangen. Besonders erwähnt seien hier nur das Verbot, Handelsgeschäfte zu betreiben und Zinsen zu nehmen[485], das Verbot, sich als Verwalter oder Vormund zu betätigen[486] und das Verbot, die Kirche zu verlassen und im Lande umherzuziehen[487] oder Regeln gegen Tanz und Trunksucht[488].

Ausgewählt werden die Priester vom Bischof. Trotz der gegenteiligen Anordnung in Kanon 13 von Laodikeia kommt es freilich in der Geschichte immer wieder vor, daß sich eine Gemeinde einen Priester wählt und sich damit durchsetzt, möglicherweise auch noch durch Bestechung veranlaßt[489].

c. Die Quellen zur Organisation des Dienstes in einer Kirche sind nicht leicht zu verstehen. Zunächst einmal stehen wir vor einer Entwicklung, die vom Presbyter einer Gemeinde (qašīšā) zum Priester an einer Kirche (kāhnā) führt. Im älteren Presbyterat finden sich notwendigerweise mehrere Presbyter zum Dienst an einer Kirche zusam-

---

482 Die Einrichtung der virgines subintroductae wird schon bald abgeschafft: Nikaia, Kanon 3; Rabbūlā-Kanones für den Klerus, Kanon 2; Basilios der Große nach Bar ʿEbrājā, Nomokanon cap. VII sec. IV.

483 „81 Apostelkanones", Kanon 17; Gīwārgī, Kanon 7; beging sie während der Ehe einen Ehebruch, so mußte der Kleriker sie verstoßen, Neokaisareia, Kanon 8, was über die Lösung des Ehebandes nichts aussagt.

484 Chalkedon, Kanon 14.

485 ZB Jōḥannān, Kanon 14; Dionysios (2), Kanon 12; Kanon 37 der Kanones des Jōḥannān von Mardē mit älteren Regeln, vgl. Titloi, Kanon 13. Das kirchliche Zinsverbot erscheint auch im Syrisch-Römischen Rechtsbuch, vgl. dazu Brassloff, Das kirchliche Zinsverbot.

486 Schon Titloi, Kanon 12; Chalkedon, Kanon 3.

487 ZB Gīwārgī, Kanon 15; Dionysios (2), Kanon 17; jeweils mit älteren Regeln.

488 Gīwārgī, Kanon 5, mit Laodikeia, Kanon 55. Zur Klerikeridisziplin besonders „Rabbūlā-Kanones für den Klerus".

489 „Jōḥannān bar Qūrsōs für die Kleriker", Kanon 14.

men. Die Stelle eines Priesters aber kann auch einmal ein einzelner innehaben; das hängt von der Größe der Kirche und Gemeinde ab. Das aber wieder hängt mit der Bildung mehrerer Gemeinden und dem Bau mehrerer Kirchen am gleichen Ort zusammen.

Die Doctrina Addai[490] geht davon aus, daß es an Dorfkirchen mehrere Presbyter gibt, über die ein paqūdā, ein Präfekt, gesetzt ist. Von einer Mehrheit von Presbytern an einer Kirche gehen auch andere frühe Kanones aus[491]. Gleichwohl besteht kein Zweifel daran, daß stets nur ein einziger Presbyter die Eucharistie feiert[492]. Es gibt keine Texte, die für eine Konzelebration sprechen. Besonders deutlich sind hier mE die synodalen Quellen der westsyrischen Kirche. Es gibt nach Kanon 6 der Synode des Kyriakos (1) (794 n. Chr.) nach wie vor eine Presbyterbank, auf der die Presbyter der Gemeinde nach ihrem Rang Platz nehmen, der sich nach Kanon 7 der anderen Synode des Kyriakos (2) (812/813 n. Chr.) aus dem Weihealter ergibt. Andererseits geht, bei einer Mehrheit von Kirchen an einem Ort, Kanon 40 der Synode des Kyriakos (1) von je einem einzigen Presbyter an diesen Kirchen aus. Wo es mehrere Presbyter an einer Kirche gibt, wird nach Kanon 9 des Kyriakos (2) stets einer von ihnen zusammen mit einem Diakon zum Wochendienst eingeteilt; er hat nach Kanon 10 auch in der Kirche zu schlafen[493]. Die übrigen Presbyter haben in den Gottesdiensten ihren Platz in der Presbyterbank einzunehmen[494]. Da an Sonn- und Feiertagen nur eine einzige Kirche — die allgemeine (= katholische) Kirche — geöffnet sein durfte, ergab sich diese Situation auch bei einer Mehrheit von Kirchen am Ort[495]. Wo es einen Archidiakon gibt, also sicher in der Bischofskirche der Stadt, ist es dieser, der den Wochendienst einteilt[496]. Nicht überall gibt es jedoch einen Archidiakon; an anderen, zumindest an größeren Kirchen dürfte der in Kanon 4 der Synode des Jōḥannān, Kanon 6 des Ignatios und Kanon 5 der Synode des Dionysios (2) genannte rēšʿedtā — Leiter der Kirche[497] — den Dienst eingeteilt haben, sofern nur meh-

---

490 Kanones 5 und 23. Dabei wird an eine jüdische Tradition angeknüpft.

491 ZB Test.Dom. 1.R., Synodikon I 39; Test.Dom 3.R., Synodikon I 57; die Kanones aus dem Synodikon Dam. 8/11, Synodikon I 186, Kanones 4 und 5; Kanon 15 der Synode von Seleukia-Ktesiphon, Chabot, Synodicon orientale 268; und noch im 12. Jh. n. Chr. die „Kanones des Jōḥannān von Mardē", Kanon 38.

492 „Kanones des Jōḥannān von Mardē", Kanon 34.

493 Bei Bar ʿEbrājā, Nomokanon cap. V sec. 5 aufgegriffen.

494 Vgl. die Kanones aus dem Synodikon Dam. 8/11, Synodikon I 186 Kanon 4.

495 Kyriakos (1), Kanon 40.

496 Die Kanones aus dem Synodikon Dam. 8/11, Synodikon I 187 Kanones 5 und 6; Kyriakos (2), Kanon 8.

497 Vielleicht der paqūdā der Doctrina Addai, Kanones 5 und 23.

rere Priester den Dienst dort versahen. Diese Einteilung gab es auch für die Priester eines Klosters, wie die „Kanones für Mār Ḥananjā“[498] zeigen. Mit der Neuorganisation des Bußsakraments unter Jōḥannān von Mardē finden sich in den Gemeinden eigene, besonders ausgewählte Beichtpriester[499].

2. Die Diakone

Das Amt des Diakons ist apostolischen Ursprungs, schon in Phil. 1,1 und I. Tim. 3,8—13 erwähnt; die vornehmliche Funktion des Tischdienstes wird den Diakonen nach Apg. 6,1—6 übertragen. Das Gemeindeamt erhält sich im wesentlichen von den Anfängen bis heute gleich.

a. Die Weihe durch den Bischof in Form der Handauflegung (Cheirotonie) macht den Diakon[500]. Das wird von Bar ʿEbrājā in seinem Nomokanon, directio zu cap. VII sectio VI wiederholt, wonach die Cheirotonie der Diakone im Prinzip dieselbe ist wie die der Presbyter. Auch die Voraussetzungen, wie sie beim Presbyter genannt wurden, sind im wesentlichen dieselben. Der Diakon muß freilich zumindest 20 Jahre alt sein[501], er soll 3 Jahre lang als Subdiakon gedient haben[502], im übrigen wird das Idealbild der Voraussetzungen zum Diakonat nicht anders beschrieben als beim Presbyterat, dessen Vorstufe der Diakonat ist[503]. Eine bereits bestehende Ehe[504] ist kein Hindernis für die Weihe. Dabei läßt Kanon 9 der Synode von Ankyra dem unverheirateten Kandidaten noch den erklärten, vom Bischof zugestandenen Vorbehalt bei der Weihe zu, nachträglich noch zu heiraten. Er findet sich in späteren Quellen nicht mehr. Weihehindernis ist es jedoch, wenn der Diakon selbst — seit der Taufe — in einer Zweitehe lebt[505] oder mit einer Frau verheiratet ist, die in einer Zweitehe lebt[506]. Als Zweitehe wird dabei

---

[498] Synodikon II 223 ff, 238 f, Kanones 16, 19 und 20(?).

[499] „Kanones des Jōḥannān von Mardē“, Kanon 3.

[500] Apostelgeschichte 6,6; Test.Dom. (1); „81 Apostelkanones“, Kanon 2; „Kanones über die Ordination“, Kanones 1—4.

[501] Jōḥannān, Kanon 7; Kyriakos (1) Kanon 4; Kyriakos (2), Kanon 6.

[502] Kyriakos (2), Kanon 6.

[503] Test.Dom. (1).

[504] Dionysios (2), Kanon 21 läßt erkennen, daß es dabei auf den Ehevertrag, nicht die Heimführung ankommt. Bar ʿEbrājā (Nomokanon 49, cap. VII sectio VI) schreibt die Stelle der Synode des Ignatios zu.

[505] I. Tim. III 12; Test.Dom. (1); „81 Apostelkanones“, Kanon 16; Gīwārgī, Kanon 22; Kyriakos (1), Kanon 10.

[506] „81 Apostelkanones“, Kanon 17; Gīwārgī, Kanon 22; Kyriakos (1), Kanon 10.

auch die bigamia successiva, nach dem Tod des Ehegatten, angesehen. Weihehindernis ist auch die Eingehung einer verbotenen Ehe mit der Schwester der Frau, wenn damit nicht ohnehin schon eine Zweitehe vorliegt, oder mit der Tochter der Schwester[507], ferner die Ehe mit einer Sklavin oder Schauspielerin[508] oder die Ehe mit der Patin[509].

b. Die Aufgaben des Diakons[510] werden zu allen Zeiten streng von jenen des Presbyters geschieden. Die Diakone sind traditionell die Diener des Bischofs und der Gemeinde im sozialen Dienst wie im Altardienst[511]. Zeichen des Amtes ist die über der Schulter getragene Stola[512]. Im Altardienst ist das eucharistische Opfer allein dem Presbyter vorbehalten. Der Diakon hat keine Mitwirkung daran[513]. Doch bereitet er das Opfer vor; er verwaltet die sakralen Geräte, teilt das eucharistische Brot in Stücke, gießt Wein in den Kelch und mischt ihn, ordnet die Opfergaben auf dem Altar[514] und bewegt zur Herabrufung des Heiligen Geistes den Fächer über dem Opfer[515]. Eine traditionelle Hauptaufgabe des Diakons ist auch die Austeilung der Eucharistie[516]. Grundsätzlich darf der Diakon das Evangelium nicht vorlesen, denn das ist dem Presbyter vorbehalten. Doch in Abwesenheit eines Presbyters oder mit dessen Genehmigung darf er das tun[517]. Auch das Taufen ist ihm grundsätzlich verwehrt[518]. Doch darf er im Notfall taufen[519]; eine Vollendung der Taufe durch das heilige Öl muß freilich nachfolgen[520].

---

507 ,,81 Apostelkanones'', Kanon 18.

508 ,,81 Apostelkanones'', Kanon 17.

509 Kyriakos (1), Kanon 11; anders als man nach der Übersetzung bei Vööbus, Synodikon II 12 annehmen müßte, geht es um eine Ehe vor der Weihe, nicht aber nach der Weihe; die letztere führte ohnehin zur Deposition.

510 Vgl. Salaville/Nowak, Le rôle du diacre.

511 Test.Dom. (1) über den Diakon. Vgl. zur Funktion des Diakons nach den Apostolischen Konstitutionen und anderen Quellen, die nicht zur westsyrischen Tradition gehören, Salaville/Nowak, Le rôle du diacre, 1 ff.

512 ,,Brief an Paulā und Paulā'', Kanon 2; ,,Kanones über die Ordination'', Kanon 7.

513 ,,Jakob von Edessa an Jōḥannān Esṭūnārā (2)'', Fragen 10 und 11; ,,Kanones über die Ordination'', Kanones 8 und 14.

514 ,,Kanones über die Ordination'', Kanon 14.

515 Test.Dom. (3), Kanon 12.

516 Test.Dom. (3), Kanones 16 und 40; Simeon-Kanones; Nikaia, Kanon 18; Gīwārgī, Kanon 11; ,,Kanones über die Ordination'', Kanon 8.

517 Jakob von Edessa an Jōḥannān Esṭūnārā, Frage 11; ,,Rabbūlā-Kanones für den Klerus'', Kanones 44 und 69; Kyriakos von Amīd (nach Bar ʿEbrājā Nomokanon, cap. VII sec. VI).

518 Simeon-Kanones.

519 Test.Dom. (3), Kanon 17; Severos an Thekla (Synodikon I 182); ,,Kanones über die Ordination'', Kanon 14.

520 ,,Kephalaia aus dem Osten'', Kanon 3.

c. Auch der Diakon wird nach alter Tradition auf eine bestimmte Kirche geweiht[521]. Von ihr darf er sich wie der Presbyter nicht entfernen. In der Regel dürften jeweils mehrere Diakone für eine Kirche geweiht worden sein. Mehr als sieben sollen es auch an einer großen Kirche nicht sein[522]. Sie stehen in einer Rangordnung[523] nach dem Dienstalter.

d. In den städtischen Bischofskirchen[524] spielt schon früh[525] der Archidiakon eine besondere Rolle. In der äußeren Verwaltung des Altardienstes vertritt er den Bischof. Er teilt die Presbyter zum Wochendienst ein, er gibt den Diakonen und Subdiakonen ihre liturgischen Aufgaben[526], er ist der Zeremoniär bei feierlichen Gottesdiensten[527], er vertritt den Bischof als Disziplinarrichter[528]. In Abwesenheit des Bischofs obliegt ihm an Werktagen die Proklamation der Litanei[529]. Wichtig ist auch, daß er die Bibliothek der Kirche verwaltet[530]. In allen diesen Aufgaben vertritt ihn notfalls wieder einer aus dem Kreis der Diakone[531].

3. Die Diakonin[532]

Der egalitäre Aufbruch des jungen Christentums, der neben den männlichen Presbytern auch Presbyterinnen — geweihte Witwen[533] — kennt, ist am besten im Galaterbrief des hl. Paulus 3, 28 formuliert: ,,Es gibt nicht mehr Juden und Griechen, nicht Sklaven und Freie, nicht Mann und Frau''. Er klingt ab, nachdem sich die Erwartung einer baldigen Endzeit nicht erfüllt und die Kirche sich in dieser Welt, d. h. in ihrer jeweiligen sozialen Ordnung, einzurichten beginnt. Das zeigt

---

[521] ,,81 Apostelkanones'', Kanon 14; Antiochien, Kanon 3; Chalkedon, Kanones 5, 6, 10, 19 und 20.

[522] Neokaisareia, Kanon 14.

[523] Kyriakos (1), Kanon 6.

[524] Kyriakos (2), Kanon 8 spricht von der allgemeinen (καθολική), Kirche eines Ortes. In der Stadt war das die Bischofskirche.

[525] Test.Dom. (1). Dazu wird er ernannt, nicht eigens geweiht, Bar ʿEbrājā, Nomokanon cap. VII sec. VII. Zum Ritus der Ernennung vgl. Hindo II 296 f.

[526] Die fragmentarischen Kanones über den Klerus aus dem Synodikon in Dam. 8/11, Synodikon I 186 f; Kyriakos (2), Kanon 16. ,,Kanones der Perser'', nach Bar ʿEbrājā, Nomokanon cap. VII sec. VI.

[527] Vgl. die ,,Kanones für den Empfang'', Kanones 16, 22—30, 37, 38, 42 und 46.

[528] Die fragmentarischen Kanones über den Klerus aus dem Synodikon, Dam. 8/11, Synodikon I 186 f; Kyriakos (2), Kanon 15.

[529] Kyriakos (2), Kanon 8.

[530] Kyriakos (2), Kanon 17.

[531] Kyriakos (2), Kanones 8 und 17.

[532] Umfassend neuerdings Martimort, Les diaconesses. Essai historique, Roma 1982.

[533] Vgl. I. Tim. 5, 3—16; zu den Presbyterinnen vgl. oben 1.

sich auch beim Amt des Diakons, zu dem ursprünglich Männer wie Frauen ohne Unterschied berufen waren[534].

a. Wie der Diakon wird die Diakonin vom Bischof durch Handauflegung (Cheirotonie) geweiht[535]. Sie muß dazu unverheiratet und mindestens 40 Jahre alt sein[536]. Es scheint, als sei der Stand der ,,geweihten Witwen" in dem der Diakonin aufgegangen. Die späteren Quellen, nach Chalkedon, zeigen einen weiteren Rückzug der Frauen aus klerikalen Funktionen. Als Diakoninnen erscheinen oft nur noch die Vorsteherinnen von ,,Schwestern"-Gemeinschaften in Klöstern[537]. Bar ʿEbrājā beschränkt sich darauf, ältere Quellen zu zitieren. Eine eigene directio, die uns über die Ordnung zu seiner Zeit informiert, fehlt. Doch berichtet Michael der Große im Pontificale Syriacum[538], daß zu seiner Zeit bei der Taufe schon lange kein Bedarf mehr für Diakoninnen bestanden habe, die Ordination von Diakoninnen daher weggefallen sei. Würden doch die Täuflinge schon im zarten Kindesalter zur Taufe gebracht. Da er aber die alten klaren Quellen darüber nicht aus der Welt schaffen kann, räumt er die Möglichkeit der Ordination von Frauen ein, falls ein dringender Bedarf bestehe.

b. Eine der ersten Aufgaben der Diakonin war, dem Priester bei der Taufe von (erwachsenen) Frauen zu assistieren[539]. Wie die Diakone teilten sie ferner die Eucharistie aus[540], brachten sie auch in die Häuser zu kranken Frauen[541]. Freilich wurde diese Funktion bald schon darauf reduziert, Frauen und kleinen Knaben und schließlich im Kloster den Mitschwestern die Eucharistie zu geben und auch dort nur, wenn kein

---

534 I. Tim. 3, 8—13. Hagiographische Belege für Diakoninnen bei Brock/Ashbrook, Holy women in the Syrian Orient, 1987, 53, 105, 149, 154.

535 Didaskalie, Kap. 16; unklar Nikaia, Kanon 19, ob es sich nur um Anhänger der Häresie des Paulos von Samosata handelt, denen die Weihe gerade aus anderem Grund fehlt; ganz klar aber Chalkedon, Kanon 15; ebenso ,,Kephalaia aus dem Osten"; Kanon 11, wonach der Diakonin auch die Stola gebührt; ,,Kanones über die Ordination", Kanon 18.

536 Chalkedon, Kanon 15.

537 ,,Fragen des Sargīs", Frage 33; ,,Kephalaia aus dem Osten", Kanon 9; ,,Fragen des Addai", Frage 41; Severos nach einem Zitat aus Bar ʿEbrājā, Nomokanon cap. VII sec. VII.

538 Zitiert nach Assemani Diss. X BO II.

539 Simeon-Kanones; noch in Test.Dom. (2) sind es die ,,Witwen", welche erwachsene Frauen beim Untertauchen begleiten und sie unter einem Schleier mit dem Tauföl salben; die Didaskalie macht aus den ,,Witwen" Diakoninnen, Kap. 16; ferner ,,Fragen des Addai", Frage 41; Gīwārgī, Kanon 17; Kyriakos (1), Kanon 7.

540 ,,Fragen des Sargīs", Fragen 32 und 36; ,,Fragen des Addai", Frage 41.

541 Test.Dom. (3), Kanon 40.

Priester oder Diakon anwesend war[542]. Sie durfte in dem Fall, daß ein Priester oder Diakon anwesend war, gar nicht erst den Altarraum betreten. Altardienst war ihr nur mit Genehmigung des Bischofs erlaubt[543]; doch durfte sie nur ganz untergeordnete Dienste am Altar verrichten und u. U. sogar an eine Mitschwester delegieren, nämlich, die hl. Gefäße und den Altar reinigen, die Kerzen ordnen und anzünden[544]. In der Liturgie war ihr verboten, das Evangelium zu lesen und ihre Stimme beim Akt der Inzension zum Gebet zu erheben[545].

Wie bei den Diakonen gab es an einer Kirche auch mehrere Diakoninnen. Zumindest ist das für die Frühzeit anzunehmen, in der die Diakonin noch die volle diakonische Funktion hatte. Für Edessa ist aus der Zeit des Rabbūlā berichtet, daß es in allen 18 Kirchen der Stadt je eine ,,Versammlung" oder ,,Gemeinschaft" von Diakoninnen gab[546].

4. Subdiakon und übriger niederer Klerus

a. Im Range unter dem Diakon stehen der Hypodiakon (Subdiakon)[547], der Exorzist[548], dessen Funktion freilich schon bald in der des Subdiakons aufgeht, der Vorleser (qarūjā)[549] und der Vorsänger (ψάλτης, psaltes, pesultā)[550]. Sie sind als Kleriker aus dem Laienstand herausgehoben; sie werden dazu freilich nicht durch Handauflegung geweiht, sondern schlicht vom Bischof oder seinem Vertreter ernannt[551]. Gelegentlich hat es den Anschein, als seien Kinder, die dem qejāmā

---

542 ,,Fragen des Sargīs", Frage 33; ,,Kephalaia aus dem Osten", Kanon 9; ,,Fragen des Addai", Frage 41.

543 ,,Fragen des Sargīs", Frage 37.

544 ,,Fragen des Sargīs", Fragen 35, 38 und 39; ,,Fragen des Addai", Frage 41.

545 ,,Fragen des Sargīs", Fragen 34 und 41.

546 Overbeck, S. Ephraemi Syri, 207; Blum, Rabbula, 60.

547 Schon in Test.Dom. (1) und in der Doctrina Addai, Kanon 5 als ,,apostolisch" genannt; ,,Kanones über die Ordination", Kanones 9 und 15; Laodikeia, Kanones 21—25.

548 Im Zusammenhang mit dem Katechumenenhaus und der Taufe schon in Test.Dom. (1) genannt; ,,Kanones über die Ordination", Kanones 11 und 17; Laodikeia, Kanon 26. Im Pontificale Syriacum fehlt jede Erwähnung, vgl. Assemani Diss. X BO II.

549 Schon in Test.Dom. (1) und in der Doctrina Addai, Kanon 5 als ,,apostolisch" genannt; ,,Kanones über die Ordination", Kanones 10 und 16; Laodikeia, Kanones 21—25.

550 ,,81 Apostelkanones", Kanon 25; Laodikeia, Kanones 23 und 24; die ,,Kanones über die Ordination" enthalten diesen Rang nicht.

551 Für den Subdiakon in ,,Kanones über die Ordination", Kanones 9 und 15 betont. Ursprünglich wurde er freilich noch durch Cheirotonie geweiht, Oktateuch des Klemens, Buch V, Nau ALCS IV, 97, 13—14.

gewidmet waren, im Kloster geradezu in die Ränge der Kleriker „hineingewachsen“[552].

b. Der Subdiakon und die weiteren Kleriker durften keine Stola tragen[553]. Der Subdiakon, der mindestens 10 Jahre alt sein mußte[554] und den Psalter des David rezitieren können mußte[555], hatte keinen Altardienst[556]; er hütete die Tür und führte die Aufsicht in der Kirche[557], wie die Diakonin das speziell bei den Frauen tat. Die Aufgaben der Vorleser, der Vorsänger[558] und der Exorzisten[559] ergeben sich aus deren Namen. Der Psaltes hat in der Stadtkirche noch „Kollegen“, die sahārē, zumindest bis zum 6./7. Jh.[560]. Subdiakon, Vorleser und Vorsänger durften als einzige Kleriker auch noch nach ihrer Aufnahme in den Klerus heiraten[561]. Anders war das freilich, wenn sie benai qejāmā waren.

5. Chorbischöfe, Periodeuten, saʿūrē

Bischofskirchen waren in der Reichskirche zunächst einmal Stadtkirchen. Daneben gab es zumindest bis zum 4. Jh. n. Chr. Bischöfe in der χώρα, auf dem Lande, dh in den Dörfern. GILLMANN[562] hat überzeugend dargetan, daß die reichskirchlichen Quellen, die auch in das westsyrische Synodikon aufgenommen worden sind, nämlich Titloi, Kanon 22; Ankyra, Kanon 12; Nikaia, Kanones 8 und 12; Antiocheia, Kanones 8 und 10; Laodikeia, Kanon 57; Basilios, Briefe an die Chorbischöfe[563] von echten Bischöfen handeln, die dem Weihegrad nach

---

552 Vgl. Jōḥannān bar Qūrsōs, Kanon 27; Kanones über die Ordination, Kanon 15. Zu den benai qejāmā unten 6.

553 Laodikeia, Kanones 22 und 23.

554 Kyriakos (2), Kanon 1.

555 Kanon 9 der fragmentarischen Kanones aus dem Synodikon in Dam. 8/11, Synodikon I 187.

556 Kyriakos (2), Kanones 2 und 3. Gegen Mißbräuche, ihn das Evangelium vorlesen oder ihn bei der Taufe assistieren zu lassen: Kyriakos von Amīd aus Bar ʿEbrājā, Nomokanon cap. II und cap. VII, VIII.

557 Laodikeia, Kanon 43; Kyriakos von Amīd (nach Bar ʿEbrājā Nomokanon cap. VII sec. VIII). Jaḥjā ibn Ǧarīr, Al-Muršid Kap. 31 zitiert nach HINDO II 319.

558 Jakob von Edessa, Kanon 22 (Kanon 23, vgl. VÖÖBUS Kanonessammlungen I 1 A 206).

559 Das Amt des Exorzisten übernimmt später der Taufende mit; vgl. „Kyriakos an Īšōʿ“, Frage 7, wo auf einen älteren Brauch der Trennung von Taufpriestern und Exorzisten hingewiesen wird (8./9. Jh.).

560 Vgl. „Kanones für den Empfang“, Kanones 17, 33 und 48 und Marūtā-Kanones VII, doch in anderer Funktion.

561 Für Vorleser und Vorsänger als lokale Regelung in Chalkedon, Kanon 14 geführt; als allgemeine Regelung in „81 Apostelkanones“, Kanon 25.

562 Chorbischöfe, 50 ff, 117 ff.

563 Synodikon I 187.

Bischöfe waren, in ihrer Jurisdiktion aber unter dem Bischof der πόλις standen[564].

In der nach der Verfolgung neu errichteten Hierarchie der westsyrischen Kirche war anscheinend für diese Art der kirchlichen Organisation kein Raum mehr. Kanon 20 der ,,Kanones über die Ordination" zeigt am besten den gewollten Bruch mit der Tradition. Den Ausdruck und die Institution des Chorbischofs kennt man noch; doch handelt es sich jetzt nicht mehr um einen geweihten Bischof, sondern um einen Presbyter, der im Auftrag des Bischofs die Landgemeinden visitiert und nach Kanon 23 mit dem Periodeuta gleichgesetzt wird. Und in den ,,Rabbūlā-Kanones für den Klerus", Kanones 13, 14 und 40, wird nur noch der Periodeuta erwähnt. Die ,,Kephalaia aus dem Osten", Kanones 28 und 38 stellen klar, daß es sich beim Chorbischof, dem Periodeuta und dem nun syrisch bezeichneten Visitator des Landes — dem saʿūrā — um einen Presbyter handelt, dem kraft der Delegation durch den Bischof eine Gewalt zukommt, die ein Presbyter im Regelfalle nicht hat[565]. Der saʿūrā als allgemeiner Delegat des Bischofs[566] erscheint jedoch dabei immer öfter als spezieller ,,saʿūrā des Klosters"[567] oder — für Nonnenklöster — als saʿūrtā (fem.) des Klosters[568].

Chorbischöfe (periodeutai, saʿūrē) nehmen kraft Delegation Aufgaben des Bischofs wahr. Die Chorbischöfe selbst sind in der uns interessierenden Epoche keine Bischöfe, zumeist aber Presbyter, im Falle der saʿūrtā (Aufseherin im Nonnenkloster) sicher aber nicht einmal das. Als Presbyter sind sie den Dorfpriestern im Rang vorgeordnet[569].

Im persischen Osten zu Beginn des 7. Jh. n. Chr. wird vom Patriarchen Athanasios Gammālā allen Äbten der Klöster des Ostens der Titel eines Chorbischofs verliehen, der Abt von Mār Mattai wird gar zum Oberchorbischof im Osten[570]. Mehr als ein Ehrentitel dürfte das nicht gewesen sein, zumal die Ortsbischöfe in eben diesen Klöstern ihren wirklichen Sitz hatten.

---

564 Ebenso Leclercq, Chorévêques, Sp. 1436 f, und Kirsten, Chorbischof. Zur älteren reichen Literatur vgl. Gillmann, aO; ferner Parisot, Les chorévêques, 163—171; Blum, Rabbula, 45; Amadou, Chorévêques 233—240.

565 Vgl. auch Brooks, Vitae I 49 und 55; Jakob von Edessa, Kanon 3.

566 Kyriakos (1), Kanon 16; Jōḥannān, Kanon 4 neben dem Periodeuta; Jaḥjā ibn Ǧarīr, Al-Muršid Kap. 31.

567 Rabbūlā, Mönchskanones, Kanones 2, 3 und 6; ebenso Ps.-Rabbūlā für die Mönche, Kanones 1 und 2; unklar in ,,Fragen des Addai", Kanon 5 (6). Vgl. auch unten XI.

568 ,,Kanones für die Nonnen", Kanon 7. Vgl. auch unten XI.

569 ,,Kephalaia aus dem Osten", Kanon 28.

570 Michael I 416.

Bei Bar ʿEbrājā erscheint der Chorbischof nicht unter den Rängen der Kleriker. Das mag an den Besonderheiten der „persischen" Kirche seiner Zeit liegen. Freilich begegnen wir gerade im „Osten" einer weiteren Besonderheit zum saʿūrā. Von Mōšē bar Kēphā wird berichtet, daß er 40 Jahre lang Bischof war, davon 10 Jahre in der saʿūrūtā (Aufseherschaft) für das verwaiste Bistum Tagrīt, ernannt vom Patriarchen[571].

6. Benai und benat qejāmā

Zu den Klerikern werden in den westsyrischen Quellen auch die benai qejāmā (Bundessöhne) und die benat qejāmā (Bundestöchter) gerechnet[572]. Dunkel bleibt, worauf sich der „Bund" (die „Satzung"?) bezieht. Es sind jedenfalls Männer und Frauen, die ehelos bleiben, ihr Leben, wie die Mönche, Gott weihen, die aber nicht in klösterlichen Gemeinschaften oder als Einsiedler, sondern in den Gemeinden leben wollten. Die an Hand der Texte bei Aphrahāṭ, Demonstrationes, viel besprochene alte reichskirchliche Einrichtung wird von Rabbūlā von Edessa nach dem Stand des 5. Jh. in Osrhoene ausführlich beschrieben[573]. Die Marūtā-Kanones[574] und die „Kanones über die Ordination" aus dem 5./6. Jh.[575] kennen sie. Ebenso erscheinen sie noch bei Jōḥannān bar Qūrsōs im 6. Jh.[576], doch nun schon in einer neuen Form: Kinder werden dem qejāmā („Bund") gewidmet und im Kloster erzogen. Leider läßt sich die Erwähnung der benat qejāmā in dem Ehetraktat aus Hs. B.Nat.Syr. 110[577] nicht datieren. Die „Verordnungen für Novizen"[578] aus dem 6./7. Jh. nennen die benat qejāmā noch, aber die Einrichtung dürfte im praktischen Leben bereits verschwunden gewesen sein[579]. Als

---

571 Aus der Vita des Mōšē bar Kēphā, mit Übersetzung wiedergegeben in ASSEMANI BO II 218f, der mit „visitator" übersetzt; unklar, woher VÖÖBUS, Kanonessammlungen I 1 A 230 die Beziehung epitrupa hat.

572 So z. B. Test.Dom. (3), Kanon 2; Nikaia, Kanon 19, Laodikeia, Kanon 15; fragmentarische Kanones über den Klerus nach dem Synodikon Dam. 8/11 (Synodikon I 186), Kanon 7; Rabbūlā-Kanones für den Klerus, passim.

573 Rabbūlā-Kanones für den Klerus, passim; vgl. VÖÖBUS, Institution of the benai qejāmā; GUILLAUMONT, A propos du célibat des Esséniens, in Aux origines du monachisme chrétien, Abbaye de Bellefontaine 1979, 13—23; BLUM, Rabbula 44ff; TABÉ, Identite, im Vergleich mit Aphrahāṭ.

574 Kanon 25.

575 Kanon 15.

576 „Für die Kleriker", Kanon 27.

577 Dazu VÖÖBUS, Kanonessammlungen I 1 A 257.

578 Dazu VÖÖBUS, Kanonessammlungen I 1 A 338.

579 VÖÖBUS, Kanonessammlungen I 1 A 348.

bart qejāmā (Bundestochter) wird in den späteren Bußkanones des Dionysios bar Ṣalībī erklärender Weise die Frau eines Priesters bezeichnet[580], ebenso einmal in den Kanones des Jōḥannān von Mardē[581]. Anscheinend wußte man mit dem Ausdruck nichts mehr anzufangen. Jōḥannān von Mardē greift den Ausdruck benai qejāmā noch einmal auf, bezeichnet aber die Mönche damit[582]. Anders aber im Schlußteil der Kanones, wo die bart qejāmā neben der Nonne genannt, nicht etwa konsequenterweise mit ihr gleichgesetzt wird[583]. Doch scheint einfach Kanon 4 der „Rabbūlā-Kanones für den Klerus" verwendet worden zu sein.

Die Meinungen in der Literatur, wie die benai qejāmā und die benat qejāmā als asketischer christlicher Stand ursprünglich zu verstehen seien, gehen weit auseinander[584]. Die Meinung, es handle sich um Mönche[585], geht fehl. Auch die Auffassung, zumindest bei Aphrahāṭ sei der Stand Zeuge für eine Verbindung von Taufe und Askese[586], ist prekär; die Zeit kennt gar verheiratete Bischöfe (Test.Dom. 1.R.). Über eine synagogale jüdische Vorform[587] wieder mag zwar der Ausdruck, aber nicht die christliche Einrichtung zu erklären sein. Gesichert bleibt allein der asketische[588] Stand des „Frommen"[589] in der Gemeinde und die

---

580 Kanon 6. So nach einer Auskunft westsyrischer Priester auch noch heute.

581 Kanon 29; obwohl man sich auf die apostolischen Kanones bezieht, weiß man anscheinend mit dem Ausdruck nichts mehr zu verbinden.

582 Kanones von Mār Ḥananjā, Kanon 17.

583 Vööbus, Synodikon I 269.

584 Wie hier J. S. Assemani BO III/II 884—888 und S. E. Assemani Acta Martyrium Orientalium, Romae 1748.

585 Hoffmann, Auszüge aus syrischen Akten persischer Märtyrer, Leipzig 1880, 34; Forget, De vita et scriptes Aphraatis Sapientis Persae, Diss., Louvain 1882; Bert, Aphrahat's des persischen Weisen Homilien, Leipzig 1888 (Vorform zum Mönchtum); Parisot, Patrologia Syriaca, Paris 1894, praef. IX ff und 240; Conolly, Aphraates and monasticism, JTS VI (1905), 522—539 (Vorform); Labourt, Le christianisme, 28—31 (Mönche im Kirchendienst); Jargy, Les „fils et filles du pacte" dans la littérature monastique syriaque, OCP XVII (1951) 304—320; Nedungatt, The covenanters of the early syriac speaking Church, OCP XXXIX (1973), 191—215 und 419—444 (frühe Form des Mönchtums).

586 Burkitt, Early christianity outside the roman empire, Cambridge 1902, 27—54; ders., Early eastern christianity, London 1904, 81—145; ders., Aphraates and monasticism: A reply, JTS VII (1906), 10—15.

587 Wensinck, Qejama und Benai Qejama in der älteren syrischen Literatur, ZDMG LXIV (1910), 561—564; Kittel, Eine synagogale Parallele zu den B'nai Q'jama ZNTW 1915, 235 f.

588 Duncan, Baptism in the Demonstrations of Aphraates the Persian sage, Washington 1945, 82—103; Adam, Grundbegriffe des Mönchtums in sprachlicher Sicht, ZKG 65 (1953/54) 209—239; E. Beck (Elitegemeinde), Asketentum und Mönchtum bei

Verwendung im niederen kirchlichen Dienst[590]. Ein christliches Idealbild wird von einem kleinen, nicht organisierten, Kreis (von Laien) verwirklicht, so wie es die Doctrina Addai beschreibt. Der Ausdruck „Bund" oder „Stand" zeigt dabei einen nach Quellen verschiedenen Sinn[591].

X. KIRCHLICHE EINKÜNFTE UND KIRCHLICHES VERMÖGEN

1. Die Einkünfte

a. Eine alte jüdische Tradition bestimmt die notwendige materielle Ausstattung der frühen christlichen Gemeinden. Zunächst geht es um die „Erstlingsgaben" an Früchten, die nach Test.Dom. 3. Reihe[592] dem Bischof als Opfer gebracht werden und die er segnet. Die „81 Apostelkanones"[593] erweitern die Aussage dahin, daß diese Gaben auch den Presbytern (an anderen als Bischofskirchen) zukommen und an den gesamten Klerus einer Kirche verteilt werden sollen. Die „Kanones Simeons des Kanaanäers" (Simeons-Kanones) sprechen darüberhinaus vom „Zehnten"[594]; die „Erstlinge" sollen dem Klerus bis herab zum Diakon zukommen, der „Zehnte" den übrigen Klerikern, den geweihten Jungfrauen, den Witwen und Armen. Von den Gaben, die dem Opfer dienen sollten (Eulogien), konnten nach derselben Quelle übrig gebliebene — nicht geopferte — Teile an den Klerus verteilt werden[595].

Die Praxis der „Erstlingsgaben" und des „Zehnten" erhält sich in

---

Ephräm, in Il monachismo orientale OCA 153 (1958) 341—362; Nagel, Zum Problem der Bundessöhne bei Aphrahat, in Forschungen und Fortschritte 36 (1962), 152—154.

589 Betont bei Breydy, Les laics et les Bnay Qjomo dans l'ancienne tradition de l'Eglise Syrienne, Kanon III (1977), 51—75.

590 Van Der Ploeg sieht eine Entwicklung vom Asketen zum Mönch und zum Kirchendiener, Oud-Syrisch Monniksleven, Leiden 1942, 17—23; Vööbus steht dieser Auffassung nahe, History of Asceticism I, 97 ff, 203 ff; ebenso Murray, Symbols of Church and Kingdom, Cambridge 1975, 13—17.

591 Tabé, Identite des Bnay wa Bnoth Qjomo, Diss. Rom, 1985, zugleich eine vorzügliche Übersicht über den Stand der Meinungen.

592 Kanones 37 und 42.

593 Kanon 4.

594 Unter dem Namen des Mattai.

595 Unter dem Namen des Mattai; das ungeopferte Brot darf sogar für den Altardienst an einer anderen Kirche verkauft werden, Jakob von Edessa an Jōḥannān Esṭūnārā, Frage 16.

der westsyrischen Tradition wohl noch einige Zeit[596]. Doch treten allmählich mehr und mehr andere Arten von Einkünften an deren Stelle.

b. Einkünfte ergeben sich auch schon früh aus Geschenken an die Kirche, seien sie für bestimmte Zwecke gewidmet[597] oder nicht[598]. Die Anlässe, solche Geschenke zu geben, sind oft recht speziell, etwa der Eintritt in ein Leben der Askese[599] oder ein Gelübde[600] oder aus Anlaß der Übernahme eines Kirchenamtes[601] oder als Gaben für die Darbringung des Opfers[602]. Oft sind Gaben für die Kirche auch solche von Todes wegen[603]. Regelungen darüber befassen sich auch mit der Aufbewahrung letztwilliger Verfügungen zugunsten der Kirche[604]. Der erblose Nachlaß Verstorbener fällt für die Armen an die Kirche[605]. Bei Rabbūlā[606] fällt gar alles, was den Periodeuten, Presbytern und Diakonen gehört, bei ihrem Tod an die Kirche. Es ist schwer vorzustellen, daß sich eine solche Vorschrift bei Klerikern mit Familie durchgesetzt hätte.

2. Verwaltung des Kirchenvermögens

Die Verwaltung des Kirchenvermögens gehört seit alters zu den Aufgaben des Bischofs[607]. Schon auf dem Konzil von Chalkedon[608] wird jedoch angeordnet, daß ein Kleriker die Verwaltung für den Bischof führen soll. Auf diese Weise soll die Verwaltung für Dritte offengelegt werden, um Vorwürfen der Unterschlagung oder Veruntreuung vor-

---

596 Jōḥannān bar Qūrsōs für die Kleriker, Kanon 14; „Kanones zur Zeit der Verfolgung", Frage 3.

597 „Für die Armen" oder „für die Gefangenen", Test.Dom. (3), Kanon 44. Im letzten Fall sind wohl Geldspenden für den Loskauf von Gefangenen gemeint; vgl. dazu Sent.Syr. §§ 15 und 81; ebenso Jakob von Edessa an Jōḥannān Esṭūnārā (1), Frage 27; vgl. auch Vööbus, Kanonessammlungen I 1 A 252.

598 Test.Dom. (3), Kanon 45; Jōḥannān bar Qūrsōs für die Kleriker, Kanon 14; „Rabbūlā-Kanones für den Klerus", Kanones 6—8.

599 ZB Test.Dom. (3), Kanon 45.

600 ZB Kyriakos (1), Kanon 30; Dionysios (2), Kanon 13.

601 Jōḥannān bar Qūrsōs für die Kleriker, Kanon 14. Die Nähe zur Simonie ist deutlich.

602 Zu dieser Praxis insbesondere im 12. Jh. Dionysios bar Ṣalībī, Kasualien; vgl. dazu ausführlich Vööbus, Kanonessammlungen I 1 A, 249 ff.

603 Test.Dom. (3), Kanones 43—45; Dionysios (2), Kanones 8 und 13.

604 Dionysios (2), Kanon 8.

605 Test.Dom. (3), Kanon 48.

606 „Rabbūlā-Kanones für den Klerus", Kanon 40.

607 Ankyra, Kanon 14; Antiochien, Kanones 24 und 25; „81 Apostelkanones", Kanones 37—39; „Väter der drei Synoden", Kanon 3; Dionysios (2), Kanon 13; Kanones des Jōḥannān von Mardē, Kanon 12.

608 Kanon 26.

zubeugen. Der Verwalter des Vermögens wird rab baitā genannt[609]. In den Kanones der Synode des Kyriakos (1) findet sich eine genaue Anweisung, wie es dabei mit der Buchführung über Einnahmen (und Ausgaben) zu halten ist und wie das Inventarregister zu führen ist[610]. Ein eigener Schatzmeister aus dem Klerus wacht dabei über die „Schätze" der Kirche. Die Aufgabe der Wahrung kirchlichen Vermögens beschäftigt zentral auch noch die Synode des Dionysios von Tellmahrē[611].

3. Verwendungszwecke

Im Zusammenhang mit den Regelungen über die Vermögensverwaltung werden immer wieder die Ziele genannt, die mit dem Kirchenvermögen erreicht werden sollen. Wer für das Heiligtum arbeitete, sollte auch vom Heiligtum leben[612]; vornehmlich vom Unterhalt für den Klerus im Wochendienst ist hier die Rede. Die Sorge für die Armen, besonders die Witwen und Waisen, wird ebenfalls immer wieder als Verwendungszweck in den Quellen genannt[613]. Daneben geht es um die Beherbergung von Fremden[614] und um den Loskauf von Gefangenen[615]. Ganz selbstverständlich sind aus den Einkünften der Kirche auch Kirchenbauten zu finanzieren, die hl. Gerätschaften, die zum Altardienst erforderlich sind, anzuschaffen und Bücher zu erwerben.

XI. DAS KIRCHLICHE EHERECHT

1. „Kirchliche" und „weltliche" Ehen

Wir sind gewohnt zu unterscheiden, ob eine Ehe nur nach „weltlichem" Recht oder nur oder auch nach „kirchlichem" Recht besteht. Für die Frühzeit des Christentums scheint eine derartige Betrachtungs-

609 „Rabbūlā-Kanones für den Klerus", Kanon 33: Aus dem Kreis der benai qejāmā genommen; Dionysios (2), Kanon 8; „Kanones der Perser" nach Bar ʿEbrājā, Nomokanon cap. I sec. IV.

610 Kanon 41.

611 Vgl. Vööbus, Neues Licht, 297.

612 So die Kanones des Jōḥannān von Mardē, Kanon 16. Vgl. dazu noch Kyriakos (2), Kanon 20.

613 Test.Dom. (2), Kanones 44—45 und 48; „Väter der drei Synoden", Kanon 5; Rabbūlā-Kanones für den Klerus, Kanones 8, 12, 16, 19 und 24.

614 Jōḥannān bar Qūrsōs für die Kleriker, Kanones 11 und 12; Kanones des Jōḥannān von Mardē, Kanon 13.

615 Test.Dom. (3), Kanon 44; Jakob von Edessa an Jōḥannān Esṭūnārā (1), Frage 27; vgl. auch Fn. 597.

weise unpassend. Was damals eine Ehe war, entschied nur die weltliche Sozialordnung; die ,,Ehe" war auch für die Kirche nur die des ,,weltlichen" Rechts der jeweiligen Region und der jeweiligen Zeit. Die Kirche ,,lebte" insoweit nach dem Recht der jüdischen Gemeinschaften, das seinerseits wieder teilweise religiösen Charakter hatte, nach römischen, nach hellenistischen, nach autochthon orientalischem Recht, usw. Die ,,kirchlichen Kanones Simeons des Kanaanäers" (Simeons-Kanones) z. B. verlangen von Taufkandidaten, daß sie ihre Geschlechtsbeziehungen in Ordnung bringen, dh außereheliche Beziehungen gänzlich abbrechen oder zu ehelichen machen. Eheliche Beziehungen waren aber solche, bei denen gemäß dem νόμος der Welt geheiratet wurde. Eine davon unterschiedene, in ihrer Gültigkeit und Bedeutung auf die christliche Gemeinschaft beschränkte ,,Ehe nach kirchlichem Recht" gab es zu dieser Zeit nicht. So verlangt ,,Paulus, der Apostel" in der oben zitierten Quelle, daß Sklaven, die unverheiratet zusammenleben, ,,gemäß dem νόμος" heiraten; oder daß ein Freier seine Sklavenkonkubine oder freie Konkubine ,,gemäß den νόμοι" zur Frau nimmt. Dieselbe Quelle akzeptiert sogar den Konkubinat als geordnete Beziehung zwischen Mann und Frau, wenn etwa der Sklavin als Taufkandidatin nach eben diesem weltlichen νόμος die Ehe nicht ermöglicht ist.

Ein erster Einbruch in diese sich an der nichtchristlichen, für die Judenchristen mit Vorbehalt ,,weltlichen" Ordnung orientierenden Denkweise erfolgt über religiös bestimmte Eheverbote. Zwar hinderten sie nach dem noch immer maßgeblichen ,,weltlichen" Recht eine gültige Ehe nicht, aber sie führten zur Folge des Ausschlusses aus der christlichen Gemeinschaft[616], wenn der Forderung nach der Aufgabe der Ehe[617], wohl der nach weltlichem Recht ermöglichten Scheidung nicht entsprochen wurde. Insoweit wurden dann im ehelichen Bereich ,,νόμοι der Welt" einerseits und die ,,Kanones" oder der ,,νόμος Gottes" andererseits[618] unterschieden.

Eine ganz neue Betrachtungsweise ergibt sich erst mit der Einführung besonderer obligatorischer christlicher Eheschließungsformen[619]. Das schafft erstmals eine institutionelle Divergenz von ,,kirchlicher" und ,,rein weltlicher" Ehe. In den Kanones des Patriarchen Dionysios (gestorben 845 n. Chr.) findet sich demgemäß erstmals ein klarer Hin-

---

[616] Neokaisareia, Kanones 2 und 3.

[617] Neokaisareia, Kanon 2, zitiert auch in dem ,,Brief an einen Freund" (6. Jh.), Kanon 3.

[618] ,,Brief an einen Freund", Kanon 4.

[619] Dazu unten 3.

weis, daß sogenannte „weltliche Ehen“[620] kirchlich betrachtet „Unzucht“ sind.

2. Ehe und Eheschließung nach orientalischen Vorstellungen

a. Die Eherechtstexte der westsyrischen Tradition sind nicht zu verstehen, stellt man sie nicht vor den Hintergrund einer gemeinorientalischen Vorstellung, die zwei Stufen der Ehebegründung unterscheidet, den Ehevertrag und die Heimführung[621]. Übersetzungen einschlägiger Texte wählen dafür nicht selten die Ausdrücke „Verlobung“ und „Eheschließung“. Darin liegt eine starke Verfremdung, denn es geht beim Ehevertrag nicht um sponsalia de futuro wie bei der Verlobung nach westlicher Vorstellung, nicht um die vereinbarte Absicht, demnächst eine Ehe zu begründen, sondern um die sofortige Begründung eines Ehebandes. Der „Ehevertrag“ ist die mekīrūṯā (oder mekūrā), die Heimführung ist die meštūṯā, das „Hochzeitsmahl“. Die Benennungen für die Partner der Verbindung sind mekīrtā für die Frau in der Vertragsehe bzw. mekīrā für den Mann.

b. Die mekīrūṯā (mekūrā) wurde traditionell von den Eltern oder von anderen nahen Verwandten der Brautleute mit Wirkung für diese abgeschlossen[622], häufig schon, wenn diese noch Kinder waren. Erst eine spätere Zeit setzte ein Mindesalter für die „Brautleute“ fest[623] und verlangte deren persönliche Zustimmung[624]. Die Einigung der „Brautleute“ selbst genügte wohl nur bei erwachsenen Partnern.

Die meštūṯā ist demgegenüber die tatsächliche Heimführung der Frau, der Beginn des ehelichen Lebens, bei der Verheiratung von Kindern notwendiger Weise zeitlich von der mekīrūṯā getrennt.

c. Daß die „Vertragsehe“ (mekīrūṯā) in ihrer Bindung über die „Verlobung“ unseres modernen Verständnisses hinausreichte, ergibt sich aus allen jenen Texten, die einige Rechtsfolgen der Ehe schlechthin bereits auf die „Vertragsehe“ beziehen. So verfügt die Synode des Jōḥannān in Kanon 16, daß niemand die mekīrtā seines Bruders nach dessen Tod zur Frau nehmen durfte; das Band der Schwägerschaft war

[620] Kanon 6.

[621] Vgl. Syrisch-Römisches Rechtsbuch § 54, gezählt nach der Hs. Dam. 8/11, Synodikon II 128, nach Selb OrKiR I 209.

[622] ZB Kyriakos (1) Kanon 31. Noch immer bei Jōḥannān von Mardē, Kanon 26.

[623] Kyriakos (1), Kanon 33 verlangte, daß die Brautleute zur Statur von Mann und Frau herangewachsen waren; Ignatios, Kanon 11 verlangt ein Alter von 15 Jahren; Dionysios (2), Kanon 7: 14 Jahre. Kanones des Jōḥannān von Mardē, Kanon 26: Burschen mit 15 Jahren, Mädchen mit 12 Jahren.

[624] Ignatios, Kanon 11; Dionysios (2), Kanon 7.

ungeachtet der Tatsache, daß beide noch nicht „ein Fleisch“ geworden waren[625], begründet. Die Lösung des Ehebandes aus der „Vertragsehe“ folgte den engen Grenzen der Scheidung der bereits durch eine Heimführung vervollständigten Ehe[626]. Wer nach dem Tod seiner noch nicht heimgeführten mek̄irtā eine Frau nahm, war digamos, er verstieß gegen das Verbot der Zweitehe; als Diakon bedurfte er einer besonderen Dispens, um noch geweiht zu werden[627]. Andererseits wird durch dieselbe Aussage deutlich, daß die Regel, wonach Kleriker nach der Weihe zum Diakon nicht mehr heiraten durften[628], nicht jene Strenge hatte, die wir ihr aus unserer modernen Sicht leicht beilegen. Es genügte die vorherige Begründung einer „Vertragsehe“, möglicherweise schon in der Kinderzeit, längst vor dem Alter für eine Weihe zum Diakon. Die Heimführung konnte dann immer noch nachfolgen.

Zum Argument wird auch die Form der Eheschließung. Was sich im Laufe der Zeit an kirchlichen Formalien der Eheschließung entwikkelte[629], bezog sich fast ausschließlich auf den Ehevertrag, nicht auf die Heimführung, sofern beide zeitlich voneinander getrennt waren[630].

Bar ʿEbrājā hält in seinem Nomokanon an der traditionellen Unterscheidung fest[631]. Während jedoch in den älteren Quellen zumeist neutral davon gesprochen wird, daß jemand eine Frau oder einen Mann zur „Ehe“ nimmt, eine zweite „Ehe“ eingeht, einen „Ehepartner“ verstößt oder verläßt oder eine „Ehevoraussetzung“ nicht erfüllt, spricht Bar ʿEbrājā in allen diesen Zusammenhängen von der „Vertragsehe“[632], und grenzt sie, wo es erforderlich ist, genau von der Heimführung, dem „Hochzeitsmahl“ ab[633].

3. Die Form der Eheschließung

a. Die Art der Eheschließung der Christen war in den ersten Jahrhunderten ein Teil der allgemeinen Sozialordnung. Man heiratete gemäß dem νόμος der großen oder kleinen Welt, in der man lebte, so wie es

---

[625] Verkehr mit der mek̄irtā vor der Heimführung war andererseits, trotz des Ehebandes, Unzucht, Kyriakos (1), Kanon 32.

[626] Vgl. Jōḥannān, Kanon 17 und unten 6.

[627] Dionysios (2), Kanon 21.

[628] Vgl. oben IX 1.

[629] Vgl. unten 3.

[630] Bei der Ehe von Erwachsenen bestand kein Grund, die Stufen voneinander zu trennen.

[631] Cap. VIII.

[632] Cap. VIII sec. I „directio“, sec. II directiones, sec. III.

[633] Cap. VIII sec. V.

die Kanones Simeons des Kanaanäers ausdrücken[634]. Die νόμοι der Welt sind überhaupt die Basis der Ehe in Inhalt, Form, Voraussetzungen und Möglichkeiten der Auflösung. Die Tradition judenchristlicher Gemeinden im Brauchtum und Altem Testament und einige wenige Schriftzeugnisse im Neuen Testament wurden jedoch alsbald der Beginn der „Christianisierung" der Ehe in Voraussetzungen, Inhalt und Form, der sich über fast ein Jahrtausend hinzog.

b. Eine spezielle kirchliche Form der mekīrūtā, des „Ehevertrages", erscheint in der westsyrischen Kirche erstmals in den Kanones der Synode des Kyriakos[635], Ende des 8. Jh. n. Chr. Anscheinend wandte sich die Synode nun gegen die bisherige Praxis formloser „Eheverträge": „Kein Gläubiger hat die Macht, eine Frau in die Ehe zu geben (mekar), es sei denn durch Vermittlung eines Priesters". Die notwendige Regelform wird sodann ausführlich dargestellt: Die Eltern des jungen Mannes[636] und die des Mädchens schließen zuerst den Vertrag, erfragen dann aber auch noch die Zustimmung des Mädchens[637]. Es folgt eine Einsegnung vor Zeugen[638] in der Kirche. Ein Ring wird dabei auf den Altar gelegt und vom Priester, begleitet von einem Diakon, gesegnet. Der Priester ist es, der den Ring dem Mädchen übergibt, zum Zeichen „daß Frauen zu Ehefrauen werden durch die Hl. Kirche, so daß die göttliche Tradition, welche Christus seiner Kirche (gab)[639], angenommen wird". Bald darauf verfügt erneut die Synode des Jōḥannān[640] und die des Ignatios[641] zur Form der mekīrūtā, daß es der Priester ist, der sie

---

[634] Neokaisareia, Kanon 7, ist, gegen HINDO II 116, kein Beleg für eine Eheschließung vor dem Priester. Der Kanon ist diziplinärer Art: Bei Ehen von digamoi soll ein Priester nicht am Gastmahl teilnehmen.

[635] Erste Reihe, Kanon 31.

[636] Oder der junge Mann selbst; während das Mädchen stets einen Sachwalter benötigt, der sie „in die Ehe gibt": Vgl. Bar ʿEbrājā, Nomokanon Cap. VIII sec. II.

[637] Die englische Übersetzung bei VÖÖBUS, Synodikon II 15, ist falsch. Es heißt insoweit: „... sie senden zu ihr und erfragen aus ihrem (eigenen) Mund, ob auch sie zustimmt." Die Zustimmung des jungen Mannes war anscheinend vor dem Vertrag erfragt worden.

[638] Zwei Zeugen, an die Bar ʿEbrājā, Nomokanon cap. VIII sec. II besondere Anforderungen stellt.

[639] Eine Formvorschrift solcher Art findet sich in der älteren Tradition trotz der Berufung auf die Hl. Schrift aber nicht; aM anscheinend VÖÖBUS, Synodikon II 15, Fn. 51, 52.

[640] Kanon 11, wieder wird — nun durch ein Zitat — auf altes Recht hingewiesen, auf Epheser 5, 27, doch ist dort nicht von der Eheform die Rede.

[641] Kanon 15.

durch die Ringsegnung gültig werden läßt[642]. Wiederholt wird die Regelung auf der Synode des Dionysios[643], Ende des 9. Jh.

Bar ʿEbrājā wiederholt diese Regelungen in einer ,,directio" ohne seine Quellen zu nennen[644]. Doch berichtet er darüberhinaus von einer Sonderform des ,,Ostens", dh des Herrschaftsbereichs des Maphrians. Danach gehört zur Eheform auch noch das Gebet des Priesters über den Kelch, den sich die Partner des Ehevertrages wechselseitig reichen. Bar ʿEbrājā nennt dazu auch noch eine eigene Form der Einsegnung für solche, die eine an sich verbotene zweite oder dritte Ehe — nach dem Tod des Partners oder Scheidung? — eingehen; sie soll ohne Ringsegnung stattfinden.

c. Eine spezielle kirchliche Form der Heimführung (Hochzeitsmahl, meštūṯā) gab es in älterer Zeit ebenfalls nicht. Zwar legt Titloi 29 eine Verbindung von Hochzeitsmahl und Meßopfer nahe, doch ist der dafür zitierte Kanon 52 von Laodikeia klarer: Während der Fastenzeit sollen keine weltlichen Feste wie Hochzeitsmähler oder Geburtstage stattfinden; von einem eigentlichen ,,kirchlichen Hochzeitsmahl" ist nicht die Rede. Noch später als die mekīrūṯā wird die meštūṯā zum kirchlichen Formalakt. In den Kanones des Timotheos von Alexandrien[645] aus dem 6. Jh. ist erstmals ein Brauch erwähnt, wonach ein Priester zum Hochzeitsmahl gerufen wird, um dort ,,zu beten". Erst aus den Kanones des Jōḥannān von Mardē (12. Jh.)[646] erfahren wir, wohin die Entwicklung im Laufe der Zeit gegangen ist. Der Brauch ist, daß den Brautleuten in der Kirche bei einem Gottesdienst Kronen aufgesetzt werden, die der Priester segnet. Anschließend geht der Bräutigam zum Hochzeitsmahl, die Braut aber in die Brautkammer. Nach der Heimführung ist den Eheleuten noch ein Tag geschlechtlicher Abstinenz auferlegt.

Bar ʿEbrājā beschreibt die ,,Heimführung" noch ein wenig genauer[647]: Der Bräutigam und seine Gäste holen die Braut ab, führen sie mit den diese begleitenden Frauen zur Kirche, wo die Krönung der Brautleute stattfindet; alle ziehen anschließend zum Hause des Bräutigams zum Gastmahl.

---

[642] Ignatios, Kanon 11: ,,Und zum Segen, der der rechten Hand (eines Priesters), innewohnt, soll ihre (eheliche) Verbindung sein." Keine sinnvolle Übersetzung bei Vööbus, Synodikon II 60.

[643] Zweite Reihe, Kanon 7.

[644] Nomokanon cap. VIII sec. II.

[645] Frage Nr. 19, Synodikon I 138 ff. Neokaisareia, Kanon 7 kennt den Priester nur als Gast beim Hochzeitsmahl.

[646] Kanon 28 mit Kanon 25 (,,die Kronen binden", ,,mit jemandem").

[647] Nomokanon cap. VIII sec. II.

d. Solange es keine zwingende kirchliche Eheform gab, mußte die „Ehe“ in kirchlichen Texten notwendiger Weise als solche, die nach den νόμοι der Welt zustandekommt, betrachtet werden. Ein gutes Indiz für eine zwingende Eheform ist daher mE, daß die Synode des Dionysios (1)[648] kirchliche und „weltliche“ Ehe unterscheidet. In der Zeit vorher sind daher „Ehen“ stets solche nach „weltlichem Recht“. Die sich langsam heranbildenden kirchlichen Ehehindernisse sind daher auch noch keine trennenden Ehehindernisse, sondern Eheverbote, deren Übertretung kirchliche Strafen nach sich zieht. Soweit die weltliche Ordnung dieselben Ehehindernisse kennt und sie als trennende Ehehindernisse betrachtet, gilt freilich etwas anderes. Was ein Ehebruch ist, bestimmt sich ferner nach der „weltlichen Ehe“, ebenso ob ein Laie oder Kleriker in einer Ehe oder nur in einem Konkubinat lebt. Auch die zahlreichen Texte, die eine Doppelehe oder Zweitehe verbieten[649], meinen mit beiden Ehen jeweils eine „weltliche Ehe“.

4. Verbotene Ehen

a. Die Tradition der judenchristlichen Gemeinden, noch klarer aber die neutestamentliche Offenbarung[650] läßt nur die Einehe zu. Die Quellen der westsyrischen Kirche wiederholen diese Grundregel und formen sie nach verschiedenen Richtungen aus.

Die Forderung der Einehe richtet sich zunächst einmal gegen Polygamie oder Polyandrie[651], doch auch gegen ähnliche Erscheinungen, in denen etwa der Mann neben einer Ehefrau noch eine Konkubine hatte[652]. Die Forderung muß sich notwendigerweise auch gegen Doppelehen richten, die gegen ein Wiederverheiratungsverbot nach „Scheidung“ verstoßen.

b. Ein Problem der „Einehe“ ist jedoch auch die Wiederverheiratung Verwitweter. Die Ehe wird als gültig, aber verboten angesehen. Einen überaus strengen Standpunkt in dieser Frage nahmen die Katharer ein, die eine Gemeinschaft mit ein einziges Mal Wiederverheirateten ablehnten; gegen sie richtet sich Kanon 8 der Synode von Nikaia. Dieselbe Bestimmung billigt aber nicht etwa die Wiederverheiratung;

---

[648] Kanon 6.

[649] Vgl. unten 4.

[650] Epheser 5, 21 ff; 1. Korinther 7, 1—11.

[651] „Brief aus Italien“ (Bußkanones im Zusammenhang der Synode von Antiochien) nach Nau ALCS III, Kanon 14.

[652] Titloi 45 verweist dafür auf „81 Apostelkanones“, Kanon 48 und Laodikeia, Kanon 2; ferner dazu Gīwārgī, Kanones 9 und 10 (für die mekīrūṯā); Kyriakos (1), Kanon 34.

sie verwirft nur, daß man dem Schuldigen die Rekonziliation verweigert[653].

Die Mißbilligung der Wiederverheiratung kommt auch in disziplinären Maßnahmen gegen Kleriker zum Ausdruck, die als Verwitwete wieder heiraten oder Verwitwete heiraten[654]. Auch soweit eine wahre Trennung vom Eheband ermöglicht ist[655], liegt eine Zweitehe vor, wenn einer der beiden Partner erneut heiratet.

c. Die westsyrische Kirche kennt weitreichende Verbote der Ehe mit Verwandten und Verschwägerten.

Die jüdische Tradition judenchristlicher Gemeinden einerseits und die allgemeine Übernahme der alttestamentarischen Regeln zum Inzestverbot in der jungen Kirche machen Leviticus 18, 6—19 und 20, 10—21 zur Grundlage der Ordnung. Im ,,Westen" wird das nur selten ausgeführt; nicht verwunderlich ist jedoch, daß der Maphrian des ,,Ostens", Bar ʿEbrājā, sich ausführlicher damit beschäftigte[656], begegnete er doch in Timotheos I und Īšōʿ bar Nūn, beide waren Nestorianer, einer alten persischen Tradition des Inzests, der sich seine Nachbarn, die Nestorianer, schon früher zu stellen hatten[657].

Eine umfassende theoretische Darstellung der Eheverbote findet sich in der westsyrischen Literatur wohl deshalb erstmals bei Bar ʿEbrājā[658]. Danach sind Ehen mit Aszendenten wie Deszendenten verboten. Dasselbe gilt für Ehen mit Mitgliedern der Seitenlinien nach den Eltern, also für die Ehe mit der Schwester oder dem Bruder[659] oder deren gesamter Deszendenz ohne Gradesbegrenzung. Verwandte der wie mütterlicherseits und deren Deszendenz, sind in das Eheverbot bis zum siebenten Grad der Verwandtschaft einbezogen.

Nur zwei konkrete Beispiele werden in der älteren — westsyrischenliterarischen Tradition behandelt, die Ehe mit der Tochter der Schwe-Seitenlinie nach den Großeltern, die Onkel und Tanten väterlicherseits ster[660] oder allgemeiner mit der Nichte[661] und die Ehe mit Onkel oder

---

[653] Vgl. Neokaisareia, Kanon 7.

[654] ,,Brief an einen Freund", Kanon 8; Gīwārgī, Kanones 3, 7 und 22; Dionysios (1), Kanon 2; Kyriakos (1), Kanon 10; Ignatios, Kanones 3 und 12; Jōḥannān, Kanon 25; Jōḥannān von Mardē, Kanones 29 und 30.

[655] Vgl. unten 6.

[656] Nomokanon cap. VIII sec. III.

[657] Vgl. Selb, OrKiR I 152.

[658] Nomokanon cap. VIII sec. III.

[659] Die Beispiele bei Bar ʿEbrājā nehmen der Einfachheit halber einen Mann zum Ausgangspunkt der Betrachtung.

[660] Jōḥannān, Kanon 12; Die Ehe mit der Schwester selbst verwirft der ,,Brief aus Italien", Kanon 3.

[661] ,,Brief an einen Freund", Kanon 3; Kyriakos (1), Kanon 35.

Tante[662]. Dabei wird aus Kanon 3 des aus der Zeit der Verfolgung (6. Jh.) stammenden „Briefes eines Bischofs an seinen Freund“ deutlich, in dem sich der Verfasser für ein Verbot auf das weltliche Recht — wahrscheinlich das Römische Recht direkt oder auf § 52 des Syrisch-Römischen Rechtsbuches[663] — beruft, da er in den kirchlichen Kanones darüber nichts gefunden habe.

Das Eheverbot der Schwägerschaft spielt demgegenüber in den älteren westsyrischen Quellen eine größere Rolle. Im Vordergrund steht dabei schon früh die Ehe einer Frau mit dem Bruder des verstorbenen Ehemannes oder eines Mannes mit der Schwester der verstorbenen Ehefrau[664]. Verboten ist auch die Ehe mit der Frau des verstorbenen Onkels[665]. Die Lehre von der Verbindung der Ehegatten zu „einem Fleisch“[666] (Matthäus XIX, 6) schafft eben bereits eine Verwandtschaft zur Schwester der Frau oder zum Bruder des Mannes. Und für Basilios wird das Argument zum Ausgangspunkt für weitere konkrete Verbote einer Ehe mit der Mutter der Frau[667] oder der Tochter der Frau (Stieftochter) als wären sie seine Mutter bzw. seine Tochter, oder die Ehe mit dem Vater des Mannes oder dem Sohn des Mannes als wären sie ihr Vater bzw. ihr Sohn. Die Synoden des Gīwārgī[668], des Kyriakos (1)[669] und des Jōḥannān[670] wiederholen das Verbot. Die kleine Eherechtsabhandlung des Jōḥannān expliziert den Grundgedanken im Detail mit neun konkreten Beispielen, mit Folgerungen verwirrender neuer Beziehungen[671].

Bar ʿEbrājā[672] formuliert daraus ein System von Eheverboten bis

---

662 Kyriakos (1), Kanon 36, gleichgültig ob von Vater- oder Mutterseite; „Brief aus Italien“, Kanones 4 und 11.

663 Ein wichtiges Zitat, weil es den Kontakt mit dem Römischen Recht belegt; zitiert ist hier das Syrisch-Römische Rechtsbuch nach der Zählung im Synodikon.

664 Neokaisareia, Kanon 2; „Brief an einen Freund“, Kanon 3; Basilios an Diodoros (beruft sich auf die Sitte); Bar ʿEbrājā, Nomokanon cap. VIII sec. III beruft sich auf Basilios.

665 „Brief an einen Freund“, Kanon 3.

666 Zitiert in Basilios an Diodoros.

667 Besonders aufgegriffen in „Fragen des Severos (Sewīrā)“, Frage 4 (9. Jh.); Vööbus, Kanonessammlungen I 1 B 300.

668 Kanon 8.

669 Kanon 35 mit dem weiteren Beispiel der Tochter des Bruders der Frau oder des Sohnes des Bruders des Mannes; Kanon 37 mit dem weiteren Beispiel der Heirat der Stiefgeschwister.

670 Kanon 12; für die mekīrūṯā schon Kanon 16.

671 Synodikon II 49 ff; vgl. auch Dionysios bar Ṣalībī, Bußkanones, Kanon 12, zitiert nach Denzinger, Ritus Orientalium I 494.

672 Nomokanon, cap. VIII sec. III.

zum siebenten Grad römischer Zählung: So viele Grade wie vermittelnde Zeugungen.

d. Weitere Eheverbote sind das Eheverbot der geistlichen Verwandtschaft durch die Patenschaft bei der Taufe[673], der Milchgeschwisterschaft[674], des Gelübdes der Keuschheit[675], der Ungläubigkeit[676] oder der Häresie[677] oder der Cheirotonie (Klerikerweihe)[678].

e. Es ist schwer, allgemein zu sagen, wie weit der Verstoß gegen die Eheverbote zu einer Kirchenstrafe oder doch zur Annahme der Nichtigkeit der Ehe führten. Am ehesten kann noch — unter Judenchristen — die Nichtigkeit der zweiten Ehe nach ungerechtfertigter Verstoßung (bzw. ungerechtfertigtem Verlassen) des Partners angenommen werden. Größere Klarheit herrschte erst mit der Einführung einer obligatorischen Form für die kirchliche Ehe, wenn der Priester illegitime Ehen nicht einsegnete.

5. Mitgift und Eheschenkung

Die Regelung der Mitgift und der Eheschenkung war an sich eine Frage des weltlichen Rechts. Doch war die spätere Versorgung der Witwe und damit der kirchliche Bereich der Sorge für die Witwen berührt. Wohl deshalb findet sich in den Regelungen der Synode unter Kyriakos (1)[679] eine, die den Höchst- und Mittelbetrag einer Mitgift bestimmt. Bar ʿEbrājā[680] beruft sich u. a. auch auf diese Regelung, doch auch auf das Syrisch-Römische Rechtsbuch und auf nestorianische Quellen. Darüberhinaus bietet er noch Aussagen aus eben diesen Quellen zur Eheschenkung.

---

673 Jakob von Edessa an Addai, Frage 71 nach der Hs. B.Nat.Syr. 62; vgl. Vööbus, Kanonessammlungen I 1 B 274; Gīwārgī, Kanon 6; Kyriakos (1), Kanon 11; Dionysios (2), Kanon 14; Bar ʿEbrājā, Nomokanon cap. VIII sec. III.

674 Bar ʿEbrājā, Nomokanon cap. VIII sec. III.

675 Chalkedon, Kanon 10 und 16 mit Dispensmöglichkeit. Jōḥannān bar Qūrsōs für den Klerus, Kanon 11.

676 Jōḥannān, Kanones 11 und 23: Ehen mit „Heiden", „Juden", „Magiern"; „Väter der drei Synoden", Kanon 8: Ehen mit „Heiden".

677 Jōḥannān, Kanon 11; „Väter der drei Synoden", Kanon 8, gemäß Laodikeia, Kanones 9 und 31 und Chalkedon, Kanon 14 unter der Ausnahme, daß die Partner versprechen, rechtgläubige Christen zu werden; „Kanones der hll. Lehrer und Väter", Kanon 21; Bar ʿEbrājā, Nomokanon cap. VIII sec. III faßt alle Ungläubigen mit den Häretikern zusammen.

678 ZB Dionysios (1), Kanon 2; „Kanones der hll. Lehrer und Väter", Kanon 30; Jaḥjā ibn Ǧarīr, Al-Muršid, Kap. 31, zitiert nach Hindo III 245 f.

679 Kanon 33.

680 Nomokanon cap. VIII sec. IV.

6. Die Scheidung

a. Ausgangspunkt aller Betrachtung ist das Schriftwort „Was aber Gott verbunden hat, soll der Mensch nicht trennen“ (Markus 10, 9)[681]. Demgemäß finden sich zahlreiche Verbote einer zweiten Ehe nach Verstoßung der Frau durch den Mann oder nach dem Verlassen des Mannes durch die Frau[682]. Doch wird auch deutlich, daß man sich an Matthäus 5, 32 gegen Markus 10, 1—12 und damit an die alttestamentliche Tradition hielt, die eine Verstoßung der Frau durch den Mann[683] wegen eines Ehebruches zuließ[684]. Bar ʿEbrājā erweiterte diesen Grund um die liberalen römischen „Scheidungsgründe“, die er im Syrisch-Römischen Rechtsbuch fand; Gründe, die schlechterdings in einem nicht ehrsamen Lebenswandel lagen[685]. Der verschuldete „Ehebruch“ der Frau aus der Tradition wird zur „Unzucht“, diese wieder als „Unzucht“ des Leibes und „Unzucht der Seele“ (Magie) verstanden. Letzterer Verfehlung konnte sich auch der Mann schuldig machen. Der Abfall vom rechten Glauben wird damit zum Scheidungsgrund. — Wo aber Bar ʿEbrājā von die Ehe trennenden Fehlern, wie z. B. Krankheiten, spricht, geht er zu dem über, was wir heute als Nichtigkeits- oder Anfechtungsgründe bezeichnen, nicht aber als Scheidungsgründe —. Damit wandte sich Bar ʿEbrājā jedoch gegen den strengen Standpunkt bei Jaḥjā ibn-Ǧarīr[686], der die Scheidung allgemein verwirft, aber doch die Verstoßung der Frau wegen Ehebruches nach Matthäus 5, 32 und 19, 8 zuläßt, weil er das Herrenwort respektiert. Seine Zeit scheint unter moslemischem Einfluß zur größeren Liberalität in der Frage der Wiederheirat gedrängt zu haben. Dazu berichtet er von Versuchen, eine Prüfungszeit von 7 Jahren vor eine echte Scheidung zu setzen. Doch verneint er hier klar, daß Matthäus 19, 9 den Bischöfen Macht gebe, eine Ehe wider göttliches Recht zu „lösen“. Dionysios bar Ṣalībī[687] stimmt wahrscheinlich mit ihm überein, wenn er selbst im Falle der erlaubten Verstoßung eine Wiederheirat verneint, ein Standpunkt, der dem des Neuen Testaments, Markus 10, 10—12 entspricht.

---

681 Zit. bei Bar ʿEbrājā, Nomokanon cap. VIII sec. V.

682 „81 Apostelkanones“, Kanon 48; Gīwārgī, Kanones 2 und 9; Kyriakos (1), Kanon 34; Jōḥannān, Kanon 17; Dionysios (1), Kanon 2.

683 Nicht umgekehrt, nach Basilios, vgl. Bar ʿEbrājā Nomokanon cap. VIII sec. V.

684 Gīwārgī, Kanon 9; Kyriakos (1), Kanon 34; Verstoßung wegen eines „Dämons“ unzulässig; Timotheos von Alexandrien, Kanon 15.

685 Nomokanon cap. VIII sec. V.

686 Al-Muršid, Kap. 47, Über Ehe und Scheidung, zit. nach Hindo III 269 f.

687 Kommentar zu Matthäus, Kap. 5, nach Mansi II, 1078. Vgl. dazu auch Hindo III 92 ff.

XII. MÖNCHE, NONNEN, KLÖSTER

1. Die Einstellung der christlichen Gemeinschaften zur Askese

a. Die reichskirchlichen Quellen, wie sie in der westsyrischen Kirche überliefert werden, verwerfen die Verachtung der gegebenen, von Gott geschaffenen Welt. Die „81 Apostelkanones" drücken das in dieser Weise aus und zitieren dafür in Kanones 47 Genesis 1, 25 („Alles war sehr gut") und Genesis 1, 27 („Gott schuf den Menschen als Mann und Frau"). Konkret wenden sich die Kanones gegen Weltkleriker, welche die Ehe und den Genuß von Fleisch und Wein als unrein tadeln und damit die Schöpfung Gottes rügen, mönchische Askesevorstellungen damit zur Norm christlichen Lebens erheben wollen[688]. Verheiratete Kleriker dürfen daher auch nicht ihre Frauen „um der Keuschheit willen" verstoßen[689]. Gegen die Verachtung von Ehe und Familie schlechthin muß sich ausdrücklich die Synode von Gangra aussprechen[690]. Daher sollen Verheiratete nicht in ein Kloster aufgenommen werden. Es ist Gott wohlgefälliger, den Platz in der Familie beizubehalten[691].

Das schließt nicht aus, daß die freigewählte Askese in allen Bereichen menschlich-weltlicher Existenz als höhere Form christlichen Lebens gepriesen wird[692], nämlich die Preisgabe des Vermögens[693], die dauernde oder zeitweilige Abstinenz von Fleisch und Wein, das Fasten zu geregelten Zeiten[694], die zeitweilige Enthaltsamkeit in der Ehe[695], schließlich das zur höchsten Vollkommenheit strebende mönchische Le-

---

688 Die sich der Jungfräulichkeit weihen, dürfen die Eheleute nicht verachten, „Kanones der hll. Lehrer und Väter", Kanon 9. Die als Ideal von Afrahaṭ nahegelegte Verbindung von Taufe und Askese war im 5. Jh. n. Chr. jedenfalls längst überwunden; vgl. dazu Vööbus, Celibacy; Blum, Rabbula, 21 mit weiterer Literatur, 58 und Atiya, A history, 184ff. Die bei Atiya zitierte Dissertation von Lovejoy, Christian monasteries in Mesopotamia, Harvard 1957, war mir nicht zugänglich.

689 Kanon 5 der „81 Apostelkanones".

690 Kanones 12, 13, 15 und 16.

691 Kanon 3 der „Anonymen Mönchsregeln". Einer der Väter von Regeln der Askese, Rabbūlā von Edessa, verließ freilich seine Familie und trat in ein Kloster ein; vgl. Vööbus, Syric and arabic documents 24f; Blum, Rabbula.

692 Hymnisch bei Ephraem, Sermo de monachis, ascetis et eremitis, Lamy S. Ephraemi Syri Hymni et Sermones IV 164, Aphrahāṭ, Demonstrationes, XVII; vgl. auch Jōḥannān bar Qūrsōs für den Klerus, Kanon 11. Vgl. auch die gesamte Diskussion um den Stand der benai qejāmā und benat qejāmā, oben VIII 4.

693 ZB Test.Dom. 3.R., Kanon 45.

694 ZB Test.Dom. 1.R.

695 ZB Severos an Caesaria Hypatissa, Synodikon I 141.

ben in jeder Form um der Selbstheilung willen; die Befreiung von allem, was den Weg zu Gott erschwert oder verstellt.

Von allem Anfang an aber muß sich die Kirche gegen Mißbräuche im Bereich der Askese, besonders der sexuellen Askese wenden. Zum einen wählen manche Christen den Weg der Selbstkastration, um sich die sexuelle Askese zu erleichtern. Das Verhalten wird verworfen und zum Hindernis der Weihe zum Kleriker erklärt[696]. Zum anderen erschweren sich manche die Askese durch die Form des Zusammenlebens von Mann und Frau als Bruder und Schwester, frei von Sexualität, aber doch in ständiger Herausforderung dazu. Die Einrichtung der συνεισακτοί oder virgines subintroductae wird freilich in den Augen der anderen zum Ärgernis[697].

b. In der grundsätzlich positiven Bewertung der freigewählten, die Welt nicht verachtenden, aber doch Freiheit von ihr suchenden Askese setzt die westsyrische Kirche diese alte reichskirchliche Tradition fort. Das im 6. Jh. n. Chr. bestehende Mönchtum versteht sich als herausgehobener christlicher Stand, der in der Askese eine höhere Vollendung anstrebt, die in bescheidenerem Maß und mit bescheideneren Mitteln auch die weltlichen Kleriker und die Laien zu erreichen suchen; die Laien dabei in der bereits besprochenen institutionellen Form der benai und benat qejāmā[698].

2. Die kirchenpolitische Bedeutung des Mönchtums Syriens

a. Das syrische und mesopotamische Mönchtum hatte sich bereits als gesonderter Stand etabliert, als es zu den großen Schismen des 5. Jh. n. Chr. kam[699]. In der persönlichen Freiheit, welche die Abkehr von der Welt gerade in Zeiten der Verfolgung gewährte, wurden die Mönche der syrischen und mesopotamischen Klöster zu besonders kämpferischen Streitern für die monophysitische Lehre. Im persischen Osten standen sie dabei sowohl Chalkedoniern wie Nestorianern gegenüber[700], im „We-

---

696 „81 Apostelkanones", Kanon 21; Nikaia, Kanon 1. Vgl. dazu Blum, Rabbula, 59.

697 Nikaia, Kanon 3; Ankyra, Kanon 18; Marūtā-Kanones, Kanon 59; Synode von Seleukeia-Ktesiphon, Kanon 3; unhistorisch sicher schon Bar ʿEbrājā. Nomokanon cap. VII sec. X; vgl. dazu Achelis, Virgines subintroductae. Ein Beitrag zu I. Kor. VII, Leipzig 1902; Guillaumont, Le nom des „Agapètes", in Aux origines du monachisme chrétien, Abbaye de Bellefontaine 1979, 38 ff; Blum, Rabbula, 44 ff.

698 Vgl. oben IX, 9.

699 Zur Frühgeschichte des syrischen Mönchtums vgl. Fn. 704.

700 Vgl. Selb, OrKiR I.

sten" den sie verfolgenden chalkedonischen Byzantinern[701]. Die „Mönchskanones des Philoxenos von Mabbūg" geben einen guten Eindruck von dem erwarteten Kampfeifer.

b. In der Zeit während und nach der Verfolgung durch die chalkedonischen Byzantiner entstand demgemäß auch eine neue monophysitische Hierarchie, die sich nicht auf die Städte und Dörfer stützte, sondern auf die Klöster im Land, besonders in den abgelegenen Bergregionen diesseits und jenseits der umstrittenen Grenze zwischen Byzanz und Persien. Die Klöster waren es, die zu den neuen kirchlichen Zentren der „rechten Lehre" wurden, und Mönchsbischöfe boten sich für die Leitung dieser neuen Zentren geradezu selbstverständlich an. In den monophysitischen Klöstern wurden vornehmlich die Kleriker der neu organisierten Kirche erzogen; von dort aus wurden die theologischen Kampfdiskussionen geführt und dort entstand auch die neue syrische Literatur. Der dadurch geprägte Charakter einer Mönchskirche[702] erhält sich durch die Jahrhunderte unverändert. Nur einige wenige große Städte wie Edessa, Ḥarrān, Mardin, Tagrīt, Qallīnīqōs zeigen daher auch eine stärkere Beteiligung der vornehmen Laien[703] und des niederen, verheirateten Weltklerus an den Geschicken der westsyrischen Gesamtkirche.

3. Formen der mönchischen Askese[704]

Die westsyrischen Quellen zeigen für eine lange Zeit verschiedene Formen des Rückzugs aus der Welt nebeneinander. So ist in den Texten, welche die Zeit vom 5. bis zum 12. Jahrhundert n. Chr. spiegeln, von Einsiedlern, von Styliten, von Reklusen und von Mönchen in Klöstern die Rede.

a. Die Einsiedler in der Abgeschiedenheit, fern von Städten und Dörfern werden syrisch īḥīdājē[705] genannt, der parallele Ausdruck zu den (griechisch) „Anachoreten"[706]. Der Einsiedler lebt in seiner Höhle

---

[701] Vgl. oben I 1.

[702] So richtig Blum, Rabbula, 56 f, freilich nicht schon im 5. Jh. n. Chr., wie er meint.

[703] Michael II 412.

[704] Zur Vorgeschichte vgl. statt aller Vööbus, History of Asceticism; Brock, Asceticism; Jargy, Les origines.

[705] Eine ältere Bedeutung meint wohl allgemeiner „den, der für sich bleibt", allein, ehelos, keusch; vgl. Tabé, Identité.

[706] So in Chalkedon, Kanon 4; in den „Kanones für die Nonnen", Kanon 7 (in der Textlücke ist das Fragment zu īḥīdājē zu ergänzen); in Rabbūlā Mönchskanones, Kanon 18 (dort aber schon als höhere Form des Koinobitentums verstanden, bei der ein Mönch

oder Hütte für sich allein, ohne Kontakt mit der Welt, in Lobsingen und manueller Arbeit, in absoluter Armut, in Keuschheit und im Fasten, das selbst den Schlaf reduziert, wie uns die „Kanones der īḥīdājē, die in der Wüste“[707] berichten. Das schließt nicht aus, daß sich in derselben Region größere Kolonien von solchen Einsiedlern bilden. Die zahlreichen einander oft eng benachbarten Zellen in den Tuffsteintumuli von Göreme in der Türkei sind ein gutes Beispiel für die Siedlungs- und Lebensweise solcher Einsiedler.

Auch die Styliten sind Einsiedler, doch leben sie in der Abgeschiedenheit auf Säulen. Syrisch heißen sie esṭūnājē, nach der Säule, auf der sie ihr Leben verbringen[708]. Die Wahl der Lebensform des Einsiedlers oder Styliten ist mit fortschreitender Konsolidierung der kirchlichen Ordnung an die Zustimmung des Ortsbischofs gebunden[709].

Einsiedler sind im Grunde auch die Reklusen (griechisch ἐγκλῃστοί), im syrischen Ausdruck ḥabīšājē oder ḥabīšē[710]. Man gewinnt aus den Quellen den Eindruck, daß sie in einer gewissen Bindung zu einem Kloster standen, weil sie aus der klösterlichen Gemeinschaft zu einer höheren Form der Askese aufstiegen und entweder außerhalb des Klosters aber doch in räumlicher Nähe siedelten[711] oder sich innerhalb des Klosters von der Gemeinschaft absonderten[712]. So wird zB

---

nach einiger Zeit des Klosterlebens in die Einsamkeit zieht, sonst als habīšājā bezeichnet); vgl. ferner die „Kanones der īḥīdājē, die in der Wüste“. Blum, Rabbula, 90 verneint, daß der Ausdruck den Einsiedler bezeichne. Als Synonym erscheint häufig auch „madbrājā“ („der die Wüste bewohnt“).

707 Vgl. Vööbus, Kanonessammlungen I 1 B 373.

708 Genannt in den „Kephalaia aus dem Osten“, Kanon 14: Styliten als Priester; „Kanones für die Nonnen“, Kanon 7; in der Briefanrede des Jakob von Edessa an einen Jōḥannān von der Säule, Synodikon I 215 ff; in Jakob von Edessa, Kanon 7: Meßopfer auf der Säule in den Kanones des Gīwārgī des Arabers, Kanon 2, in den „Gedichten“ desselben Gīwārgī, Ryssel, Georgs Gedichte und Briefe, 1—8; Gīwārgī (Synode), Kanon 19; Ignatios, Kanon 5 (Ende des 9. Jh. n. Chr.) bei Michael II 445, wo er berichtet, wie 647 n. Chr. bei einem Erdbeben die Säulen der Styliten fielen; bei Michael III 327 noch für das Jahr 1165 n. Chr. Umfassend dazu Delehaye, Stylites, CXVII ff; vgl. auch Blum, Rabbula, 27; Kawerau, Jakobitische Kirche, 122 ff; Hage, Jakobitische Kirche, 41 f.

709 Für die Styliten vgl. Ignatios, Kanon 5. Für jede Art des Einsiedlerlebens schon auf der Synode des Dionysios (2), Kanon 12 verlangt.

710 „Kanones für die Nonnen“, Kanon 7; Jakob von Edessa, Kanon 8: gegen die private Eucharistiefeier der Priestereinsiedler; in Briefanreden des Jakob von Edessa an die Reklusen Abraham und Ṭūmā, Synodikon I 206, 210, 233, 234; Gīwārgī, Kanon 19.

711 Vgl. die Geschichte des Rabban Thomas bei Michael III 273 f.

712 Rabbūlā Mönchskanones, Kanon 5 berichtet von Reklusen im Kloster selbst, die sich das Haar wachsen lassen und eiserne Ketten (nicht „Eisengewichte“) anlegen (Übersetzung bei Vööbus, Synodikon I 152 korrekturbedürftig; ähnlich aber Blum, Rab-

berichtet, daß es um das Jahr 500 n. Chr. rings um die Stadt Qallīnīqōs, in und bei der es auch mehrere Klöster gab, viele Reklusen fanden[713].

Die überwiegende Zahl der Mönche lebte jedoch schon in der Zeit der Verfolgung durch die Chalkedonier in koinobitischen Formen, in Klöstern. Für Frauen war diese Lebensform im Kloster gar die einzig zugelassene mönchische Lebensform. Freilich hatte noch die Synode des Kyriakos zu Beginn des 9. Jh. n. Chr. Anlaß, den Nonnen zu befehlen, nur in Gemeinschaft mit anderen zu leben[714]. Die koinobitische Lebensform erwähnt die Synode von Chalkedon in den Kanones 4 und 8 gleichwertig neben der anachoretischen. Vom 5. zum 6. Jh. n. Chr. dürfte jedoch ein Wandel eingetreten sein, in dem die wirklich solitäre, im Wortsinne mönchische (monachos) Lebensform zugunsten des gemeinsamen Lebens in isoliert siedelnden Klöstern zurücktritt[715]. Der Mönch ist zum Klostermönch, dairājā oder ʿumrājā genannt, worden. Ein Spiegel des Wandels findet sich in der Fülle der überlieferten Regelungen für Klöster im 6. und 7. Jh. n. Chr. Man denke an die Mönchskanones des Rabbūlā von Edessa[716], die Mönchskanones aus den 24 Kanones des Jakob von Edessa[717], die Mönchsregeln des Jōḥannān bar Qūrsōs für Mār Zakkāi bei Qallīnīqōs[718], die Mönchsregeln für Mār Mattai bei Mossul[719], die Ps-Rabbūlā-Kanones für die Mönche[720], die „Verordnungen für Novizen"[721], die Mönchskanones aus den Marūtā-Kanones[722] uam., auf welche im einzelnen die folgende Darstellung immer wieder zurückkommen wird.

c. In der Geschichte der westsyrischen Kirche treten einige der Klöster immer wieder in besonderer Weise hervor, sei es, daß sie Sitze des Patriarchen oder des Maphrian oder berühmter Bischöfe oder berühmter Gelehrter sind, sei es daß sie als Begräbnisorte, als Wallfahrtsstätten, als Orte von Synoden, als Plätze von Revolten gegen die Hierarchie oder als deren Bastion in der Verteidigung hervortreten. Zum besseren Verständnis der Darstellung der westsyrischen Kirche als

bula, 89); nach Ps-Rabbūlā, Mönchskanones, Kanon 30, sind Reklusen jedoch im Kloster selbst unerwünscht, denn es soll nicht zweierlei Lebensform in demselben Kloster geben.

713 Elias, Vita Johannis ed. Brooks, Vitae virorum celeberrimorum.

714 Kanon 25.

715 Dazu Vööbus, Développement.

716 Synodikon I 152 ff; Vööbus, Syriac and arabic documents 24 ff.

717 Synodikon I 245 ff; Vööbus, aO, 55 ff.

718 Vööbus, aO, 60 ff; nur Kanon 48 erhalten.

719 Erste Reihe, Inhaltsangabe bei Vööbus, Kanonessammlungen I 1 B 325 ff.

720 Vööbus, Syriac and arabic documents, 78 ff.

721 Vööbus, Kanonessammlungen I 1 B 336 ff, mit Inhaltsangabe.

722 Vööbus, The Canons; ferner in Syriac and arabic documents, 115 ff.

Mönchskirche seien einige der unzähligen Klöster[723] besonders hervorgehoben:

1. Das Kloster des Mār Abḥāi, im Jahr 1064 n. Chr. Ort einer Wahlsynode, nahe bei Melitene am Euphrat gelegen[724]. Gewählt wurde damals Īšōʿbar Šūšān als Patriarch Jōḥannān. Das Kloster war auch Ausgangspunkt für die Gründung des Klosters Phesqīn durch Rabban David, Beispiel einer reformierten strengen Gemeinschaft[725].

2. Das Kloster des Mār Abraham, eines der Klöster auf dem Klosterberg Alphaph bei Mossul, gewöhnlich unter dem Namen des Hauptklosters von Mār Mattai bei Mossul mitverstanden[726].

3. Das Kloster des Mār Jōḥannān bar Aphtōnāiā, auch Kenūšiā („Gemeinschaft")[727] genannt, bei Qallīnīqōs gelegen. Aus ihm stammt der Gründer des großen Klosters bei Mardin, das nach ihm benannt ist, Mār Ḥananjā[728].

4. Ein anderes Kloster von Mār Jōḥannān bar Aphtōnāiā, auch als Kloster Qennešrē bekannt, war ein Zentrum für griechisch-syrische Studien, in dem auch Jakob von Edessa einige Zeit lebte[729], Gīwārgī von Beʿeltān und Athanasios von Bālād studierten[730].

5. Das Kloster von Asphūlōs, auch Saphulos genannt (griechisch Σάφυλος), bei Rēšʿainā gelegen, bekannt durch eine Synode des Jahres 827/8 n. Chr.[731].

6. Das Kloster Mār Athanasios, in der Region Mardē gelegen, restauriert neben vielen anderen kleineren Klöstern der Region durch Jōḥannān von Mardē[732].

7. Das Kloster von Mār Atūnōs, bei Tell Besmē, schon im einst

[723] Eine, leider latinisierende, die Identifikation erschwerende und gelegentlich fehlerhafte Zusammenstellung bei ASSEMANI Diss. X, BO II; ähnlich HINDO II 529 ff, Appendix III.

[724] Michael III 170, 171.

[725] Vgl. unten Kapitel 4.

[726] Vgl. die „Mönchskanones von Mār Mattai" (1 und 2).

[727] HINDO verlegt Kenūšiā in die Region von Šiggār, II 533, mit ASSEMANI BO II 430, ohne Beleg.

[728] Jōḥannān von Mardē, Geschichte.

[729] Michael II 471 und 525; Fragmente einer Vita des Jōḥannān in Berl.Sachau 315 fol. 58 ff nach NAU, Actes du XIVᵉ Congrès international des orientalistes Alger 1905, Paris 1907, II 76 ff.

[730] Chron. ad annum 813 pertinens; Michael II 318, 429, 443, 453, 470, 525.

[731] Michael III 50; erwähnt auch bei Michael II 513.

[732] Jōḥannān von Mardē, Geschichte, Synodikon II 214.

persischen „Osten“ gelegen, eine Gründung des Athanasios Sandalājē[733]. Dort starb der Patriarch Joseph auf einer Reise[734].

8. Das Kloster von Barīd, auch Qarīrā[735] genannt, mehrfach als Sitz oder Aufenthalt von Patriarchen genannt, wie Mār Barṣaumā in der Region Klaudia gelegen.

9. Das große Kloster von Mār Barṣaumā (es gibt 4 oder 5 dieses Namens), in der Region Melitene gelegen, einige Zeit Sitz des Patriarchen und Mittelpunkt kirchlicher Politik in der Kreuzfahrerzeit[736], mehrfach Ort von Synoden in der Zeit Michaels des Großen, die durch den Gegenpatriarchen Theodoros bar Wahbūn[737] veranlaßt waren.

10. Das Kloster Mār Jōḥannān zu Barṭellā, zeitweilig Sitz des Maphrians, zu diesem Zweck auch gegründet, um von den Mönchen von Mār Mattai unabhängig zu sein und doch nicht in Tagrīt zu residieren[738]. Barṭellā wurde so zum Zeichen der neuen Einheit der östlichen Metropolien im Maphrianat.

11. Das Kloster Bēt Bātīn in Ḥarrān, bekannt geworden durch den Patriarchen Dionysios (II), der aus Bēt Bātīn stammte, dort 897 n. Chr. ordiniert wurde und dort begraben ist[739].

12. Das Kloster des Mār Behnām, eines der Klöster auf dem Klosterberg Alphaph bei Mossul, das wohl ebenfalls unter dem Namen von Mār Mattai mitverstanden wird[740].

13. Das Kloster Bīzōnā in Qallīnīqōs, aus dem Patriarch Kyriakos (I) stammte[741]. Es ist gleichzusetzen mit dem Säulenkloster, dem Theodora, die Gemahlin Justinians, ihre besondere Gunst zuwandte[742]. Dionysios von Tell Mahrē wurde dort zum Diakon geweiht[743].

14. Das große Kloster von Eusebona zwischen Ḥālāb und Antiocheia gelegen, in der Nähe des chalkedonischen Simeonsklosters, kurzzeitig Patriarchensitz, als Aufenthalts- und Studienort des Jakob von Edessa bekannt[744]. Aus ihm stammte Patriarch Johannes (Īwannīs)[745].

---

733 Vgl. Krüger, Das syrisch-monophysitische Mönchtum II, 11 ff zur Bedeutung des Klosters.

734 Michael III 11. Ein Kloster gleichen Namens gibt es bei Melitene.

735 Michael III 134 f.

736 ZB Michael III 10, 121 ff, 283, 285. Vgl. Fiey, A la recherche des anciens monastères du nord de l'Irak, POC IX (1959), 97 ff, 99.

737 Vgl. oben V 5 aa — Ende.

738 Bar ʿEbrājā, Chr.eccl. III 346.

739 Michael III 120; vgl. auch Vööbus, Synodikon II 61.

740 Vgl. oben zu Mār Abraham.

741 Michael III 11 und 21.

742 Michael II 419 f.

743 Michael III 43.

744 Michael II 446.

15. Das große Kloster von Mār Gabriel bei Qarṭamīn, Kloster Qarṭamīn (auch Banasymeon, heute Deir al Umar) genannt, nahe Midjat im Tūr ʿAbdīn, in der Kirchengeschichte immer wieder erwähnt, Sitz der (Gegen-)Patriarchen des Tūrʿ Abdīn.

16. Das Kloster für Bar Gagai in der Region Melitene, von dem uns Michael[746] die Gründungsgeschichte überliefert, ein Kloster, das zeitweilig 150 Mönche[747] beherbergte und aus dem Jōḥannān XI hervorging[748].

17. Das Kloster Gūbbā Barrājā, wo im Jahre 591 n. Chr. Patriarch Petros starb[749], aus dem zu Beginn des 8. Jh. n. Chr. die Patriarchen Elias[750] und Athanasios[751] stammten, das durch seinen Reichtum berühmt war[752] und aus dem Streit um die Brechungsformel „panem coelestem frangimus" bekannt ist[753].

18. Das große Kloster Mār Ḥananjā bei Mardin, heute Deir-az-Zaʿfaran, seit Michael dem Großen bis zum Beginn des 20. Jh. Sitz des Patriarchen, in der Kirchen- und Quellengeschichte vielfach erwähnt[754], in seiner Größe (wieder-)erbaut von Jōḥannān von Mardē[755].

19. Das große Kloster von Mār Mattai (heute Šeik Matti) auf dem Klosterberg Alphaph (heute der Berg Maqlub) bei Mossul, frühes Zentrum der Monophysiten Persiens, Residenz des Metropoliten von Mossul bis 819 n. Chr., ständiger Widerpart des Maphrians in Tagrīt[756] bis die Metropolien vereint wurden.

---

745 Michael II 503.

746 Michael II 287, 337, (Zeit der Verfolgung), 456; III 9, 121 ff. Eine Gründergeschichte enthält Berlin 179 = Sachau 221 und BL Add. 17.265, ediert und übersetzt von Nau, Actes du XIVᵉ Congrès international des orientalistes Alger 1905, Paris 1907, 37 ff. Ausführlich zum Kloster Krüger, Das syrisch-monophysitische Mönchtum, 28 ff.

746 III 124 ff, 160, 174.

747 Nicht „Priester", „prêtres", wie es in der Übersetzung von Chabot zu Michael III 126 heißt.

748 Assemani BO II 334; Hindo II 530.

749 Michael II 372.

750 Michael II 480.

751 Michael II 491.

752 Michael III 18.

753 Vgl. oben zu den Synoden V 5 m, o, r.

754 Michael II 337, 345, 361; III 124, 285, 312 ff und vielfach.

755 Jōḥannān von Mardē, Geschichte. Zur Bedeutung auch Krüger, Das syrisch-monophysitische Mönchtum II 19 ff.

756 Vgl. die „Kanones von Mār Mattai", die „Vereinbarung für Mār Mattai" und zwei Reihen Mönchskanones für Mār Mattai.

20. Das Reformkloster von Phesqīn, unter Rabban David gegründet[757], auch als Ort einer Synode bekannt[758].

21. Das Kloster von Mār Šīlā bei Qallīnīqōs war Ort einer Synode unter Patriarch Jōḥannān[759] (III) und einer Synode unter Patriarch Dionysios (896 n. Chr.)[760]. Dionysios von Tell Mahrē wurde dort zum Presbyter geweiht[761].

22. Das Kloster von Tell ʿādā (Τελεδά κώμη), ein kleines aber berühmtes Kloster am Abhang eines Berges in der Nähe des chalkedonischen Simeonsklosters zwischen Ḥālāb und Antiocheia. Jakob von Edessa lebte und starb dort nach seiner Abdankung als Bischof von Edessa[762]. Mitte des 10. Jh. wurde sogar ein Patriarch dort ordiniert[763].

23. Das recht alte[764] Kloster von Mār Zakkāi bei Qallīnīqōs ist der Ort einer Synode des Jahres 878 n. Chr. unter Patriarch Ignatios[765].

24. Das „große Kloster" von Zuqnīn bei Amīd (heute Dijarbakir); es wurde durch den Streit um das Weiherecht der Metropoliten Mesopotamiens bekannt[766].

Neben den genannten Klöstern gab es ohne Übertreibung unzählige kleinere und kleinste westsyrische Klöster des oben beschriebenen Raumes des fruchtbaren Halbmondes[767]. Besonders erwähnt sei die Bergregion mit dem Tigris im Norden und Nordosten, Mardin im Südwesten und Gozārtā de Qardū im Südosten. Diese Region hat ihren Namen von der Vielzahl von Klöstern, die es dort gab und deren Ruinen noch heute zu sehen sind: Ṭūr ʿAbdīn, d. h. „Berg der Knechte (Gottes)"[768], also der Mönche. Jōḥannān von Mardē fand eben diese Region im 12. Jh. n. Chr. verwüstet vor. Er restaurierte die Klöster und bevölkerte sie wieder mit Mönchen. Die Geschichte über sein Wirken zählt die Klöster

---

757 Vgl. unten 4.

758 Michael III 283.

759 Synodikon II 37 ff.

760 Synodikon II 61 ff.

761 Michael III 43.

762 Michael II 472. Zur Bedeutung des Klosters vgl. Vööbus, History of Asceticism II 242 ff.

763 Michael III 121 ff.

764 Michael II 337.

765 Synodikon II 54 ff, Michael III 119. Quellen bei Ibrahim/Poggi, OCP XLIII (1977), 161 ff.

766 Vgl. oben I 2 und II 4. Zum Kloster vgl. Vööbus, History of Asceticism II 232 f.

767 Vgl. oben II 1. Vgl. zum „Westen" Vööbus, History of Asceticism II 224 ff.

768 Vgl. zur Region Krüger, Das syrisch-monophysitische Mönchtum II, 6 ff; Vööbus, History of Asceticism II 224 ff.

im einzelnen mit Namen auf[769]. Eine Klosterregion ist vom 11. Jh. an in der Zeit der Ausdehnung der byzantinischen Herrschaft nach Osten auch die Gegend von Melitene[770]. Und gar von 137 jakobitischen Klöstern in der Region Damaskus-Hauran-Transjordanien ist einmal die Rede[771].

4. Regeln mönchischen Lebens

a. Die selbstgewählte Askese der frühen Zeit entsprach in den Grundsätzen sicher den Vorstellungen jener Askese, wie sie im ägyptischen Mönchtum verwirklicht wurde. Die Anachoreten Syriens folgten in diesem Rahmen aber wohl selbstgewählten Lebensformen, die sich — man denke an die Styliten — aus der konkreten Situation ergaben. Die volle Hinwendung zu Gott verlangte jedenfalls die Einhaltung der Grundentscheidung, sich von der Welt und ihren Gütern in die Einsamkeit abzukehren, in Armut zu leben, die Keuschheit zu wahren und Enthaltsamkeit in Speise, Trank und Schlaf zu üben.

Die christliche Gemeinschaft insgesamt war jedoch alsbald insoweit an der Einhaltung dieser Grundentscheidungen interessiert, als sie sich gegen dabei zutage tretende Verzerrungen der christlichen Lehre um der rechten Lehre willen wenden mußte. Die Praxis der Selbstkastration und der virgines subintroductae zeigt das[772]. Allgemeine Kanones der Kirche richten sich dagegen. Dasselbe gilt für die sich in der Zeit der Verfolgung verstärkende „Landplage" wandernder Mönche, die sich am jeweiligen Aufenthaltsort in geistliche und weltliche Angelegenheiten einmischten, mit Reliquien bettelnd hausieren gingen und ihre Weltflucht bei Festmählern, in Gasthäusern und in Badestuben vergaßen[773]. Doch auch ohne jene Mißstände mußte sich die Integration der abseits der Dörfer und Städte lebenden Mönche in die sich neu bildende hierarchische Ordnung als allgemeines Problem erweisen[774]. So entstehen allgemeine Regeln für Mönche eher negativer und defensiver Art, die zunächst von der Gemeinschaft der Christen für die Mönche gesetzt werden und dann erst in die Mönchsregeln eingingen, welche die klö-

[769] Synodikon II 212 ff. Ausführlich Krüger, Das syrisch-monophysitische Mönchtum II 6 ff.

[770] Michael III 135; vgl. auch III 124 ff und 145.

[771] Edelby, La transjordanie chrétienne des origines aux croisades, POC IV (1956), 97 ff, 114.

[772] Vgl. oben 1.

[773] Laodikeia, Kanones 24 und 30; Chalkedon, Kanon 4; Rabbūlā Mönchskanones, Kanones 2, 4, 14, 15; Kyriakos an Īšōʿ, Fragen 20 und 21; Kyriakos (1), Kanon 20.

[774] Zur bischöflichen Jurisdiktion insoweit vgl. unten 5.

sterlichen Gemeinschaften sich selbst setzten, Kataloge von Anweisungen und Verboten[775], die sich gegen gerade aktuelle Mißstände in der Lebensführung der Mönche richteten.

Die Einrichtung von Klöstern erforderte jedoch daneben selbstgewählte positive Ordnungen über die Einrichtung der mönchischen Gemeinschaft, Regeln der äußeren Organisation des Klosters und der Darstellung des von Fall zu Fall verschiedenen Zieles und Weges zur angestrebten Selbstheiligung der Mönche. Beispiele für gesamtkirchlich gesatzte Organisationsregeln gibt es nicht. Und in den überlieferten Mönchskanones wird die Organisation weniger geregelt als vorausgesetzt. Das gilt auch für die Rabbūlā-Mönchskanones. Auch die systematischeren Mönchskanones der Marūtā-Kanones sind keine derartige positive Satzung; sie regeln nicht, sondern beschreiben, was sie in den Quellen vorfinden. Die Grundmuster sind dabei wohl kaum stärker variiert gewesen.

Eigentliche Mönchsregeln, die als positiv formulierte Ordnungen das Leben der Mönche bestimmen sollen, sind nicht häufig überliefert. Es muß sie aber gegeben haben, wann immer ein neues Kloster gegründet oder ein altes reformiert wurde[776]. Auf den alten Nomos des Klosters Barṣaumā wird z. B. bei einer Neuweihe ausdrücklich hingewiesen. Und Jōḥannān von Mardē als Restaurator der Klöster gab diesen dann auch νόμοι, κανόνες und τάξεις[777]. Das syrische Mönchtum scheint dabei aber keine Regeltypen, wie zB die im Abendland entstandene regula Sancti Benedicti, zu kennen, sondern nur sehr individuelle Regeln für jedes einzelne Kloster. So berichtet Michael der Große über die Gründung des Klosters Phesqīn, daß sich im Kloster von Mār Abḥāi eine strenger lebende Faktion von Mönchen bildete, die eines Tages auszog, ein neues Kloster nach Regeln zu gründen, die ihnen als Berater „Plotinos der Alte" gegeben hatte[778]. Vielleicht ähnelten sie den strengeren Mönchsregeln, die uns als „Regeln über die Pflichten" bekannt sind oder den „Anonymen Mönchsregeln". Klosterregeln dieser Art sind ganz gewiß die Kanones des Jōḥannān von Mardē für das restaurierte Kloster Mār Ḥananjā[779].

---

[775] Vgl. die Rabbūlā-Mönchskanones als Beispiel oder die Mönchskanones des Philoxenos (von Mabbūg) oder die „Kanones für die Nonnen". Vgl. dazu beschreibend, aber weniger zur eigentlichen Rolle der Regeln Vööbus, Die Rolle der Regeln, OCP 1958, 385 ff.

[776] Michael III 285.

[777] Geschichte, Synodikon II 220 und 221.

[778] Michael III 181 f.

[779] Synodikon II 223 ff.

Die meisten der überlieferten ,,Mönchskanones" aber enthalten eine bunte Mischung von Verboten, die aus konkreten Mißständen entstanden waren, von positiven Lebensregeln und von Organisationsregeln, ohne System. Das mag auch damit zusammenhängen, daß selten einmal ein allgemeines Interesse daran bestand, die Kanones für ein bestimmtes Kloster zu überliefern. In der allgemeinen Literatur überlieferte man eben eher die allgemeinen Regeln der Väter oder der Synoden zum Mönchtum, in ihrer beschriebenen Mischform, in immer neuen Auszügen oder Kompositionen.

b. Eine Grundform des Zusammenlebens ergibt sich aus einem Vergleich der verschiedenen Quellen, auch wenn keine typische Regel überliefert worden ist: Eine Gruppe von Mönchen kehrt sich gemeinsam von der Welt ab und siedelt in der Einsamkeit, abseits der Dörfer und Städte. Das zeigen uns nicht nur die Kanones[780], sondern auch die christliche Archäologie und die zum Teil noch heute besiedelten Klöster wie Mār Gabriel, Mār Ḥananjā und zahlreiche andere. Die Gemeinschaft der koinobitisch lebenden Mönche wird dabei von einem Abt, rēš dairā[781], Haupt des Klosters, (Plural: rēšāi dairātā) geleitet. Den Tageslauf bestimmen in der Gemeinschaft gemeinschaftliches Gebet (Chorgebet) und manuelle Arbeit[782]. Die für das Leben im Kloster benötigten Güter stehen im Eigentum des Klosters; der einzelne Mönch hat für sich nur noch einige wenige Gegenstände seines persönlichen Gebrauchs[783].

c. Die in den Grundsätzen genannte völlige Abkehr von der Welt und ihren Geschäften ist das Ideal. Die Mönche sollen daher abgeschlossen von der Außenwelt leben und das Kloster nicht verlassen. Auch soll die Welt nicht in das Kloster eindringen.

Kontakte mit der Welt sind jedoch auch im Idealfall nicht zu vermeiden. Daher wird einer der Mönche dazu berufen, zwischen dem Kloster und der Welt zu leben. Bereits in Kanon 4 der Synode von Chalkedon heißt es, daß für dringende Fälle vom Bischof ein Mönch ernannt wird, der das Kloster verlassen und sich in die Dörfer und Städte begeben darf. Es scheint, als sei damit der später so genannte saʿūrā geschaffen worden. In zahlreichen Quellen erscheint der saʿūrā

---

780 Jōḥannān bar Qūrsōs für die Kleriker, Kanon 11; jetzt sind es freilich die Klöster, nicht die Mönche, die īḥīdājē (,,Einsiedler") genannt werden.

781 Vgl. Rabbūlā-Mönchskanones, Kanones 12, 13 u. a. m. Synonym steht dafür gelegentlich rēšʿumrā, Haupt des Klosters, wie auch der koinobitisch lebende Mönch gelegentlich nicht dairājā, sondern ʿumrājā genannt wird.

782 ZB Rabbūlā-Mönchskanones, Kanon 16. Eine Skizze bei Hendriks, La vie.

783 Kanones für Mār Ḥananjā, Vorrede.

nur als weiteres Synonym für den Chorbischof neben dem Periodeutes[784]. Freilich ist klar, daß er im engeren Sinne Visitator (saʿūrā) mit Beschränkung auf ein bestimmtes Kloster ist, wie andererseits der Chorbischof oder Periodeutes Zuständigkeit nur im außerklösterlichen Bereich der Dörfer hat[785]. Die Aufgabe des saʿūrā ist es — vom Kloster aus gesehen —, in Geschäften des Klosters in die Dörfer zu gehen[786]. Jedenfalls soll dadurch verhindert werden, wogegen sich dann doch immer wieder Kanones wenden müssen, daß die einzelnen Mönche entgegen ihrer beabsichtigten Weltflucht mit der Welt in vielfältigen Kontakt treten. Die Verbote zeigen, daß die Mönche das Kloster verließen und Taufpaten[787] wurden, daß sie freiwillig Vormünder (ἐπίτροποι)[788] wurden, daß sie als Prozeßvertreter für andere vor den städtischen Gerichten auftraten[789], daß sie fremde Güter verwalteten[790], daß sie ihre Krankheiten außerhalb des Klosters pflegen ließen[791], daß sie dazu auch die Badehäuser besuchten[792], daß sie an Festmählern teilnahmen, wie sie im weltlichen Leben stattfanden[793], oder daß sie sich einfach auf Wanderschaft begaben[794].

Die Welt sollte auch nicht in das Kloster hereingezogen werden. Klösterliche Feste sollten nicht unter Beteiligung des Volkes stattfinden[795], auch Begräbnisse von Mönchen nicht[796]. Der Handel im Kloster sollte nur in den engen Grenzen eigenen Bedarfs stattfinden[797], wohl

---

784 ,,Kephalaia aus dem Osten", Kanon 28; Kyriakos (1), Kanon 16; Jōḥannān, Kanon 4; Marūtā-Kanones, Kanon 25.

785 ,,Kanones der Perser", Kanon 5; am deutlichsten Marūtā-Kanones, Kanon 25.

786 Rabbūlā-Mönchskanones, Kanones 2, 3 und 6; Ps-Rabbūlā-Mönchskanones, Kanones 1, 2 und 13; Marūtā-Kanones, Kanon 52. Er ist nicht etwa ein Pförtner wie Hindo II 361 vermutet, auch nicht ein ,,Prior", wie Blum, Rabbula 89, Fn. 42 meint.

787 Ignatios, Kanon 6; Dionysios (2), Kanon 6; Die ,,nötigen Kanones", Kanon 6.

788 Chalkedon, Kanon 3, ausgenommen bei gesetzlicher Berufung; Dionysios (2), Kanon 5.

789 Rabbūlā-Mönchskanones, Kanon 15.

790 Chalkedon, Kanon 3; schlechthin von weltlichen Geschäften sprechen Jōḥannān von Mardē, Kanon 4; Ignatios, Kanon 6; die ,,nötigen Kanones", Kanon 10.

791 Rabbūlā-Mönchskanones, Kanon 14.

792 Ignatios, Kanon 6.

793 Die ,,nötigen Kanones", Kanon 7; Ps-Rabbūlā-Mönchskanones, Kanon 1.

794 Kyriakos an Īšōʿ, Frage 20; Gīwārgī der Araber, Kanon 1; Mönchskanones für Mār Mattai (1), Kanon 1; jedenfalls nicht ohne Erlaubnis des Abts, Rabbūlā-Mönchskanones, Kanon 26 = Ps-Rabbūlā-Mönchskanones, Kanon 20.

795 Rabbūlā-Mönchskanones, Kanon 8.

796 Rabbūlā-Mönchskanones, Kanon 24.

797 Rabbūlā-Mönchskanones, Kanon 11.

wenn man von wandernden Händlern benötigte Produkte kaufte oder überzählige eigene Produkte verkaufte, um andere zu erwerben.

Eine besondere Frage ist dabei der Kontakt mit der Außenwelt, der sich daraus ergab, daß Mönche eines Klosters zu Priestern oder Diakonen geweiht waren und Kirchen in den Dörfern zu betreuen hatten. Der Abt bestimmte, wer so gefestigt war, daß er diese Aufgabe übernehmen konnte[798]. Wo es in den größeren Dörfern oder in den Städten eine Mehrheit von Priestern gab, durfte der Mönchspriester nicht deren Haupt (rēšʿedtā, Haupt der Kirche) sein[799].

Umgekehrt bedurfte es des Weltklerus, wenn niemand aus dem Kloster die Eucharistie feiern konnte. Doch gibt es genügend Beispiele dafür, daß diesen Dienst im Kloster Mönchspriester versahen, sei es, daß Mönche zu Diakonen und Priestern geweiht wurden[800], sei es daß Weltkleriker in ein Kloster eintraten[801]. Sofern es im Kloster zahlreiche Mönchskleriker gab, wurde wie in den größeren Dorf- oder Stadtkirchen ein „Wochendienst" eingerichtet[802]. Presbyter waren die Äbte Paulā und Paulā, Adressaten eines Väterbriefes[803]. Und die Äbte des Klosters Mār Mattai und aller Klöster des Ostens waren nicht nur Presbyter, sondern auch oftmals Chorbischöfe[804] und Bischöfe.

Die Abkehr von der Welt ist auch eine Abkehr vom Umgang mit Frauen. Die Mönche leben nicht nur ehelos[805], sondern auch ohne geschlechtliche Beziehung zu Frauen, nach Möglichkeit ohne allen Kontakt zu Frauen[806]. Eine der am häufigsten wiederholten Anweisungen in den Mönchsregeln ist daher jene, daß Frauen der Zugang zu Männerklöstern versagt ist[807].

---

798 Rabbūlā-Mönchskanones, Kanon 21; „Kanones der Perser", Kanon 9.

799 Dionysios (2), Kanon 5.

800 Nicht ohne Erlaubnis des Abtes und der Brüder: Regeln des Patriarchen Kyriakos, Kanon 1 nach Vööbus, Syriac and arabic documents, 101.

801 „Brief an Paulā und Paulā", Kanon 7.

802 Kanones für Mār Ḥananjā, Kanones 19 und 29.

803 Synodikon I 168.

804 Michael II 414 ff: Brief des Patriarchen Athanasios an Mār Mattai; vgl. auch Marūtā-Kanones, Kanon 66.

805 Chalkedon, Kanon 16; Jōḥannān bar Qūrsōs für die Kleriker, Kanon 11; Anonyme Mönchsregeln, Kanon 11.

806 Jōḥannān bar Qūrsōs für die Kleriker, Kanon 11; Rabbūlā-Mönchskanones, Kanones 7 und 24; Ps-Rabbūlā-Mönchskanones, Kanon 27; „Anonyme Mönchsregeln", Kanon 12.

807 Rabbūlā-Mönchskanones, Kanon 1; „Kephalaia aus dem Osten", Kanon 42, gegen die Lampetianer, bei denen Mönche und Nonnen (wie die virgines subintroductae) im gleichen Kloster lebten; Rabbūlā-Kanones für den Klerus, Kanon 15; Die „nötigen Kanones", Kanon 4 (unter Ausnahme der Mutter und der Schwester im Krankheitsfalle).

d. Die Leitung des Klosters war in die Hände eines rēš dairā gelegt. Es war dabei in der Regel die Gemeinschaft der Mönche eines Klosters, die diesen rēš dairā wählte[808]; doch bedurfte die Wahl noch der Bestätigung durch den zuständigen Ortsbischof[809], der auch damit neben dem schon besprochenen Recht der Visitation, seine Jurisdiktion über das Kloster geltend machte. An Stelle der Wahl begegnet uns gelegentlich auch die Nachfolgeregelung durch den scheidenden rēš dairā[810] oder die Einsetzung durch den Patriarchen als Träger der Jurisdiktion[811].

Die Äbte als solche hatten keine bischöflichen Rechte, auch nicht als Chorbischöfe[812]. Doch gab es, besonders in der Zeit der Verfolgung und Neuorganisation immer wieder Äbte, die zugleich zu Bischöfen geweiht und Ortsbischöfe waren. Das Amt des Abtes wurde auf Lebenszeit übertragen[813]; doch war eine Absetzung nicht ausgeschlossen[814], selbstverständlich auch nicht der Rücktritt. Beste Beispiele sind die Fälle, in denen ein Abt zum Bischof einer fremden Diözese oder zum Patriarchen gewählt wurde.

Neben dem rēš dairā erscheinen in der Leitung des Klosters bisweilen auch noch sābē[815] als „Wahrer der Kanones und Nomoi der Väter"[816]. In den älteren Mönchskanones (1. Reihe) für Mār Mattai[817] wird ihnen ein Mitspracherecht bei der Verwaltung des Klostervermögens gewährt. Das führt sie in die Nähe der in anderen Mönchsregeln genannten mepharnesānē oder pharnāsē, griechisch εὐεργέται (Stifter, Wohltäter), dh nun Ökonomen, oder der medabrānē, dh Verwalter, von denen mehrfach die Rede ist[818]. Die pharnāsē sind aber nicht identisch mit den sābē, sondern werden neben ihnen genannt. Andererseits wird der Wirkungskreis der pharnāsē in den Kanones für Mār Ḥananjā in

808 Marūtā-Kanones, Kanon 40: Kanones für Mār Ḥananjā, Vorrede; Gīwārgī, Kanon 4; Gīwārgī der Araber, Kanon 4; gegen Simonie dabei Gīwārgī der Araber, Kanon 3; Kyriakos (1), Kanon 19.

809 Gīwārgī, Kanon 4; Gīwārgī der Araber, Kanon 4; Bar ʿEbrājā, Nomokanon cap. VII sec. X.

810 Michael III 125 f für das Kloster Bar Gagai.

811 Michael III 285 für das große Kloster Mār Barṣaumā.

812 Gegen den Mißbrauch der Myron-Weihe durch den Abt vgl. Kyriakos (1), Kanon 18.

813 Nur in den Marūtā-Kanones ausgesprochen, Kanon 40.

814 Anonyme Mönchsregeln, Kanon 15.

815 „Älteste", auch im Sinne von „Presbytern"?

816 Die „nötigen Kanones", Kanon 16; Ps-Rabbūlā-Mönchskanones, Kanones 34 und 35 sprechen von drei Helfern des Abts.

817 Kanon 16; vgl. auch die 2. Reihe, Kanon 10.

818 Die „nötigen Kanones", Kanon 20; Mönchskanones für Mār Mattai (1), Kanon 16 und (2), Kanones 2, 3, 10 und 13.

einer Weise beschrieben, daß sie dem Klostervorsteher beistehen als dessen „Füße, Augen und Zunge“[819], sodaß eher die allgemeine Klosterverwaltung gemeint ist als die spezielle Vermögensverwaltung. In den Kanones für Mār Ḥananjā kann jedenfalls der Abt nur gemeinsam mit den pharnāsē wirksam handeln.

Ein weiterer Amtsträger ist in den jüngeren Mönchskanones für Mār Mattai genannt, der mesʿānā (μεσίτης)[820], und in den Kanones für Mār Ḥananjā[821] gibt es noch einen vom Abt verschiedenen rēš āḥē (Haupt der Brüder); beider Funktion bleibt unklar. Die Kanones der Perser nennen noch einen rab baitā[822] und einen Klosterpförtner[823]. Der mešablānā der Kanones der Perser[824] ist ebenfalls ein Abt, wohl eines kleineren Klosters. Genannt wurde bereits der saʿūrā, sicher ein Mönch, aber doch eher ein Organ des Ortsbischofs[825].

Wie man sich den zu wählenden Abt im Idealfalle vorstellte, ist mehrfach überliefert[826]. Er sollte die Menschen lieben, Geduld haben, vieles ertragen können, gerecht leben zum Vorbild der Mönche, versiert sein in den Kanones und Nomoi, und er sollte gesund sein[827].

Die Aufgabe des Abts — und seiner Mitregenten — war vornehmlich: Die administrative Leitung des Klosters, die Aufrechterhaltung der klösterlichen Disziplin — wobei ihm richterliche Gewalt eingeräumt war[828] — und die Aufnahme der Novizen[829].

e. Die mönchische Lebensform des Klosters wandelte sich etwa vom 4. Jh. an — wie bereits dargestellt — zum gemeinschaftlichen Leben. Dieses Leben sollte in Gebet und Arbeit[830] bestehen.

Die Hinwendung zur mönchischen Lebensweise sollte sich schon

---

819 Kanon 2.

820 Kanon 10.

821 Kanones 8 und 10.

822 Kanon 3; in den Marūtā-Kanones, 49 und 50, hat es den Anschein, als verwalte er die Tafel.

823 Kanon 4.

824 Kanon 16.

825 Vgl. oben 4 c.

826 Die „nötigen Kanones“, Kanon 16; Ps-Rabbūlā-Mönchskanones, Kanones 23 bis 25 und 34; Marūtā-Kanones, Kanon 48.

827 Kanon 1 der Kanones für Mār Ḥananjā.

828 Kanones für Mār Mattai (1), Kanon 6; Severos an Jōḥannān von Bosṭrā, Synodikon I 185 f; Ps-Rabbūlā-Mönchskanones, Kanon 22.

829 Severos an Jōḥannān von Bosṭrā, aO; Kanones der Perser, Kanon 20.

830 Guillaumont, Le travail manuel dans le monachisme ancien, contestation et valorisation, in Aux origines due monachisme chrétien, 117 ff. Eine Schilderung des idealen Klosterlebens findet sich (für das 6./7. Jh. n. Chr.) in der Gründergeschichte für Mār Gabriel (vgl. oben Fn. 747), 55.

im Äußeren ausdrücken, durch das geschorene Haar[831], durch das schwarze Gewand der Mönche (σχῆμα)[832] im Unterschied zum hellen Gewand der Weltleute und durch die Absage an allen Schmuck[833].

Das gemeinsame Gebet sollte den gesamten Tageslauf beherrschen[834]. Die Mönchsregeln scheinen sich dabei voneinander je nach der Strenge der Lebensweise zu unterscheiden. Die Mönchskanones des Rabbūlā[835] und die Kanones für Mār Mattai (1)[836] gehen von bestimmten Gebetszeiten bei Tag und bei Nacht aus, ohne sie zu nennen. Die ,,Regeln über die Pflichten“[837] nennen sieben Gebetszeiten, genau wie die Kanones für Mār Ḥananjā[838], die davon noch die Komplet am Abend und das Mitternachtsgebet genauer bezeichnen. Das gemeinsame Essen ist Pflicht[839]; nur ausnahmsweise wird den Mönchen erlaubt, in ihren Einzelzellen zu essen. Beim gemeinsamen Essen findet eine Schriftlesung statt[840].

In Fasten und Abstinenz soll sich der Mönch mehr als der Laie in der Welt kasteien. So begegnet uns in den Quellen das Gebot der völligen Abstinenz von allem Fleisch[841], und vom Weingenuß[842] und das Fasten an Mittwoch und Freitag[843].

Neben das Gebet tritt das Studium der Hl. Schrift und der Väter[844] und die Meditation über Gottes Gebot[845].

Neben dem Gebet bestimmt die Arbeit den Tagesablauf eines Mönchs im Kloster, eine Arbeit mit den Händen, wie die Vorrede zu den Kanones für Mār Ḥananjā ausführt[846] und wie die älteren Mönchs-

---

831 Rabbūlā-Mönchskanones, Kanon 5; ,,Anonyme Mönchsregeln“, Kanon 6.

832 Passim; vgl. nur Chalkedon, Kanon 4.

833 ,,Anonyme Mönchsregeln“, Kanon 7; Jaḥjā ibn Ǧarīr, Al-Muršid, Kap. 41.

834 Kanones für Mār Ḥananjā, Kanones 3, 4, 23 und 28.

835 Kanon 16; Ps-Rabbūlā-Mönchskanones, Kanones 25 und 26.

836 Kanones 2 und 3; ebenso Kanones der Perser, Kanon 7.

837 Kanon 6.

838 Kanon 23.

839 Kanones für Mār Ḥananjā, Kanones 21 und 22.

840 Kanones der Perser, Kanon 13.

841 ,,Aus den väterlichen Kanones der Synode“, Kanon 6; ,,Kanones der Perser“, Kanon 23; ,,Anonyme Mönchsregeln“, Kanones 5, 10 und 17; Jaḥjā ibn Ǧarīr, Al Muršid, cap. 44, nach Hindo II 399; Bar ʿEbrājā, Nomokanon cap. VII sec. X.

842 Rabbūlā-Mönchskanones, Kanon 4; ,,Aus den väterlichen Kanones der Synode“, Kanon 5: Mäßiger Weingenuß; die ,,nötigen Kanones“, Kanon 12: Verbot nur beim Fasten.

843 Die ,,nötigen Kanones“, Kanon 12.

844 ,,Ephraem-Ermahnungen“, Kanones 3, 4, 5 und 7; Kanones der Perser, Kanon 11; Kanones für Mār Ḥananjā, Kanones 12 und 15.

845 ,,Ephraem-Ermahnungen“, Kanon 17.

846 Ebenso die Kanones 12 und 15.

regeln das immer wieder überliefert hatten[847]. Doch sollte unter der Arbeit nicht das Gebet leiden[848].

Die üblichen zugelassenen Beschäftigungen sind die manuelle Arbeit in den Feldern, Gärten, Obsthainen, Weingärten und Mühlen des Klosters[849]. Doch ist es unausbleiblich, daß bei einem größeren Kloster auch die Verwaltung dieser Güter[850] oder der Handel mit den Produkten des Klosters[851] zu den Arbeiten im Kloster gehört. Darüberhinaus gibt es Tätigkeiten im Kloster, im Kirchendienst des Klosters oder der draußen betreuten Gemeinden oder im Unterricht der im Kloster erzogenen Kinder[852].

Immer wieder ist von Klöstern mit strengerer Lebensführung die Rede. So beschreibt Michael der Große[853] wie sich im Kloster von Mār Abḥāi Ende des 11. Jh. n. Chr. eine Gruppe von Mönchen unter einem Rabban David zunächst innerhalb des Klosters absondert, weil ihr dort die allgemeine Lebensführung nicht streng genug ist, und dann auszieht und ein eigenes Kloster in einer Höhle in der Nähe des Euphrat gründet. Vom Leben im neuen Kloster heißt es:

„Schön waren die Vigilien und die Nachtwache und das Fasten und das dauernde Gebet bei Nacht".

„Und nach Rabban David wurde Rabban Habakuk rēš dairā. Und er baute eine Kirche und beachtete die Kanones, die Rabban David aufgestellt hatte, nämlich weder einen Weinberg noch ein Feld noch Bienenkörbe zu besitzen noch etwas von jemandem zu verlangen, was es sonst noch an schönen Dingen gab".

Von strengeren Observanzen innerhalb ein- und desselben Klosters berichtet auch Kanon 48 der Mönchskanones für Mār Zakkāi. Eine Gruppe von Mönchen, nazīrē von besonderem Ansehen, enthielt sich „des Weins (selbstverständlich auch des Fleisches), des Brotes und manchen sonstigen Eßbaren". Und die „Regeln über die Pflichten" zeigen in Kanon 12 die Observanz jener strengen Askese im Kloster, wie wir sie sonst nur in den „Kanones für die Einsiedler in der Wüste" finden[854]. Danach darf der Mönch nicht einmal sein Bedürfnis nach Brot, Wasser und Schlaf voll befriedigen.

---

847 ZB die „Kanones der Perser", Kanon 11.
848 Rabbūlā-Mönchskanones, Kanon 16.
849 Kanones von Mār Ḥananjā.
850 Von einem Oikonomos berichtet Michael III 174.
851 Rabbūlā-Mönchskanones, Kanones 1 und 25.
852 Jōḥannān bar Qūrsōs für die Kleriker, Kanon 27.
853 III 181.
854 Vööbus, Kanonessammlungen I 1 B 374, Fn. 10.

f. Zu den Grundsätzen des Mönchtums gehört die persönliche Armut des Mönchs. Eigentum hat allenfalls das Kloster, die Gemeinschaft der Mönche. So drückt es ganz klar Kanon 12 der Mönchskanones des Rabbūlā aus. Und die zum Gebrauch überlassenen Gegenstände sollten wenige sein. Wohl überspitzt formulieren es die Kanones für Mār Ḥananjā, wenn es dort in der Vorrede heißt, der einzelne Mönch solle nur eine Matte zum Schlafen, ein Buch zum Studium und ein Gefäß zum Essen haben.

Die Realität dürfte zumeist eine andere gewesen sein, doch gab es sicher auch Varianten der Strenge der Regeln selbst. Schon einige wenige Beispiele zeigen das. Die älteren Mönchsregeln für Mār Mattai sehen zB vor, daß Mönche für bestimmte Verfehlungen mit Geldstrafen belegt werden[855], sie enthalten eine Regelung für den Nachlaß eines Mönchs[856], einen Kanon über die Verteilung von Zuwendungen an Mönche im Kloster[857]. Die ,,nötigen Kanones" kennen eine Landzuweisung zu persönlicher Nutzung[858]. Die ,,Kanones der Perser" lassen den einzelnen Mönch nach seiner Familie zwar nicht gesetzlich, aber doch nach letztwilliger Verfügung erben[859]. Die Ps-Rabbūlā-Mönchskanones verbieten den Mönchen, etwas auf Zinsen auszuleihen[860]. Und die Kanones des Jōḥannān bar Maʿdanī[861] verlangen, daß ein Mönch, bevor er zum Bischof geweiht wird, seine Zelle, seine Weinberge und seine Pferche veräußern soll. Alle diese Zeugnisse setzen Privateigentum der Mönche zu freier Verfügung voraus.

Unterschiede je nach der Strenge des Klosters gab es ganz gewiß auch in der Frage, wie reich das Kloster selbst sein durfte, um nicht wiederum in der Welt aufzugehen. Auf der einen Seite sei an die Kanones des Rabban David für das Kloster Phesqīn erinnert, die Felder und Weinberge und Bienenstöcke als Belastung für die Gemeinschaft ansehen. Andererseits steht als Beispiel der Reichtum des Klosters Mār Ḥananjā mit seinen Weingärten, Feldern, Mühlen in verschiedenen Teilen des Landes, ja sogar Hausbesitz in der Stadt Mardin[862] oder das Beispiel von Mār Gabriel, dem unter anderem sieben Dörfer gehörten[863].

---

855 Passim.

856 Kanon 10.

857 Kanon 15.

858 Kanon 2.

859 Kanon 19.

860 Kanon 15.

861 Synodikon II 246.

862 Über Mār Ḥananjā, Synodikon II 222.

863 Vgl. die Gründergeschichte von Mār Gabriel (oben Fn. 746), 60.

g. Der Eintritt in das Kloster geschieht über die Aufnahme durch den Abt[864] mit Genehmigung des Ortsbischofs[865]. Nach einer Probezeit als Novize[866] nimmt der Mönch mit der Tonsur und dem schwarzen Schema den Stand des Mönchs an. Über die Freiheit, aus dem Kloster und überhaupt aus dem Mönchsstand auszutreten, gibt es einander widersprechende Zeugnisse. Severos, der Patriarch, räumt dem Mönch die Freiheit ein[867], die Synode von Chalkedon verfügt eine lebenslange Bindung an den Stand wie beim Kleriker[868].

h. Die westsyrische Tradition kennt Nonnenklöster als einzige Form abgesonderten Asketenlebens für Frauen[869]. Weibliche Anachoreten sind nicht erlaubt. Die Nonnen tragen das schwarze „Schema" der Mönche, aber nicht etwa aus Baumwolle, sondern aus Wolle. Sie müssen das Haar zwar nicht scheren, aber kurz halten. Baden ist ihnen nicht erlaubt, schon gar nicht im Badehaus[870]. Der Kontakt mit Männern soll gänzlich unterbleiben; auch hier ist ein strenges Verbot zu finden, daß Männer ein Nonnenkloster gar nicht erst betreten dürfen[871].

Ein Problem ist, wie die Eucharistiefeier in der Klosterkirche der Nonnen sichergestellt ist; ist doch der Priester sicher ein Mann. Der Bischof bestimmt einen eigenen Priester für das Kloster[872], möglichst einen alten Priester[873]. Den Dienst des Diakons kann im Kloster jedoch eine Nonne versehen, die dazu eigens zur Diakonin geweiht wird[874].

Die Klöster der Nonnen stehen unter der Leitung einer rēšat dairā (weibliche Form von rēš dairā)[875]. Die Verbindung zur Welt stellt wiederum eine eigens dazu bestimmte saʿūrā oder saʿūrtā (weibliche Form)

---

864 Severos an Jōḥannān von Bosṭrā, Synodikon I 185; „Kanones der Perser", Kanon 20.

865 Anonyme Mönchsregeln Kanones 1 und 3.

866 Ps-Rabbūlā-Mönchskanones, Kanon 21: 3 Jahre; „Kanones der Perser", Kanon 10 und 20: 1 Jahr.

867 An Jōḥannān von Bosṭrā, Synodikon I 185.

868 Kanon 7. Die bei Hindo II 382—384, zitierten Quellenstellen besagen wenig.

869 Von Nonnenklöstern handeln: „Fragen des Addai", Frage 41; „Fragen des Sargīs", Fragen 32—41; „Kephalaia aus dem Osten", Kanon 9; Ignatios, Kanon 7; Kyriakos (2), Kanones 22—26; Dionysios (2), Kanones 5 und 6.

870 Kyriakos (2), Kanones 22—26.

871 Kyriakos (2), Kanon 24; Ignatios, Kanon 7; Dionysios (2), Kanon 5.

872 Ignatios, Kanon 7.

873 Kanones für die Nonnen, Kanon 7.

874 Vgl. oben IX, 3.

875 „Regeln für die Nonnen", Kanones 1, 3, 5, 8 und 9; „Kephalaia aus dem Osten", Kanon 9.

aus dem Kloster her[876]. Gelegentlich wird die Vorsteherin nicht rēšat dairā, sondern einfach als sabtā („Älteste“) bezeichnet[877].

5. Bischof und Kloster

a. Die Klöster standen unter der Jurisdiktion des Ortsbischofs. Schon Chalkedon, Kanon 4, drückt das in allgemeiner Form aus: Der Wille des Bischofs ist auch für den Mönch maßgebend[878]. Und es gibt nach demselben Kanon keine Klostergründung ohne den Willen des Bischofs[879], der das Kloster dann auch weiht[880]. Fällt der Abt ein Urteil, so kann es der Bischof aufheben[881]. Die Wahl des Abts bedarf der Genehmigung des Bischofs[882].

b. Eine Exemtion von der Jurisdiktion des Ortsbischofs gab es nur in der Weise, daß das Kloster dem Patriarchen direkt untergeben war. Dazu bedurfte es freilich eines Beschlusses der Synode und der Zustimmung des Patriarchen. Im exemten Kloster Mār Barṣaumā setzt dann der Patriarch den Abt ein[883]. Von einem Versuch der Synode aus Anlaß einer Sedisvakanz eine volle Exemtion von jeder bischöflichen Jurisdiktion für ein bestimmtes Kloster zu beschließen, berichtet Michael[884]. Einen Versuch des Maphrians spiegelt wohl Kanon 1 der „Kanones der Perser“, eine Exemtion jener Klöster für den Patriarchen bzw. Maphrian zu erreichen, die deren Grablege waren.

XIII. BUSSDISZIPLIN

1. Das Bußsakrament allgemein

a. Die westsyrischen Schriftsteller, welche die Sakramente der Kirche erstmals systematisch darstellen, wie Jōḥannān von Dārā, Mōšē bar Kēphā, Dionysios bar Ṣalībī, Jakob von Tagrīt und Bar ʿEbrājā, gehen von der Siebenzahl der Sakramente aus: Eucharistie, Taufe und

---

876 „Regeln für die Nonnen“, Kanon 7, 8, und 11.

877 In Kyriakos (2) Kanon 25 als „sabtā, welche die Verbindung zur Welt für sie herstellt“ bezeichnet. Kyriakos, Mönchskanones, Kanon 4 (aus Bar ʿEbrājā).

878 Für Styliten: Niederlassung nur mit der Genehmigung des Bischofs, Ignatios, Kanon 5.

879 Chalkedon, Kanon 8.

880 Chalkedon, Kanon 24.

881 Severos an Jōḥannān von Bosṭrā, Synodikon I 185.

882 Vgl. oben 4d.

883 Michael III 285; Bar ʿEbrājā, Nomokanon cap. VII sec. X.

884 III 366 f.

Firmung in Verbindung miteinander, Cheirotonie (Weihe), Ehe, Buße und Krankensalbung[885].

Die Buße ist damit ein Sakrament, ein sinnfälliges Zeichen der Heilung von der Sünde, sinnfällig in Anzeichen der Umkehr, der Reue, in der Erfüllung der Bußfolgen und der Wiederzulassung zur Gemeinschaft der Christen rechten Glaubens. Daneben freilich, — in der noch unentschiedenen Umkehr des Sünders gelegentlich untrennbar damit verbunden — steht die Buße als vorübergehende und oft auch endgültige Strafe und schließlich auch als Wiederherstellung eines rechtmäßigen Zustandes.

b. Schon ein erster Überblick über die Darstellung der Quellen zum Bußsakrament bei HINDO[886] zeigt eine Verlegenheit aller katholischen Autoren, in der westsyrischen Kirche das Bußsakrament mit individueller, privater Beichte beim Bischof oder Priester nachzuweisen. Es hat den Anschein, als werde die Einrichtung bei den Westsyrern erst im 11./12. Jh. n. Chr. aufgegriffen, bei Patriarch Jōḥannān bar Šūšān[887], bei Dionysios bar Ṣalībī[888] und bei Michael dem Großen[889]. Jedenfalls fehlt es bis dahin seit Ephraem an Quellen, die eine private Beichte belegen könnten. Der zuletzt genannte Autor Michael läßt klar erkennen, daß die Beichte zu seiner Zeit weder in der westsyrischen noch in der alexandrinischen Kirche in Übung war. Er meint, um die Einführung zu rechtfertigen, sie sei nur in Vergessenheit geraten; er selbst habe sie lediglich „wieder vorgeschrieben". Nun ist erst vor kurzer Zeit mit dem großen Synodikon aus der Handschrift Dam. 8/11 der Kreis der Quellen um den großen Bischof Jōḥannān von Mardē auf uns gekommen[890]. Jōḥannān von Mardē greift in den allgemeinen kirchlichen Kanones[891], die zunächst von einer Teilsynode, dann vom Patriarchen und weiteren Bischöfen approbiert werden[892], die Frage der Beichte auf. Er weist darauf hin, daß sie bei den Westsyrern „kurze Zeit" in

885 So schon richtig ASSEMANI Diss. V BO II.

886 III, 206 ff und II 50 ff.

887 Brief an den Katholikos der Armenier, ROC XVII (1912), 160 ff; zitiert auch bei HINDO III 207.

888 „Über die Sünden", Kanon 7 nach einer Rezension aus der Hs. Šarf. 19/17, HINDO III 207, Kanon 68 nach der Rezension B.Nat.Syr. 224. Freilich zeigt die Rezension Vat.Syr. 53 (aus dem 16. Jh. n. Chr.) foll. 181 a—187 a in Kanon 40 ein Bekenntnis vor dem Priester und vor Zeugen. Der Kanon ist vielleicht auf ganz bestimmte Sünden zugeschnitten.

889 III 379, 380.

890 Synodikon II 212—269.

891 Synodikon II 247 ff.

892 Vgl. oben V 500.

Vergessenheit geraten sei, kann aber für ihre Rechtfertigung nur ganz allgemein darauf verweisen, daß es nach der Heiligen Schrift keine Vergebung bei Gott ohne Reue gebe, diese Reue ohne Bekenntnis nicht möglich sei, das Bekenntnis aber von den Propheten und Aposteln angeordnet und von den Christen geübt worden sei[893]. Dreimal im Jahr zumindest soll jetzt jedermann seine Sünden beichten, ansonsten er nicht zur Eucharistie oder zum christlichen Begräbnis zugelassen wird. Eigene, ältere Beichtpriester werden eingesetzt und vom Bischof im Ritus der Beichte unterwiesen. Die neuen Beichtpriester mußten also wohl erst erlernen, welche „Medizin" für „die an der Sünde Erkrankten" nach ihrer speziellen Situation und „gemäß dem Schmerz der Sünden" notwendig war[894]. Verboten soll von nun an sein, diese „Beichte" bekanntzumachen, sei es zu Lebzeiten, sei es nach dem Tod des Beichtenden in Wort oder Schrift oder Andeutung[895]. Die private Beichte darf also nicht zur öffentlichen gemacht werden; das Beichtgeheimnis ist damit eingeführt. Ob der neue Impetus des Jōḥannān von Mardē von Erfolg war, wissen wir nicht. Bar ʿEbrājā verteidigt zwar zwei Jahrhunderte später diese „Beichte" gegen den Vorwurf der Häresie[896], doch ist er damit noch kein sicherer Gewährsmann dafür, daß sie zu seiner Zeit auch praktiziert wurde.

c. Die aus den Quellen bis zu Jōḥannān von Mardē zu erschließende Bußpraxis ist jedoch eine andere. Es werden aus gegebenem Anlaß immer wieder Vergehenstatbestände aufgezeigt, und diese werden mehr und mehr typisiert. Und es werden auch Sanktionen für solche Vergehen genannt. Doch geht es entweder um Vergehen, die öffentlich bekannt sind oder in einem öffentlichen, gerichtlichen Untersuchungsverfahren ans Licht gebracht wurden. Und die Reue dessen, der wieder ohne Einschränkung zur Gemeinschaft zugelassen werden möchte, ist ebenso öffentlich darzulegen[897]. Auch die Buße, deren Erfüllung zur Wiederzulassung führt, ist schließlich öffentlich zu absolvieren.

Von der geheim gebliebenen Tat konnte freilich ebenfalls Absolution erlangt werden, indem der Täter privat bei sich bereute und die latae sententiae, also von selbst, verfallende, bekannte Strafe insgeheim erfüllte. Das können wir aus einer Äußerung des Jakob von Edessa (gestorben zu Beginn des 8. Jh.) entnehmen. Er wendet sich nicht prin-

---

893 Kanon 1.

894 Kanon 3.

895 Kanon 4.

896 Chr.eccl. II 576.

897 Kanon 16, Jōḥannān bar Qūrsōs für die Kleriker, spricht von einem öffentlichen Sündenbekenntnis am Karfreitag.

zipiell gegen die an sich für vertretbar erklärte Ansicht, wonach man selbst im Gewissen zu beurteilen habe, ob eine Sünde vorliege. Doch hielt er es für besser, die Angelegenheit vor einen unparteiischen Richter zu bringen[898]. Aus der geheimen Selbstbeurteilung resultierten häufig die eidlichen Selbstbindungen[899] oder Selbstanatheme[900] der Kleriker, die von Jakob von Edessa als wenig taugliche Versuche der Selbstheilung bezeichnet werden[901]. Von einer selbstauferlegten Straffolge und Bußleistung berichten auch die „Kephalaia aus dem Osten", Kanon 37, und der Brief des Qōsṭanṭīnā an Aba Marqōs, Kanon 3: Der Täter kam nämlich nachträglich zum Bischof, um die Aufhebung des Selbstanathems bzw. die Reduktion der selbstauferlegten Buße zu erlangen.

d. So ist es nicht verwunderlich, daß eine Bußbücherliteratur erst im 11./12. Jh. entsteht, als Beichtspiegel für Beichtpriester erforderlich sind. Wir verdanken diese Literatur dem gelehrten Bischof Dionysios bar Ṣalībī. Älteste Ansätze im „Brief aus Italien" und in den Bußkanones des Basilios, die sich in den Synodika finden, hatten bis dahin keine Fortsetzung erfahren. Gerade der Autor Dionysios bar Ṣalībī steht in einer räumlichen und zeitlichen Nahebeziehung zu Jōḥannān von Mardē. Dessen Bemühungen um die Einführung der Beichte fallen in die Mitte des 12. Jh. n. Chr. Die Synode, auf der die Kanones dazu beschlossen wurden, könnte die Synode vom Jahre 1153 n. Chr. sein, von der Bar ʿEbrājā berichtet[902]. Von Michael dem Großen[903] wieder wissen wir, daß Dionysios bar Ṣalībī im Jahre 1166 n. Chr. zum Bischof von Amīd ernannt wurde, während Jōḥannān von Mardē im Jahre 1165 n. Chr. starb. Da Dionysios mit dem Patriarchen Michael dem Großen auf das engste verbunden war, ist anzunehmen, daß sein Bußbuch der neuen offiziellen Richtung in der Kirche, also der neuen Beichtpraxis, entsprach und als Hilfe für die Beichtpriester gedacht war.

2. Die allgemeinen Bußtatbestände

a. In den Bußtatbeständen, die aus den westsyrischen Quellen erschlossen werden können, besonders in denen der Synodalkanones, spie-

---

898 Fragen an Addai, Frage 51 nach der Rezension, die im Synodikon I 244 überliefert ist.

899 Jakob an Jōḥannān Esṭūnārā, Frage 18, Synodikon I 222.

900 ZB „Fragen des Addai", Frage 66 nach der Rezension aus Vööbus, Kanonessammlungen I 1 B 277 oben und nach Nau, ALCS II 63 f.

901 Vgl. die vorhergehende Fußnote.

902 Chr.eccl. III 340. So anscheinend auch Assemani BO II 171; Denzinger, Ritus I 110, 475; Hindo III 52.

903 IV 656.

gelt sich die äußere Geschichte der frühen Reichskirche und der westsyrischen Kirche, aber auch die fortschreitende Entwicklung der christlichen Lehre rechter Lebensführung in allen Lebensbereichen. Aus jeweils gegebenem Anlaß müssen menschliche Verfehlungen von der Gemeinde beurteilt werden, Verfehlungen, die sich zunächst aus den Verfolgungen der Kirche ergeben, die sich dann immer wieder im Kampf um die Macht in der Kirche zeigen, die sich in der Begegnung mit Anhängern „falscher" Lehren ereignen oder die sich ganz allgemein als Verstöße gegen die sich konkretisierende christliche Morallehre erweisen. Die Entwicklung ist dabei kontinuierlich, nicht revolutionär. Daher sei das Bild von den reichskirchlichen Anfängen gezeichnet, soweit eben die westsyrische literarische Tradition zurückreicht.

b. Die ältesten überlieferten Quellen berichten noch vom Glaubensabfall in der vorkonstantinischen Verfolgung, von Laien und Klerikern, die unter mehr oder weniger großem Druck den Göttern „geopfert" haben[904]. Schon bald geht es auch um die Preisgabe des „rechten" Glaubens in der Anhängerschaft zu den sich entwickelnden „Häresien" der christologischen Streitigkeiten[905]. Zwei Jahrhunderte nach der Verfolgung durch das heidnische Rom verfolgen gar Christen einander, die „Chalkedonier" („Griechen") vor allem verfolgen die „Antichalkedonier", darunter die Westsyrer. Die Quellen dieser Zeit der Verfolgung sind häufig Tatbeständen wie dem Übertritt „orthodoxer" Kleriker zu den „Chalkedoniern" und deren Rückkehr, der Opfergemeinschaft von „Orthodoxen" mit „Häretikern", der Annahme einer Weihe durch „häretische" Bischöfe und anderem mehr gewidmet[906]. Und im weiteren Verlauf der Geschichte ist es das Schicksal der Westsyrer, sich im Nebeneinander vieler Konfessionen und Religionen im gleichen Lebensraum mit „Abfall" und „Rückkehr" auseinanderzusetzen. Christliche Frauen werden mit „Häretikern", Moslems, Juden oder Heiden verheiratet und gehen derart dem rechten Glauben verloren[907], „Rechtgläubige" empfangen bei „Häretikern" und umgekehrt „Häretiker" bei „Rechtgläubigen" die Sakramente[908], „Rechtgläubige" geben „Häretikern" Spenden[909] und „Rechtgläubige" suchen in innerkirchlichen

---

[904] ZB Ankyra, Kanones 1—8; Nikaia, Kanones 10, 11 und 14.

[905] ZB Laodikeia, Kanones 7—10, 31—32.

[906] ZB die „Kanones zur Zeit der Verfolgung", Fragen 1—7; die „Kephalaia aus dem Osten", Kanones 13, 25 und 33; der „Brief an Paulā und Paulā", Kanon 1; der „Brief des Qōsṭanṭīnā an Marqōs", Kanones 1, 2 und 4.

[907] ZB Gīwārgī, Kanones 12 und 13; Jōḥannān, Kanon 23.

[908] ZB Gīwārgī, Kanones 11 und 21; Dionysios (2), Kanon 20.

[909] ZB Kyriakos (1), Kanones 14 und 30.

Angelegenheiten immer wieder Hilfe bei „häretisch-christlichen“ und moslemischen Machthabern[910].

c. Allgemeine Regeln christlicher Lebensführung für Laien und für Kleriker erkennen wir im ersten Jahrtausend weniger aus großen Systemen christlicher Ethik als aus aktuellen Rügen in Einzelfällen. So können wir z. B. ein „Eherecht“ und „Regeln über die Sexualmoral“ fast nur aus singulären Verboten und daraus folgenden Bußvorschriften erschließen, die sich mit rechter Ehebegründung und Eheführung, mit Inzest, Päderastie und Sodomie, mit Ehebruch und vorehelicher Unzucht, mit Raubehe und Bigamie beschäftigen[911]. Andere Texte befassen sich mit dem Rückfall zu heidnischer Zauberei etwa mit der Praxis „magischer Knoten“ und Amuletten[912], dem Rückfall in heidnische Begräbnissitten[913] oder in andere heidnische Bräuche[914], mit der Einhaltung der rechten Sonntagsheiligung[915], mit der Einhaltung der Fastenzeit[916] u. a. m. Zahlreiche Bußtatbestände gehen dabei selbst über einen weit verstandenen kirchlichen Bereich hinaus und verurteilen zB den Betrug am Geldschuldner, dem man bei einer Teilzahlung keine Teilquittung auf die Urkunde setzt[917], das Zinsennehmen in jeder Rechtsform[918] oder den Wucher[919].

3. Spezielle Kleriker- oder Mönchsvergehen

a. Es ist leicht verständlich, daß sich die Mehrzahl der kirchenrechtlichen Quellen mit speziellen Klerikervergehen befaßt oder daß allgemeine Vergehen nach Tatbestand und Folge für Kleriker in besonderer Weise abgewandelt werden. Als ganz spezielle Klerikerdelikte erscheinen zunächst einmal in der Instabilität der neu aufgebauten

---

910 Ignatios, Kanon 4; Dionysios (2), Kanon 10; besonders in Rechtsangelegenheiten: Jōḥannān von Mardē, Kanones, Kanon 31 und 33.

911 Zu den verbotenen Ehen siehe oben XI. Zu Ehebruch und Unzucht zB Neokaisareia, Kanones 1, 4, 8 und 9; „Brief an einen Freund“, Kanon 3; Dionysios (1), Kanon 6; Jōḥannān, Kanon 13; Ignatios, Kanon 3.

912 ZB Gīwārgī, Kanon 16; Kyriakos (1), Kanon 12; Jōḥannān, Kanon 22.

913 ZB Jōḥannān, Kanon 22; Ignatios, Kanon 9; Dionysios (2), Kanon 23; Jōḥannān von Mardē, Kanones, Kanon 27.

914 ZB Ignatios, Kanon 8; Dionysios (2), Kanon 23.

915 ZB Gīwārgī, Kanones 20 und 23.

916 ZB Kyriakos (1), Kanon 29; Jōḥannān von Mardē, Kanones, Kanon 18; Synode von Mār Abḥāi; Vööbus, Kanonessammlungen I 1 A 72.

917 Kyriakos (1), Kanon 45; Ignatios, Kanon 10; Dionysios (2), Kanon 15.

918 Allgemein: Ignatios, Kanon 10, bei Klerikern: Jōḥannān, Kanon 14; Jōḥannān von Mardē, Kanones, Kanon 37.

919 Bei Klerikern: Jōḥannān von Mardē, Kanones, Kanon 37.

Hierarchie der eigenmächtige Übergang eines Bischofs von einer Diözese zu einer anderen[920] oder der Übergriff in fremde bischöfliche Jurisdiktion[921], ebenso der Übergang eines Priesters von einer Titelkirche zu einer anderen[922]. Strenger als bei Laien sind die Anforderungen an Kleriker in der Ehebegründung und Eheführung etwa in der Frage bigamischer Ehen[923]. Die Eheschließung nach der Weihe ist dagegen ein spezielles Klerikervergehen[924]. Eine große Rolle spielen spezielle Klerikervergehen liturgischer Art, etwa das Myron an Kranke zu geben[925], die Taufe als Mann bei Frauen zu spenden[926], nicht im rechten Rang zu stehen oder zu sitzen[927], die heiligen Geräte zu profanieren[928], die Grenzen der zugewiesenen Funktionen im Gottesdienst zu überschreiten[929], leichtfertig oder unzulässig Weihen vorzunehmen[930], Vorschriften über die rechte Feier der Eucharistie oder der Taufe zu übertreten[931]. Zahllos sind die Beanstandungen allgemeiner Art zum Auftreten von Klerikern in der Öffentlichkeit, zur Kleidung der Kleriker, zu deren Streitsucht und anderem mehr.

b. Auch für Mönche gibt es spezielle Vergehenstatbestände, die sich allgemein aus ihrem Gelübde ergeben, das sie nicht brechen dürfen, oder die aus dem Zusammenleben im Kloster resultieren. Der Abfall vom Gelübde ist solcher Art besonders strafwürdig[932]. Ebenso finden sich immer wieder Regeln gegen umherziehende Mönche[933]. Die Klosterzucht behandeln sehr informativ die Mönchskanones für Mār Mattai (1. Reihe), mit langen Katalogen von Vergehen wie Schmähen anderer, Schlagen anderer, üble Nachrede, Diebstahl, Ungehorsam gegenüber den Oberen, Essen außerhalb des Refektoriums, Fasten- oder Abstinenzverweigerung. Die meisten ,,Mönchsregeln" bestehen aus einer solchen Kasuistik konkreter Vergehen[934].

---

920 ZB Gīwārgī, Kanon 1.

921 ZB Dionysios (1), Kanon 1.

922 ZB Kyriakos (1), Kanon 3.

923 ZB Gīwārgī, Kanones 2, 3 und 22.

924 ZB Gīwārgī, Kanones 2 und 3.

925 ZB Gīwārgī, Kanones 18; Kyriakos (1), Kanon 8.

926 ZB Gīwārgī, Kanon 17; Kyriakos (1), Kanon 7.

927 ZB Kyriakos (1), Kanon 7.

928 ZB Kyriakos (1), Kanon 8.

929 ZB Kyriakos (2), Kanones 3 und 8.

930 ZB Jōḥannān, Kanones 2, 7 und 9.

931 ZB Jōḥannān, Kanones 4, 5, 6, 8 und 10.

932 Nikaia, Kanon 12; Ankyra, Kanon 18; Chalkedon, Kanones 7 und 16.

933 Vgl. oben XII, 3c.

934 Vgl. oben XII 4.

4. Kirchliche Bußen

a. Die allgemeinen Straf- und Bußfolgen für Vergehen entwickeln sich wie die Tatbestände über die gesamte Zeit unserer Betrachtung. Der Weg führt zunächst einmal von einer Straffolge, die den irreversiblen Ausschluß von der Gemeinschaft der Christen bedeutete, zur Buße, deren von der Reue begleitete Erfüllung die Straffolge des vollen oder teilweisen Ausschlusses aus der Gemeinschaft wieder aufhob. Er führt auch von der öffentlich geübten Reueerklärung und Bußübung zur privaten Beichtpraxis der späten Zeit[935].

Die ursprüngliche Übung, in der Verfolgung abgefallene Christen nicht wieder zur Gemeinschaft zuzulassen, wird nach der diokletianischen Verfolgung bald aufgegeben. Kanon 8 der Synode von Nikaia wendet sich klar gegen die Katharer, die zu dieser Zeit noch der alten Praxis des irreversiblen Ausschlusses folgen. Den Abgefallenen (lapsi) wird nun sogar dann, wenn sie keinem besonderen Zwang ausgesetzt waren[936], die Wiederzulassung zugestanden, sofern sie bereuten und eine längere Bußzeit auf sich nahmen. Die Buße ist dabei schon deshalb öffentlich, weil der Kandidat, wie zB Kanon 11 von Nikaia zeigt, in sichtbaren Stufen zur vollen Wiederaufnahme aufsteigt: Als „Hörer“ (3 Jahre), als „Büßer“ (7 Jahre) und als „Beter unter den Katechumenen“ (2 Jahre), insgesamt also über 12 Jahre, ausgenommen im Falle des nahen Todes[937]. Diese strengen Folgen werden später weiter abgemildert[938], bis sich das Problem des Glaubensabfalles vorübergehend durch den Lauf der Geschichte weitgehend erledigt.

Lange und gestufte Bußzeiten gab es ursprünglich auch für andere Vergehen, etwa für Sodomie nach Kanon 15 der Synode von Ankyra: 15 Jahre in überprüfter Buße und 5 Jahre in bloßer Gebetsgemeinschaft, dh ohne Eucharistiegemeinschaft. Doch gibt es daneben immer noch den Ausschluß aus der Gemeinschaft, begrenzt bis zur Stunde des Todes[939].

Der Ausschluß aus der christlichen Gemeinschaft ging freilich gelegentlich noch weiter als bis zum vollen Ausschluß von der Teilnahme am Gottesdienst, selbst als „Hörer“. Kanon 1 der Synode von Antiochien verfügt so für Kleriker, die das Paschafest mit den Juden halten: Sie sollen aus der Kirche ausgeschlossen sein, in einer Weise,

---

[935] Vgl. oben 1.

[936] Nikaia, Kanon 11.

[937] Nikaia, Kanon 13.

[938] ZB Ankyra, Kanones 1—8.

[939] Ankyra, Kanones 20 und 21 für Mord, Totschlag, Abtreibung, Ehebruch der Frau.

daß ihnen niemand mehr auch nur die Ehre sonstiger Gemeinschaft erweist. Kanon 3 drückt dasselbe von einer anderen Seite her aus: Wer mit diesen Personen Umgang hat, wird seinerseits aus der Kirche ausgeschlossen. Das bedeutet für die Gemeinden in der Praxis, daß sie weder fremde Kleriker noch fremde Laien aufnehmen dürfen, die nicht einen Brief ihres Bischofs vorweisen können, der ihnen die Amts- bzw. Gemeinschaftsfähigkeit bestätigt. Diese Einrichtung muß sich folgerichtig geschichtlich auf Dauer halten, solange es Nichtchristen und später ,,Häretiker" gibt. Kleriker müssen einen συστατικός, Laien einen εἰρηνική genannten Brief vorweisen[940].

b. Die Bußen werden bald weiter gemildert. Es tauchen in den Quellen Gebet und Fasten über kürzere Zeit als Bußen auf, die je nach der Schwere des Vergehens bemessen sind. Damit beginnt jedoch sogleich eine Möglichkeit, überhaupt geistliche Übungen wie Gebet, Almosen, Kniebeugen, Fasten, Abstinenz und anderes mehr in die Bußpraxis einzubeziehen. Der Differenzierung nach der Schwere des Vorgehens ist damit noch besser Raum gegeben.

c. Für Amtsvergehen von Klerikern gibt es selbstverständlich neben den allgemeinen Folgen, wie sie eben dargestellt wurden, noch besondere Folgen. Die Anfänge liegen bei Klerikern, die in der Verfolgung der vorkonstantinischen Zeit vom Glauben abgefallen sind; sie werden auf Dauer von allem kirchlichen Dienst ausgeschlossen[941]. Mit der oft länger dauernden Untersuchung solcher Vergehen hängt es zusammen, daß gelegentlich nicht sofort eine endgültige Deposition sondern nur eine Suspension ausgesprochen wird.

In der Zeit der byzantinischen Verfolgung der Westsyrer zeigen sich die Straffolgen für zur ,,Häresie" abgefallene Kleriker bereits gemildert. An die Stelle endgültiger Deposition tritt oft die Suspendierung der Rechte und die Wiederaufnahme nach öffentlich erklärter Reue und schriftlich dokumentiertem rechtgläubigem Bekenntnis[942]. Dabei wird auch noch ein besonderes Milderungsrecht des Bischofs eingeführt[943], kraft dessen sich die starren Straf- oder Bußfolgen der älteren Zeit weiter auflösen (Oikonomia). Von dort ist dann kein großer Schritt, die Bestimmung von Straf- und Bußfolgen überhaupt dem jeweiligen Bischof zu überantworten[944].

---

940 Chalkedon, Kanon 11.

941 Ankyra, Kanones 1 und 2.

942 ZB ,,Kanones zur Zeit der Verfolgung", Kanon 1.

943 ZB ,,Kephalaia aus dem Osten", Kanon 13.

944 ZB ,,Kephalaia aus dem Osten", Kanones 25 und 26.

Die Verfügung von Strafen und Bußen ist hierarchisch geordnet. Die jeweils höhere Instanz hat im Appellationsverfahren das letzte Wort[945].

5. Die Bußbücher im besonderen

a. Die vielfältige isolierte Überlieferung von einzelnen Vergehenstatbeständen und Straf- und Bußfolgen verschiedenster Art in der westsyrischen kanonistischen Literatur mündete im 12. Jh. wohl unter dem Einfluß der neuen Beichtpraxis in eine eigene Bußbücher-Literatur. Die Einführung dieser Literatur in die seelsorgliche Praxis ist dabei untrennbar mit dem Namen des Bischofs Dionysios bar Ṣalībī verbunden. Die Geschichte der zahlreichen Rezensionen des Werks[946] zeigt uns seine große praktische Bedeutung und Verbreitung. Ansätze zu speziellen Bußkanones-Sammlungen finden sich in der älteren Zeit bei Basilios und in den „Kanones die aus Italien an die Bischöfe des Ostens geschrieben wurden". Zwar handelt es sich bei dem letztgenannten Werk um einen Teil des westsyrischen Synodikons — Material, das im Zusammenhang mit der Synode von Antiochien überliefert ist[947] —, aber doch um ein Bußbuch westlich-lateinischer Herkunft. Basilios könnte eine orientalische Parallele zu schaffen versucht haben. Im Mönchsrecht findet sich etwas Vergleichbares in den Mönchskanones für Mār Mattai (1. Reihe), ein Bußbuch für Mönche.

b. Das Werk des Dionysios bar Ṣalībī mit dem Titel „Mäßige und kurze Kanones über die Sünden, die man in dieser unserer Zeit begeht", oder kürzer „Über jede der Sünden ein passender Kanon" oder noch kürzer „Über die Sünden" gibt zunächst einen Katalog von sexuellen Verfehlungen von Laien mit differenzierten Straf- und Bußfolgen. Der Katalog reicht vom Ehebruch, der Sodomie, der Verführung geweihter Nonnen bis zum Fastenvergehen von Ehegatten[948]. Ein eigener zweiter Teil handelt von Klerikervergehen, seien sie allgemeiner Art oder spezielle Standesvergehen. Es folgen — kurz von andersartigen Regeln unterbrochen — noch einmal Bußkanones für Laien. Sie reichen von Vergehen der Kinder gegen die Eltern bis zu Diebstahl, Wucher, Lüge und Hexerei[949].

---

945 ZB „Kephalaia aus dem Osten", Kanon 28.

946 Zu Fragen der Quellengeschichte vgl. oben unter A ...

947 Nach B.Nat.Syr. 62, Nau, Littérature canonique inédite = ALCS III. Vgl. dazu auch Vööbus, Kanonessammlungen I 1 B 425 ff.

948 Einen Überblick bietet Vööbus, Kanonessammlungen I 1 B 406.

949 Übersicht bei Vööbus, Kanonessammlungen I 1 B 408, 409.

Die gewöhnlichen allgemeinen Strafen und Bußen, die sich bis zum 12. Jh. n. Chr. entwickelt haben, sind folgende:

Der Ausschluß von der Eucharistie auf Zeit, bei schweren Vergehen sogar auf Jahre, etwa bei Glaubensverleugnung[950].

Fasten oder Abstinenz von bestimmten Speisen (Wein, Fleisch, Öl, ṭūrāšā) auf Zeit[951], zumeist mit anderen Bußen verbunden.

Der Vollzug einer bestimmten Anzahl von Kniebeugen (būrkē) täglich[952].

Die Bezahlung einer bestimmten Summe Geldes als Almosen für die Armen[953] oder zum Loskauf von Gefangenen[954].

Ein Rätsel bleibt noch immer, was es heißt, daß der Kleriker als Täter für eine bestimmte Zeit die „nezīrūtā" nicht lösen darf. Es scheint, als habe man mit der nezīrūtā bei Klerikern einst die Enthaltsamkeit von der Eucharistiefeier[955] gemeint, aus der bei Dionysios bar Ṣalībī die Abstinenz schlechthin wurde[956].

Für Kleriker kommt zu diesen Strafen noch die Suspendierung vom geistlichen Amt auf Zeit hinzu.

c. Die zahlreichen Rezensionen von Bußbüchern, die unter dem Namen des Dionysios bar Ṣalībī überliefert sind, zeigen ein reges „auf und ab" in der Bemessung der Strafen und damit der Bewertung der Vergehen. Praktiker dürften hier die tradierte Vorlage für ihre Zwecke jeweils nach eigenen Vorstellungen adaptiert haben[957].

XIV. RECHT UND HÄRETIKER

Die westsyrische Kirche bezeichnete sich und ihre Anhänger als „orthodox", „rechtgläubig". Die Anhänger aller abgelehnten christlichen Glaubensrichtungen werden „Häretiker" oder auch „Heterodoxe" genannt. Die ständige unmittelbare Nachbarschaft der verschiedenen christlichen Bekenntnisse in Palästina, Phönikien, Syrien und Mesopotamien führte nun zu Kontakten und Interessenkonflikten mit solchen „Häretikern", die nach einer rechtlichen Lösung drängten. Das

[950] Kanon 44 (nach B.Nat.Syr. 224).
[951] Kanon 44 (nach B.Nat.Syr. 224).
[952] Kanon 44 (nach B.Nat.Syr. 224).
[953] Kanon 44 (nach B.Nat.Syr. 224).
[954] Kanon 44 (nach B.Nat.Syr. 224).
[955] So zB Kyriakos (1), Kanon 17.
[956] ZB Kanon 35 (Mard. 350); „nezīrūṭā von ṭūrāšā und Wein".
[957] Vgl. die Textvergleiche bei Vööbus, Kanonessammlungen I 1 B 409 ff.

Problem war dabei bereits der Reichskirche bekannt, als sich zB die Synode von Nikaia mit Arianern, Katharern und den Anhängern des Paulos von Samosata, die Synode von Laodikeia mit Novatianern, Photinianern, Quartodecimanern und Phrygianern, die Synode von Konstantinopel I mit Maximianern, die Zeit nach der Synode von Ephesos mit Nestorianern und schließlich die Zeit nach der Synode von Chalkedon mit den Antichalkedoniern beschäftigen mußte. Die Abgrenzung von immer neuen „Häresien" setzt sich dabei innerhalb der monophysitischen Kirchen, auch der westsyrischen fort, zB im Streit mit den Julianisten, mit den Anhängern des Zebad, mit den Lampetianern u. a. m.

1. Die Probleme der Begegnung

Jede Zeit, in der im Streit um die Glaubenswahrheiten noch nicht völlig klar war, wie es mit dem eigenen oder fremden Glauben stand, mußte schon dieser Unklarheit wegen für Laien wie für Kleriker Regeln schaffen, die sich mit dem Nachweis des rechten Glaubens und der rechten Weihe in der Heimat und in der Fremde beschäftigen. Der unbekannte Fremde mußte den rechten Glauben erst dartun. Lebten Christen klar verschiedenen Bekenntnisses in Stadt oder Dorf nebeneinander, so mußte geklärt werden, wie weit die Gemeinschaft im Leben allgemein, im Gebet und in den Sakramenten reichen durfte. Besonders in der Frage der Sakramentengemeinschaft mußte man sich mit der Eucharistiegemeinschaft, mit Mischehen, mit der Gültigkeit von Taufen und Klerikerweihen und mit der Weihe von Altären beschäftigen.

2. Die Taufe

Bereits die Synode von Nikaia befaßte sich in Kanon 19 mit der Frage der Gültigkeit der Taufe durch Häretiker und der Wiedertaufe. Die Frage wurde davon abhängig gemacht, ob die Taufpriester gültig geweiht waren. Das aber wurde für die Anhänger der Häresie des Paulos von Samosata verneint. Dasselbe verfügte Laodikeia, Kanon 10, für die Häresie der Phrygianer.

Die westsyrische Kirche folgt dieser Grundentscheidung, wie wir aus einer überlieferten Diskussion zwischen Severos von Antiochien und der Synode von Afrika (Karthago) entnehmen könnten[958]. Der Standpunkt der Synode von Afrika, wonach die Taufe schlechthin unwirksam sein sollte, wurde ausdrücklich für falsch erklärt. Wer von einem gültig geweihten Priester getauft war, war gültig getauft. So wurde die Taufe

[958] „Kephalaia aus dem Osten", Kanon 25; Severos, Synodikon I 173 ff.

durch die Priester der Chalkedonier und durch die Anhänger des Julianos von Halikarnassos für gültig erachtet[959]. Sie mußte allenfalls noch durch das Spenden des Myron komplettiert werden[960]. Die Taufe durch die „Presbyter" des Zebad und des Zakkāi, denen beiden die Bischofsweihe fehlte, wurde jedoch für ungültig gehalten[961].

Die Taufe von „Häretikern" durch „Orthodoxe" wird verboten[962]. Freilich ist hier nicht ganz klar, was in den Quellen damit gemeint ist. Am ehesten ist an die Wiedertaufe von bereits getauften übertretenden „Häretikern" zu denken. Die Entscheidung ist nur konsequent. Die Taufe von Kindern nicht übertretender „Häretiker" in orthodoxen Kirchen, etwa in Zeiten, in denen ein Priester der eigenen Kirche nicht für die „Häretiker" zu erreichen war, bot freilich andere Probleme, nicht etwa solche der Gültigkeit der Taufe, sondern der Garantie, daß die Kinder Mitglieder der westsyrischen Kirche wurden oder blieben. Ein Verbot mochte der gegenteiligen Erscheinung vorbeugen, daß „orthodoxe" Familien einmal im Streit mit ihrer Gemeinde ihre Kinder in den Kirchen der „Häretiker" taufen ließen oder daß die Taufe der Kinder in „nichtorthodoxen" Kirchen der erste Schritt zum Abfall von der „orthodoxen" Kirche wurde.

3. Die Weihe durch „Häretiker"

Die Weihe von Klerikern durch einen gültig geweihten Bischof war gültig. Sollte ein durch einen „häretischen" Bischof geweihter Presbyter oder Diakon nach seinem Übertritt zum „rechten Glauben" zum kirchlichen Dienst zugelassen werden, so bedurfte es keiner erneuten Weihe zum bereits erlangten Weihegrad[963]. Ausgenommen sind wieder Weihen durch Kleriker, die den Bischofsrang ohne Weihe arrogiert haben, wie die Anhänger der Phrygianer[964], der Maximianer[965], des Paulos von Samosata, des Zebad oder des Zakkāi[966].

---

959 „Kephalaia aus dem Osten", Kanones 19, 20, 21.

960 „Kephalaia aus dem Osten", Kanon 25.

961 „Brief an einen Freund", Kanones 6 und 7. Zu Zebad schon „Kephalaia aus dem Osten"; Kanon 25, mit Severos.

962 Brief des Athanasios, Patriarch von Antiochien, Kanon 3; Kyriakos (1) Kanon 9; Jōḥannān, Kanon 20.

963 Nikaia, Kanon 8, für die Katharer; „Kanones zur Zeit der Verfolgung", Frage 1; „Kephalaia aus dem Osten", Kanones 3, 25, 42 für Chalkedonier und Julianisten; Brief des Qōsṭanṭīnā Kanon 1 für Chalkedonier.

964 Laodikeia, Kanon 10.

965 Konstantinopel I, Kanon 3.

966 „Kephalaia aus dem Osten", Kanon 25: „Brief an einen Freund", Kanones 6 und 7, mit Severos von Antiochien.

Eine ganz andere Frage war jene, ob man die von Häretikern geweihten Kleriker zum eigenen kirchlichen Dienst zulassen sollte. Sie wurde ähnlich beantwortet wie bei „Klerikern", die nach „orthodoxer" Weihe zu den „Häretikern" abgefallen und wieder zurückgekehrt waren, oder wie bei Klerikern, die sich als „Häretiker" die Weihe vom orthodoxen Bischof erschlichen hatten. Gefordert wurde ein schriftliches Bekenntnis zum rechten Glauben, eine öffentliche Absage an die spezielle „Häresie" und eine gewisse Zeit der Buße[967]. Dann wurde der fremde Kleriker in die westsyrische Kirchenorganisation aufgenommen.

4. Die Gemeinschaft mit „Häretikern"

Die Quellen sind in der Frage der Gottesdienstgemeinschaft völlig klar: Die Eucharistie durfte nicht an Häretiker gegeben werden[968]; doch wurde in den Zeiten der Verfolgung vom Priester nicht verlangt, daß er jemanden, dessen Rechtgläubigkeit er bezweifelte, zurückweise[969]. Die „Rechtgläubigen" wieder durften keine Kirchen der Häretiker besuchen[970]. Für „Häretiker" durften auch keine Totenmessen in „orthodoxen" Kirchen gehalten werden[971].

Am besten ist es, man hat gar keinen Umgang mit „Häretikern"[972], weder beim Gebet noch bei einer Segnung, noch bei Wallfahrten, noch bei allgemeinen Festen.

Da in der Frühzeit die Ehe eine durchaus „weltliche" Angelegenheit war[973], tauchte die Frage der Ehegemeinschaft unter „Häretikern" und „Rechtgläubigen" erst sehr spät als Eherechtsfrage auf. Für die Familien und die kirchliche Gemeinschaft ging es nur darum, bei einer Ehe kein Mitglied an die andere, fremde Gruppe zu verlieren; das aber war nur bei Frauen der Fall, die „in die Ehe und damit in die fremde Familie und Glaubensgemeinschaft gegeben" wurden. Das wurde zum Bußtatbestand.

---

967 Nikaia, Kanon 8; „Kanones in der Verfolgung", Frage 1; „Kephalaia aus dem Osten", Kanones 3, 25, 33, 42; „Brief des Qōsṭanṭīnā, Frage 1; „Brief an Paulā und Paulā", Frage 1; „Brief des Johannes von Zypern", Kanones 1 und 2.

968 Laodikeia, Kanon 32; Gīwārgī, Kanon 12.

969 „Kanones zur Zeit der Verfolgung", Kanones 2, 3 und 4.

970 Laodikeia, Kanones 7 und 9; Kyriakos (1), Kanones 14 und 30.

971 „Kanones zur Zeit der Verfolgung", Kanon 7.

972 Laodikeia, Kanones 33 und 37; Jōḥannān bar Qūrsōs für die Kleriker, Fragen 1 und 2; „Kanones zur Zeit der Verfolgung", Kanon 5; „Rabbūlā für Priester", Kanon 48; „Kephalaia aus dem Osten", Kanon 34.

973 Vgl. oben XI.

5. Der unbekannte Fremde

Besonders in Zeiten, in denen die Fronten zwischen den Glaubensrichtungen theologisch noch nicht klar abgesteckt waren, oder in denen die christlichen Laien oder Kleriker selbst nicht genau wußten, welcher Glaubensgemeinschaft sie nun zugehörten, war es notwendig, Fremden gegenüber vorsichtig zu sein, ob man sie in die Gemeinde oder gar zum Kirchendienst aufnahm. Vielfach wußten die Zuwanderer nicht einmal, ob sie gültig getauft oder ob sie als Kleriker gültig geweiht waren[974]. Im geordneten Kirchenregiment waren insoweit συστατικόι für Kleriker oder εἰρηνικαί für Laien vorgesehen[975], Empfehlungs- und Informationsschreiben für die Empfängergemeinde.

XV. DAS VERHÄLTNIS VON KIRCHE UND STAAT

1. Die Zeit bis zur islamischen Herrschaft

Im byzantinisch beherrschten „Westen" des fruchtbaren Halbmondes beginnt die eigene Geschichte der westsyrischen Kirche mit einer Verfolgung durch die Staatsmacht. Rechtlich geregelte Beziehungen der der monophysitischen Lehre anhängenden Gläubigen, Kleriker, Gemeinden und Klöster zum Staat schieden damit völlig aus. Die westsyrische Kirche blieb bis zur „Befreiung" durch die Sassaniden und wenig später durch die islamischen Eroberer „im Untergrund". Ihre Existenz war allenfalls, in den Grenzbereichen byzantinischer Macht, lokal geduldet.

Im sassanidisch beherrschten „Osten" waren die Monophysiten in ihrer verhältnismäßig nicht allzu großen Zahl Teil der christlichen Untertanen, deren Vertretung gegenüber dem sassanidischen Staat bei den Nestorianern lag. Deren Schicksal[976] teilten sie. Daß Chosroes die Chalkedonier nach der Eroberung Mesopotamiens und Syriens zur Sicherung seines Einflußes zurückdrängte und monophysitische Bischöfe aus dem Osten schickte[977], war sicher den außergewöhnlichen politischen Umständen zuzuschreiben, nicht faßbaren rechtlichen Einrichtungen zwischen Kirche und persischem Staat.

---

974 „Kephalaia aus dem Osten", Kanon 22.

975 Antiochien, Kanon 7; Chalkedon, Kanon 11 und 13.

976 Vgl. Selb OrKiR I.

977 Bar ʿEbrājā, Chr.eccl. I 266.

2. Die Zeit der islamischen Herrschaft bis zum 11. Jh. n. Chr.

Ein geschlossenes Bild des Verhältnisses von Kirche und Staat kann für die Westsyrer unter dem Islam nicht gezeichnet werden[978]. Stets waren es die konkreten politischen Umstände im moslemischen Reich, die Stärke und Schwäche einer moslemischen Zentralgewalt, die Bedeutung lokaler Fürsten, die den Status der Kirche bestimmten[979]. Andererseits waren es die vielfältigen Spannungen und Spaltungen innerhalb der Kirche selbst, die Eingriffe der weltlichen Herrscher in die Verhältnisse der Kirche mit sich brachten.

Der westsyrische Patriarch war nur in ganz auf kirchliche Angelegenheiten beschränkter Autonomie als „Herrscher" für die westsyrischen Christen anerkannt. Im Osten machte ihm der Maphrian diese Funktion zu gewissen Zeiten streitig. Beide konkurrierten in diesem Bereich auch noch mit dem nestorianischen Katholikos. Voraussetzung für die beschränkte Autonomie war zeitweise die Anerkennung des Patriarchen, gelegentlich auch der Bischöfe durch den Kalifen, ausgedrückt in einem Schutzbrief. Theoretisch war zwar der nestorianische Katholikos das Oberhaupt aller Christen[980], doch sprechen die bezeugten Anerkennungsdiplome für den westsyrischen Patriarchen, den Maphrian und manche Bischöfe[981] dagegen.

So berichtet Michael[982], daß König Marwan den neugewählten Patriarchen Johannes (Īwannīs) empfing und ihm ein „Sigillion" schrieb, in dem er ihm die „Macht über alle kirchlichen Angelegenheiten" gab. Der Patriarch übergab dabei ein „Ehrengeschenk". Nach dem Tod desselben Johannes schrieb König Abu Ǧaʿfar den Bischöfen einen neuen Patriarchen vor. Eine illegitime Synode wählte und ordinierte ihn. Der König verlieh ihm anschließend ein „Sigillion" seiner Autorität[983]. Nachdem der König den neuen Patriarchen hatte erwürgen lassen, ließ er den Metropoliten Athanasios Sandalājā zum (illegitimen) Patriarchen wählen. Wieder verlieh der König das „Sigillion" patriarchaler Autorität. Ein weiterer illegitimer Patriarch, David von Dārā, berief sich

---

978 So bleibt auch SPULER, Syrian christians amidst muslim compatriots, A tribute to A. VÖÖBUS, Chicago, 365 ff, recht allgemein; ebenso HADDAD, Syrian Christians in muslim society, an interpretation, 1970, Princeton 1970.

979 Eine eher uniforme Beurteilung bei TRITTON, The Caliphs; ders., Islam and the protected religons I 485 ff und II 311 ff.

980 MINGANA, A charter of protection.

981 KRÜGER, Das syrisch-monophysitische Mönchtum I 10 unter Berufung auf die Chronik ad annum 819.

982 II 506 (für die Mitte des 8. Jh. n. Chr.).

983 Michael II 523.

dem legitimen Patriarchen Gīwārgī gegenüber darauf, daß dieser keinen königlichen „Befehl" habe. Gīwārgī kam deshalb in Haft, David erhielt das königliche „Sigillion"[984]. Patriarch Joseph, gewählt 970 n. Chr., reiste alsbald nach Bagdad, um dort sein „Sigillion" zu erlangen[985]. Dieses „Sigillion" öffnete ihm später über den regionalen Gouverneur ein bis dahin verschlossenes Kirchengebäude[986]. Auch Patriarch Dionysios (im Jahre 819 n. Chr. gewählt) reiste nach Bagdad[987], um dieses Diplom zu erlangen „wie es bei seinen Vorgängern üblich war", ebenso strebte der Gegenpatriarch Abīrām nach dem königlichen Diplom[988].

3. Die westsyrische Kirche und Byzanz im 10./11. Jh. n. Chr.

Als die Byzantiner ihre Ostgrenze noch einmal nach Osten vorschieben konnten, nahm der Patriarch für einige Zeit seinen Sitz in deren Einflußgebiet[989]. Wie bislang vom islamischen Oberherrn erbat und erlangte der Patriarch nun vom byzantinischen Kaiser ein „Sigillion", das ihm die Garantie freier Religionsausübung gab[990]. Der Versuch, damit die eigene Glaubensgemeinschaft vor den Chalkedoniern zu schützen, scheiterte jedoch.

4. Die westsyrische Kirche in der Kreuzfahrerzeit

Es ist glaubwürdig und wird durch die Politik der Kreuzfahrer bestätigt, wenn Michael[991] berichtet, daß sie zu Beginn ihrer Eroberungen freie Religionsausübung für alle christlichen Konfessionen versprachen und gewährten. Freilich ereignete es sich doch immer wieder, daß ein fränkischer Herrscher oder Gouverneur in innerkirchlichen oder zwischenkirchlichen Streitigkeiten machtpolitisch Partei nahm[992].

Der konfessionelle Standpunkt der Westsyrer scheint die Franken dabei nicht interessiert zu haben[993]. Die das Land im Westen mehrheitlich dominierenden Türken wieder interessierten sich für die reli-

---

[984] Michael II 527 ff.

[985] Michael III 11.

[986] Michael III 12; vgl. auch Michael III 19.

[987] Michael III 47; Dionysios war nicht etwa der erste anerkannte Patriarch wie De Vries, Entstehung 63 mit Abramowski, Dionysios 68 annimmt.

[988] Michael III 91.

[989] Vgl. oben VI 3.

[990] Michael III 130.

[991] III 183.

[992] Der Gouverneur von Edessa, nach Michael III 197 oder der lateinische Patriarch von Antiochien, nach Michael III 208.

[993] Michael III 222.

giösen Minderheiten als solche überhaupt nicht[994]; ihnen einen rechtlichen Status im Staat zu gewähren, lag ihnen fern.

5. Die Autonomie der Kirche

Die dürftigen Berichte[995] über ein Diplom des Herrschers, sagen uns leider nicht, in welchem Umfang dadurch der Patriarch, der Maphrian oder einzelne Bischöfe legitimiert waren, öffentliche Aufgaben für ihre Glaubensgenossen wahrzunehmen, wie weit innerkirchliche Angelegenheiten ohne Einfluß des Staates geregelt werden konnten oder wie weit gar der Staat die innerkirchliche Ordnung schützte. Allein über das Modell des Vertrages des Omar gewinnen wir keinen Einblick in die Autonomie der Kirche. Alle genannten Verträge dieser Art sind Erfindungen[996]. Gänzlich versagt eine Einsicht in die Verhältnisse des syrischen oder nordmesopotamischen Raumes in der Zeit der dominanten Herrschaft von lokalen Fürsten und Gouverneuren.

Die im Prinzip gewährte Autonomie für rein kirchliche Angelegenheiten — abgesehen vom Bestätigungsdiplom für den Patriarchen — barg freilich genug Sprengstoff für den Bestand der westsyrischen Kirche. Ohne staatliche Garantie dieser Autonomie, ohne staatlichen Rechtsschutz für die nach kirchlichem Recht zustandegekommenen Entscheidungen, war diese Autonomie stets prekär. Mit der Gewalt des religiösen Interdikts allein waren keine Bischofssitze zu räumen, keine Kirchengebäude an nichtschismatische Bischöfe zuzuweisen, kein Vermögen zu entziehen etc. Gerade hierin aber verlassen uns zumeist die Quellen. Nur selten wird deutlich, daß es zB unter dem Kalifen al-Maʿmun die Staatsgewalt war, die der innerkirchlichen Entscheidung unter Dionysios von Tell Mahrē nach außen zur Wirkung verhalf, indem sie entsprechend dieser Entscheidung das Eigentum der Kirche schützte[997].

Wie es insoweit mit dem Rechtsschutz der Kirche vor den weltlichen Gerichten beschaffen war, ist unklar. Daß die Gegner der herrschenden Richtung in der Kirche sich im Großen wie im Kleinen immer wieder an die weltlichen Machthaber wandten, um ihre Ziele durchzusetzen, ist eine dauernde Klage in den kirchlichen Kanones der Synode unter Gīwārgī (785 n. Chr.) bis unter Dionysios (Bēt Bātīn), 897 n. Chr.[998].

---

[994] Michael III 222.

[995] Zum Mangel an Quellen für die Frühzeit arabischer Eroberung vgl. EDELBY, Origines 198.

[996] EDELBY, Origines 198.

[997] Vgl. dazu VÖÖBUS, Kanonessammlungen I 1 A 45.

[998] Kyriakos (1), Kanon 25; Dionysios (1), Kanon 4; Jōḥannān, Kanon 18; Ignatios, Kanon 4; Dionysios (2), Kanones 9—11, 19.

Die begrenzte Autonomie in weltlichen Angelegenheiten umfaßte wahrscheinlich, wie bei den anderen orientalischen Kirchen[999] auch die Gerichtsbarkeit in den Bereichen, die eng mit den geistlichen verbunden waren, in der Sorge für die Witwen und Waisen. Auch sprechen die Bußbücher dafür, daß zumindest seit den Zeiten der Einführung der privaten Beichte privatrechtliche Fragen über das kirchliche Bußwesen gelöst wurden.

XVI. RECHTSQUELLENLEHRE

1. Der Rang der Normen

Die Quellen des Kirchenrechts der Westsyrer stellen nicht nur Rechtsnormen vor, sondern sie gliedern sie gelegentlich auch nach ihrem Rang in einer theologisch begründeten Hierarchie der Normen oder nach ihrem literarischen Urheber in der Geschichte.

„Göttliches Recht" wird vielfach genannt. Bei Jōḥannān bar Qūrsōs, in seinen Kanones für die Kleriker, klingt schon im Vorwort an, daß der Autor nicht seine eigenen Gebote setzen, sondern die Gebote Gottes und der Apostel aufzeigen will, und daß auch die Apostel in ihrer Zeit nur die Gebote Gottes wiedergegeben hätten. Schriftzeugnisse durchziehen dementsprechend als Zitate das Werk[1000]. Zweimal ist vom „göttlichen Recht" ausdrücklich die Rede, in Kanon 10 beim Zinsverbot und in Kanon 25 bei der Ehre des Altars. Die Frage der Trennung solcher göttlicher Normen von kirchlichen Normen geringeren Geltungsgrundes, die mit göttlichen Normen gar in Konflikt geraten könnten, wird nicht gestellt. In gleichem Sinne stellt der „Brief (eines Bischofs) an einen Freund"[1001] die göttlichen Gesetze den kirchlich-weltlichen gegenüber. Aber das gesamte kirchliche Recht dieser Zeit ist nach seiner Auffassung „göttliches Recht". Zu einer Unterscheidung besteht in der Zeit der Verfolgung mangels eines kirchlichen Gesetzgebers auch noch kein historischer Anlaß. Die Väter der reichskirchlichen Synoden werden dabei auch nicht als Gesetzgeber angesehen, sowenig wie die Apostel in den ihnen zugeschriebenen Kanones.

Das mußte sich ändern, sobald die eigene westsyrische Synode Kanones erließ. In der Vorrede zur Synode des Gīwārgī ist die Rede von „Göttlichen, gesetzlichen, väterlichen und apostolischen Befehlen",

---

[999] Zu den Nestorianern vgl. Selb OrKiR I.

[1000] Vööbus, Synodikon I 142 ff weist sie in Fußnoten nach.

[1001] Synodikon I 172, Kanon 4.

die den Ursprung der auf der Synode beschlossenen ,,Kanones" bilden sollten. Und die Schlußklausel des die Kanones begleitenden Synodalbriefes des Gīwārgī nennt die Anordnungen der Synode selbst ,,νόμοι" (Gesetze) und ,,Befehle" und später noch einmal ,,τάξεις" (,,Satzungen"). Die Einleitung zum ersten Synodalbrief des Kyriakos nennt das göttliche Recht, ,,göttliche νόμοι und Befehle" und meint damit die göttliche Offenbarung. Ihr folgen die ,,geschriebenen νόμοι" des Moses, die ,,νόμοι und Befehle" durch die Apostel, dann die νόμοι durch die Väter und Lenker der Kirche und schließlich die Kanones der vorliegenden Synode. Kanon 16 der Synode nimmt im Rahmen des Simonieverbots eigens Bezug auf die apostolischen νόμοι und die kirchlichen Kanones, Kanon 19 bezieht sich auf die νόμοι der Klöster. Die Einleitung zum Synodalbrief des Dionysios von Tell Mahrē betont wieder, daß die ,,Urheberschaft der νόμοι" nicht bei der Synode liege, sondern bei Gott. Kanon 8 der Synode nennt als seine Quellen: ,,die apostolischen und göttlichen Kanones und die der heiligen Väter", Kanon 9 nennt sie kurz ,,die göttlichen Kanones", Kanon 10 bezeichnet Ergebnis und Herkunft als ,,kirchliche τάξις aus göttlichen Kanones". Kanon 11 kann freilich für konkrete Zuständigkeiten der Synode nur die ,,kirchlichen Kanones" beschwören. Auch der Synodalbrief des Jōḥannān gibt eine quellengeschichtliche Einleitung: Der νόμος der Israeliten, hat die göttlichen Gebote ausgeführt, und die späteren Zeiten haben diese immer wieder erneuert. In dieser Tradition stehen die Apostel und die heiligen Väter und nun die Synode als Erneuerer göttlichen Rechts. Als ,,Väterkanones" bezeichnet Jōḥannān freilich nun auch schon die Kanones der früheren westsyrischen Synoden[1002]. Nicht übersehen wird freilich schon, daß es ,,Gebräuche" und ,,τάξεις" gibt, die sich nicht unmittelbar auf göttliches und apostolisches Recht zurückführen lassen[1003].

Die Einleitung zur Synode des Ignatios reflektiert erstmals theoretisch über die Quellen und die Natur des Rechts: Am Anfang steht das von Gott dem Menschen eingepflanzte Gewissen als der ,,natürliche νόμος", dem das Gebot im Paradies, der ,,geschriebene νόμος" des Moses, die Kanones der Apostel und schließlich die Kanones der verschiedenen Synoden folgten. Eher historisch heißt es dann wieder in der Aufzählung der älteren Quellen: ,,Die heiligen νόμοι, (nämlich?) die göttlichen Gebote und die apostolischen Kanones". Der Synodalbrief

---

1002 ZB in Kanon 15.

1003 Kanon 24 des Jōḥannān und früher schon ,,Kephalaia aus dem Osten", Kanon 11.

des Dionysios von Bēṯ Bāṭīn drückt die Rückführung allen kirchlichen Rechts auf Gottes Gebot am besten aus:

„So schritt voran und erreichte uns diese Größe des göttlichen Gesetzes und wurde uns auferlegt, so daß auch wir den Spuren der Väter folgen ...“

2. Synodales Recht

So bleibt als prinzipielle Entscheidung, daß die Synoden nur das göttliche Recht zum kirchlichen entfalten, zeitgemäß übersetzen, in Erinnerung rufen, nicht aber aus eigener Machtvollkommenheit „Recht schaffen“. Vieles in der Kirche aber wird dennoch bereits als an Zeit und Region gebundener Brauch erkannt[1004].

3. Recht und Oikonomia

Der Gedanke der Milderung der absoluten und strengen Anwendung des kanonischen Rechts aus Gründen der Nachsicht und Billigkeit ist ein alter Gedanke. Er lebt unter dem institutionellen Begriff der Oikonomia in den Ostkirchen fort[1005]. Ihre Belege findet diese Oikonomia in den Quellen der frühen Kirche[1006]. Eben diese Quellen gehören auch zur Tradition der westsyrischen Kirche.

Ein anonymer Traktat mit dem Titel „Ein Traktat über die kirchliche Oikonomia über die Rekonziliation“ ist im Synodikon aus Dam. 8/11[1007] überliefert. Er beginnt mit dem Fall der Weihe zweier Metropoliten für ein und dasselbe Bistum, stellt die Regel und Beispiele aus der alten Kirchengeschichte dar und bietet Oikonomia als Lösung an. Im Sinne von Schriftzeugnissen wird die Oikonomia (mᵉdabrānūtā) gegen die Akribie des Rechts (ḥaṭīṭūtā, ἀκρίβεια) gestellt.

1004 So auch das Organisationsrecht der Klöster, vgl. Synodikon II 244.

1005 Für die griechisch-orthodoxe Kirche vgl. RODOPOULOS, Oikonomia.

1006 RODOPOULOS, Oikonomia; HUILLIER, L'économie; CUPANE, Appunti per uno studio dell'oikonomia ecclesiastica a Bisanzio, ByzJb 38 (1988), 53 ff.

1008 Synodikon, LXXXIV. Als Werk über die „Oikonomia“ erst jetzt von KAUFHOLD, OC 1989 erkannt.

ZEITTAFEL

um 220	Bistümer im östlichen Mesopotamien und Persien
363	Nisibis von den Römern an die Perser abgetreten
373	Ephraem der Syrer gestorben
Ende des 4. Jh.	Erste Klöster in Mesopotamien
431	Synode von Ephesos
451	Synode von Chalkedon
482	Henotikon, Kompromißformel in den christologischen Streitigkeiten der Zeit
6. Jh.	Beginn der Verfolgung der Anti-Chalkedonier durch Ostrom
538	Tod des Patriarchen Severos von Antiochien
542—566	Organisation einer eigenen monophysitischen Kirche Syriens (Westsyrer) durch Jakob Burdʿānā
595—631	Konsolidierung der westsyrischen Kirche unter Patriarch Athanasios I Gammalā
615/616	Erneuerung der Glaubensgemeinschaft mit der koptischen Kirche Ägyptens
628/629	Union mit den Monophysiten des Ostens nach dem sassanidischen Vordringen in den Westen
633—651	Nach kurzer Rückkehr Ostroms Eroberung des „fruchtbaren Halbmondes“ durch den Islam
Ende des 7. Jh.	Beginn des Streites um die Metropolitanordnung, 684 Synode von Rēšʿainā
708	Jakob von Edessa verstorben
726	Glaubensgemeinschaft mit der armenischen Kirche, Synode von Manavazgerd
2. Hälfte des 8. Jh.	Revolte des Athanasios Sandalājā wegen der Metropolitangewalt

8./9. Jh.	Streit um die Brotbrechungsformel ,,das himmlische Brot brechen wir", Revolte der Mönche von Gūbbā Barrājā
9. Jh.	Das Arabische verdrängt das Syrische als Sprache der Kirche
9. Jh.	Zeit der konsolidierenden westsyrischen Synoden, Dionysios von Tellmařē
869	Synode von Kephartūtā um das Verhältnis von Patriarch und Maphrian des Ostens
11. Jh.	Byzanz verschiebt Ostgrenze nach Osten; westsyrisches Zentrum in diesen Raum verlegt
1074	Erste Synode von Mār Barṣaumā bei Melitene
1166 bis zum 20. Jh.	Residenz des Patriarchen im Kloster Mār Ḥananjā bei Mardē (heute Deir az-Zafaran bei Mardin)
1167	Michael der Große (der Syrer) zum Patriarchen gewählt
12. Jh.	Revolte des Theodoros bar Wahbūn
12. Jh.	Restaurationswerk des Jōḥannān von Mardē. Das Syrische wird wiederbelebt
1171	Dionysios bar Ṣalībī gestorben
1199	Patriarch Michael gestorben
1226—1286	Bar ʿEbrājā Maphrian des Ostens

SACHREGISTER

Sachthemen sind auch über das Personenregister und das Ortsregister zu erfassen.

Absetzung 237, 292
Abstinenz 280, 292
Abt 146, 248, 275, **278,** 279
Abtbischöfe 183, 278
Ägypten 85
Alexandriner (Kopten) 191f
Altardienst 246
Amtsverzicht 237
Anachoreten 266f
Anathema s. Bußwesen
Apostelsyoden s. Apostolische Kanones
Apostolische Kanones **92ff,** 132ff, 141, 142ff
Apostolische Konstitutionen 131
Archidiakon 236, 241
Arme 251
Armenier 79, 85, 187, 192f, 203
Armut (der Mönche) 282
Askese 264f
Askeseformen 266ff
Autonomie 301

Basilios-Briefe 104, 115ff
Beichte **284ff**
benai qejama 246, **249ff**
Bestätigungsrecht 125, 132, 196
Bigamie 259
Bischof **227ff**
Bischöfliche
— Aufgaben 235ff
— Disziplinargewalt 236
— Inthronisation 234
Bischofswahl 228ff
Bischofsweihe 228ff
„Brief an einen Freund" 115
„Brief an Mar Myrtyrios" 115, 148
„Brief an Paula und Paula" 114
„Brief aus Italien" 103f
„Brief des Athanasios" 115, 146
„Brief des Coelestin" 116, 146
„Brief des Johannes" 114
„Brief des Kyrillos" 116
„Brief des Metropoliten Konstatin 114
„Briefe des Severos" 115, 118
Bücherzensur 221
Bundessöhne 246, 249ff
Bußbücher 92, **158,** 164, **293f**
Bußen, kirchliche 291ff
Bußtatbestände 287ff
Bußwesen **284ff**
Byzanz 176ff, 185, 300

Chaldäer 76
„Chalkedonier" 85, 104, 146, 193, 195
Chorbischof 247, 249, 278
Christologie 175
Chroniken **171f**
Codex ecclesiae Africanae 104
Corpus canonum graecum 103f
Cypriansynode 104

Diakon **242ff**
Diakonin **244f**
Diaspora 186f
„Diatheke (Testament) unseres Herrn" 95, 97
Didaskalie 97, 130f, 134, 141
Diözesanklerus **237ff**
Diplom 221, 299
Doctrina Addai 93, 97, 241
Doppelehe 259

Editionen **132ff, 155ff**
Ehe 207
Eheabrede **255f**
Ehebruch s. Ehescheidung

Ehegüterrecht 262
Ehehindernisse s. Eheverbote
Ehelosigkeit 232
Eherecht **253ff**
Ehescheidung **263ff**
Eheschenkung 262
Eheschließung 255
—, Form **256ff**
Eheverbote 254, **259ff**
Ehevertrag **255f**
Einkünfte, kirchliche **251ff**
Einsiedler 266f
Erbrecht 251, 282
„Erbrecht des Juhannan" 129f, 137, 151f
Erstlingsgaben 251
Exemption 208, 284
Exkommunikation s. Bußen
Exorzist 246

Fasten 280, 292
Franken s. Kreuzfahrer

Gebetszeiten 280
Gerichtsbarkeit, kirchliche 80, 302
Glaubensabfall 288, 292

Handschriften **100f,** 105, **106ff, 121ff**
Häretiker **294ff**
—, Gemeinschaft 297f
—, Taufe 295f
—, Weihe 296f
Heidnische Sitten 289
Heimführung 258
Henotikon 176
Hierarchie 183f, 189f, 227ff
Hochzeit s. Eheschließung

Islam 86, **299f**

Jakobiten 85, 195
Julianisten 197, 200, 205

Kanones aus der Zeit der Verfolgung 114
Kanones der persischen Bischöfe 114
Kataloge 83
„Kephalaia aus dem Osten" 113
Kirchenbegriff 75ff
Klerikerehe 290
Klerikervergehen 289f
Klerus **237ff**
Klöster (der Diözese) 131f, 153, 187f, **264ff**
— berühmte **269ff**
Koinobiten 268
Kommunionspendung 245
Komposition von Synodika **139ff**
Konkubinat 259
Kopten s. Alexandriner
Kreuzfahrer 194, **196f,** 300
Krönung (der Brautleute) 258

Lektor s. Vorleser
Leviratsehe 261
Liturgie 81

Maroniten 76f, 197
Maruta-Kanones 104, 274
Maphrian 209, 216, **222ff**
—, Funktionsbereich 222ff
—, Sitz 226
—, Vorrechte 224f
—, Wahl und Ordination 225f
Meditation 280
Melkiten 76f, 104, 195
Metropoliten 185, **227ff**
Metropolitansynode **128f,** 193, 201, 227
Metropoliten **189f,** 203
Missionsgeschichte 77, 84
Mitgift 262
Mönche **264ff**
Mönchskanones 132, **166ff, 273ff**
Mönchsregeln s. Mönchskanones
Mönchsvergehen 290
Mongolen 78
Monographien 159ff
Monophysiten 85
Myron 220f

Nestorianer 86, 104, 195
Nomadenbistümer 190f
Nomoi 254
Nonnen **264ff, 283f**
Notitia Antiochena 131, 151
Novizen 283

Observanz 281
Oktateuch, syrischer 92, **94ff**

Ookonomia 131, 231, 304
Ökonomen 278
Ordination der Bischöfe s. Bischofsweihe
Organisation, territoriale **180ff**
Osten, Kirchenleitung **181ff**
Ostkirchenrecht **73ff**

Patriarch **211ff**
—, der Westsyrer 211f
—, Funktionsbereich 212
—, Jurisdiktion 219ff
—, Sitz 217f
—, Wahl und Ordination 213ff
Periodeut 248, 276
Persien 177f, 181
Presbytisse 237
Priester, Presbyter **237ff**
Pseudonicaeanische Kanones s. Maruta-Kanones

Quellen
—, Arten der **88ff**
—, nichtjuristische **171ff**

Rabbula-Kanones 113f, 147
Recht, göttliches 302ff
—, synodales 304
Rechtsquellenlehre 302ff
Rechtstheorie 302
Reklusen 267
Rezeptionen 77

sabe 278
sabta 284
Sacra Congregazione Orientale 73
Sassaniden 178, 180f, 212, 298
saʿura, saʿurta 248
saʿura des Klosters 275ff
Scheidung s. Ehescheidung
Schema (der Mönche) 280
Schismen 202, 204
Selbstkastration 273
Sententiae Syriacae 109f, 130, 137f
Sprache der Quellen **86ff**
Staatskirchenrecht **298ff**
Stifter s. Wohltäter
Styliten 266f
Subdiakon 246
Suffragane 182f, 231
Suspendierung 292
Synodalkanones **98ff,** 134f
Synode
—, Ablauf 201
—, Aufgaben 199ff
—, Kirchenführung 199
—, Vorsitz 214
—, Zusammensetzung 198
Synoden **202ff**
—, reichskirchliche 134f, 140f
—, westsyrische 119ff, 137, 149ff
Synodikon 82, 99ff, **139ff**
—, Kolophone 153
Syrisch-römisches Rechtsbuch 109f, 130, 138
Systematische Sammlung 155ff

Taufe 245
Titloi 93, 97
Translation 230, 234
Tur ʿAbdin 272

Übernahmegeschichte s. Rezeption
Übersetzung 146
Unionen **75f,** 77
Unterhalt der Kleriker 253
Unzucht 289

Väterzeugnisse **110ff,** 135f, 141, 145ff
Verfolgung 176ff
Verlobung s. Eheschließung
Vermögen, kirchliches **251ff**
Vermögen, klösterliches 282
Verstoßung s. Ehescheidung
Verwalter 279
Virgines subintroductae 273
Visitator 248
Vorleser 246
Vorsänger 247

Waisen 253
Witwen 238, 253
Wochendienst 253, 277
Wohltäter 278
Wucher 289

Zauberei 289
Zehnten 251
Zentren, kirchliche **187f**
Zinsen, 289